新版

若手弁護士のための初動対応の実務

Initial response of practice for young lawyers

[弁護士]
長瀬佑志 / 長瀬威志 / 母壁明日香
YUSHI NAGASE　TAKESHI NAGASE　ASUKA HAHAKABE

日本能率協会マネジメントセンター

新版　はしがき

　本書は、前書『若手弁護士のための初動対応の実務』を改訂したものになります。前書を上梓してから、1年半あまりが経過しました。

　この1年半あまりの間、IT技術の進歩に伴い、様々な新たな法的課題が生じるとともに、個人や企業の方々がインターネットを通じて弁護士にアクセスすることが容易になってきています。このような変化に伴い、企業法務分野も、ニーズが増加し始めています。

　一方で、弁護士増員に伴い弁護士間での競争が激しさを増し、多くの案件を経験することも容易ではなくなりつつある状況に変わりはありません。また、司法研修所での研修期間も短縮され、司法修習生の間に実務を学ぶ機会も少なくなっていることにも変わりはない状況です。

　前書は、このような状況にかんがみて、いち早く弁護士として求められる技術や能力を習得することができるよう、初めて経験する分野の法律問題に取り組む際、初動対応として何をしたらよいのか把握していただきたいことに重点を置き、一般民事事件にターゲットを絞り、各分野で押さえておくべき事項について、7つのポイントを中心に整理していました。

　本書でも、基本的なコンセプトに変更はありませんが、この1年半あまりの変化に対応すべく、新たに以下の項目を追加しました。

1．企業法務分野の追加
2．各法律分野における「法律相談の型」の追加
3．分野別推薦書籍100選の追加

　昨今のIT技術の進歩に伴う新たな法的課題の出現や、リーガルアクセスの改善に伴い、企業の法的ニーズが増加してきていることを踏まえ、新たに企業法務に関する解説を取り上げることとしました。

　また、弁護士登録したばかりの方や、司法修習生の方が、実際に法律相談を対

応することになった際、どのように法律相談を進めていけばよいのかをイメージしやすいようにするため、ホワイトボードを使用した「法律相談の型」を各分野別に整理しました。

さらに、各分野を担当するにあたり、本書とは別にお手元に置いておくことが望ましい書籍を整理しました。

前書は、私の単著でしたが、改訂にあたり、より良い書籍の実現を目指して、企業法務を中心に執務を行っている長瀬威志弁護士、またまさに若手弁護士として活躍している母壁明日香弁護士も共著者として関与してもらい、このような新たな項目を追加することができました。

本書が、弁護士登録したばかりの方や、司法修習生の方にとって、多少なりともお役に立つことができるのであれば望外の喜びです。

最後に、本書の執筆にあたり、株式会社日本能率協会マネジメントセンター出版事業本部の岡田茂様には、貴重なご意見や様々なご配慮を賜りました。

岡田様のご尽力によって、本書の改訂に至ることができたことを、この場をお借りして厚く御礼申し上げます。

著者代表　弁護士　長瀬　佑志

目　次　│新版　若手弁護士のための初動対応の実務
新版　はしがき ……………………………………………………………… *iii*

Part 1　民事弁護総論 …………………………………………… *1*

Chapter 1　本章の目的 ……………………………………………… *2*
Chapter 2　民事弁護で必要とされる能力 …………………………… *3*
　　1　弁護士として求められる7つの技術・能力 ………………… *3*
　　2　弁護士として求められる技術・能力の高め方 ……………… *5*
　　　（1）INPUTとOUTPUTのバランス *5* ／（2）ジェネラリストとスペシャリストの意
　　　識 *6* ／（3）委員会活動・弁護団活動等の重要性 *7*
　　3　社会人として求められる技術・能力の高め方 ……………… *7*
　　　（1）傾聴→受容→共感 *7* ／（2）報告・連絡・相談 *9* ／（3）参考書籍 *9*
Chapter 3　民事弁護の7つのポイント …………………………… *10*
Chapter 4　ポイント①　法律相談・受任の留意点 ……………… *11*
　　1　法律相談・受任の流れ ………………………………………… *11*
　　2　法律相談の目的 ………………………………………………… *11*
　　3　事前予約・相談時に確認すべき事項 ………………………… *12*
　　　（1）相談者氏名・住所 *12* ／（2）相手方氏名・住所 *12* ／（3）相談したい事項
　　　13 ／（4）相談カードの送付等 *13*
　　4　法律相談時の心構え …………………………………………… *13*
　　5　法律相談の「型」〜プレゼンテーション …………………… *16*
　　6　委任状・委任契約書の作成 …………………………………… *18*
　　7　契約時説明書の取り交わし …………………………………… *26*
Chapter 5　ポイント②　解決方法の選択 ………………………… *28*
　　1　民事事件の解決方法 …………………………………………… *28*
　　2　示談交渉 ………………………………………………………… *28*
　　3　ADR／調停 …………………………………………………… *29*
　　4　民事保全 ………………………………………………………… *30*
　　5　訴訟 ……………………………………………………………… *30*
Chapter 6　ポイント③　示談交渉の留意点 ……………………… *31*
　　1　示談交渉の流れ ………………………………………………… *31*
　　2　交渉の方法 ……………………………………………………… *31*
　　　（1）交渉方法の選択 *32* ／（2）交渉方法の選択基準 *32* ／（3）相手方の立場に
　　　応じた選択 *35*
　　3　交渉の心構え …………………………………………………… *36*
　　　（1）交渉経過の記録化 *36* ／（2）定期的な報告の重要性 *37* ／（3）依頼者の利
　　　益の最大化と依頼者への説得のバランス *37*

目　次

4　合意書の取り交わし……………………………………………………37
（1）合意書はできる限り自分で作成する37／（2）合意書の署名・捺印は当事者
本人か、代理人か38

5　公正証書の作成………………………………………………………38
（1）公正証書作成の目的38／（2）当事者間における事前の協議38／（3）公証
役場への事前連絡・調整39

Chapter 7　ポイント④　ADR・調停の留意点………………………40

1　ADR・調停の種類…………………………………………………40
（1）ADR40／（2）民事調停40／（3）家事調停40

2　ADR・調停の選択が適当な場合…………………………………40
（1）交渉では解決しない場合41／（2）経済的負担をかけずに解決したい場合41
／（3）早期に解決したい場合41／（4）証拠が不十分ではあるが権利主張をす
る必要がある場合41／（5）相手方が依頼者と親密な関係である場合42／（6）
相手方が信用のある会社である場合42

Chapter 8　ポイント⑤　民事保全の留意点……………………………43
（1）仮差押命令申立43／（2）仮処分申立45

Chapter 9　ポイント⑥　訴訟の留意点…………………………………47

1　訴訟の留意点…………………………………………………………47

2　訴訟と弁護士倫理……………………………………………………47

3　訴訟手続の留意点……………………………………………………48
（1）準備書面等の事前提出48／（2）証拠の原本提出・原本確認の重要性49／
（3）期日間の準備事項メモの作成50／（4）訴訟記録の閲覧・謄写の重要性50
／（5）期日報告書の作成の重要性52／（6）依頼者に対する訴訟の経過報告・
打合せ52

4　訴訟の流れ……………………………………………………………53
（1）訴訟の提起53／（2）訴訟の審理55／（3）訴訟の終了55

5　一審終了時の注意事項………………………………………………56

6　受任事件の精算………………………………………………………56

Chapter10　ポイント⑦　顧問業務の留意点…………………………57

1　顧問業務の留意点……………………………………………………57

2　顧問業務の目的………………………………………………………57
（1）予防法務の実現57／（2）安定経営の実現58

3　顧問業務の内容………………………………………………………58
（1）社内関係58／（2）社外関係59

4　顧問業務の獲得………………………………………………………61
（1）顧問契約のメリットを正しく伝える61／（2）弁護士費用の設定方法の見直
し62／（3）顧問契約の注意点62

5　顧問業務の切り口……………………………………………………64

（1）リーガルサービスと対象業種の選別64／（2）企業法務分野と個人法務分野のニーズの違い65

Part 2 交通事故 ···················· 69

Chapter 1 本章の目的 ···················· 70
Chapter 2 交通事故分野の特徴 ···················· 71
　　1　損害算定の定型化・定額化 ···················· 71
　　2　高度な専門性 ···················· 73
　　3　保険制度の充実 ···················· 74
Chapter 3 法律相談・受任の注意点 ···················· 75
　　1　法律相談の流れ ···················· 75
　　2　法律相談の目的 ···················· 75
　　3　事前予約・相談時の確認事項 ···················· 76
　　4　面談相談時に確認すべき事項 ···················· 79
　　5　法律相談　実践例 ···················· 81
Chapter 4 交通事故の7つのポイント ···················· 82
Chapter 5 ポイント①　交通事故に伴う責任の種類 ···················· 83
Chapter 6 ポイント②　交通事故における関係者 ···················· 84
　　1　損害賠償請求の相手方 ···················· 85
　　2　被害者請求を行う場合の自賠責保険会社 ···················· 85
　　3　人身傷害補償保険等の利用 ···················· 85
Chapter 7 ポイント③　交通事故発生から解決までの流れ ···················· 86
　　1　交通事故発生直後のポイント ···················· 86
　　2　入通院治療継続中のポイント ···················· 88
　　3　症状固定のポイント ···················· 92
　　4　後遺障害診断書作成時のポイント ···················· 93
　　5　後遺障害等級認定申請のポイント ···················· 94
　　6　後遺障害等級認定結果受領時のポイント ···················· 95
　　7　解決方法選択のポイント ···················· 96
Chapter 8 ポイント④　交通事故の責任原因 ···················· 97
　　1　不法行為規定 ···················· 97
　　2　自動車損害賠償保障法3条 ···················· 98
Chapter 9 ポイント⑤　交通事故による損害 ···················· 101
　　1　被害の客体に関する分類 ···················· 102
　　2　発生した損害の内容に関する分類 ···················· 102
　　3　損害の性質に関する分類 ···················· 103
Chapter 10 ポイント⑥　損害賠償の算定基準 ···················· 104

目　　次

　　1　損害の算定基準 ……………………………………………………… 104
　　2　裁判基準によることの注意点 ……………………………………… 104
Chapter11　ポイント⑦　各損害項目の算定 ………………………… 106
　　1　積極損害 …………………………………………………………… 106
　　（1）治療関係費 106 ／（2）付添費用 107 ／（3）将来介護費 108 ／（4）雑費 109 ／
　　（5）通院交通費等 109 ／（6）学習費、保育費、進学付添費等 110 ／（7）装具・器
　　具等購入費 111 ／（8）家屋・自動車等改造費 111 ／（9）葬儀関係費用 112 ／（10）
　　弁護士費用 112 ／（11）遅延損害金 113
　　2　消極損害 …………………………………………………………… 113
　　（1）休業損害 113 ／（2）後遺症による逸失利益 114 ／（3）死亡による逸失利益 116
　　3　慰謝料 ……………………………………………………………… 116
　　（1）死亡 116 ／（2）傷害 117 ／（3）後遺症 118
　　4　物損 ………………………………………………………………… 119
　　（1）物損の全体像 119 ／（2）修理費 119 ／（3）経済的全損 120 ／（4）車両の
　　買換差額 120 ／（5）評価損（格落ち損）121 ／（6）代車費用 121 ／（7）休車損
　　121 ／（8）登録手続関係費用 122 ／（9）雑費 122 ／（10）物損についての慰謝
　　料 122
　　5　過失相殺 …………………………………………………………… 122
　　6　素因減額 …………………………………………………………… 123

Part 3　離婚 …………………………………………………………………… 125

Chapter 1　本章の目的 ………………………………………………………… 126
Chapter 2　離婚分野の特徴 …………………………………………………… 128
　　1　家族関係の清算 …………………………………………………… 128
　　2　財産関係の清算 …………………………………………………… 128
　　3　精神的ケアの必要性 ……………………………………………… 129
Chapter 3　相談・受任の注意点 ……………………………………………… 130
　　1　相談・受任の流れ ………………………………………………… 130
　　2　相談の目的 ………………………………………………………… 130
　　3　事前予約・相談時に確認すべき事項 …………………………… 131
　　（1）相談者氏名・住所 131 ／（2）相手方・関係者氏名 131 ／（3）相談したい
　　事項 132 ／（4）家族構成 132 ／（5）相談カードの送付 132
　　4　面談相談時に確認すべき事項 …………………………………… 132
　　（1）離婚原因（離婚の可否）141 ／（2）親権 142 ／（3）婚姻費用・養育費の算
　　定 142 ／（4）面会交流 143 ／（5）財産分与 143 ／（6）慰謝料 144 ／（7）年金
　　分割 146
　　5　法律相談　実践例 ………………………………………………… 146

Chapter 4 離婚の7つのポイント ················· 148
Chapter 5 ポイント① 離婚の可否 ················· 149
  1 法定離婚原因 ················· 149
  （1）民法770条1項1号（不貞行為）*150* ／（2）民法770条1項2号（悪意の遺
  棄）*150* ／（3）民法770条1項3号（3年以上の生死不明）*150* ／（4）民法770
  条1項4号（回復の見込みのない強度の精神病）*151* ／（5）民法770条1項5号
  （その他婚姻を継続し難い事由）*151*
  2 有責配偶者からの離婚請求 ················· 153
  3 離婚原因のポイント ················· 154
Chapter 6 ポイント② 親権の確認 ················· 155
  1 親権者・監護権者指定の判断基準 ················· 156
  2 有責者の親権者適格性 ················· 157
  3 親権者・監護者指定の手続 ················· 158
  （1）親権者指定 *158* ／（2）監護権者指定 *158*
  4 親権者と監護者の分属 ················· 158
  5 親権のポイント ················· 159
Chapter 7 ポイント③ 面会交流の方法 ················· 160
  1 面会交流権の性質 ················· 160
  2 面会交流の決定方法 ················· 160
  3 面会交流の判断基準 ················· 161
  4 面会交流の実施にあたっての弁護士の役割 ················· 161
  5 面会交流の合意に違反した場合の効力 ················· 162
  6 面会交流のポイント ················· 163
Chapter 8 ポイント④ 婚姻費用・養育費の算定 ················· 165
  1 婚姻費用の性質 ················· 165
  2 婚姻費用の支払義務 ················· 166
  （1）婚姻費用請求権の発生時期 *166* ／（2）婚姻費用の終期 *166*
  3 婚姻費用分担請求に対する反論 ················· 166
  （1）婚姻費用の支払義務の不存在 *166* ／（2）基礎収入の考慮 *167*
  4 養育費の性質 ················· 167
  5 養育費の支払義務 ················· 168
  （1）養育費の発生時期 *168* ／（2）養育費の終期 *168* ／（3）養育費の支払方法 *169*
  6 婚姻費用・養育費の算定方法 ················· 169
  （1）「婚姻費用・養育費算定表」の利用 *169* ／（2）「婚姻費用・養育費算定表」
  の限界 *170*
  7 婚姻費用・養育費のポイント ················· 170
Chapter 9 ポイント⑤ 慰謝料の検討 ················· 172
  1 慰謝料請求の法的性質 ················· 172

目　次

　　2　慰謝料請求の算定要素 ……………………………………………………… *172*
　　3　類型別慰謝料の金額 ………………………………………………………… *173*
　　（1）不貞行為（不倫・浮気）*173*／（2）暴力 *173*／（3）性交渉拒否・性的不能 *173*／
　　（4）婚姻生活の維持に協力しない *173*／（5）悪意の遺棄 *173*
　　4　不貞行為 ……………………………………………………………………… *174*
　　（1）不貞行為とは *174*／（2）婚姻関係破綻後の不貞 *175*／（3）婚姻関係が不貞
　　当時破綻していると過失なく誤信したこと *175*
　　5　慰謝料請求の方法 …………………………………………………………… *175*
　　6　慰謝料請求のポイント ……………………………………………………… *176*

Chapter10　ポイント⑥　財産分与の検討 …………………………………………… *178*
　　1　財産分与の法的性質 ………………………………………………………… *178*
　　2　清算的財産分与の計算方法 ………………………………………………… *179*
　　（1）清算的財産分与の対象財産 *179*／（2）分与対象財産確定の基準時 *179*／
　　（3）分与対象財産評価の基準時 *180*
　　3　対象財産ごとの問題 ………………………………………………………… *180*
　　（1）不動産 *180*／（2）預貯金 *180*／（3）生命保険 *181*／（4）子供名義の学資
　　保険 *181*／（5）株式 *181*／（6）退職金 *182*
　　4　清算的財産分与の割合 ……………………………………………………… *182*
　　5　財産分与のポイント ………………………………………………………… *182*

Chapter11　ポイント⑦　年金分割の検討 …………………………………………… *184*
　　1　年金分割の基本的な仕組み ………………………………………………… *184*
　　（1）公的年金 *184*／（2）年金分割制度 *185*／（3）年金分割制度の種類 *185*
　　2　依頼者と相手方の年金の調査方法 ………………………………………… *186*
　　3　合意分割 ……………………………………………………………………… *186*
　　（1）合意分割を行う手続 *186*／（2）合意分割の按分割合 *187*
　　4　3号分割を行う手続 ………………………………………………………… *187*
　　5　合意分割と3号分割との関係 ……………………………………………… *187*
　　（1）3号分割の分割請求を行った場合 *187*／（2）平成20年3月31日以前の対象
　　期間を含めて合意分割の請求を行った場合 *188*
　　6　年金分割のポイント ………………………………………………………… *188*

Chapter12　離婚手続の流れ …………………………………………………………… *189*
　　1　離婚手続の全体像 …………………………………………………………… *189*
　　（1）解決方法の選択 *189*／（2）手続きの流れ *190*
　　2　離婚の種類 …………………………………………………………………… *190*
　　3　調停前置主義 ………………………………………………………………… *191*
　　4　各離婚手続のメリット・デメリット ……………………………………… *191*
　　（1）協議離婚のメリット・デメリット *191*／（2）調停離婚のメリット・デメリット
　　191／（3）裁判離婚のメリット・デメリット *192*／（4）まとめ *192*

Chapter13 **協議段階の対応**····································193
  1 協議離婚の流れ····································193
  2 事情聴取····································193
  3 相手方との交渉····································194
  4 協議内容の決定····································194
  5 協議離婚の手続····································195
    （1）離婚協議書の作成195／（2）公正証書の作成195／（3）協議離婚の届出196
  6 離婚不受理申出制度の利用····································196

Chapter14 **調停段階の対応**····································197
  1 調停離婚の流れ····································197
  2 調停の申立····································197
    （1）調停離婚とは197／（2）調停申立書の書式198／（3）申立書の提出にあたっての注意事項198
  3 調停の手続····································200
    （1）第1回調停期日200／（2）その後の調停期日201
  4 調停の終了····································201
    （1）調停の成立201／（2）調停の不成立202／（3）調停の取下げ202

Chapter15 **訴訟段階の対応**····································203
  1 裁判離婚の流れ····································203
  2 訴えの提起····································203
    （1）訴状の書式203／（2）管轄204／（3）附帯処分等の申立204
  3 裁判離婚の手続····································205
    （1）第1回口頭弁論期日205／（2）その後の弁論期日205
  4 裁判離婚の終了····································206
    （1）判決206／（2）和解206／（3）訴訟終了後の手続206

Part 4　相続····································209

Chapter 1 **本章の目的**····································210
Chapter 2 **相続分野の特徴**····································211
  1 多数当事者の利害調整····································211
  2 相続財産の適正な調査・評価・分割····································211
  3 戸籍・登記・相続税務等の専門性····································212
Chapter 3 **法律相談・受任の注意点**····································213
  1 法律相談・受任の流れ····································213
  2 法律相談の目的····································213
  3 事前予約・相談時に確認すべき事項····································214
    （1）相談者氏名・住所214／（2）関係者氏名・住所（特に被相続人）214／（3）

目　次

相談したい事項*215*／（4）相談カードの送付等*215*

4　面談相談時に確認すべき事項‥‥‥‥‥‥‥‥‥‥‥‥‥‥‥*218*

（1）持参資料の確認*218*／（2）遺言の確認*219*／（3）相続人の範囲の確認*219*／

（4）遺産の範囲・評価の確認*219*／（5）特別受益の検討*220*／（6）寄与分の検

討*220*／（7）希望する遺産分割の方法*221*／（8）遺留分侵害額請求の検討*221*

5　相談・受任時の注意点‥‥‥‥‥‥‥‥‥‥‥‥‥‥‥‥‥‥‥‥*221*

6　法律相談　実践例‥‥‥‥‥‥‥‥‥‥‥‥‥‥‥‥‥‥‥‥‥*222*

Chapter 4　相続の7つのポイント‥‥‥‥‥‥‥‥‥‥‥‥‥*224*

Chapter 5　ポイント①　遺言の確認‥‥‥‥‥‥‥‥‥‥‥*225*

1　遺言書の調査‥‥‥‥‥‥‥‥‥‥‥‥‥‥‥‥‥‥‥‥‥‥‥*225*

2　検認の申立‥‥‥‥‥‥‥‥‥‥‥‥‥‥‥‥‥‥‥‥‥‥‥‥*226*

3　遺言の効力の確認‥‥‥‥‥‥‥‥‥‥‥‥‥‥‥‥‥‥‥‥‥*226*

（1）形式的要件の確認*226*／（2）実質的要件の確認*227*

4　遺言執行者の選任‥‥‥‥‥‥‥‥‥‥‥‥‥‥‥‥‥‥‥‥‥*227*

5　遺留分を侵害される相続人の確認‥‥‥‥‥‥‥‥‥‥‥‥‥‥*227*

Chapter 6　ポイント②　相続人の範囲の確認‥‥‥‥‥‥*229*

1　相続人の調査‥‥‥‥‥‥‥‥‥‥‥‥‥‥‥‥‥‥‥‥‥‥‥*229*

（1）相談者・関係者からの事情聴取*229*／（2）戸籍関係書類の取寄せ*229*／

（3）相続関係図の作成*230*

2　相続人の確定‥‥‥‥‥‥‥‥‥‥‥‥‥‥‥‥‥‥‥‥‥‥‥*231*

（1）相続人の順位の確認*231*／（2）相続放棄の確認*232*／（3）相続欠格の検

討*232*／（4）推定相続人廃除の検討*232*

3　遺産分割協議の当事者の確定‥‥‥‥‥‥‥‥‥‥‥‥‥‥‥‥*233*

（1）相続分の譲渡*233*／（2）相続分の放棄*233*／（3）不在者に関する手続*234*

／（4）制限行為能力者に関する手続*234*

Chapter 7　ポイント③　遺産の範囲・評価‥‥‥‥‥‥‥*235*

1　遺産の範囲の調査‥‥‥‥‥‥‥‥‥‥‥‥‥‥‥‥‥‥‥‥‥*235*

（1）預貯金*235*／（2）不動産*236*／（3）有価証券*236*／（4）生命保険*237*／

（5）動産*237*／（6）負債*237*

2　遺産目録の作成‥‥‥‥‥‥‥‥‥‥‥‥‥‥‥‥‥‥‥‥‥‥*237*

3　評価の基準時‥‥‥‥‥‥‥‥‥‥‥‥‥‥‥‥‥‥‥‥‥‥‥*239*

（1）遺産の評価の基準時*239*／（2）特別受益・寄与分の評価の基準時*239*

4　評価の方法‥‥‥‥‥‥‥‥‥‥‥‥‥‥‥‥‥‥‥‥‥‥‥‥*239*

（1）預貯金*239*／（2）不動産*239*／（3）有価証券*240*／（4）動産*240*

Chapter 8　ポイント④　特別受益の検討‥‥‥‥‥‥‥‥*241*

1　特別受益者となりうる者‥‥‥‥‥‥‥‥‥‥‥‥‥‥‥‥‥‥*241*

（1）相続人間の公平の観点*241*／（2）問題となる事例*242*

2　特別受益の範囲・計算方法‥‥‥‥‥‥‥‥‥‥‥‥‥‥‥‥‥*242*

（1）特別受益の対象242／（2）特別受益の計算方法243

3 持戻免除の意思表示‥‥‥‥‥‥‥‥‥‥‥‥‥‥‥‥‥‥‥‥‥‥‥‥243
（1）持戻免除の意思表示の効果243／（2）持戻免除の意思表示の方法243

Chapter 9 **ポイント⑤ 寄与分の検討**‥‥‥‥‥‥‥‥‥‥‥‥‥‥‥‥244
1 寄与分を受ける者の確定‥‥‥‥‥‥‥‥‥‥‥‥‥‥‥‥‥‥‥‥244
（1）寄与分権者の範囲244／（2）代襲相続の場合244／（3）共同相続人以外
の者の寄与の場合245

2 寄与分の算定‥‥‥‥‥‥‥‥‥‥‥‥‥‥‥‥‥‥‥‥‥‥‥‥‥‥245
（1）寄与分の算定245／（2）寄与分の計算方法245／（3）寄与行為の類型245

3 具体的相続分の算定‥‥‥‥‥‥‥‥‥‥‥‥‥‥‥‥‥‥‥‥‥‥246

Chapter10 **ポイント⑥ 遺産の分割方法**‥‥‥‥‥‥‥‥‥‥‥‥‥‥‥247
1 分割方法の種類‥‥‥‥‥‥‥‥‥‥‥‥‥‥‥‥‥‥‥‥‥‥‥‥247
（1）現物分割247／（2）代償分割248／（3）換価分割248

2 分割方法と遺産の評価‥‥‥‥‥‥‥‥‥‥‥‥‥‥‥‥‥‥‥‥‥248

3 分割方法が合意に至らない場合‥‥‥‥‥‥‥‥‥‥‥‥‥‥‥‥249

Chapter11 **ポイント⑦ 遺留分侵害額請求の検討**‥‥‥‥‥‥‥‥‥‥250
1 遺留分権利者の確認‥‥‥‥‥‥‥‥‥‥‥‥‥‥‥‥‥‥‥‥‥‥250
（1）遺留分権利者の確認250／（2）遺留分の割合251

2 遺留分侵害額の算定‥‥‥‥‥‥‥‥‥‥‥‥‥‥‥‥‥‥‥‥‥‥251
（1）基礎となる被相続人の財産の算定252／（2）遺留分侵害額の算定252

3 遺留分侵害額請求権の行使‥‥‥‥‥‥‥‥‥‥‥‥‥‥‥‥‥‥‥252
（1）遺留分侵害額請求の対象252／（2）遺留分侵害額請求権の行使253

Chapter12 **解決方法の選択**‥‥‥‥‥‥‥‥‥‥‥‥‥‥‥‥‥‥‥‥‥254
1 解決方法の選択‥‥‥‥‥‥‥‥‥‥‥‥‥‥‥‥‥‥‥‥‥‥‥‥254
2 単純承認‥‥‥‥‥‥‥‥‥‥‥‥‥‥‥‥‥‥‥‥‥‥‥‥‥‥‥255
（1）単純承認とは255／（2）法定単純承認255／（3）熟慮期間255

3 限定承認‥‥‥‥‥‥‥‥‥‥‥‥‥‥‥‥‥‥‥‥‥‥‥‥‥‥‥256
（1）限定承認とは256／（2）限定承認の効果256／（3）限定承認の手続257

4 相続放棄‥‥‥‥‥‥‥‥‥‥‥‥‥‥‥‥‥‥‥‥‥‥‥‥‥‥‥257
（1）相続放棄とは257／（2）相続放棄の効果258／（3）相続放棄の手続258

5 相続人の不存在‥‥‥‥‥‥‥‥‥‥‥‥‥‥‥‥‥‥‥‥‥‥‥‥259
（1）相続人の不存在の場合259／（2）相続財産管理人選任後の手続259

Chapter13 **単純承認をする場合の遺産分割手続の流れ・選択**‥‥‥‥‥261
1 遺言がある場合‥‥‥‥‥‥‥‥‥‥‥‥‥‥‥‥‥‥‥‥‥‥‥‥261
2 遺言がない場合‥‥‥‥‥‥‥‥‥‥‥‥‥‥‥‥‥‥‥‥‥‥‥‥262
（1）前提事実の確認262／（2）遺産分割協議262／（3）遺産分割調停263／
（4）遺産分割審判264

目　次

Part 5　債務整理 ··· 267

Chapter 1　本章の目的 ·· 268

Chapter 2　債務整理の特徴 ······································· 269

1　債務者の利益と債権者間の公平の調整 ··················· 269

2　適正な弁護士費用の確保の困難さ ························ 270

3　複数の債務整理方法の選択 ····························· 270

Chapter 3　法律相談・受任 ·· 271

1　法律相談・受任の流れ ································· 271

2　法律相談の目的 ····································· 271

3　事前予約・相談時に確認すべき事項 ····················· 272

（1）相談者氏名・住所273／（2）債権者名・借入時期・最後の返済時期・負債総額273／（3）相談したい事項273／（4）相談カードの送付等273

4　面談相談時に確認すべき事項 ··························· 276

（1）持参資料の確認276／（2）相談者氏名（旧姓含む）・生年月日・住所（過去の住所含む）278／（3）書類の送付先の確認278／（4）勤務先・勤続年数・雇用形態・収入の確認278／（5）資産の確認279／（6）負債の確認（債権者名・借入時期・最後の返済時期・負債総額）281／（7）保証人の有無の確認282／（8）過去の離婚歴282／（9）過去の債務整理歴282／（10）家族構成282／（11）不利益事項の説明283

5　法律相談　実践例 ··································· 284

Chapter 4　債務整理の7つのポイント ······························· 286

Chapter 5　ポイント①　受任通知の発送 ····························· 287

1　受任通知の意義・効果 ································· 287

2　受任通知の注意点 ··································· 288

3　受任通知の記載内容 ································· 288

（1）債務者本人への直接取立禁止の要請288／（2）過払金の支払請求289／（3）受任通知が消滅時効中断事由としての債務の承認ではないこと289／（4）取引履歴開示請求289／（5）公正証書作成用の委任状の撤回289

4　受任通知の発送時期 ································· 289

5　受任通知後の取立てへの対応 ··························· 290

6　クレジットカードの返却 ······························ 290

Chapter 6　ポイント②　債権調査・債務額の確定 ······················ 291

1　取引履歴の開示請求 ································· 291

2　開示履歴の検討 ····································· 292

3　債務額の確定 ····································· 292

（1）利息制限法による引直計算292／（2）空白期間への対応293

Chapter 7　ポイント③　弁護士費用の支払方法 ······················· 294

1	①返済を止めて分割払いをしてもらう	295
2	②第三者から援助してもらう	295
3	③資産を処分して用意する	296
4	④法律扶助（法テラス）を利用する	296

Chapter 8 ポイント④ 解決方法の選択 297
1 債務整理の解決方法 297
2 任意整理の特徴 297
（1）任意整理とは 297 ／（2）任意整理の特徴 298
3 自己破産の特徴 299
（1）自己破産とは 299 ／（2）破産手続 299 ／（3）免責手続 299 ／（4）自己破産のデメリット 300
4 個人再生の特徴 301
（1）個人再生とは 301 ／（2）小規模個人再生 301 ／（3）給与所得者等再生 302
5 その他（消滅時効・相続放棄） 304
（1）消滅時効の援用 304 ／（2）相続放棄 304
6 各手続の選択の目安 304
（1）任意整理の目安 304 ／（2）自己破産の目安 305 ／（3）個人再生の目安 307

Chapter 9 ポイント⑤ 任意整理 308
1 方針決定 308
2 受任通知の送付 309
3 債権調査 309
4 家計全体の状況の確認 309
5 和解交渉 309
6 和解の成立 311

Chapter10 ポイント⑥ 自己破産 312
1 方針決定 312
2 破産手続開始申立 313
（1）申立 313 ／（2）面接 313 ／（3）予納金の納付 314
3 破産手続開始決定 314
（1）破産手続の開始 314 ／（2）管財手続・同時廃止 314
4 免責許可決定 315
（1）免責とは 315 ／（2）免責許可申立てについての裁判 315 ／（3）免責不許可事由 315 ／（4）裁量免責 316 ／（5）免責許可決定の効力 317 ／（6）非免責債権 317

Chapter11 ポイント⑦ 個人再生 319
1 方針決定 319
（1）債務減免の強制 320 ／（2）財産清算不要 320 ／（3）資格制限なし 320 ／（4）住宅ローン返済中の住宅の保持 320
2 個人再生手続の流れ 320

目　次

　　3　申立前の準備等‥‥‥‥‥‥‥‥‥‥‥‥‥‥‥‥‥‥‥‥‥‥‥‥‥‥‥‥‥‥321
　　（1）開始要件のチェック321／（2）認可要件のチェック321
　　4　個人再生申立‥‥‥‥‥‥‥‥‥‥‥‥‥‥‥‥‥‥‥‥‥‥‥‥‥‥‥‥‥‥‥321
　　（1）申立時必要書類321／（2）清算価値算出に必要な書類322／（3）小規模
　　個人再生申立時に提出する書類323／（4）給与所得者等再生申立時に提出する
　　書類323／（5）住宅資金特別条項を利用する場合に提出する書類323

Part 6　労働‥‥‥‥‥‥‥‥‥‥‥‥‥‥‥‥‥‥‥‥‥‥‥‥‥‥‥‥‥327

Chapter 1　本章の目的‥‥‥‥‥‥‥‥‥‥‥‥‥‥‥‥‥‥‥‥‥‥‥‥‥‥328
Chapter 2　労働分野の特徴‥‥‥‥‥‥‥‥‥‥‥‥‥‥‥‥‥‥‥‥‥‥329
　　1　高度な専門性‥‥‥‥‥‥‥‥‥‥‥‥‥‥‥‥‥‥‥‥‥‥‥‥‥‥‥‥‥‥329
　　2　証拠の偏在化‥‥‥‥‥‥‥‥‥‥‥‥‥‥‥‥‥‥‥‥‥‥‥‥‥‥‥‥‥‥329
　　3　解決方法の多様性‥‥‥‥‥‥‥‥‥‥‥‥‥‥‥‥‥‥‥‥‥‥‥‥‥‥‥329
Chapter 3　法律相談・受任の流れ‥‥‥‥‥‥‥‥‥‥‥‥‥‥‥‥‥330
　　1　法律相談・受任の流れ‥‥‥‥‥‥‥‥‥‥‥‥‥‥‥‥‥‥‥‥‥‥‥‥330
　　2　法律相談の目的‥‥‥‥‥‥‥‥‥‥‥‥‥‥‥‥‥‥‥‥‥‥‥‥‥‥‥‥330
　　3　事前予約・相談時に確認すべき事項‥‥‥‥‥‥‥‥‥‥‥‥‥‥‥‥331
　　（1）相談者氏名・住所331／（2）関係者氏名・住所331／（3）労働問題の内
　　容332／（4）相談カードの送付等332
　　4　面談相談時に確認すべき事項‥‥‥‥‥‥‥‥‥‥‥‥‥‥‥‥‥‥‥334
　　（1）持参資料の確認334／（2）相談したい事項の確認334／（3）使用者（相手
　　方）側の言い分の確認335／（4）証拠の収集・確保の検討335／（5）解決方法
　　の検討336
　　5　法律相談　実践例‥‥‥‥‥‥‥‥‥‥‥‥‥‥‥‥‥‥‥‥‥‥‥‥‥‥336
Chapter 4　労働問題の7つのポイント‥‥‥‥‥‥‥‥‥‥‥‥‥‥338
Chapter 5　ポイント①　時間外手当に関する問題‥‥‥‥‥‥‥339
　　1　労働時間の考え方‥‥‥‥‥‥‥‥‥‥‥‥‥‥‥‥‥‥‥‥‥‥‥‥‥‥340
　　（1）労働時間の原則340／（2）労働時間の概念340／（3）残業代の計算342
　　2　適用除外者‥‥‥‥‥‥‥‥‥‥‥‥‥‥‥‥‥‥‥‥‥‥‥‥‥‥‥‥‥‥343
　　（1）管理・監督者343／（2）機密事務取扱者344／（3）監視・断続労働従事
　　者344
　　3　時間外手当の請求‥‥‥‥‥‥‥‥‥‥‥‥‥‥‥‥‥‥‥‥‥‥‥‥‥‥345
　　（1）証拠の確保345／（2）時間外手当の請求方法345
Chapter 6　ポイント②　労働条件・労働環境に関する問題‥‥347
　　1　労働条件切り下げへの対処‥‥‥‥‥‥‥‥‥‥‥‥‥‥‥‥‥‥‥348
　　（1）労働条件変更の原則348／（2）就業規則の作成・変更による労働条件切り下
　　げ349／（3）労働協約締結による労働条件切り下げ350／（4）降格・配置転換を

理由とした労働条件切り下げ*350*／（5）個別査定に基づく労働条件切り下げ*351*

2　退職金不払・減額への対処……………………………………………352
（1）退職金の性質*352*／（2）退職金の支払時期*352*／（3）退職金の不支給・減額*352*／（4）退職金不払いへの対処*353*

3　セクハラ・パワーハラスメント等の対処…………………………353
（1）パワー・ハラスメントの典型例*353*／（2）違法性の判断基準*354*／（3）使用者のセクハラ・パワハラ防止義務*354*／（4）セクハラ・パワハラ被害に遭ってしまったら*355*

Chapter 7　ポイント③　労働契約の終了に関する問題……………………356

1　労働契約終了の分類………………………………………………356
（1）労働契約終了の場面*356*／（2）意思表示による労働契約終了の場面*356*／（3）有期雇用と無期雇用の違い*357*

2　辞めさせてくれない場合の対処…………………………………357
（1）辞職の自由・民法の定め*357*

3　退職願の撤回………………………………………………………359
（1）退職届の種類・法的性質*359*／（2）退職届の撤回*359*／（3）退職願を出してしまった後にとるべき対策*360*／（4）退職届の取消・無効*360*

4　退職勧奨・退職強要等の対処……………………………………361
（1）退職勧奨・退職強要とは*361*／（2）退職勧奨に応じる義務の有無*361*／（3）退職勧奨・退職強要に対する対処方法*361*

5　解雇の対処…………………………………………………………362
（1）解雇の種類*362*／（2）解雇規制*362*／（3）解雇への対処*363*／（4）解雇を本訴で争う場合*364*／（5）解雇を仮処分で争う場合*364*／（6）解雇を労働審判で争う場合*364*／（7）解雇を争う方法の選択（交渉、本訴、仮処分、労働審判）*365*

6　整理解雇への対処…………………………………………………365
（1）整理解雇とは*365*／（2）整理解雇の四要件*365*／（3）整理解雇の対処*366*

7　懲戒解雇・諭旨解雇への対処……………………………………367
（1）懲戒解雇・諭旨解雇とは*367*／（2）懲戒解雇等の要件*367*／（3）懲戒事由例*368*／（4）懲戒解雇等への対処*368*

8　雇止めへの対処……………………………………………………369
（1）有期雇用契約とは*369*／（2）雇止めとは*369*／（3）雇止めの制限法理*369*／（4）雇止めへの対処*370*

Chapter 8　ポイント④　解決手続の選択……………………………………371

1　解決手続の種類……………………………………………………371

2　裁判外手続…………………………………………………………372
（1）任意交渉*372*／（2）会社内機関の利用*372*／（3）労働組合の利用*373*／（4）行政機関の利用*373*

目　次

　　3　裁判手続 ··· 374
　　（1）保全処分374／（2）労働審判375／（3）訴訟375
Chapter 9　ポイント⑤　保全処分の利用·································· 377
　　1　仮差押命令申立 ··· 377
　　（1）仮差押とは377／（2）仮差押命令申立書の提出378／（3）債権者面接378
　　／（4）担保決定379
　　2　仮処分申立 ·· 379
　　（1）仮処分とは379／（2）仮処分命令申立書の提出380／（3）双方審尋380／
　　（4）和解等の解決381
Chapter10　ポイント⑥　労働審判の利用 ·························· 382
　　1　労働審判の流れ ··· 382
　　（1）労働審判とは382／（2）労働審判員とは383／（3）労働審判が適当な事件
　　とは383／（4）労働審判を申し立てる裁判所（管轄）384／（5）労働審判のスケ
　　ジュール384
　　2　労働審判の審理 ··· 385
　　3　労働審判の終了 ··· 385
Chapter11　ポイント⑦　訴訟の利用 ······························ 387
　　1　訴訟の流れ ··· 387
　　（1）訴訟の提起387／（2）訴訟の類型387／（3）訴額388
　　2　訴訟の審理 ··· 388
　　（1）第1回口頭弁論期日388／（2）その後の弁論期日389
　　3　訴訟の終了 ··· 389
　　（1）判決389／（2）和解389
　　4　訴訟終了後の手続 ··· 390

Part 7　企業法務 ··· 391

Chapter 1　本章の目的 ·· 392
Chapter 2　企業法務分野の特徴 ···································· 393
　　1　企業法務における法的リスクマネジメント ······················· 393
　　2　法務部と弁護士の役割分担 ······································· 395
　　3　契約書の重要性 ··· 396
Chapter 3　法律相談・受任の注意点 ································ 398
　　1　法律相談の流れ ··· 398
　　2　法律相談の目的 ··· 398
　　3　事前予約・相談時の確認事項 ····································· 401
　　4　面談相談時に確認すべき事項 ····································· 402
Chapter 4　企業法務の7つのポイント ······························ 404

Chapter 5　ポイント①　**契約準備段階**･･･ *405*
　　1　全体像の把握 ･･ *405*
　　2　リーガル・リサーチ ･･ *407*
　　　（1）インターネット検索 *409* ／（2）書籍の脚注・参考文献の利用 *410* ／（3）図
　　　書館や書店の書棚の利用 *410* ／（4）索引、蔵書目録の利用 *410*
　　3　リーガル・オピニオンの作成 ･･････････････････････････････････ *412*

Chapter 6　ポイント②　**契約締結交渉開始後**･･････････････････････････････ *423*
　　1　契約準備段階と契約交渉開始後の違い ････････････････････････ *423*
　　2　重大な法的リスクの再検討 ･･････････････････････････････････････ *423*
　　3　取った上でコントロールすべき法的リスクの検討 ･･････････････ *424*

Chapter 7　ポイント③　**契約書ドラフト段階**･･････････････････････････････ *426*
　　1　要件事実論と契約書の重要性 ･･････････････････････････････････ *426*
　　2　契約書の構成及び留意点 ･･････････････････････････････････････ *427*
　　3　「雛形」の活用 ･･･ *432*

Chapter 8　ポイント④　**契約の履行段階**･･･････････････････････････････････ *436*
　　1　契約（法律行為）の要件の確認 ･･････････････････････････････ *437*
　　2　契約の履行に対する抗弁事由の確認 ････････････････････････ *439*
　　3　契約の履行の管理 ･･･ *439*

Chapter 9　ポイント⑤　**紛争発生後の対応**･･･････････････････････････････ *440*
　　1　紛争発生の予兆の事前察知の重要性 ････････････････････････ *440*
　　2　紛争発生の予兆・チェックリスト ･･････････････････････････ *441*
　　3　危険度類型別留意点 ･･･････････････････････････････････････ *442*
　　　（1）安定段階（紛争の可能性が低い段階）*442* ／（2）要注意段階（紛争の可能
　　　性が高まっている段階）*443* ／（3）緊急段階（紛争発生を回避できない段階）*443*

Chapter10　ポイント⑥　**紛争の解決**･･･････････････････････････････････････ *445*
　　1　紛争の解決方法の選択 ･･･････････････････････････････････････ *445*
　　2　裁判外手続 ･･･ *449*
　　　（1）任意交渉 *449* ／（2）ADR・調停の手続 *451* ／（3）民事保全の手続 *452* ／
　　　（4）訴訟の手続 *456* ／（5）訴訟の終了 *457*

Chapter11　ポイント⑦　**強制執行・担保権の実行**･･･････････････････････ *458*
　　1　強制執行・担保権の実行の概要 ････････････････････････････ *458*
　　　（1）強制執行とは *459* ／（2）担保権の実行手続とは *459*
　　2　債権執行手続の流れ ･･･････････････････････････････････････ *460*
　　　（1）債権執行とは *460* ／（2）債権執行の対象 *460* ／（3）債権執行手続の流れ *460*
　　3　不動産執行手続の流れ ･････････････････････････････････････ *462*
　　　（1）競売手続 *462* ／（2）担保不動産収益執行 *465*

分野別推薦書籍100選 ･･･ *467*

索引･･ *474*

民事弁護総論

Part 1

Chapter 1 本章の目的

```
1  民事弁護の多様性の理解
2  民事弁護で必要とされる能力の理解
3  民事弁護の7つのポイントの理解
```

　弁護士は、当事者その他関係人の依頼又は官公署の委嘱によって、訴訟事件、非訟事件及び審査請求、再調査の請求、再審査請求等行政庁に対する不服申立事件に関する行為その他一般の法律事務を行うことを職務とします（弁護士法3条1項）。弁護士の職務から刑事弁護を除いたその他の活動が民事弁護に属するということができます。

　したがって、刑事事件を専門としない限り、ほとんどの弁護士は民事弁護を担当することになります（刑事事件専門といっても、被害弁償等の際には民事上の影響も意識することにはなるのですが）。

　このように、民事弁護の領域は非常に広い一方、各領域の特殊性も強く、その技術や知識の修得は容易ではありません。

　本書では、民事弁護のうち、多くの弁護士が担当する各法律分野について各章に分けて検討していきますが、冒頭にあたる本章では、各法律分野の土台となる、民事弁護に共通する事項についてお話したいと思います。

　本章では、民事弁護で必要とされる能力と、民事弁護に関する7つのポイントを中心に押さえていただくことが目的です。

　初めての法律相談に入る前に本章をご一読いただき、民事弁護に関する法律相談やご依頼を受ける際の、皆様の一助となれば幸いです。

Chapter 2 民事弁護で必要とされる能力

【民事弁護で必要とされる技術・能力】

弁護士として求められる7つの能力	① 事件を適切に把握する技術 ② 事件解決について具体的に見通しをつけることができる技術 ③ 当事者の利益にかなう法律文書作成の技術 ④ 訴訟における立証技術 ⑤ 依頼者との信頼関係を形成する技術 ⑥ 相手方との交渉技術 ⑦ 弁護士活動の基礎を確立し危険を回避するための技術
弁護士として求められる技術・能力の高め方	□ INPUTとOUTPUTのバランス □ ジェネラリストとスペシャリストの意識 □ 委員会活動・弁護団活動等の重要性
社会人として求められる技術・能力の高め方	□ 傾聴→受容→共感 □ 報告・連絡・相談 □ 「人を動かす」(デール・カーネギー著)

1 弁護士として求められる7つの技術・能力

　前述したように、民事弁護の領域は非常に広い一方、各領域の特殊性も強く、その技術や知識の修得は容易ではありません。

　一日も早く民事弁護の能力を高めていくためには、個別の領域の特殊性だけにとらわれず、民事弁護全般に共通して求められる技術・能力を理解し、高めていくことが大切です。

　民事弁護全般に求められる技術・能力を整理すれば、以下の7つに分類できます（司法研修所編『民事弁護の手引〔8訂〕（増訂版）』（日本弁護士連合会、2019年）4頁以下）。

① 事件を適切に把握する技術
　・事実調査能力
　・法令及び判例の調査・分析能力

② **事件解決について具体的に見通しをつけることができる技術**
　・手続法（訴訟法・保全・執行・倒産法等）についての基本的な理解
　・手続法や関連する制度とその具体的な運用についての理解

③ **当事者の利益にかなう法律文書作成の技術**
　・文書表現能力（説明力・説得力）
　・様々な法律文書（訴状・準備書面・契約書等）の機能や役割の理解

④ **訴訟における立証技術**
　・各種の証拠収集技術
　・訴訟上の尋問技術

⑤ **依頼者との信頼関係を形成する技術**
　・コミュニケーション能力
　・人間の多様性や様々な経験則への理解と洞察

⑥ **相手方との交渉技術**
　・様々な紛争についての理解と洞察
　・各種の紛争解決の技法の理解と修得

⑦ **弁護士活動の基礎を確立し危険を回避するための技術**
　・弁護士倫理についての具体的理解
　・弁護士活動を成り立たせ活動を順調に営むための技術

　民事弁護では、この７つの技術・能力が求められます。

　そして、この７つの技術・能力を大別すれば、法律専門家である弁護士として求められる技術・能力（①ないし④）と、社会人一般に求められる技術・能力（⑤ないし⑦）に分類できます。

　この７つの技術・能力をどうやって高めていくのかを意識していく必要があります。あくまでも私の経験でしかありませんが、これらの技術・能力の高め方は、その性質に応じて次のように整理できると思います。

Part 1
民事弁護総論

2 弁護士として求められる技術・能力の高め方

（1）INPUTとOUTPUTのバランス

　弁護士は、依頼を受けた案件に対応するために、依頼者と打合せをしながら相手方や裁判所と交渉するほか、書面を作成したり現地調査をしたりと、多くの業務をこなさなければなりません。また、弁護士によっては、依頼案件の処理だけでなく、新たな顧客の獲得のための営業をする方もいます。

　このように、弁護士は多忙であることが通常であるため、どうしても目先の案件への対応ばかりに追われてしまいがちです。受験生活になぞらえれば、ちょうど答練ばかりに追われているような状況に似ているといえるかもしれません（私は、この状況を「OUTPUT」と呼んでいます）。

　もちろん、各案件を処理するための「OUTPUT」であっても、その過程で案件の解決に必要な資料や事実関係等の調査を行うことで新たに得ることができるものも多く、成長にプラスであることは間違いありません。新人弁護士の教育という観点でも、実際に業務に携わること（OJT）は即効性もあり、非常に有効です。

　なお、これは、私の民事弁護教官から教わったことですが、新人弁護士のうちから、各案件ごとに、①時系列表、②登場人物関係図、③要件事実ブロックダイヤグラム、④争点について有利・不利な事実を記載した表、⑤作業チェックリスト（これらを「五点セット」と呼んでいます）をExcelで作成することで、効率良く「OUTPUT」をすることができる上、自信もつくようになります。

　もっとも、「OUTPUT」ばかりに追われると、どうしても各法律分野の体系的な理解を得ることは難しくなります。また、これまでに取り組んだことのない新たな分野に着手する時間をつくることも難しくなり、弁護士としての幅を拡げることも難しくなります。

　そこで、意識的に「INPUT」の時間を作るべきといえます。限られた時間にはなりがちですが、定期的に書籍を読んだり、外部研修を受講したりする時間を確保するよう心がける必要があります。特に、弁護士登録して間もない頃には、日本弁護士連合会が開催している各種研修に参加することがお薦めです。中でも、eラーニング研修は、インターネットに接続できれば視聴が可能ですから、

5

時や場所を選ばず、非常に便利です。スマートフォン等を利用して、移動中に流し聴きをしているだけでも意外に効果があります。

「INPUT」と「OUTPUT」のバランスが重要であることは、司法試験の受験生活を思い返していただければイメージしやすいかと思います。基本書やテキストの読み込み・暗記をする「INPUT」と、答練や模試などを受講する「OUTPUT」の組み合わせのイメージです。

（2）ジェネラリストとスペシャリストの意識

ところで、最近は弁護士も増え、どうしても弁護士間の競争は避けられない状況となっています。

このように、弁護士間の競争が激しさを増す状況の中、「特定の分野に強いスペシャリストになったほうが良いのではないか」と考える方もいらっしゃると思います。一方で、「弁護士である以上、様々な分野に対応できるジェネラリストになりたい」と考える方も少なくないのではないでしょうか。

たしかに、短期的な競争力の獲得という点では、スペシャリストになることを優先することも大切です。そして、特定の分野でスペシャリストとなった後、一つ一つ、他の分野に手を広げていくという、「一点突破全面展開」の戦略は考えられます。また、すべての分野で高い水準を保つことは困難ですから、特定の分野に絞っていく必要は否定できません。

では、ジェネラリストの方向性はこれからの時代には合っていないかというと、私はそうは思えません。例えば、入り口では交通事故や離婚等、特定の分野の相談であっても、実際に依頼案件を進めていくと、債務整理や労働問題、刑事事件等、その他の分野の問題が関わってくることも少なくありません。幅広い法律分野に関する最低限の知見を持ち合わせていなければ、全体の方針を見誤ってしまうことさえ起こりかねません。民事弁護を担当する以上、様々な領域の法分野について、少なくとも全体の方針を見誤らない程度の知見を持ち合わせていなければ、本当に特定の分野のスペシャリストとはいえないでしょう。

このように考えると、弁護士登録した最初の数年はジェネラリストとして幅広い分野を経験しながら、徐々にご自身の適正を見極めていき、スペシャリストとして特定の分野の案件を意識的に多く担当するようにしていくというキャリアを辿っていくことが望ましい成長過程といえるのではないでしょうか。

（3）委員会活動・弁護団活動等の重要性

　また、弁護士としての技術・能力を高める方法として、各種の委員会活動や弁護団活動等に積極的に参加することが挙げられます。

　弁護士としての技術や能力は依然として属人的・職人的要素が強いといえます。いわゆる体系書や基本書等の書籍を読み込んでも、実際の案件処理にあたり注意すべき点などは学ぶことができないことは数多くあります。このような市販の書籍等で学ぶことができないことは、第一線でご活躍される先輩弁護士から学んでいく必要があります。

　そして、各種の委員会や弁護団活動は、先輩弁護士から弁護士として必要な技術や能力、そして心構えを学ぶ絶好の機会になります。

　日常の仕事で追われてしまいがちですが、委員会活動や弁護団活動等には、懇親会も含め、できる限り参加するようにしましょう（ちなみに、懇親会での「飲みニケーション」は、社会人としての「コミュニケーション」能力の重要な一つでもあります）。

3　社会人として求められる技術・能力の高め方

　一方、弁護士は、常に人と接することから、法律専門家としての技術・能力だけでなく、社会人として求められる技術・能力もあります。

　社会人として求められる技術・能力は、一言で言えば「コミュニケーション能力」といえます。特に、弁護士として相談者と接する際には、以下の2点を意識する必要があります。

（1）傾聴→受容→共感

　弁護士は、事実関係をできる限り正確に把握した上で、法的見解を検討します。法的見解を検討する前提として、できる限り正確な事実関係を把握する必要がありますが、正確な事実関係を把握する一番の手がかりは、相談者自身からの事情聴取になります。

　もっとも、相談者は、はじめから弁護士にすべての事実を話してくれるわけではありません。相談者がうまく事実関係を整理することができなかったり、弁護

士に気兼ねして思うように話すことができなかったりすることもあります。

　相談者から十分に事実関係を確認することができるようになるためには、相談者からの信頼を得る必要があります。

　そして、相談者から信頼を得るコミュニケーションのポイントは、「傾聴→受容→共感」の３つのステップを踏むことにあります。

　相談者の話をただ漫然と聞くのではなく、相談者の心情に配慮しながら、心を傾けてまずは話を聴くことに集中しましょう（①「傾聴」のステップ）。

　そして、相談者の話を聴きながら、相談者の悩みや苦しみを受け入れていきましょう。このときは、相槌を打つセリフを決めておいてもよいでしょう。私の場合は、「ええ」、「はい」というだけではなく、「そんなことがあったのですか」と、より踏み込んだ印象を与えるような言葉を意識的に選ぶようにしています（②「受容」のステップ）。

　最後に、相談者の悩みや苦しみに共感を示していきましょう。このときも、単に「そうですか」などというのではなく、「それは大変でしたね」等と具体的な相槌を打つとよいでしょう（③「共感」のステップ）。

　この３つのステップを踏んだ場合、多くの相談者は、話をしっかりと聴いてくれた弁護士に対し、「この人ならば話を聴いてくれるのではないか」という安心を感じてくれます。この安心があるからこそ、人には話しにくいようなことも、少しずつ話してくれる関係を築くことができていきます。

　患者を見ずにカルテを見る医者が信頼されないように、法律問題にばかりとらわれ、目の前にいる相談者を見ない弁護士も信頼を得ることは難しいのではないでしょうか。

　なお、「共感」するといっても、相談者に迎合することや、言いなりになることとは異なります。相談者の希望する解決案が法的には難しい場合には、法的に実現することは難しいという見通しを専門家として伝えなければなりません。相談者からすれば、自分の希望を否定するような見解は受け入れ難いときも少なくありません。この場合には伝え方に注意しなければ、相談者の不満が相談を担当した弁護士へのクレームとなって返ってくることもあります。

　ですが、相談者の意に反する見通しを伝える場合にも、その前提として、相談者の悩みを傾聴し、受容した上で共感を示しておけば、弁護士の意見を受け入れてくれる信頼関係の土台が相談者との間に形成されていきます。むしろ、相談者

の意向に沿うことができない回答が予想されるときほど、「傾聴→受容→共感」の
３つのステップを踏むことは大切といえます。

（2）報告・連絡・相談

「傾聴→受容→共感」の３つのステップは、特に初回の法律相談を担当すると
きに大切なことですが、継続的な相談や依頼案件を担当する際には、「報告・連
絡・相談」というコミュニケーションを維持することがとても大切です。

多くの依頼者は、これまでに弁護士に依頼したこともなければ、相談さえした
ことがありません。弁護士に依頼した後、どのように手続が進んでいくのか、ま
た裁判はどのように進んでいくのか、何もわからず、不安な日々を過ごしていま
す。

そこで、交渉や裁判等で何らかの進展があった場合、できる限りその都度依頼
者には報告をするように心がけましょう。

また、特に進展がなくとも、一定期間（１ヵ月に１回等）ごとに連絡をとるこ
とも大切です。

証人尋問や和解など、裁判手続の大詰めの場面では、事前に打ち合わせを行
い、しっかりと依頼者との間で意見をすり合わせができるように相談しておくこ
とも重要です。

弁護士は、依頼者だけでなく、相手方や裁判所との対応もしなければならない
ため、つい忙しさにかまけて依頼者への報告や連絡等を怠りがちです。ですが、
「報告・連絡・相談」という一連のコミュニケーションこそ、依頼者との信頼関
係を維持し、さらに深めていくための大切な過程です。なかなか忙しくてその時
間がとれない時もありますが、依頼者からの信頼を得るためにも、決して疎かに
しないようにしましょう（私はどうしても依頼者とお話する時間をとることがで
きない場合には、簡単な経過を整理したお手紙やFAXを送るようにしています）。

（3）参考書籍

なお、このような社会人として求められる技術・能力を学ぶ書籍としては、
『人を動かす』（デール・カーネギー著）がおすすめです。

随分と昔の書籍ではありますが、自己啓発本のベストセラーでもあり、対人関
係の本質を学ぶことができます。ぜひ一読をお勧めします。

民事弁護の7つのポイント

【民事弁護の7つのポイント】

- **Point 1** 法律相談・受任の留意点
- **Point 2** 解決方法の選択
- **Point 3** 示談交渉の留意点
- **Point 4** ADR・調停の留意点
- **Point 5** 民事保全の留意点
- **Point 6** 訴訟の留意点
- **Point 7** 顧問業務の留意点

　本書の目的は、弁護士登録直後の皆様が初めて法律相談やご依頼を担当する際の手引となることにあります。

　そこで、本章では、皆様がこれから民事弁護を担当するにあたってどのような能力が求められるのかを理解していただいた後、民事弁護の手続の流れを意識しながら適切に法律相談やご依頼を担当できるイメージを作っていただくことに主眼を置き、民事弁護で押さえるべきポイントを7つに整理しました。

　それでは、民事弁護における各ポイントをみていきましょう。

Chapter 4

ポイント① 法律相談・受任の留意点

1 法律相談・受任の流れ

【法律相談・受任の流れ】

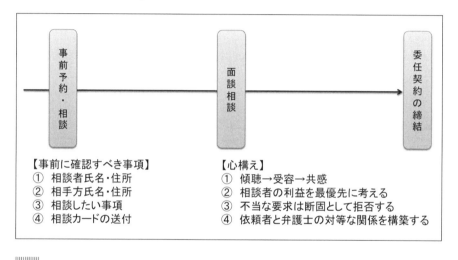

2 法律相談の目的

　法律相談の目的は、相談者に対し、法的観点から見て最適な解決案を提示することにあります。そこで、最適な解決案の模索にあたり必要な事項を確認していく必要があります。

　もっとも、相談したい事項を事前に整理できる方ばかりではありません。また、最初から正直にすべての事実を話すことに躊躇する方もいます。まずは「傾聴→受容→共感」を意識しながら、相談者の話を聴くことに集中しましょう。

　また、必要な事項を確認するためには、面談による法律相談だけでなく、事前に相談カードを送付し、必要事項を記入してもらったり、必要な資料を用意してもらったりするなどの準備も有効です。

　必要な事実関係を確認した上で、相談者が弁護士に相談したいポイントがどこ

にあるのかを見極め、適切なアドバイスをすることをこころがけましょう。ただし、すべての相談に、その場で即答できることばかりではありません。即答できないような相談に対しては、いったん中座して調べたり、場合によっては一度持ち帰らせてもらい、後日回答したりすることも検討しましょう。弁護士登録したばかりの頃は、「こんなことも知らないと思われては恥ずかしい。」という気持ちもあるかもしれませんが、一瞬の恥を恐れて誤って回答をしたばかりに相談者に迷惑をかけてしまうほうがよほど問題です。また、実際には、わからないということを正直に伝え、丁寧に調べた上で回答した方が、かえって相談者からの信頼を得ることができるものです。

　大切なことは、相談者の立場に立って、誠実に話を聴き、誠実に回答することを心がけることです。

3　事前予約・相談時に確認すべき事項

　事前予約は電話やメールで行うことが多いと思いますが、その際には以下の事項を確認しておくようにしましょう。

　なお、各法律分野によって、事前に確認すべき事項は異なりますが、以下でご紹介する事項は、各法律分野で共通するものになります。

（1）相談者氏名・住所

　相談者の身分関係を確認するため、氏名・住所を確認しましょう。

　利益相反のチェックをするためにも、詳細な相談内容を確認する前にこの点を確認しておく必要があります。

（2）相手方氏名・住所

　次に、相談事項に関係する相手方の氏名・住所を確認しましょう。

　この事項も、利益相反がないか事前に確認するために必要です。

　また、相手方が相談者の親族であった場合、相談したい事項が家族関係の問題（離婚、相続等）であるという推測をすることが可能になります。

Part 1
民事弁護総論

（3）相談したい事項

相談したい事項の聞き取りにあたっては、端的に「どのようなことをご相談されたいのでしょうか。」とまずはオープンクエスチョンをしてみるとよいでしょう。

もっとも、漫然と話を聞いていくと、いくら時間があっても足りないことになります。詳細な話は来所された際に伺うようご案内したり、事前に相談カードを送付するようご案内したりするようにしましょう。

（4）相談カードの送付等

以上の事案の概要を聞き取り、相談者が希望すれば、日程を調整して相談日を設定します。

なお、あらかじめ相談カードを送付しておき、法律相談前に記入しておいてもらうと、法律相談を効率的に進めることが可能となります。

ただし、相談カードの送付先や、送付時の弁護士名・事務所名の表示の可否は注意が必要です。家族等には弁護士に相談することを知られたくないという方も少なからずいますので、相談者のプライバシーに配慮した対応が必要です。

次頁の相談カードを参考に、皆様でも適宜改訂してみてください。

4　法律相談時の心構え

以上の事前確認をした上で、実際に対面して法律相談を実施することになります。

法律相談にあたっては、以下の点を注意するようにしましょう。

①　傾聴→受容→共感

前述したように、相談者から十分に事実関係を確認することができるようになるためには、相談者からの信頼を得る必要があります。

相談者から信頼を得るコミュニケーションのポイントは、「傾聴→受容→共感」の３つのステップを踏むことにあります。

相談者の話を聴くときには、この３つのステップを踏んでいくことを意識して進めていく必要があります。

【相談カード】

民事相談カード　　　一　　　　　　　受付No.　　一

相談日	年　　月　　日	弁護士		担当事務局	

相談者	カ　ナ	新規	紹介者	
	氏　名			
	男・女　西暦　　　年　　月　　日生（　　歳）	再来	年　　月　　日頃
			同　・　別事件

住　所 (住民票)	〒　　－	自宅Tel　　　－　　　－
		FAX　　　　　－　　　－
		携帯Tel　　　－　　　－

| 居　所
(連絡先) | 〒　　－　　　　　　　　　　　　方 | 連絡先Tel　　　－　　　－ |
| | | 他（　　）　　－　　　－ |

| Email | | □　Emailへのご連絡可 |
| | メールマガジンの配信をしてもよろしいですか？　□　はい　　□　いいえ | |

| 勤務先 | 名称　　　　　　　　（　　）市町村 | TEL　　　－　　　－ |
| | | FAX　　　－　　　－ |

1　相談内容

2　相手方
　①氏名
　　　　　　　　　　　　　　　　男・女（　　歳）Tel

　②住所
　〒

　③本人との関係

　④関係者氏名及び住所

3　紛争または事件の経過（詳細は裏面に記入してください）

4　弁護士への相談及び質問の内容

※事件コード
IV　消費者事件
　01　クレジット被害
　02　訪問販売
　03　新興宗教
　04　先物取引
　05　その他
V　労働事件
　01　解雇・配転等
　02　集団労使紛争
　03　労働災害
　04　その他
VI　商事事件
　01　手形・小切手
　11　会社法関係
　21　その他
VII　行政関係事件
　01　住民監査請求
　11　行政訴訟
　12　外国人事件
　21　国家賠償
　31　その他
IX　その他
　01　運動関係
　11　労働組合
　21　民主団体等
　31　顧問
　91　その他

処　理	□相談終了　　□相談継続　　□交渉　　□裁判　　□送らない

徐々に慣れてくれば、法律相談の時間配分も意識して、法律相談をリードしていくようにしましょう。

例えば、法律相談の時間が1時間であれば、①最初の20分は「傾聴」に集中し、②次の5分は「受容」に、③次の5分は「共感」を示すようにします。そして、④次の15分で、弁護士としての法的見解を説明し、⑤最後の15分で相談者が今後とるべき対応についての方向性を示す、というような流れを作ることです。

法律相談の時間は限りがありますので、限られた時間を有効に利用することも意識していきましょう。

②　弁護士の利益ではなく相談者の利益を最優先に考える

法律相談では「傾聴→受容→共感」の3つのステップが大切と繰り返し述べていますが、この3つのステップを踏む理由は、相談者から信頼してもらうためです。

そして、相談者から信頼してもらう目的は、弁護士が依頼を受けるためではなく、相談者に弁護士を信頼してもらい、抱えている悩みや問題に関する事実をより詳細に話してもらいやすい土台をつくり、相談者にとって望ましい法的解決策を探していくためにあります。相談者の信頼を得る目的は、あくまでも相談者の利益のためであって、弁護士の利益のためではありません。

依頼を受けるために取り繕ったとしても、多くの場合、そのような下心は見透かされます。

依頼を受ける際には、弁護士費用等のご負担も生じることを説明した上で、それでも弁護士に依頼することが相談者にとって利益となるかどうかということを、相談者と一緒に考えていくことを常に意識しましょう。

③　不当な要求は断固として拒否する

「傾聴→受容→共感」の3つのステップを踏むことの受容性を何度もお話していますが、「共感」することは、相談者に迎合することや言いなりになることではありません。

相談者の悩みには「共感」を示しても、相談者が希望・要求する手段が法的には難しい場合には、法律専門家として毅然とお断りしなければなりません。特に、相談者の要求が不当・違法のおそれがある場合であればなおさらです。

このような場合、弁護士として相談者が希望する方法は実施できず、依頼を受

けることはできないということを伝えなければなりません。

このような見通しを伝えてもなお相談者が自分の要求を突き通そうとするのであれば、相談者と弁護士の間で信頼関係を築くことは難しいと言わざるを得ません。

昨今は「受任する力」ばかりが強調されがちですが、このような場面では、むしろ「断る力」を持つことが大切です。

④　依頼者と対等な信頼関係を構築する

「傾聴→受容→共感」の３つのステップが重要とお話しましたが、要約すれば依頼者と弁護士との間で対等な信頼関係を築くことができるかどうか、が法律相談を成功させるポイントです。

そして、依頼者と弁護士との関係は、一方が上に立つのではなく、両者が対等な信頼関係であることが理想的といえます。

弁護士もサービス業であることは否定できませんが、弁護士は、依頼者を説得したり、依頼者が不適切な言動をしないよう諫めたりすることも求められます。弁護士よりも依頼者の立場が上にあり、弁護士が依頼者のイエスマンとなってしまっては、依頼者を諫め、事案を適切に解決することもできなくなってしまいます。最悪の場合には、依頼者の違法行為を助長することにもなりかねません。

一方で、弁護士が依頼者よりも上の立場として接することも、依頼者の真意を図ることができず、真に事案の適切な解決が難しくなるという点で適切とはいえません。

弁護士として、時には依頼者に苦言を呈し、行動を律しても、なお依頼者から信頼を得ることができる、対等な関係の構築を志向していきましょう。

5　法律相談の「型」～プレゼンテーション

「法律相談時の心構え」は**前記第4**のとおりですが、相談者から信頼を得て依頼を得るためには、法律相談を効果的に実施する必要があります。

弁護士の視点から法律相談の役割を整理すれば、法律相談は、限られた時間内において、相談者の抱える悩みの事実関係を整理し、法的問題点を確認した上で、解決する法的方法を提示するだけでなく、依頼を受ける場合には弁護士に依頼することのメリットも理解していただくための機会といえます。この観点から

Part 1
民事弁護総論

すれば、法律相談とは、「弁護士による相談者へのプレゼンテーション」ともいうことができます。

弁護士が相談者に対して効果的にプレゼンテーションを行うためには、座って話を聞くというだけではなく、ホワイトボードやパワーポイント等の視覚的なツールを使い、相談者が抱える法的問題点や解決方法等をわかりやすく伝えるということも有効です。

私どもの事務所では、相談室にホワイトボードを備え置き、相談者の話をうかがいながら、事実関係や争点、解決方法をホワイトボードに書き出していき、相談者との共同作業により事案の整理を行っていくというスタイルを採用しています（具体的なホワイトボードの使い方については、各分野でご紹介させていただきます）。

【ホワイトボードによる法律相談の「型」】

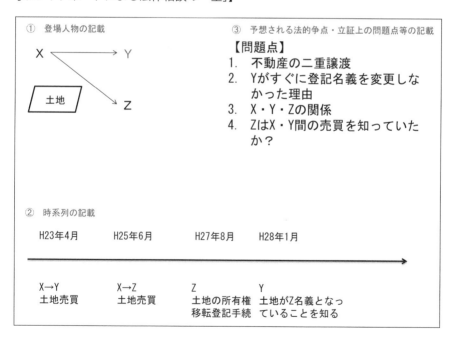

上記掲載図は、不動産の二重譲渡に関する相談事例を想定しています。

私の場合には、ホワイトボード左上に①登場人物の記載を行い、当事者関係の

概要を整理します。次に、ホワイトボード下部に横線を引き、②時系列の記載を行い、事実関係を整理します。最後に、ホワイトボード右上に③予想される法的争点・立証上の問題点等の記載を行い、争点・問題点を整理します。

この①・②・③の記載を、「傾聴→受容→共感」の3つのステップに落とし込みながら行っていきます。

【1時間の法律相談の場合】

A）最初の20分は「傾聴」に集中する（ホワイトボードにはまだ記載しない）

B）次の5分は「受容」する（①・②を記載する）

C）次の5分は「共感」を示す（①・②を記載しながら行う）

D）次の15分で、弁護士としての法的見解を説明する（③を記載する）

E）最後の15分で相談者が今後とるべき対応についての方向性を示す（③を示しながら説明する）

もちろん、ホワイトボードを利用して法理相談を行うということは一つの方法でしかありません。先生方によっては、ホワイトボード等の視覚ツールを利用するよりも、メモ等もとらずにお互いの表情を確認して対話を重ねるほうが進めやすいという方もいらっしゃると思います。また、法律相談で聞いた話をその場でパソコンに打ち込み、整理した概要をメモランダムとして法律相談終了直後に渡すほうが相談者に満足していただけると考える方もいらっしゃると思います。

大切なことは、法律相談とは、決まった一つの方法があるわけではなく、法律相談の効果を上げるためにはいくつもの方法が考えられる、とてもクリエイティブな場面であるということです。

それぞれの得意な伝え方を試行錯誤していただき、法律相談の「型」を習得していただくことが、法律相談をより効果的かつ効率的にする近道となります。

6　委任状・委任契約書の作成

法律相談の結果、正式に依頼を受けるということになれば、委任状と委任契約書を作成する必要があります。

委任状等の作成にあたっては、以下の点に注意しましょう。

① 委任状の受領

依頼を受ける際には、委任状を取り交わすようにしましょう。

口頭でも委任契約は成立しますが、後日の紛争を防止する上でも、委任状の取り交わしは必須といえます。

また、依頼者に不信を抱かれないよう、委任事項は明記して委任状を取り交わしましょう。委任事項を記載しない、白紙委任状の取り交わしは、依頼者からすれば不安なものです。

なお、委任状は、交渉段階と調停・訴訟段階では別の委任状を取り交わすようにしましょう。依頼段階に応じて委任状を取り交わし直すことで、どこまでが当初の委任契約の範囲かを明確にすることができます。

② 弁護士報酬の自由化

次に、委任状とともに委任契約書を取り交わす必要があります。

委任契約は原則として無償契約です（民法648条1項）ので、費用を明確に取り決める必要があります。

なお、弁護士は、よくも悪くも弁護士費用について頓着しない方も少なくありません。受任の際に明確な弁護士費用を取り決めず、解決してから弁護士費用を具体的に話し合う方もいるようですが、このような進め方は危険です。受任の際には、必ず弁護士費用を明記した委任契約書を取り交わすようにしましょう（弁護士職務基本規程29条、30条参照）。

また、現在は弁護士費用も自由化されていますが、あまりに高額な弁護士費用を設定することは、委任契約の有効性にも疑義を生じさせるほか、弁護士への信頼にも関わることですから、厳に避けるべきです。

委任契約書の書式は、日本弁護士連合会のホームページにも参考書式が掲載されていますので、こちらを参考にするとよいでしょう。

事案によっては、弁護士費用をよく検討してから依頼したいと言われることもありますので、その際には弁護士費用の見積書を作成・交付することも検討しましょう。

③ 依頼事項ごとに委任契約書等を取り交わすことの重要性

委任契約書の取り交わしにあたっては、どこまでが依頼の範囲なのかを明確にしておくことが大切です。

【委任状（参考書式）】

㊞

委　任　状

年　　月　　日

住　所

氏　名　　　　　　　　　　　　㊞

　私は，次の弁護士を代理人と定め，下記の事件に関する各事項を委任します。

弁　護　士　　●　　●　　●　　●

●●●●法律事務所（茨城県弁護士会所属）

〒300-1234　茨城県牛久市中央●丁目●番地●号

TEL:●●●−●●●−●●●●／FAX:●●●−●●●−●●●●

記

第1　事件

第2　委任事項

　1　上記事件に関する一切の件

　2　復代理人の選任

Part 1

民事弁護総論

【委任契約書（参考書式）】

委 任 契 約 書（民 事）

依頼者を甲、受任弁護士を乙として、次のとおり委任契約を締結する。

第1条（事件等の表示と受任の範囲）

甲は乙に対し下記事件又は法律事務（以下「本件事件等」という）の処理を委任し、乙はこれを受任した。

①事件等の表示

事件名..

相手方..

裁判所等の手続機関名..

②受任範囲

□示談折衝、□書類作成、□契約交渉

□訴訟（一審，控訴審，上告審，支払督促，少額訴訟，手形・小切手）

□調停、□審判、□倒産（破産，民事再生，任意整理，会社更生，特別清算）

□保全処分（仮処分，仮差押）、□証拠保全、□即決和解

□強制執行、□遺言執行、□行政不服申立

□その他（　　　　　　　　　　　　　　　　　　　　　　　　）

第2条（弁護士報酬）

甲及び乙は、本件事件等に関する弁護士報酬につき、乙の弁護士報酬基準に定めるもののうち☑を付したものを選択すること及びその金額（消費税を含む）又は算定方法を合意した。

□着手金

①着手金の金額を次のとおりとする。

金_____円とする。

②着手金の支払時期・方法は、特約なき場合は本件事件等の委任のときに一括払いするものとする。

□報酬金

①報酬金の金額を次のとおりとする。但し、本件事件等が上訴等により受任範囲とは異なる手続に移行し、引き続き乙がこれを受任する場合は、その新たな委任契約の協議の際に再度協議するものとする。

□金_____円とする。

□甲の得た経済的利益の_____％とする。経済的利益の額は、乙の弁護士報酬基準_____に定める方法によって算出する。

②報酬金の支払時期は、本件事件等の処理の終了したときとする。

□手数料

①手数料の金額を次のとおりとする。

金_____円とする。

②手数料の支払時期・方法は、特約なき場合は本件事件等の委任のときに一括払いするものとする。

□時間制（　事件処理全般の時間制，　着手金に代わる時間制　）

①1時間当たりの金額を次のとおりとする。

金_____円

②甲は時間制料金の予納を（　する　，　しない　）ものとし、追加予納については特約に定める。予納を合意した金額は_____時間分である。

金＿＿＿＿＿＿＿＿＿＿円
　　③予納金額との過不足は、特約なき場合は事件終了後に清算する。
　□出廷日当
　　①1回当たりの日当の金額を次のとおりとする。
　　　　金＿＿＿＿＿＿＿＿＿＿円とする。
　　②甲は日当の予納を（　する　，　　しない　）ものとし、追加予納については
　　　特約に定める。予納を合意した金額は＿＿＿＿回分である。
　　　　金＿＿＿＿＿＿＿＿＿＿円とする。
　　③予納金額との過不足は、特約なき場合は事件終了後に清算する。
　□出張日当
　　①出張日当を（　一日　，　　半日　）金＿＿＿＿＿＿＿＿円とする。
　　②甲は出張日当の予納を（　する　，　　しない　）ものとし、追加予納につい
　　　ては特約に定める。予納を合意した金額は＿＿＿＿回分である。
　　　　金＿＿＿＿＿＿＿＿＿＿円
　　③予納金額との過不足は、特約なき場合は事件終了後に清算する。
　□その他
　　...
　　...
　　...

第3条（実費・預り金）
　甲及び乙は、本件事件等に関する実費等につき、次のとおり合意する。
　□実費
　　①甲は費用概算として金＿＿＿＿＿＿＿＿＿円を予納する。
　　②乙は本件事件等の処理が終了したときに清算する。
　□預り金
　　甲は＿＿＿＿＿＿＿＿＿＿＿＿＿＿＿＿＿＿＿＿＿＿＿＿＿＿＿＿＿の目的で
金＿＿＿＿＿＿＿＿＿＿＿円を乙に預託する。

第4条（事件処理の中止等）
　1．甲が弁護士報酬または実費等の支払いを遅滞したときは、乙は本件事件の処理に着
　　手せず、またはその処理を中止することができる。
　2．前項の場合には、乙はすみやかに甲にその旨を通知しなければならない。

第5条（弁護士報酬の相殺等）
　1．甲が弁護士報酬または実費等を支払わないときは、乙は甲に対する金銭債務と相殺
　　し、または本件事件に関して保管中の書類その他のものを甲に引き渡さないことがで
　　きる。
　2．前項の場合には、乙はすみやかに甲にその旨を通知しなければならない。

第6条（委任契約の解除権）
　甲及び乙は、委任事務が終了するまで本委任契約を解除することができる。

第7条（中途解約の場合の弁護士報酬の処理）
　　本委任契約にもとづく事件等の処理が、委任契約の解除または継続不能により中途
　で終了したときは、乙の処理の程度に応じて清算をおこなうこととし、処理の程度に
　ついての甲及び乙の協議結果にもとづき、弁護士報酬の全部もしくは一部の返還また
　は支払をおこなうものとする。

第8条（特約）

> 本委任契約につき、甲及び乙は次のとおりの特約に合意した。
>
> ....
> ....
> ....
>
> 甲及び乙は、乙の弁護士報酬基準の説明にもとづき本委任契約の合意内容を十分理解したことを相互に確認し、その成立を証するため本契約書を2通作成し、相互に保管するものとする。
>
> 　令和....... 年....... 月....... 日
>
> 　　　　甲（依頼者）
> 　　　　　住所...
>
> 　　　　　　　　氏名... 印
>
> 　　　　乙（受任弁護士）
> 　　　　　　　　氏名... 印

　交渉時点までの依頼なのか、裁判は一審までか、上訴審までも含むのかなど、細かく規定するようにしましょう。

　例えば、「裁判まで対応します。」と説明した場合、弁護士が裁判対応は一審までと考えていても、依頼者によっては上訴審までの対応も含めて依頼していると考えている場合もあります。

　弁護士費用の金額だけでなく、どこまでが委任の範囲なのかということもトラブルが生じやすいところですので、各手続に応じて委任契約書を取り交わすことを心がけましょう。

④　個別契約上の留意点は特約事項へ明記

　同じ分野の案件であっても、個別のケースによって対応すべき範囲や留意すべき事項は異なります。例えば、債務整理分野の場合、依頼者が任意整理を希望しており、破産手続や民事再生は希望していない場合、負債総額を調べたり財産関係を調査したりしてからでなければ明確な方針を決めることができないこともあります。このようなケースでは、当初は任意整理を前提として依頼を受けるものの、負債や財産関係の調査結果次第では、任意整理以外の方針を選択することがあることを、あらかじめ説明したことを委任契約書上に残しておいた方が、後々

【弁護士費用見積書（参考書式)】

御見積書

_____ 様

〒●

●県●市
●ビル●号室
● 法律事務所
●

下記のとおり御見積り申し上げます。

弁護士

印

見 積 NO.	
見 積 日	
有 効 期 限	本見積提出後2週間

合 計 金 額 [   ]

このたびはお見積もりの機会をお与え頂き、ありがとうございます。
下記の通りお見積り申し上げます。ご検討のほど宜しくお願い申し上げます

お 見 積 内 訳			
項 目		金 額	備 考
報酬	着 手 金		
	報 酬 金		
	相 談 料		
	日 当		
	実 費		
	消 費 税		
	小 計 ①		
費 用	実 費		
	立 替 金		
	小 計 ②		
合計③(① + ②)			
源 泉 徴 収 税 額 ④			
請 求 額(③ － ④)			

上記は〇〇の条件でお見積りしました。〇〇が必要な場合は別途お見積りします。

【お支払方法】
振込先:●銀行 ●支店
口 座:普通 店 番:●●●
口座番号:●
口座名義:●

※お振込みの場合、領収書の発行は振込用紙をもってかえさせていただきます。

Part 1
民事弁護総論

依頼者と方針選択をめぐってトラブルになることを回避しやすいといえます。

また、証拠関係からすれば、依頼者の主張が必ずしも認められるとは限らない場合でも依頼を受けるようなケースでは、依頼を受けたとしても依頼者の主張がすべて認められるとは限らないことを説明しておく必要があります。このようなケースでは、「依頼を受けたとしても依頼者の主張がすべて認められるとは限らないと説明した」ことを委任契約書上に残しておいた方が、無難といえます。

弁護士費用に関しても、報酬金を算定する際の経済的利益の評価方法をめぐってトラブルになるケースがあります。例えば、交通事故分野において、報酬金を「経済的利益の10%」と設定した場合、ここにいう「経済的利益」とは、弁護士が介入した後に増額した金額の10%を指すのか、依頼者が受け取る金額すべての10%を指すのか、または依頼者が受け取る金額から自賠責保険金相当額を控除した金額の10%を指すのか、によって異なることになります。ご依頼を受けてから解決するまで依頼者と良好な関係を保ってきたにもかかわらず、解決後の弁護士費用の算定をめぐってトラブルになることは、担当する弁護士にとっても、依頼者にとっても決して望ましいことではありません。そこで、弁護士費用の算定例についても、委任契約書や見積書としてあらかじめ明記しておいた方がよいといえます。なお、以下の表記は消費税別としている点にご留意ください。

例）交通事故における損害賠償請求の依頼を受け、弁護士報酬として「経済的利益の10%」として設定した。

当初、保険会社は損害賠償金として4000万円を提示していたが、弁護士が代理人として示談交渉を行った結果、最終的に5000万円を獲得した（自賠責保険金相当額：3000万円）。

【経済利益の考え方】
① 弁護士介入後の増額した金額
　　経済的利益：5000万円－4000万円＝1000万円
　　弁護士報酬：1000万円×10％＝100万円
② 依頼者が受け取る金額
　　経済的利益：5000万円
　　弁護士報酬：5000万円×10％＝500万円

③　依頼者が受け取る金額から自賠責保険金相当額を控除した金額

経済的利益：5000万円－3000万円＝2000万円

弁護士報酬：2000万円×10％＝200万円

7　契約時説明書の取り交わし

　正式に依頼を受けることになった場合には、委任状と委任契約書を締結することになりますが、さらに契約後の担当弁護士との連絡の取り方についても十分に説明しておくことが望ましいといえます。

　相談者・依頼者には、これまでに弁護士に依頼したことがないという方が少なくありません。初めて弁護士に依頼するという方にとって、弁護士とどのように連絡をとって進めていけばよいのかもわからないということがありえます。

　そして、弁護士との連絡方法のとり方がわからず、また深刻なトラブルに直面しているために、つい担当弁護士に頻繁に連絡を取ってしまう依頼者もいらっしゃることがあります。中には、土曜日や日曜日などの祝祭日、また深夜であっても担当弁護士と連絡を取ろうとして、担当弁護士が疲弊してしまったり、すぐに担当弁護士が連絡することができなかったことを理由にクレームに発展してしまったりするケースもあります。

　依頼を受けた後に、連絡のとり方を巡って依頼者とトラブルになってしまうことはお互いにとって望ましいことではありません。

　そこで、委任契約書を締結する際には、依頼後の担当弁護士との連絡の取り方について口頭で説明するだけでなく、具体的な注意点を整理した書面を取り交わしておくとよいでしょう。

Part 1

民事弁護総論

【契約時説明書・参考書式】

<u>今後のご連絡等に関しまして</u>

① 進捗状況等について，定期的に弁護士のほうからご連絡差し上げることは難しい場合がございます。ご不明な点がありましたら，どうぞ遠慮なく事務所宛にお問い合わせください。牛久本店，日立支所いずれでも構いません。お問い合わせのございました進捗状況等のご報告は，担当弁護士又は事務局からご連絡させていただきます。

② 弁護士は，原則として土曜，日曜，祝祭日はお休みを戴いております。ご連絡につきましては，平日の営業時間帯（午前９時～午後５時）にお願いできれば幸いです。

③ 弁護士は，日中は裁判，打合せ等で外出していることが多く，ご連絡戴いた際のご返事が遅くなる場合がございます。なるべく一両日中にはご返事いたしますが，遅れてしまう場合があることをご了承ください。

④ お打ち合わせをご希望の場合には，ご遠慮なくお申し付け下さい。日程を調整の上，お打ち合わせを設定させていただきます。

⑤ 弁護士より書類をお送りさせていただく場合がございますが，その際，弁護士名入の封筒をご希望されない場合には，その旨お申し付けください。

⑥ ご住所，お電話番号等のご連絡先に変更がございましたら，お早めにご連絡ください。

⑦ メールでのご連絡をご希望される場合には，以下の担当弁護士のアドレス宛にご連絡ください。
　□　●弁護士：●.com
　□　●弁護士：●.com
　□　●弁護士：●.com

　　　　　　　　　ご理解ご協力賜りますようお願い申し上げます。

令和　　年　　月　　日

以上の説明を受け，これを了解いたしました。

　　　　　　　　　氏　名：＿＿＿＿＿＿＿＿＿＿＿

Chapter 5 ポイント② 解決方法の選択

1 民事事件の解決方法

【解決方法の選択】

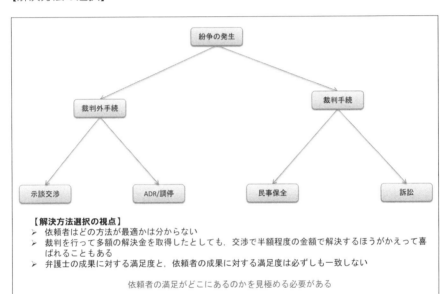

民事事件には複数の解決方法がありますが、大別すれば裁判外と裁判上の手続に分類することができます。

以下では各解決手続の概要についてご説明します。

2 示談交渉

示談交渉は、当事者間で係争案件について直接交渉を行う裁判外手続になります。

裁判外手続ですから、簡易迅速に紛争を解決することが期待できます。

一方、当事者間での交渉であり、第三者が仲介したり判断を示したりするわけ

ではないため、示談内容の妥当性には疑問が残る可能性もあります。また、当事者間での合意が必要になるため、相手方が応じなければ解決はできないことになります。

弁護士として示談交渉に関与する場合、事実関係をできる限り正確に把握するように務め、事実関係に適した解決案を提示するように心がけましょう。一方当事者の代理人という立場であっても、法律に照らして妥当な提案であれば、相手方も納得して示談に応じてくることが期待できます。

逆に、相手方の知識不足等に乗じて一方的に有利な内容で示談を迫ってしまうと、後日の紛争の蒸し返しのリスクもありますので、注意しましょう。

3 ADR／調停

係争案件の種類によっては、ADRや調停を利用することが可能です。

ADR（Alternative Dispute Resolution）とは、裁判に代わる代替的紛争解決手段の総称です。

調停とは、当事者間の紛争に第三者が介入することによって、紛争の解決を図ることをいいます。

調停には、簡易裁判所（当事者間の合意で、ときには地方裁判所によることもあります（民事調停法３条））による民事調停と、家庭裁判所による家事調停の２種類があります。家事事件や借地借家法による賃料増減額請求事件等、一定の類型の事件には調停前置主義が適用されます。

ADRや調停は、示談交渉と訴訟の中間に位置する手続といえます。

第三者による仲介があることから、示談交渉よりも当事者双方の納得を得やすいほか、訴訟よりも経済的・時間的負担が少なく済みやすいというメリットがあります。

ただし、ADRや調停は、お互いの合意がなければ解決しないため、終局的な紛争解決ができなかったり、手続によっては相当程度の費用負担や時間的負担が発生したりするというデメリットがあります。

4　民事保全

　民事保全とは、民事訴訟の本案の権利の実現を保全するために行う仮差押や仮処分の裁判上の手続をいいます。

　将来の訴訟を予定した付随的な手続ですが、仮差押によって相手方の預貯金を差し止めたりすることが可能であり、債権回収を図ったりする場合には強力な解決方法の一つになります。

　ただし、民事保全の利用にあたっては担保を用意しなければならないなど、他の手続にはないデメリットもありますので、利用にあたっては事前の慎重な検討が必要です。

5　訴訟

　訴訟とは、当事者間の紛争に関し、裁判所による判断を求める裁判手続をいいます。

　訴訟のメリットは、当事者間の合意がなくとも裁判所の判断によって終局的な解決を図ることができることにあります。

　もっとも、訴訟では厳密な主張・立証が求められるため、時間的・経済的負担が他の手続よりも大きくなる傾向にあるほか、和解が成立しなければ柔軟な解決を図ることが難しいというデメリットがあります。

Chapter 6 ポイント③ 示談交渉の留意点

1 示談交渉の流れ

【示談交渉の留意点】

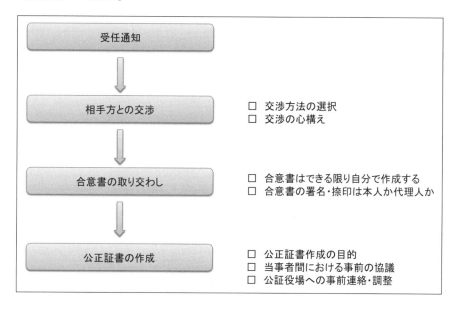

示談交渉には明確なルールがありませんが、一般的には、①受任通知、②相手方との交渉、③合意書の取り交わし、④公正証書の作成、という流れで進行していきます。

以下では、示談交渉に関する注意点についてご説明します。

2 交渉の方法

示談交渉は、当事者間の交渉によって、簡易迅速に紛争を解決することが期待できる手続になります。

もっとも、示談交渉は、裁判所等、第三者が仲介しない手続であるため、どの

ように進めていくのかという方法も決められておらず、進め方は事案に応じて様々です。示談交渉の方法や選択基準を整理すれば、以下のとおりです。

（1）交渉方法の選択

示談交渉の方法は、以下の7つが考えられます。

【示談交渉の方法】

① 面談
② 電話
③ メール
④ FAX
⑤ 普通郵便
⑥ 配達証明
⑦ 内容証明郵便

（2）交渉方法の選択基準

これらの7つの方法のうち、いずれの方法が最適かは、当事者の立場や社会的地位、連絡の内容等によって異なります。

各交渉方法のメリット・デメリットを整理すれば、以下のとおりです。

① 面談

【メリット】

面談による交渉は、依頼者側の姿勢を伝える際には有効な方法といえます。

例えば、被害弁償のために示談交渉をする場合には、依頼者（加害者）側が真摯に反省していることを交渉態度でも示すことが期待できます。

また、直接の面談によった場合、お互いの顔を見ながら話すことができるため、文書や電話等のやりとりだけでは分からない機微を把握するきっかけにもなります。

その他、当事者双方に代理人が選任されている場合、代理人同士が面談して話し合うことで、具体的な解決の方向性を見出しやすいといえます。

Part 1
民事弁護総論

【デメリット】

当事者や係争案件の内容によっては、直接会うこと自体を避けられることもあります。

また、面談場所や面談時間の調整で難航するほか、面談場所によっては一方当事者の雰囲気に威圧されてしまい、思うような交渉ができなくなるおそれがあります（例えば、相手方の指定する場所に赴いた場合、相手方が用意した複数人に囲まれてしまい、思うように話し合いができないこともありえます）。

さらに、弁護士が直接立ち会って示談書を取り交わした場合、後日相手方から、「弁護士に脅迫されて無理やり署名させられた。」等と言いがかりをつけられるリスクもあります。

慣れないうちは、面談による交渉を選択することには慎重であるべきです。

② 電話

【メリット】

電話による交渉は、迅速に連絡をとることができること、というメリットがあります。また、メールやFAX等のように、提案が形に残りにくいということから、具体的な条件提示ができない段階でも、相手方と柔軟な話し合いができるというメリットがあります。

【デメリット】

電話による交渉のデメリットは、お互いの交渉経過が記録に残りにくいという点が挙げられます。電話の会話内容を録音するという方法もありますが、前後の会話の流れも押さえる必要があります。

なお、柔軟な話し合いができるというメリットを挙げましたが、相手方に録音されている可能性がありますので、あまりに不用意な発言をすることは禁物です。

③ メール

【メリット】

メールによる交渉のメリットは、時間や場所を問わずに連絡をとることができるという迅速性と、費用がかからないという点が挙げられます。

また、メールによる交渉経過は記録に残るというメリットも挙げられます。

【デメリット】

一方、メールによる交渉のデメリットは、メールでは柔軟な話し合いが困難で

あることや、趣旨が正しく伝わらずに誤解されるおそれがあるという点が挙げられます。

また、そもそも相手方のメールアドレスが分からないケースも少なくありません。

さらに、突然に弁護士名でメールを送っても、迷惑フォルダに振り分けられて読まれなかったり、悪戯メールと誤解されたりすることもあります。

④　FAX

【メリット】

FAXによる交渉のメリットは、時間を問わずに連絡をとることができるという迅速性と、費用がかからないという点が挙げられます。

また、FAXによる通知内容を記録化できるというメリットも挙げられます。

【デメリット】

一方、FAXによる交渉のデメリットは、メールや郵便の場合と同様、柔軟な話し合いが困難であることや、趣旨が正しく伝わらずに誤解されるおそれがあるという点が挙げられます。

また、そもそも相手方がFAX機器を持っていないことも少なくありませんので、利用できないこともあります。

さらに、FAXによる場合は、大量の書類を送信したりすることにも向いていません。

⑤　普通郵便

【メリット】

普通郵便による交渉のメリットは、相手方の住所が確認できれば連絡が可能という点が挙げられます。

また、配達証明や内容証明郵便に比べれば費用もかからないという点もメリットとして挙げられます。

さらに、FAXと異なり、大量の資料を同封して郵送することも可能です。

【デメリット】

一方、普通郵便による場合、いつ相手方に届いたのか、またどのような内容を送ったのかということが記録化しにくいというデメリットがあります。消滅時効を中断する必要がある場合などには不向きといえます。

また、普通郵便では、郵便局の都合によって到達までに数日以上を要すること

もあり、迅速に到達することが期待できません。

⑥ 配達証明

【メリット】

配達証明による交渉のメリットは、普通郵便と比べて、いつ相手方に届いたのかということが記録化できるという点にあります。

【デメリット】

一方、配達証明による場合でも、やはりどのような内容を送ったのかということが記録化しにくいというデメリットがあります。

また、普通郵便よりも費用がかかる点も考慮する必要があります。

⑦ 内容証明郵便

【メリット】

内容証明郵便による交渉のメリットは、普通郵便や配達証明と比べて、いつ、どのような内容の通知が相手方に届いたのかということが記録化できるという点にあります。

また、普通郵便などとは異なり、特定の書式で送付されるため、相手方に与える心理的影響が強いということも挙げられます。

【デメリット】

一方、内容証明郵便による場合、他の郵送方法と比べて費用が高額というデメリットが挙げられます。

また、相手方に与える心理的影響が強いために、相手方の態度が頑なになることもあります。

（3）相手方の立場に応じた選択

以上ご説明したように、各交渉方法のメリット・デメリットに応じて使い分ける必要がありますが、さらに相手方の立場によって選択すべき方法も変わってきます。

ア 相手方が個人の場合

相手方が個人である場合、最初（受任通知をする時点）に連絡をとる場合には、⑤普通郵便か、⑥配達証明、又は⑦内容証明郵便を選択することが通常です。

ただし、⑤普通郵便では相手方に到着したかどうかが確認できないため、⑥配

達証明を選択するか、依頼者の強い態度を相手方に示したり、消滅時効を中断したりする必要がある場合には、⑦内容証明郵便を選択することが多いといえます。

なお、これらの郵便物を送付する際には、送付先には注意が必要です。相手方の現住所が判明せず、職場しか分からない場合であっても、安易に職場に送付すると、場合によっては不法行為責任に問われるおそれがあります。例えば、不貞相手に対する慰謝料請求の交渉事案において、不貞相手の職場に対して受任通知書や請求書を送ってしまうと、相手方がこのような書類が届いたことが職場に知れ渡ってしまい、最悪の場合失職する可能性もあります。相手方が失職する可能性がありながら、安易に弁護士名で受任通知等を送ることが不法行為にあたりうるといえます。

また、⑦内容証明郵便を送付する場合、通常は受任当初の1回のみで足りるといえます。2回目以降も内容証明として送付し、証拠化しておく必要性は高くありませんので、その後は普通郵便か、せいぜい配達証明で足りることが通常です。

イ　相手方が法人の場合

相手方が法人である場合も、最初（受任通知を送付する段階）に連絡をとる場合には、⑤普通郵便か、⑥配達証明、又は⑦内容証明郵便を選択することが通常です。

その後の連絡方法は、法人の場合には個人と異なり、FAXを備えていることも多いため、FAXを利用したりすることも少なくありません。

ウ　相手方が代理人を選任している場合

相手方が代理人を選任している場合、消滅時効を中断したりする事情があれば⑦内容証明郵便を利用することもありますが、弁護士同士の信頼関係を前提に、FAXやメールを利用したりすることが多いといえます。

3　交渉の心構え

（1）交渉経過の記録化

交渉にあたっては、裁判等に発展する可能性も見据えて、交渉経過を記録化し

ていくことを意識しましょう。

交渉経過を記録化しておいたほうが望ましいというケースでは、相手方に対し、書面やメールでの回答をするよう要求することも考えられます。

（2）定期的な報告の重要性

示談交渉は方法の制限もなければ提出期限等の制限もないため、うっかりすると漫然と時間ばかり過ぎてしまうことにもなりかねません。法的な効力があるわけではありませんが、相手方と交渉する際には、「令和●年●月●日までにご回答ください。」などと、回答期限を設定してしまうことも考えられます。

また、依頼者からすれば、交渉経過がどうなっているのかは非常に気になる点でもあります。

そこで、依頼者には定期的に交渉経過を報告するようにしましょう。

（3）依頼者の利益の最大化と依頼者への説得のバランス

弁護士は依頼者の利益のために活動すべきであり、示談交渉でもできる限り依頼者の利益を最大化できるように行っていくことが求められます。

もっとも、依頼者の利益を最大化するためといっても、不当な要求や交渉方法をとることは当然慎まなければなりません。

また、示談交渉で解決するためには、ある程度相手方も納得してもらわなければなりません。相手方の納得を得るためには、正当な要求であっても、依頼者側にも譲歩してもらうことも考えられます。

示談交渉による解決を図る際には、早期解決のメリットも踏まえて、依頼者への説得をしなければならないこともあります。

どこまでの要求を通すことが依頼者にとって最適といえるかは、十分な話し合いを重ねて探っていきましょう。

4 合意書の取り交わし

（1）合意書はできる限り自分で作成する

示談交渉の結果、お互いの合意が形成されてきた段階で、合意書を取り交わす

ことになります。

　合意書の取り交わしにあたっては、どちらが作成するかということが問題になりますが、できる限り率先して作成するようにしたほうがよいでしょう。

　相手方に合意書を作成してもらった場合、改めて各条項の趣旨や表現を確認しなければならず、見落としや誤解のおそれもあります。

　自分から作成する場合には、こちらが主導して各条項の趣旨を検討できるため、見落としや誤解のおそれを防ぎやすいといえます。

（2）合意書の署名・捺印は当事者本人か、代理人か

　次に、合意書の取り交わしの際には当事者双方の署名・捺印を交わすことになります。

　この点、代理人が依頼者本人に代わって署名・捺印をすることでも有効性に変わりはありませんが、依頼者との関係で、後日断りなく署名・捺印されたと指摘されるおそれを防ぎたいという場合には、依頼者本人に署名・捺印してもらうようにしましょう。

　また、合意書は当事者の人数分の通数を作成するのが通常です。こちらが主導して合意書を作成した場合には、まず相手方に送付して署名・捺印してもらい、その後、こちらで署名・捺印して合意書を完成させるのがよいでしょう。

5　公正証書の作成

（1）公正証書作成の目的

　当事者間で合意書を取り交わすだけでなく、さらに公正証書の作成まで行う場合もあります。

　合意書だけでなく、公正証書まで作成する目的は、①後日の強制執行を可能にする、②公証役場でも合意事項の有効性を確認してもらい、後日の紛争の蒸し返しを防止する、ということにあります。

（2）当事者間における事前の協議

　ただし、公正証書を作成する場合には、公証役場の利用にあたっての追加の費

用負担や、公証役場に赴かなければならないという負担が発生することに注意しましょう。

特に費用負担は、当事者のいずれが負担するのかという点がよく問題となりますので、公正証書を作成する場合にはこの点も事前に合意しておく必要があります。

（3）公証役場への事前連絡・調整

なお、公正証書を作成する場合には、公証役場へ事前に連絡し、日程調整のほか、合意書案の確認を行う必要があります。

公正証書はすぐにできるわけではありませんので、時間的・経済的負担があることは、事前に依頼者に説明するようにしましょう。

ポイント④　ADR・調停の留意点

1　ADR・調停の種類

（1）ADR

ADRは、係争案件の性質によって様々な種類が用意されています。
主なADR機関として、以下のものが挙げられます。
① 日本弁護士連合会交通事故相談センター
② 交通事故紛争処理センター
③ PLセンター
④ 全国銀行協会
⑤ 生命保険協会
⑥ 日本貸金業協会

（2）民事調停

民事調停は、簡易裁判所（当事者間の合意で、ときには地方裁判所によることもあります（民事調停法3条））による調停手続になります。

（3）家事調停

家事調停は、家庭裁判所による調停手続になります。離婚や相続など家庭内の紛争については、民事調停ではなく、家事調停で扱うことになります。

2　ADR・調停の選択が適当な場合

ADRや調停は、示談交渉と訴訟の中間に位置する手続といえます。

Part 1
民事弁護総論

【ADR・調停の選択が適当な場合】

① 交渉では解決しない場合	② 経済的負担をかけずに解決したい場合
③ 早期に解決したい場合	④ 証拠が不十分ではあるが権利主張をする必要がある場合
⑤ 相手方が依頼者と親密な関係である場合	⑥ 相手方が信用のある会社である場合

弁護士に依頼しても費用対効果があわない場合の有効な選択肢

（1）交渉では解決しない場合

　当事者間の話し合いでは、お互いの要求ばかりを主張して一向に妥協の余地が見出だせない場合、第三者の意見を仰いでいくことでお互いに譲歩の余地がないかを探ったほうが適当な場合には、ADRや調停の利用が考えられます。

（2）経済的負担をかけずに解決したい場合

　ADRや調停は、訴訟ほどの裁判費用はかからないことが一般的です。

　また、ADRや調停は、訴訟と比べて当事者本人でも利用しやすい手続であるため、弁護士に依頼せずに利用することで、弁護士費用をかけずに済むことも期待できます。

（3）早期に解決したい場合

　調停は、通常は2、3回程度の期日で解決する傾向にあるため、訴訟と比べて解決までの時間は比較的短く済むということができます。

（4）証拠が不十分ではあるが権利主張をする必要がある場合

　訴訟では依頼者の主張する権利を立証する見込みに乏しい場合であっても、調

停ではお互いの円満な解決を志向するため、一部ではあっても依頼者の希望が受け入れられる可能性があります。

（5）相手方が依頼者と親密な関係である場合

当事者間に親密な関係がある場合、白黒の結論をつける訴訟では決定的に関係が悪化するおそれがあります。

そこで、調停によって話し合いを継続し、決定的な関係の悪化を避けながら紛争の解決を図ることが考えられます。

（6）相手方が信用のある会社である場合

相手方が保険会社など、信用のある大会社である場合、訴訟によらなくとも調停によって話し合いで解決することが期待しやすいといえます。

Chapter 8

ポイント⑤　民事保全の留意点

保全処分には、民事訴訟の本案の権利を保全するための仮差押と、本案の権利関係について仮の地位を定める仮処分があります。

以下では、仮差押と仮処分についてご説明します。

(1) 仮差押命令申立

【仮差押の流れ】

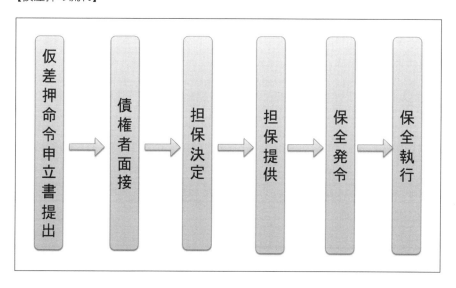

ア　仮差押とは

仮差押とは、金銭債権の執行を保全するために、債務者の財産をあらかじめ仮に差し押さえる裁判所の決定をいいます。

訴訟による解決を目指す場合、解決まで長時間を要することになります。そして、その間に相手方が資産を隠したり、散逸したりしてしまうと、最終的に勝訴しても、回収ができなくなる事態も考えられます。

そこで、訴訟提起前に仮差押命令を申し立て、債務者の預貯金や売掛金等の債権を差し押さえ、債権回収の実効性を担保することが必要になります。

以下では、仮差押命令申立手続の流れを説明します。

イ　仮差押命令申立書の提出

仮差押命令申立書は、管轄である「本案の管轄裁判所」又は「仮に差し押さえるべき物若しくは係争物の所在地を管轄する地方裁判所」に提出します（民事保全法12条1項）。

仮差押命令申立書には、①当事者、②申立ての趣旨、③保全すべき権利、④保全の必要性を記載する必要があります（民事保全法13条）。

仮差押命令申立書における①当事者の記載ですが、申立人を債権者、相手方を債務者、相手方の差押対象となる債権の債権者を第三債務者といいます。

②申立ての趣旨は、どのような仮差押命令を求めるのかという結論を記載することになります。

③保全すべき権利は、仮差押手続による被保全債権である金銭請求権をいいます（損害賠償請求権等）。

④保全の必要性は、本案訴訟による判断を待たずに仮差押をすべき緊急の必要があることをいいます。なお、仮差押は、突然に預貯金が引き出せなくなる結果、正常な取引が停止してしまったり、信用が毀損されてしまったりするなど、債務者に与える影響も大きいため、保全の必要性は慎重に判断される傾向にあります。例えば、債務者の預貯金の仮差押を検討する場合には、預貯金の仮差押よりも影響の少ない不動産の仮差押が可能かどうかの調査を求められます。

ウ　債権者面接

仮差押命令申立事件では、密行性が重視され、相手方に知られることなく保全命令を得る傾向にあるため、口頭弁論が行われずに（任意的口頭弁論、民事保全法3条）、書面審理のほか、必要に応じて債権者面接が行われます。

一方、債務者の面接は行われない傾向にあります。

エ　担保決定

債権者面接の結果、裁判所が仮差押命令の発令を相当と判断すると、担保決定がされることになります（民事保全法14条）。

担保金の額については明確な基準はありませんが、被保全債権の10〜30％とされることが多いようです。実際には、この担保金を用意することで苦労することも少なくありません。仮差押手続を検討する場合には、事前に依頼者とよく話し合い、担保金を用意できる目処がつくかどうかを確認しましょう。

(2) 仮処分申立

【仮処分の流れ】

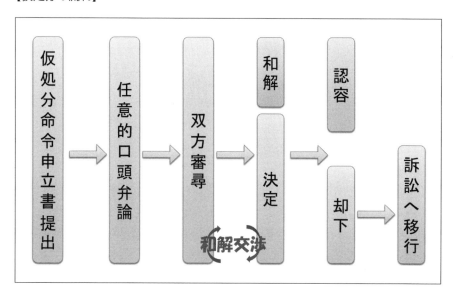

ア 仮処分とは

仮処分とは、紛争により生じている現在の危険や負担を取り除くために、本案訴訟の判決が確定するまでの間について、裁判所に暫定的な措置を求める手続をいいます。

イ 仮処分命令申立書の提出

仮処分命令申立書は、管轄である「本案の管轄裁判所」又は「仮に差し押さえるべき物若しくは係争物の所在地を管轄する地方裁判所」に提出します（民事保全法12条1項）。

仮処分命令申立書には、①当事者、②申立ての趣旨、③保全すべき権利、④保全の必要性を記載する必要があります（民事保全法13条）。

仮処分命令申立書における①当事者の記載ですが、申立人を債権者、相手方を債務者、相手方の差押対象となる債権の債権者を第三債務者といいます。

②申立ての趣旨は、どのような仮処分命令を求めるのかという結論を記載することになります。

③保全すべき権利は、仮処分手続によって保全する権利になります。

④保全の必要性は、本案訴訟による判断を待たずに仮処分をすべき緊急の必要があることをいいます。仮処分命令の申立てにあたっては、債権者の生活の困窮を避けるために仮処分命令を早急に出すべき緊急の必要があることを主張・立証（疎明）する必要があります。

ウ　双方審尋

仮差押命令申立事件とは異なり、仮処分命令申立事件では、債権者のみならず債務者の双方を面接する手続を経なければ仮処分命令を発することができないという運用をされる傾向にあります。

審尋の方法については特段の制限はなく、裁判所が適当と認める方法によって行われます。

債権者と債務者が交互又は同時に裁判官と面接して口頭で説明することもあれば、交互に書面を提出しあうということもあります。

仮処分命令申立事件では、債務者からも反論の機会が与えられるため、仮差押命令申立事件よりも決定が出るまでに長時間を要することになります。もっとも、仮処分命令申立事件は、迅速性も要求されるため、通常の訴訟手続よりは早めに審理を行う傾向にあります。

エ　和解等の解決

仮処分命令申立事件では、双方審尋が行われた後、裁判所から和解の勧告がされることもあります。

裁判所の和解勧告の結果、仮処分命令申立事件のみならず、請求債権自体に関する和解が成立し、終局的な解決に至ることもあります。

もっとも、和解が成立せず、結局は本案訴訟まで発展してしまうこともあり得ますが、こうなると終局的な解決まで長時間を要することになります。

Chapter 9 ポイント⑥ 訴訟の留意点

1 訴訟の留意点

【訴訟の留意点】

訴訟と弁護士倫理	事実の評価：○ 事実の変更・作出：×
訴訟手続の留意点	準備書面の事前提出（期限厳守） 期日間の準備事項メモの作成 期日報告書の作成の重要性
訴訟の流れ	
第一審終了時の留意点	控訴期限の計算 控訴状提出先の確認
受任事件の精算	弁護士報酬の精算 預かり記録の返却

2 訴訟と弁護士倫理

　民事弁護における弁護士の活動領域は多岐にわたっていますが、依然として弁護士の主要な活動の一つが訴訟活動にあります。

　そして、弁護士が訴訟活動に携わるにあたっては、以下の弁護士倫理（日本弁護士連合会の「弁護士職務基本規程」（職務規程）において、行動規範が定められています）に留意しながら行う必要があります。

　当然ではありますが、当事者や証人への偽証等を唆したりすることは厳に慎まなければなりません。依頼者の利益を守ろうとするあまり、つい依頼者や証人へ

の誘導をしてしまいがちになりますが、行き過ぎれば偽証等を唆し、事実を歪めることにもなりかねないことは常に意識しましょう。

---

① 公正な裁判の実現と適正手続の確保（民事訴訟法2条・職務規程74条）
② 偽証若しくは虚偽の陳述の唆し、又は虚偽証拠の提出の禁止（職務規程75条）
③ 怠慢により又は不当な目的による裁判手続の遅延の禁止（職務規程76条）
④ 職務を行うにあたっての、裁判官、検察官その他の裁判手続に関わる公職にある者との縁故その他の私的関係の不当な利用の禁止（職務規程77条）

3　訴訟手続の留意点

（1）準備書面等の事前提出

ア　提出期限の厳守

　準備書面等の提出にあたっては、裁判長が提出期限を定めることになります（民事訴訟法162条）。

　提出期限は極力守るように常に意識しましょう。裁判所も相手方も、事前に提出書面を確認した上で次回期日に臨むことになりますので、期限を守って提出することが前提となります。

　提出期限を守ることができなければ、当事者は期限内に主張も整理できないほど問題があるのではないかと疑われてしまい、当事者にとっても不利になります。

　さらに、場合によっては時機に後れた攻撃防御方法として主張を却下されるおそれもあります（民事訴訟法157条）。

　やむを得ない事情により提出できない事情がある場合には、事前に裁判所へ連絡するようにしましょう。

Part 1
民事弁護総論

イ　準備書面や証拠申出書は直送が原則

準備書面や証拠申出書は、相手方への直送が原則となります。

通常はFAX送信を利用することが多いですが、カラー写真等を証拠として提出する場合には、準備書面はFAX送信し、証拠は別途郵送するという方法をとることもあります。

ウ　印刷等が不鮮明な場合はクリーンコピーの提出を要求する

なお、相手方から提出された準備書面の印刷が不鮮明であったり、カラー写真が白黒印刷で送付されてきたりしたよう場合には、こちらから相手方に対し、クリーンコピーの提出を要求するようにしましょう。

（2）証拠の原本提出・原本確認の重要性

ア　証拠の原本提出は期日において提示する

証拠を原本として提出する場合には、裁判期日に原本を持参し、裁判所と相手方に提示すれば足ります。

この点、裁判を初めて経験する方の中には、原本を裁判所に郵送しなければならないのではないかと悩む人もいますが、以上のように提示で足りますので、直接郵送する必要はありません。

イ　証拠の原本確認の重要性

一方、相手方から証拠を原本として提出された場合、裁判期日の席上で原本の内容を確認する必要があります。

通常はこの期日中にしか確認する機会がありません。この機会で見落としたりした場合、あとでもう一度確認するということは難しくなります。

なお、証拠の内容によって原本確認の必要性は異なります。例えば、全部事項証明書の場合、わざわざ原本と写しの相違を確認する必要はありません。ですが、筆跡が問題となっている借用書の場合、写しでは確認できなかったものの、原本には不自然な改ざんの痕跡らしきものが残っていたりすることが考えられます。また、日記等の一部が抜粋されて証拠提出された場合、日記原本を確認すると、抜粋部分以外にもメモが残っており、こちらに有利な記載が見つかることもあります。その他、提出された証拠の写しは白黒だったためにわからなかったものの、原本を確認するとカラーで記載された箇所があったり、薄くて判読できなかった手書きのメモが見つかったりということもあったりします。

原本を確認する場面では、漫然と証拠を眺めるのではなく、写しでは確認できない不自然な箇所がないか等、注意して確認するようにしましょう。そして、原本に不自然な箇所があることに気がついた場合には、裁判所に申し入れて弁論調書に記載してもらったり、再度鮮明なカラー印刷で証拠を提出するよう要求したりするなどの対応をしましょう。

（3）期日間の準備事項メモの作成

裁判期日前には、毎回期日で確認すべき事項を整理したメモを作成するようにしましょう。期日間の準備事項メモのイメージとしては、後に紹介する期日報告書の下書きになります。

実際には、毎回の期日前に整理することは簡単ではありませんが、少なくとも箇条書き程度のメモでも事前に作成しておくことをお勧めします。簡単なメモ程度の作成をするだけでも、期日当日に注意すべき点などが明らかになり、当日の対応がスムーズになります。

つい忙しさのあまり、自分の書面を期日内に提出した時点で安心してしまい、特に準備もせずに期日に臨んでしまうこともあるかもしれません。ですが、せっかく裁判所と相手方が顔を合わせる機会にもかかわらず、十分な打合せができずに期日が無駄に過ぎてしまうということにもなりかねません。また、仮に相手方が入念に準備を重ねた上で期日に臨んでくると、予期せぬ質問などを受けて適当な回答をしたために、不利な言質をとられるおそれもあります。

（4）訴訟記録の閲覧・謄写の重要性

訴訟を途中で引き継いだ場合には、訴訟記録の閲覧・謄写は必ず行うようにしましょう。

仮に依頼者本人や、依頼を受けていた前任の弁護士から、これまでに提出された準備書面等を受け取っていても、漏れがあることも少なくありません。

また、裁判所が作成している弁論調書を確認することで、これまでの裁判の流れや、次回期日の準備事項を把握することができます。

再度記録を謄写することは手間も費用もかかりますが、ミスを防ぐためにも惜しむべきではありません。

Part 1
民事弁護総論

【期日報告書（参考書式)】

令和●年●月●日

〒●●●-●●●●
●
● 様【依頼者名】

〒300-1234　茨城県牛久市中央5丁目20-11
牛久駅前ビル501
弁護士法人長瀬総合法律事務所
TEL029-875-8180/FAX050-3730-0060
弁護士　長　瀬　佑　志

期日報告書

拝啓　時下ますますご健勝のこととお慶び申し上げます。
　　●地方裁判所令和●年（ワ）第●号損害賠償請求事件についてご報告申し上げます。

裁判日時		令和●年●月●日（●）10：30〜11：00 ●地方裁判所
出席者		・原告訴訟代理人（長瀬） ・被告訴訟代理人（●弁護士）
期日 内容	原告	1. 第1準備書面　陳述 2. 証拠説明書（甲3〜5）　提出 3. 甲第3〜5号証　提出（原本確認）
	被告	1. 準備書面1　陳述
	裁判所	【争点整理】 1. 本件の争点は、①●、②●にあることを確認する。 2. 次回期日までの双方の主張を踏まえ、和解案を提示することを検討している。 【原告側に対し】 1. 次回期日までに、原告側では●の点について追加立証してもらいたい。 【被告側に対し】 1. 次回期日までに、被告側では●の点について追加立証してもらいたい。
判決期日		**令和●年●月●日（●）11：30** **●地方裁判所**
備　考		原告・被告双方書面提出期限： 令和●年●月●日

以上となります。
ご確認のほど、どうぞよろしくお願い申し上げます。

敬具

（5）期日報告書の作成の重要性

　また、各裁判期日が終わるたびに、依頼者には裁判の内容を報告するようにしましょう。

　理想としては、裁判期日が終わった当日中に電話等で概要を報告した後、翌日までに期日内容を整理した報告書を送るべきです。

　期日報告書を作成することで、裁判に参加していない依頼者も期日の内容を把握することができるだけでなく、依頼した弁護士がどのような対応をしてくれているのかを把握することができます。

　また、弁護士にとっても、次回期日までに何を準備すべきかを整理することができ、ミスを防ぐことができます。

（6）依頼者に対する訴訟の経過報告・打合せ

　期日報告書の作成と重複しますが、依頼者には訴訟の進展がある都度、こまめに経過を報告しましょう。

　また、必要に応じて、依頼者との打合せも積極的に行うべきです。

　訴訟係属中に依頼者と密に意思疎通を重ねることで、依頼者からの信頼が高まるばかりでなく、より詳細かつ正確な事実関係を把握し、適切な訴訟対応が可能となります。

Part 1
民事弁護総論

4 訴訟の流れ

【訴訟の流れ】

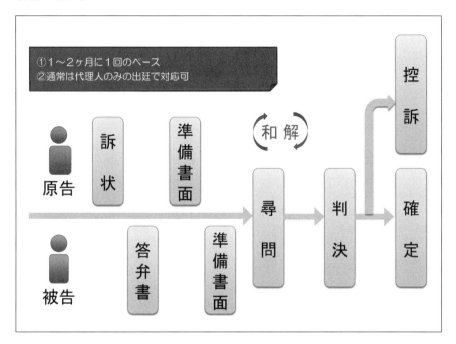

(1) 訴訟の提起

　訴訟の提起にあたっては、訴状を裁判所に提出することになります（民事訴訟法134条）。
　訴状を提出する際には、正本のほか、被告の数に応じた副本、収入印紙、送達のための予納郵便切手、訴訟委任状、当事者が法人である場合には商業登記等を用意する必要があります。
　なお、収入印紙は、訴額の算定ミスなどもあり得ますので、訴状原本には貼り付けず、封筒に同封して郵送することが通常です。

【訴訟委任状（参考書式）】

㊞

訴 訟 委 任 状

年　　月　　日

住　所

氏　名　　　　　　　　　㊞

　私は，次の弁護士を代理人と定め，下記の事件に関する各事項を委任します。

弁 護 士　　●　　　●　　　●　　　●

●●●●法律事務所（茨城県弁護士会所属）
〒300-1234　茨城県牛久市中央●丁目●番地●号
TEL：●●●-●●●-●●●●／FAX：●●●-●●●-●●●●

記

第1　事件
　1　当事者

　2　事件の表示

第2　委任事項
　1　上記事件に関する一切の行為を代理する権限
　2　反訴の提起
　3　訴えの取下げ，和解，請求の放棄若しくは認諾又は訴訟参加若しくは引受けによる脱退
　4　控訴，上告若しくは上告受理の申立又はこれらの取下げ
　5　手形・小切手訴訟又は小額訴訟の終局判決に対する異議，異議の取下げ又は異議の取下げについての同意
　6　復代理人の選任

Part 1
民事弁護総論

（2）訴訟の審理

ア　第1回口頭弁論期日

　裁判の場合、弁護士が代理人として選任されている場合、当事者本人の出席は必要とされていないため、通常は弁護士のみの出席で対応します。

　そして、第1回口頭弁論期日では、訴状及び答弁書の陳述が行われた後、次回期日の指定がなされます。

イ　その後の弁論期日

　第2回期日以降は、各争点に関する主張・立証を当事者双方で行って進めていくことになります。

　各期日は、おおむね1～2ヵ月に1回の頻度で行われます（夏季休廷等があればさらに間隔が空くこともあります）。

　期日を重ねていくことで徐々に争点に関する主張・立証が整理され、十分に争点整理が行われた段階で、証人尋問が行われます。

　なお、事案によっては、証人尋問の前後で和解が試みられることがあります。

（3）訴訟の終了

ア　判決

　判決は、裁判所による判断によって終局的な解決を得る手続といえます。

　判決を得る場合には、それまでの裁判所の訴訟指揮等から、ある程度は判決内容を予想し、控訴するかどうかを事前に検討しておきましょう。

　控訴期間は判決書の送達を受けた日から2週間と定められています（民事訴訟法285条）が、いざ判決書が届いてから対応しようとすると、控訴の準備が間に合わなくなるおそれがあります。

　また、社会的注目を集める事案では、記者会見を開くこともあります。

　判決言い渡し日にあわせて記者会見を開く事案では、事前に司法記者向けに連絡したり、会見場所を手配したりするなどの準備が必要です。

イ　和解

　訴訟では、判決のほか、和解による解決も考えられます。

　和解による解決のメリットは、当事者である程度結論をコントロールできるところにあります。もちろん、譲歩すべき点は譲歩しなければ和解にはなりません

が、裁判所によって予想もしない結論を下されるという事態は回避できます。

また、和解であれば、判決では得ることができない内容を獲得することも期待できます。例えば、深刻な学校事故のような事案では、相手方に対して再発防止策を講じるよう要請することを和解条項に盛り込むことなどがあります。

和解は非常に柔軟性に富む制度であるため、事案に応じてうまく利用するようにしていきましょう。

5　一審終了時の注意事項

和解によって終了する場合には特に問題とはなりませんが、判決による終了の場合、控訴をするかどうかを検討することになります。

判決内容に不服がある場合、判決書の送達を受けた日から2週間以内に控訴の提起が可能です（民事訴訟法285条）。

控訴期間の計算のほか、控訴状の提出先は必ず確認しておきましょう。

また、一審判決に仮執行宣言が付されている場合、原告側であれば強制執行をするかどうか、被告側であれば執行停止の申立てをするかどうかも検討しましょう。

6　受任事件の精算

当初の委任契約において、一審までの対応で委任契約を終了すると規定していれば、一審判決言い渡しによって委任契約は終了することになります。

その後の控訴審について、引き続き依頼を受けるかどうかは、改めて依頼者と協議することになります。

委任契約が終了する場合には、報酬金を算定するとともに、訴訟活動に要した実費を算定し、精算を行うことになります。弁護士の報酬請求権も消滅時効の対象になりますので、報酬請求ができる際に早めに対応しましょう。

なお、弁護士の報酬請求権は、民法改正前は2年の短期消滅時効に服していましたが（改正前民法172条）、民法改正に伴い消滅時効期間は5年になりましたのでご留意ください（民法166条1項）。

また、依頼に関して預かっている書類も、同様に速やかに返却するなどの手続が必要になります。

Chapter
10 ポイント⑦ 顧問業務の留意点

1 顧問業務の留意点

【顧問業務の留意点】

顧問業務の目的	☐ 予防法務の実現 ☐ 安定経営の実現
顧問業務の内容	☐ 社内関係 ☐ 社外関係
顧問業務の獲得	☐ 顧問契約のメリットを正しく伝える ☐ 弁護士費用の設定方法の見直し ☐ 顧問契約の注意点

2 顧問業務の目的

(1) 予防法務の実現

　民事弁護の多くは、すでに紛争や問題が生じた後の処理を扱うことにあります。

　もっとも、本来であれば、紛争が発生ないし拡大する前に未然に防ぐことができれば、問題解決に要するコストを少なく済ませることができ、相談者にとっても弁護士にとっても有益であるといえます。

　このように、紛争の発生ないし拡大を未然に防止するという予防法務を実現するためには、弁護士が紛争の発生ないし拡大以前から関与していることが望ましいといえます。

57

弁護士がスポットではなく、継続的に関与することが求められる顧問業務の目的は、予防法務を実現することにあります。

（2）安定経営の実現

また、顧問業務は、予防法務を実現して問題解決のコストを抑えるという相談者・依頼者側のニーズだけでなく、定期的な顧問料の確保による安定した経営を可能にするという弁護士側のニーズにも叶うものといえます。

3　顧問業務の内容

このように、顧問業務は、相談者・依頼者だけでなく、弁護士にとっても望ましい分野ということができます。

顧問業務では、具体的にどのような案件を担当することになるのか、その一例をご紹介いたします。なお、個人に関する顧問業務もあり得ないわけではありませんが、ここでは、顧問業務の大半を占める中小企業を前提にご説明します。

（1）社内関係

ア　会社運営

中小企業であっても、法人であれば会社法に従って会社運営を行う必要があります。

株式会社であれば、株主総会の運営や、取締役等の役員の選解任や取締役会等の機関の設置、運営等を検討しなければなりません。

しかしながら、実際にはほとんどの中小企業において、会社法を適正に守って運営しているところはありません。設立してから何年も経過していながら、ただの一度も株主総会や取締役会を招集・開催したこともなければ、役員報酬さえまともに議決したことがないという会社は決して珍しくないということが現状です。

このような会社運営でも、社内で問題が起きていなければよいですが、ひとたび社内で経営権を巡る争いが起きた場合、事態は深刻になることもあります。

このような問題や紛争の発生等を未然に防ぐためにも、会社法をはじめとした各種法令を遵守した会社運営を実行するよう、弁護士が率先してアドバイスして

いくことが求められます。

イ　人事・労務

また、企業は人の集合体である以上、人間関係のトラブルはつきものです。

職場内の秩序を維持するためにも、就業規則の作成や、秘密保持契約等の労使間の契約関係のチェックは不可欠です。

さらに、万が一労使間での対立が発生した場合には、その間の調整も必要になります。

最近では、労働者の権利意識の高まりから、労働基準監督署への申告も珍しくありません。このような場合における労働基準監督署への対応も弁護士が解決していく必要があります。

ウ　債務整理

会社運営にあたり、資金繰りが悪化し、債務整理を検討する場合があります。

このような債務整理において、顧問として継続的に関与している場合、法的手続によらない任意整理による再建案を検討しやすくなります。

（2）社外関係

ア　契約交渉

中小企業の場合、個人と比べて体外的な取引を行う機会は多い上、取引額も大きい傾向にあります。

ところが、多くの場合、各業界で使用されている契約書の雛形をそのまま利用しているだけで、必ずしも個別の取引の実情や、当事者の利益に適った内容とはなっていません。

そこで、このような契約書を弁護士の視点からチェックし、取引の実情や当事者の利益に適った内容の契約書に修正していく必要があります。

また、契約書のチェックに限らず、具体的な契約交渉の進め方をアドバイスすることも有益です。依頼者は、自社の扱う業務には精通していても、具体的な交渉の進め方には不慣れであることも珍しくありません。

一方、私たち弁護士は、企業法務に限らず個人法務でも、交渉を日常的に扱っています。日頃の業務で培った交渉のノウハウを活用することは、企業にとっても喜ばれるポイントになります。

なお、契約交渉では、顧問弁護士として表に出て対応するか、裏方に回ってア

ドバイスするか、は使い分ける必要があります。顧問先が新規の取引先や、自社よりも規模の大きい取引先と交渉する場合には、顧問先の力を示すために顧問弁護士として表立って対応したほうがよいケースもあります。一方、弁護士が表に出ると大事に取られかねない場合には、裏方に回ってアドバイスするほうがよいケースもあります。このあたりは、顧問先の担当者とよく話し合って決める必要があります。

イ　債権回収

債権回収を適切に行うことは、企業の健全な経営を確保するためにも重要です。ところが、取引先が経営不振に陥ったり、言いがかりをつけたりして適切に債権回収を行うことができていない中小企業も少なくありません。

債権回収が困難な案件が年に1件あるかどうかという程度であればスポットで弁護士を依頼してもよいのかもしれませんが、年に数件、継続的に発生するようであれば、顧問弁護士に依頼したほうがかえって低コストで済むこともあります。

ウ　クレーム対応

主に個人向けのサービスを展開している企業では、顧客からのクレームは不可避といえます。

もっとも、ほとんどの企業では、クレームが発生しないことを念頭に置いて業務体制を組んでいますので、ひとたびクレームが発生すると、その対応に追われてしまい、他の業務にも支障をきたしかねません。

また、クレームへの対応を誤ると、さらに深刻な問題にも発展しかねません。

そこで、弁護士が企業の代理人となってクレーム対応を行うことで、企業の業務活動への支障を防止するとともに、さらに深刻な問題への発展を未然に防止することが期待できます。

Part 1
民事弁護総論

4 顧問業務の獲得

（1）顧問契約のメリットを正しく伝える

　個人の方と比べて、企業の場合は活動範囲や取扱金額ははるかに大きいことから、弁護士が関与すべき法律問題も多岐にわたるといえます。

　もっとも、企業の場合、弁護士に依頼することの具体的なメリットが分からなければ、実際に顧問弁護士を利用しようという決断までは至りません。

　そこで、顧問弁護士を利用することのメリットを伝えることが大切です。顧問弁護士のメリットのうち、代表的なものを挙げれば以下のとおりです。なお、顧問業務の内容は法令等で決まっているわけではありませんので、各先生の創意工夫によって、まだまだ需要を見込むことができる分野といえます。企業法務、顧問先の開拓に取り組むにあたっては、企業の立場からみて、どのような法的サービスにニーズがあるのかを考えるようにしましょう。そして、企業のニーズに応えるだけの顧問弁護士としてのメリットを伝えることができるようにしましょう。

ア　法務コストの削減

　法務部の設置は会社にとって負担が大きいものです。

　直接に利益を生み出さない法務部を常時設置することは、よほどの会社でなければ困難です。また、社内に設置した法務部が、弁護士以上に法律問題に精通しているかどうかは判断しかねるところです。

　一方で、弁護士と顧問契約を締結すれば、法務部門のアウトソーシングとして、事実上法務部を設置するのと同様のメリットを得ることができます。

　弁護士との顧問契約は、法務部員の従業員を一人雇用することと比べれば、よほど低コストです。

　また、前述したように、クレーム対応などの際には、顧問弁護士を利用すること、企業の時間と労力を割かれる事態を回避できます。

イ　社会的信用の向上

　また、顧問弁護士を利用している企業はまだまだ多くありません。

　逆に、顧問弁護士を利用しているということをアピールすることで、法務につ

61

いても万全の体制を整えるだけの力がある企業ということを対外的に表示することができ、企業の社会的信用を向上させることが期待できます。

ウ　従業員の福利厚生

さらに、顧問弁護士として関与している企業に対しては、その従業員や家族の法律相談についてもサービスを提供することで、当該企業の福利厚生の一助を担うことが可能です（ただし、顧問先企業との利益相反には注意しなければなりません）。

（2）弁護士費用の設定方法の見直し

また、顧問業務を扱うにあたっては、これまでは月額いくらで設定することがほとんどでしたが、なかには顧問に就任してもほとんど相談を受けることもなく、何のサービスも提供せずに顧問料だけを受け取るということも少なくありませんでした。

もっとも、弁護士も増え、競争も激しくなっている現状では、何のサービスも提供せずに顧問料だけを受け取り続けることは難しくなってくることが予想されます。

そこで、今後は顧問料を月稼働時間に見合った対価として設定し、稼働時間が予定時間より過少である場合には翌月への繰越としたりするなど、柔軟な費用設定をすることも検討する必要があるといえます。

なお、あくまでも一案ではありますが、月額顧問料ごとに明確にサービス内容を分けることを明示し、各顧問料に見合ったサービスを提供することも考えられます。

（3）顧問契約の注意点

一方、顧問業務を扱うにあたっては、利益相反には特に注意が必要です。

これは、顧問先とその取引先の利益相反という体外的なケースだけでなく、顧問先企業とその従業員等という体内的なケースもあります。

一例として、顧問先の従業員が不祥事を起こしてしまい、刑事事件としての対応が必要となった場合、当該従業員の刑事弁護を担当することができるかどうかという問題があります。当該従業員が刑事責任に問われた場合、社内規定によって懲戒処分の対象になる可能性がありますが、顧問先企業としては懲戒処分を付

Part 1
民事弁護総論

【顧問契約料金表（参考書式）】

弁護士費用（スポットでご依頼いただく場合）

サポートプラン		説明	弁護士費用
法律相談		法律・経営のお悩みのご相談に対応します	1時間：2万2千円
契約書作成・チェック		対外的に強くする。契約書の作成・チェックをします	5万5千～22万円
社内規程作成・チェック		社内を強化する。社内規程の作成・チェックをします	5万5千～22万円
下記業務以外の交渉・裁判対応		請求金額や事案の難易を考慮して対応します	応相談
債権回収	交渉バックアップ	弁護士のアドバイスによる債権回収を円滑にします	1時間：2万2千円
	内容証明郵便での請求	弁護士名義の内容証明郵便で請求します	着手金33万円+回収額20%
	相手方との交渉	弁護士が直接交渉して債権回収を行います	着手金33万円+回収額20%
	裁判	弁護士が訴訟を提起して債権回収を行います	着手金33万円+回収額20%
労働問題	紛争外案件	従業員の労務管理全般に関するご相談に対応します	1時間：2万2千円
	労働者との交渉	労働者との交渉案件について対応します	着手金33万円+減額分10%
	団体交渉対応	労働組合との団体交渉について対応します	着手金33万円+減額分15%
	労働審判	労働審判について対応します	着手金33万円+減額分15%
	保全手続	地位確認等の保全処分について対応します	着手金33万円+減額分15%
	民事調停	民事調停について対応します	着手金33万円+減額分15%
	個別労働紛争あっせん	労働紛争あっせんについて対応します	着手金33万円+減額分15%
	不当労働行為	不当労働行為救済申立てについて対応します	着手金44万円+減額分15%
	訴訟（第1審まで）	訴訟について対応します	着手金44万円+減額分15%
法人破産	破産申立	破産申立～破産手続終了まで対応します	着手金66万円又は負債総額2%のいずれか高い方による

顧問契約

顧問料	月額3万3千円	月額5万5千円	月額11万円	月額16万5千円
プランの選び方	相談役がほしい	社内体制を強化したい	自社に法務部がほしい	法務で強い会社をつくりたい
月間相談時間	2時間	3時間	10時間	無制限
顧問弁護士表示	○	○	○	○
24時間以内の回答約束	×	○	○	○
相談予約の優先対応	×	○	○	○
事務所での相談	○	○	○	○
電話・メール・チャット相談	月3回	月5回	無制限	無制限
社員からの相談	×	○	○	○
夜間・休日の緊急相談	×	×	○	○
契約書・利用規約				
契約書・利用規約のチェック	○（高難易度は×）	○（高難易度は×）	○（制限なし）	○（制限なし）
契約書・利用規約の作成	×	×	○（高難易度は×）	○（制限なし）
債権回収				
交渉バックアップ	×	○	○	○
内容証明郵便での請求	×	×	○（月1通）	○（月3通）
相手との直接交渉	×	×	○	○
労働問題				
交渉バックアップ	×	○	○	○
社員との直接交渉	×	×	○	○
その他のサービス				
他の専門家紹介	○	○	○	○
セミナー無料案内	○	○	○	○
社内研修講師	×	×	○	○
弁護士費用割引	5%	10%	20%	30%

したいものの、当該従業員としては懲戒処分を回避したいということもあります。このような場合には利益相反となってしまいますので、従業員の弁護を行うことができなくなります。

　顧問先の信頼に応えようとするあまりに無理を引き受けないよう、ときには立ち止まって考えることも大切です。

5 顧問業務の切り口

（1）リーガルサービスと対象業種の選別

　前記のとおり、顧問契約を獲得するためには、企業にとって顧問契約を締結するメリットがあることを正しく伝える必要があります。

　もっとも、初めて企業法務に携わろうとする方や、企業法務や顧問開拓に着手したばかりの方の場合、どのように顧問契約のサービスを整理すればよいのか、具体的にイメージすることが難しいと思う方もいらっしゃるかもしれません。

　顧問契約のサービスを開始するにあたっては、①弁護士が提供するリーガルサービスと、②サービスの対象業種、の2つの視点で整理するとイメージしやすいでしょう。

【顧問業務の切り口】

	IT業界	不動産業界	医療業界	飲食業界
契約書				
労働問題				
会社関係				
債権回収				

縦：
対象業種を特化

横：
サービスを特化

　上記の概念図は一例ですが、企業法務や顧問契約のノウハウが少ないうちは、あらゆる企業法務サービスを展開しようとしても、ノウハウが不足しているため

に適切なサービスを提供することが困難な傾向にあります。

例えば、契約書レビューをサービスとして掲げるとしても、IT業界と不動産業界では、主に利用する契約書の種類は全く異なります。

また、契約書レビューに必要なノウハウと、企業の労働問題に必要なノウハウも、大きく異なります。

そこで、企業法務や顧問契約のノウハウが少ない間は、①弁護士が提供するリーガルサービスと、②サービスの対象業種のいずれか、または両方を限定することを検討してもよいでしょう。

企業法務の中でも労働問題に限定した上で、さらには業種も運送業界に限定して開始する、といった具合です。

企業法務の対概念である個人法務では、交通事故や離婚、相続、債務整理など、各分野に応じて細分化するように、企業法務でもさらにサービスを細分化していくという発想は有益かと思われます。

（2）企業法務分野と個人法務分野のニーズの違い

また、企業法務や顧問契約の開拓にあたっては、対象が個人ではなく法人とな

【企業法務と個人法務のニーズの違い】

	企業法務 BtoB	個人法務 BtoC
判断要因	信頼、実績、安心	早い、安い、近い
判断期間	長い	短い
意思決定者	経営者、担当部長等 （複数）	当事者本人
取引単価	高い	低い
リピート割合	高い	低い
広告宣伝費の比重	低い	高い

るため、個人を主な対象とする個人法務分野とは、マーケティングの方法が異なることに留意する必要があります（いわゆる「BtoC」（Business to Consumer）ではなく、「BtoB」（Business to Business）（法人向け））。

　企業法務分野と個人法務分野におけるニーズの違いを整理すると、次のようにまとめられます。

　このように、企業法務分野と個人法務分野では、リーガルサービスに対するニーズや、選択基準が異なることを踏まえ、弁護士が企業法務分野に着手するにあたっても営業方法を工夫する必要があります。

　企業法務分野では、判断要因が「信頼」や「実績」、「安心」にある上、判断期間が長い傾向にあることからすれば、短期的に依頼につながることを期待するよりも、継続的にアプローチして「信頼」や「実績」、「安心」を構築していくことが有効といえます。

　具体的には、①ニュースレターの発行、②メールマガジンの配信、③セミナーの開催、③アンケートの回収、などを継続的に行っていく方法が挙げられます。

　ニュースレター等を発行しても、1、2ヶ月ではすぐに成果が出ないかもしれませんが、継続的に取り組むことで、数カ月後には反響があることは少なくありません。

　企業法務分野と個人法務分野のニーズの違いを踏まえて取り組んでいくことが望ましいといえます。

参考文献──────
・司法研修所編『民事弁護の手引〔8訂〕（増訂版）』（日本弁護士連合会、2019年）4頁
・司法研修所編『民事弁護における立証活動〔7訂〕（増補版）』（日本弁護士連合会、2019年）
・江原健志・品川英基編著『民事保全の実務〔第4版〕』（2021年）

Part 1
民事弁護総論

【アンケート用紙（参考書式）】

あなたの声をお聞かせ下さい

当法律事務所のご感想はいかがでしょうか。現在，当事務所ではご相談いただいた「皆様の声」を募集
しております。皆様により良いリーガルサービスを提供するために，実際にご相談にお越しいただいた
皆様の率直なお声が何よりの力となります。今後のサービス向上のため，どのような事でも構いません
ので，お気づきのことをお寄せください。なお，ご記入いただいたアンケート用紙は匿名としてホーム
ページ等に掲載させていただくことがあることをご了承ください。

（ご自由にお書きください。文章でもイラストでも結構です。）

---

1 当事務所についてのご感想をお聞かせください。

1）報告について　　　　　　□大変良かった　□良かった　□普通　□悪かった
2）説明について　　　　　　□大変良かった　□良かった　□普通　□悪かった
3）スピードについて　　　　□大変良かった　□良かった　□普通　□悪かった
4）接客について　　　　　　□大変良かった　□良かった　□普通　□悪かった
5）総合評価　　　　　　　　□大変満足した　□満足した　□普通　□不満
6）今後何かあれば　　　　　□是非相談したい　□相談を検討する　□相談しない

2 当事務所にご依頼いただいた理由をお聞かせください。
....

3 担当した弁護士に対するご意見・ご感想等がございましたらお聞かせください。
....

4 当事務所の改善点等，お気づきの点がございましたらご指摘ください。
....

5 メールマガジン等の配信をしてもよろしいですか。　　□はい　□いいえ

返送先：〒●

24時間受付　　FAX：●　　／　　E-Mail：●

《個人情報の保護について》この用紙にご記入いただいた情報は，当事務所にて厳重に管理いたします。ご本人の許可なく外部へ開示・
提供することは一切ございません。また，個人情報はご本人からのお申し出により削除・訂正いたします。
ID：

交通事故

Part 2

Chapter

1

本章の目的

1 　交通事故分野の特徴の理解

2 　交通事故分野の流れの理解

3 　交通事故分野の7つのポイントの理解

　交通事故分野は、個人法務を扱う法律事務所では一度は担当することがある分野といえます。そして、交通事故問題は、「保険会社が提示する金額は裁判基準よりも低いのだから、その差額を計算し直して請求すればいいのだろう」と考える方もいるかもしれません。

　ですが、交通事故分野は、①医学的知見【因果関係・後遺障害】、②工学的知見【因果関係・過失割合】、③保険制度の理解【損益相殺】、④自動車損害賠償保障法（自賠法）の知識など、複数の専門的知見が必要とされる複雑な分野です。

　そして、交通事故が発生すると、刑事事件の対応や行政処分の対応、保険会社との交渉、医療機関とのやりとりなどが並行して進んでいきます。各手続の流れを理解した上で、適切な対応をしていくことが求められます。

　また、交通事故によって発生した損害額の算定方法は、ルール化されています。損害賠償額の算定方法のルールを正しく理解しなければ、保険会社の担当者からも軽くあしらわれてしまい、適切な被害救済もままなりません。さらに、適切な損害計算ができなければ、弁護過誤にもなりかねない怖さもあります。

　本章では、はじめて交通事故分野を担当する方が、理解しておくべきポイントを整理することに主眼を置いています。繰り返しになりますが、交通事故分野は専門性が高く、各論点だけでも十分に1冊の書籍となってしまいますので、すべてを網羅的に取り上げることは不可能です。本書では、あくまでも最低限のポイントを整理しているものということを念頭に置いて、次の項目へと進んでいただければ幸いです。

　なお、交通事故では被害者と加害者、2つの立場が考えられますが、本章では主に被害者の方からのご相談を念頭に置いてご説明します。

交通事故分野の特徴

```
1  損害算定の定型化・定額化
2  高度な専門性
3  保険制度の充実
```

　交通事故分野は、複数の専門的知見が必要とされる複雑な分野です。交通事故分野の特殊性を3つ挙げるとすれば、冒頭の3つに整理できます。以下では、各特殊性について申し上げます。

1 損害算定の定型化・定額化

① 算定方法の定型化・定額化

　交通事故における損害賠償額の算定方法は、各損害項目に応じてルール化されています（詳細は後記chapter11「各損害項目の算定」参照）。

　例えば、慰謝料を考えてみましょう。傷害事件や性犯罪被害の場合、被害者が被った精神的・肉体的苦痛に対して慰謝料が発生すること自体は特に疑問はありませんが、ではどの程度の慰謝料額が妥当かということになると、そう簡単には結論は出てきません。一方、交通事故の場合、慰謝料は、入通院日数を基準に計算することになっています。追突事故被害に遭い、骨折や脱臼等の他覚所見はない頸椎捻挫を受傷した方の場合、通院期間6ヶ月であれば傷害慰謝料は89万円となります。

　このように、交通事故における損害賠償額の算定は、定型化・定額化しています。まずは原則として、定型化・定額化された損害賠償額の算定方法を理解する必要があります。もちろん、個別の事案によっては、最低方法をそのままあてはめるのではなく、修正を検討しなければならないこともあります。ですが、例外としての修正を正しく行うためにも、定型化・定額化された損害賠償額の算定という原則を理解しておく必要があります。

②　算定方法の定額化と３つの基準

> ①自賠責基準＜②任意保険基準＜③裁判基準
> 　→弁護士が交渉を担当する最大のメリット

　交通事故における損害賠償額の算定方法は、定型化・定額化していますが、定額化という点では、３つの基準があるといえます。

　１つ目は、強制加入保険である自動車損害賠償責任保険における算定基準です（通称「自賠責基準」）。自賠責保険は、交通事故被害者救済のために設けられた保険であり、被害者に対する最低限の保障という役割を担っています。もっとも、最低限の補償にすぎませんので、自賠責基準は、低額に抑えられています。また、自賠責保険で支払われる保険金は、傷害部分については上限120万円までと決められており、十分な被害補償を見込むことはできません。

　２つ目は、任意保険会社が使用する算定基準です（通称「任意保険基準」）。この基準は、明示されているわけではなく、各保険会社によって異なります。一般的には、自賠責基準よりは高額ですが、裁判基準よりは低いということが多いといえます。

　３つ目は、「民事交通事故訴訟損害賠償算定基準（通称「赤い本」）」に基づき、裁判となった場合に使用する算定基準です（通称「裁判基準」）。一般的には、この裁判基準に基づいて算定する損害賠償額が最も高額になります。

　このように、交通事故における損害賠償額の算定方法には、３つの基準があります。そして、私たち弁護士が代理人として保険会社との交渉を担当する場合、自賠責基準、任意保険基準よりも高額な裁判基準に基づいた損害賠償額の獲得を目指していくことになります。この点こそが、交通事故分野において、私たち弁護士が代理人として交渉を担当する大きなメリットの１つということができます。

Part 2
交通事故

2　高度な専門性

1　医学的知見の理解

2　各種保険制度への理解

3　工学的知見への理解

---

①　医学的知見の理解

　交通事故事案では、人身損害の賠償請求をする上で、医学的知見の理解が不可欠です。実務でもよく目にする追突事故による頚椎捻挫・腰椎捻挫の受傷をしたという事案では、いつまで治療が認められるかが争われることがありますが、その際には主治医が治療期間についてどのような見解を持っているのかを理解・確認しなければなりません。また、後遺障害等級認定申請をする場合には、後遺障害診断書にどのような内容を記載してもらうべきか、またどのような検査（レントゲン検査で足りるのか、MRI検査までするのか、神経テストの実施はどうか）等も検討しなければなりません。

　このように、交通事故分野では、医学的知見の理解が必須ということができます。とはいえ、私たちは法律の勉強をして弁護士にはなっているものの、医学の勉強をしている方は決して多くないと思います。医学的知見は、整形外科の入門書等を購入するなどして、研鑽を積み重ねていく必要があります。

②　各種保険制度への理解

　また、交通事故の適切な解決のためには、各種保険制度の理解も不可欠です。例えば、物損事故の場合、修理期間中の代車使用期間が争われる場合には、レンタカー特約を利用することができれば、ある程度の対応は可能になります。また、人身事故の場合、過失割合を考慮せざるを得ないケースでも、人身傷害補償保険を利用することができれば、過失部分に対応した補償を受けることも可能です。そのほかにも、搭乗者傷害補償保険など、利用できる保険がないかどうかを検討し、場合によっては代理人から積極的にアドバイスしなければならないこともあります。

　その他にも、保険金の種類・内容によっては、損益相殺として、損害賠償額か

ら控除しなければならないこともあります。

このように、交通事故問題の解決にあたっては、保険制度に対する理解はとても大切です。

③　工学的知見への理解

事故状況によっては、そもそも当事者のどちらが被害者なのか、はっきりしないケースもあります。例えば、センターラインオーバーの事案では、どちらがセンターラインオーバーをしたのかが争いになることがあります。この場合、事故現場に残された手がかりに基づき、実際にはどのような事故態様だったのかを調査しなければなりません。

このように、交通事故問題では、工学的知見の理解も必要です。

3　保険制度の充実

交通事故問題は、保険制度による被害補償が充実しているという特徴があります。仮に加害者が任意保険に加入していなかったとしても、強制加入保険である自賠責保険で最低限の補償を受けることが可能です。

また、弁護士に依頼する際には、弁護士費用特約を利用することで、依頼者本人の弁護士費用の負担を抑えることも可能です。

交通事故の相談を受ける際には、弁護士費用特約の利用が可能かどうかを確認しましょう。なお、弁護士費用特約は、被害者本人が加入していなくとも、その親族や自動車の所有者が加入している場合には利用できたりしますので、被害者本人以外にも利用できるか確認してもらう必要があります。

Chapter 3 法律相談・受任の注意点

1 法律相談の流れ

【法律相談の流れ】

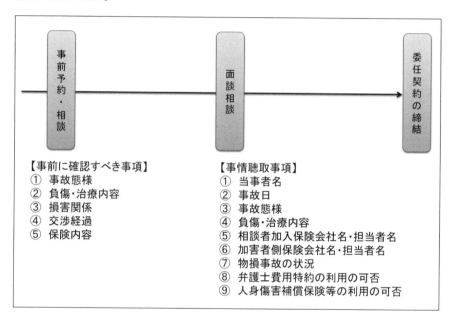

交通事故事案の相談・受任する際に注意すべき点は以下のとおりです。

2 法律相談の目的

法律相談の目的は、相談者に対し、法的観点から見て最適な解決案を提示することにあります。

そこで、最適な解決案の模索にあたり、解決方法の模索にあたり必要な事項を確認していく必要があります。

そして、必要な事項を確認するためには、面談による法律相談だけでなく、事

前に**相談カード**を送付し、必要事項を記入してもらったり、必要な資料を用意してもらったりするなどの準備も大切です。

このように、事実関係を確認した上で、相談者が弁護士に相談したいポイントがどこにあるのかを見極める必要があります。保険会社が提示する損害賠償額に納得がいかないということなのか、保険会社との交渉の時間的・精神的負担が問題なのか、医療機関との対応等、事案によって相談したいポイントは様々です。相談者ごとの納得がいかない、弁護士に相談したいポイントを見極めた上で、適切なアドバイスを心がけましょう。

なお、法律相談の結果、事案によっては弁護士に依頼せずに自分で交渉したほうがよいケースもあり得ます（損害額が小さく、弁護士に依頼しても増額できる幅が大きくないと思われる場合や、相談者が過失割合に納得がいかないと訴えていても、弁護士から見ても相当な過失割合を保険会社が主張している場合等）。

この場合には、弁護士に依頼した場合に発生する弁護士費用と、解決見通しを伝えた上で、弁護士に依頼するメリットがどこにあるのかを丁寧に説明し、相談者の理解を得ることに努めましょう。

3　事前予約・相談時の確認事項

通常、法律相談は予約をとってから行います。

事前予約は電話やメールで行うことが多いと思いますが、その際には以下の資料をご持参いただくよう伝えておくと、打ち合わせがスムーズになります。また、損害賠償額を算定する際にも、以下の資料が必要になります。

---

① **損害費目ごとに損害を特定し具体的な金額で評価可能なもの**
　　例）領収書、請求書、見積書等
② **損害と事故との関連性についての説明に関する証拠**
　　例）診断書、後遺障害診断書、日常生活の状況報告書、家屋改造図等
③ **事故態様、事故状況の証拠**
　　例）実況見分調書等
④ **損害の填補に関する内容を確認できる資料**
　　例）労災からの支払通知等

Part 2
交通事故

【相談カード（交通事故)】

交通事故・相談カード

相談日：令和　　年　　月　　日

弁　護　士：	担当事務局：
事　務　所：	・

※全て必須項目です。太枠内に分かる範囲で漏れなくご記入ください。（裏面もご記入ください。）

相談日	令和　　年　　月　　日		旧姓		性別	生年月日	（ 大・昭・平　　年 ）
ふりがな	改姓されている方は旧姓もご記入ください。				男・女		（ 西暦　　　　年 ）
氏　名							月　　日　（　　歳）

連絡先	TEL:　　（　　）	FAX:　　（　　）	携帯:　　（　　）
	E-mail(PC):　　　　　　　　　　　　E-mail(携帯):		
	メールマガジンの配信をしてもよろしいですか？　□ はい □ いいえ		

ふりがな		
現住所	〒　－　　　　□住民票と同じ　□本籍地と同じ　※マンション名・アパート名までご記入ください。	
	都道府県　　　　市・区	□一人暮らし □同居人あり

※当事務所からご連絡申し上げる場合に、上記連絡先に連絡してもよろしいですか。□連絡してもよい。□連絡して欲しくない。
【連絡時】事務所名: 可 / 不可　事務所名での留守電メッセージ: 可 / 不可

勤務先	□有 □無	勤務先名　　　　　　　　　勤続年数　　　年　　　□ 就労中 □ 休職中
		手取月収　　　万円　年収　　　　万円　賞与 夏（　　）万 冬（　　）万
公的扶助	□有 □無	□ 年金 □ 児童手当 □ 生活保護 □ 他(　　　　　)

■事故状況

事故発生日	令和　　年　　月　　日　　　（□勤務中の事故 □通勤中の事故 □その他時間の事故）
事故発生場所	県　　　　市
ご自身	□ 自動車 □ バイク（原付含む） □ 自転車 □ 歩行者
相手方	□ 自動車 □ バイク（原付含む） □ 自転車 □ 歩行者

事故状況の説明（図での説明）　　　　　　　　事故状況の説明（言葉で簡潔な説明）

○を付けてください。
1 人対車両 2 正面衝突 3 側面衝突 4 出合い頭衝突 5 接触 6 追突 7 その他

本人	保険会社　□ 加入済 □ なし　　弁護士特約 □ あり □ なし	
	自賠責保険会社	
	任意保険会社　　　　　　　　　担当者：	
相手方	名前　　　　　　　　　　　　電話	
	住所〒	
	勤務先	
	保険会社　□ 加入済 □ なし・	
	自賠責保険会社	
	任意保険会社　　　　　　　　　担当者：	
	相手方主張の過失割合　　ご自身（　　%）：相手方（　　%）	
	その他の関与者	

怪我・治療等	事故による病気や怪我	受傷の部位・診断名（該当するものに○を付けてください。） （部位）頭部・顔面・頚椎・腰椎・脊椎・胸腹部・上肢・下肢・目耳鼻口歯 （診断名）脳挫傷・頚椎捻挫・打撲・脱臼・骨折・靭帯損傷・偽関節変形 　　　　　神経症状・CRPS・機能障害・神経麻痺・筋損傷・その他（　　　　　　　　　） （治療機関名）
	治療経過	□すでに治療は終了した（治療終了日：平成　　年　　月　　日）　□治療中
	後遺障害認定手続	□手続未了　□済（□後遺障害（　　）級　□該当せず）⇒異議手続（□希望する　□希望しない）
	事故前の病気や怪我 （労災事故・交通事故含）	□あり（傷病名：　　　　　　　　　　　）　（時期：昭和・平成　　年　　月頃） □なし
	休業期間、現在の収入	休業期間　□あり　　（平成　　年　　月　　日～平成　　年　　月　　日） □なし　現在の収入　□あり　□なし
受け取った給付金・保険金等	公的保険制度 による給付	□労災保険法による保険給付金（□療養補償給付，□療養給付，□休業保障給付，□障害保障給付 □遺族保障給付　□傷病保障年金　□障害保障年金　□遺族保障年金　□その他（　　　　　　　）
	ご自身の任意保険からの給付	□人身傷害保障保険による保険金　　□無保険者障害保険による保険金 □所得保障保険による保険金　　　　□その他（　　　　　　　　　　　　　　　　）
	自動車保険制度 による給付	□自賠責保険（被害者請求）による保険金　　　□政府保障事業によるてん補金 □その他（　　　　　　　　　　　　　　　　　）
	相手方・相手方の任意 保険等からの給付	□名目（　　　　　　　　　　　　）として □その他（　　　　　　　　　　　）
	その他の給付	例）ご自身加入の医療保険等（　　　　　　　　　　　　　　　　　　　）
	□事故に関して受け取った給付金・保険金等はない。	
相談内容・ご依頼意	困っていること	□保険会社や事故相手方への対応　　□事故後の流れ □事故による傷病で仕事ができない　□後遺障害等級の認定手続の結果 □保険会社から提示された示談書金額が適正なのか。 □その他（　　　　　　　　　　　　　　　　　　　）
	弁護士への 依頼について	□アドバイスを聞きたい（依頼は考えていない）　□アドバイスを聞き、自分で解決したい。 □アドバイス、活動方針、費用などが折り合えば、依頼を考えている □依頼したい　□急いで依頼したい　□その他（　　　　　　　　　　　）

■資料　1）交通事故証明書 2）診断書・診療報酬明細書 3）後遺障害等級認定表　4）休業損害証明書 5）源泉徴収票・確定申告書
　　　　6）保険会社からの賠償額の提示　7）その他（　　　　　　　　　　　）

アンケートにお答えください。	●当事務所をどのようにしてお知りになりましたか。
□検索サイト（　google・yahoo・弁護士ドットコム・その他（　　　　　　　　　　　　　　　　））　□NTT電話帳　　□テレビ・ラジオ □紹介（　　　　　　　　　　　　　）□雑誌　　　　□店頭設置チラシ　　　□その他（　　　　　　　　　　　） ※ご協力いただき誠にありがとうございました。	

Part 2
交通事故

　なお、すでに保険会社が介入している案件であれば、保険会社に連絡し、交通事故に関する資料の写しを送付してもらうという方法もあります。必ずしも保険会社がすべての資料を保管しているわけではありませんので、その都度チェックする必要はありますが、簡易かつ早期に本件事故に関する資料を確認する方法として有用ですので、依頼を受けた場合には保険会社に資料の開示を依頼することも検討しましょう。

4　面談相談時に確認すべき事項

　交通事故の相談にあたり、確認すべき事項は以下のとおりです。
①　当事者名
　利益相反の有無の確認のほか、相談者が被害者本人かご家族かどうかも確認しましょう。ご家族である場合には、被害者本人が相談に来ることができない事情も確認する必要があります（なお、死亡事故や重症案件では、近親者も損害賠償請求権者となります）。
②　事故日
　事故直後の相談であれば、通院治療継続中からの対応が必要かどうかを検討する必要があります。また、事故から長期間が経過すると、消滅時効の問題も出てきます（民法724条、724条の2）ので、この点も確認する必要があります。
③　事故態様
　当事者双方が自動車、自動二輪車、自転車、歩行者のいずれかによって、過失割合の類型が異なることになります。
　また、事故現場の道路状況（信号機の有無、交差点の有無等）も確認しましょう。
④　負傷・治療内容
　被害者のカルテ等の取り寄せをすることも考えられますので、入通院先の病院は時系列に沿って確認しましょう。また、慰謝料の算定や後遺障害獲得の見通しにも関係するため、通院頻度も確認しましょう。
⑤　相談者加入保険会社名・担当者名
　弁護士費用特約を利用する場合には、相談者が加入する保険会社の担当者と連絡をとる必要があります。また、相談者が人身傷害補償保険を利用して治療費を支払ってもらっている場合、診断書や診療報酬明細書等の資料は、相談者加入の

保険会社が保有していますので、資料の開示請求先としても確認する必要があります。

⑥　**加害者加入保険会社名・担当者名**

　加害者が任意保険に加入していた場合、交渉担当の窓口は加害者本人ではなく、加害者加入保険会社の担当者の方になります。このような場合、被害者から依頼を受けて受任した場合には、加害者本人ではなく、加害者保険会社に受任通知書を送付することになります。また、加害者加入保険会社が対人賠償保険で被害者の治療費や休業損害等の支払いをしている場合、これまでの治療内容や治療費等が確認できる資料を加害者加入保険会社が保有していますので、本件事故に関する資料一式の写しを送付してもらうことも可能です。被害者本人では十分に資料を整理できていないことも珍しくありません。加害者加入保険会社からまとめて資料を取り寄せることは、事案の整理の観点からも有効です。

⑦　**物損事故の状況**

　依頼を受けるにあたって、人身損害部分のみを対応するのか、物損部分も対応する必要があるのかを判断するために、物損事故が解決しているかどうか、また依頼を希望するかどうかを確認する必要があります。

　また、物損についてはすでに解決している場合、過失割合はどうだったのかも確認する必要があります。物損で合意した過失割合で人身損害の過失割合が拘束されるわけではありませんが、人身事故の示談交渉の際にも参考となります。

　なお、物損対応の場合、損害賠償請求権者は運転者ではなく、車両の所有者になりますので、運転者と車両の所有者が同一人物かどうかも確認する必要があります。

⑧　**弁護士費用特約の利用の可否**

　弁護士費用特約を利用することができれば、最大300万円までは弁護士費用の負担がかからないことになります。弁護士費用特約は、①被害者本人が加入している場合だけでなく、②配偶者、③同居の親族、④別居の両親、⑤事故車両、が加入している場合にも利用できることがあります。ご本人が入っているかどうかだけでなく、上記②ないし⑤についても確認するようにしましょう。

　また、弁護士費用特約は、使用しても「ノーカウント事故」扱いとなり、保険等級には影響しません。

⑨　**人身傷害補償保険等の利用の可否**

　人身傷害補償保険を利用することができる場合、過失部分に対応した補償を受

けることができたり、加害者が任意保険に加入していない場合にも損害賠償の補償を受けることができたりします。

また、その他にも搭乗者傷害補償保険等、被害者に有利な保険を利用することができる場合もあります。利用できる保険特約がないか確認するようにしましょう。

5　法律相談　実践例

以上を踏まえ、実際の法律相談の場面について、ホワイトボードを使用して整理すると、以下のようになります。

交通事故事案の場合、治療継続中に相談・依頼を受ける際には、今後の方針を説明することがとても大切です。

相談者・依頼者は、いつ保険会社から治療費の支払いを打ち切られたりするかわからなかったり、適切な後遺障害等級の認定を受けるために必要な対応もわからなかったりするため、不安に感じていることが多くあります。相談者・依頼者の不安を解消するためにも、法律相談の時点で今後の見通しをしっかりと伝えていただき、安心して治療に専念できるようアドバイスしていくことが求められます。

【ホワイトボードによる法律相談の「型」】

Chapter 4 交通事故の7つのポイント

【交通事故の7つのポイント】

- Point 1 交通事故に伴う責任の種類
- Point 2 交通事故における関係者
- Point 3 交通事故発生から解決までの流れ
- Point 4 交通事故の責任原因
- Point 5 交通事故による損害
- Point 6 損害賠償の算定基準
- Point 7 各損害項目の算定

　交通事故問題を進めるにあたり、特に検討すべきポイントを7つに整理しました。もちろん、交通事故問題の検討にあたっては、このほかにも多岐にわたりますが、はじめて交通事故の相談を受ける際に把握すべきポイントとして整理してあります。
　相談者の話を整理し、要点を押さえて確認する際には、この7つのポイントに沿っていくとスムーズにいきます。

ポイント① 交通事故に伴う責任の種類

【交通事故発生に伴う責任】

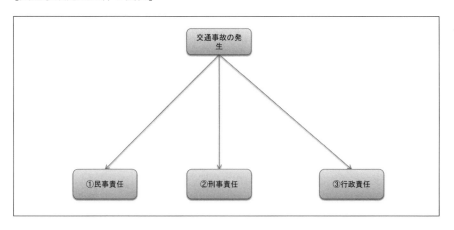

　交通事故の流れを説明する前に、交通事故に伴う法律問題を整理すると、①民事責任、②刑事責任、③行政責任の３つに分類することができます。
　交通事故被害者の方からのご相談の場合、通常は①民事責任に関することが中心であり、②刑事責任や③行政責任が問題となることは多くはありません。ただし、②刑事責任に関しては、ひき逃げや飲酒運転などの運転が悪質なケースや、深刻な後遺障害を負ってしまったり、被害者の方が亡くなってしまったりしたような場合には、被害者参加を検討することもありますので、ご相談の際には注意しましょう。

ポイント② 交通事故における関係者

【交通事故における関係者】

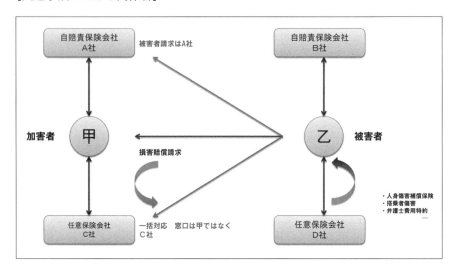

　交通事故における①民事責任を念頭に置いた場合、交通事故の発生に伴い、様々な関係者が登場することになります。

　ここでは、交通事故の典型例である、自動車同士の交通事故のケースを想定してご説明します。

　交通事故が発生すれば、加害者（「甲」）と被害者（「乙」）が登場することになります。

　そして、自動車運転者は、自賠責保険への加入が義務付けられていますので、加害者と被害者の双方が自賠責保険会社（加害者加入：「A社」、被害者加入：「B社」）に加入しています。

　さらに、現在は自動車運転者の多くが、自賠責保険とは別に、任意保険に加入しています。注意しなければならないことは、自賠責保険会社と任意保険会社は同じとは限らないということです。したがって、加害者と被害者の双方が加入する任意保険会社（加害者加入：「C社」、被害者加入：「D社」）も交通事故に関係することになります。

Part 2
交通事故

このように、交通事故が発生した場合、加害者と被害者本人だけではなく、それぞれが加入する自賠責保険会社、さらに任意保険会社が登場することになります。

そして、被害者側として対応する場合、場面に応じて誰を相手に対応すべきかが異なってきます。以下では、間違えやすい場面をご説明します。

1 損害賠償請求の相手方

被害者である乙が、交通事故による損害賠償請求を行う場合、相手方は加害者である甲になります。

ところが、甲が任意保険会社C社に加入している場合、交通事故の交渉の窓口は、C社の担当者が行うことになります。したがって、乙が損害賠償請求の交渉を行う場合には、甲ではなく、C社を相手に行うことになります。

もっとも、乙が甲に対し、損害賠償請求を求めて訴訟を提起する場合、甲を被告として訴えを提起することになります。

2 被害者請求を行う場合の自賠責保険会社

甲やC社が、乙に対して治療費等を支払ってくれなかったりする場合や、乙が自分で後遺障害等級認定申請を検討したりする場合には、自賠責保険会社に対し、被害者請求を行うことになります。

ところで、乙が被害者請求を行う場合、自賠責保険会社は甲が加入するA社なのか、乙が加入するB社なのかということが問題となります。

この場合、被害者請求を行う先は、B社ではなく、A社になります。「被害者請求」という呼称から、被害者である乙が加入する自賠責保険会社と勘違いしてしまう方もいますので注意が必要です。

3 人身傷害補償保険等の利用

また、乙が人身傷害補償保険等の利用を行う場合には、乙が加入する任意保険会社であるD社に連絡をする必要があります。乙が加入する自賠責保険会社ではこのような保険特約はありません。

Chapter 7 ポイント③　交通事故発生から解決までの流れ

【交通事故発生から解決までの流れ】

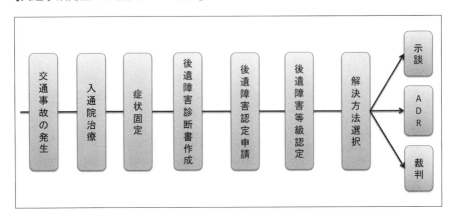

　上記図は、交通事故によって受傷してしまった方が、交通事故の発生から示談等が成立して解決するまでの流れを示したものになります。

　それぞれの場面ごとに問題となることを整理すると以下のとおりです。

1　交通事故発生直後のポイント

- □　負傷者の救護
- □　加害者の身分確認（氏名・住所・職業）
- □　加害者の車検証・ナンバーの確認
- □　警察への通報
- □　被害者加入の保険会社への連絡
- □　加害者の保険会社（自賠責・任意保険）の確認
- □　事故状況の記録
- □　加害者の主張の確認
- □　自動車・現場の写真撮影
- □　目撃者の主張・連絡先の確認

Part 2
交通事故

□　**負傷者の救護**

　事故直後では、加害者はまず負傷者の救護から行う必要があります。

　負傷者の救護を怠って現場から加害者は立ち去れば、道路交通法にも違反しかねません。

□　**加害者の身分確認（氏名・住所・職業）**

　加害者が任意保険に加入していない場合、加害者本人に損害賠償請求をする必要もあります。事故直後に、加害者の氏名や住所、職業等を確認するようにしましょう。

□　**加害者の車検証・ナンバーの確認**

　運転者と所有者が異なる場合、所有者に対して自賠法に基づき損害賠償請求ができることもありますので、こちらも確認するようにしましょう。

□　**警察への通報**

　事故後はすぐに警察に届ける必要があります。また、警察に通報することで、事故状況の見取図等を作成してもらうことも可能です。

　なお、事故直後から痛みがあったり、負傷していることが明らかであったりする場合には、「物件事故」ではなく、「人身事故」として扱ってもらうよう届出をしましょう。「人身事故」として届出をしておかなければ、後日後遺障害等級認定申請をする際に、「人身事故証明書入手不能理由書」の提出を求められたり、事故による被害が小さいのではないかと考えられやすくなったりします。

□　**被害者加入の保険会社への連絡**

　事故後は被害者が加入する保険会社にも連絡する必要があります。被害者の方が加入する保険のうち、搭乗者傷害補償保険や人身傷害補償保険、弁護士費用特約等、利用できる保険を案内してもらうことが可能です。

□　**加害者の保険会社（自賠責・任意保険）の確認**

　加害者が任意保険に加入しているかどうかによって、損害賠償金の回収可能性が大きく変わってくることになります。

　また、強制加入保険である自賠責保険にも加入していない場合には、政府保障事業による被害補償を検討しなければなりません。

　今後の方針にも関わりますので、加入している保険会社はしっかりと確認するようにしましょう。

□　**事故状況の記録**

時間の経過とともに、事故に関する証拠物等はなくなっていきます。事故の痕跡が残っている早い段階で、記録化に務めるようにしましょう（写真や録画等）。

□　加害者の主張の確認

時間の経過とともに、事故状況に関する加害者の説明が変わっていくことも珍しくありません。できる限り早い段階で加害者の言い分を書き留めるなどしておきましょう。

□　自動車・現場の写真撮影

自動車の破損状況等は、事故の状況を推測させたり、被害者への衝撃の大きさを推測させたりする証拠になります。

廃車等をする前に、破損状況等が確認できるよう写真を撮影しておきましょう。

□　目撃者の主張・連絡先の確認

後日事故態様が争いになる可能性もありますので、事故現場に目撃者がいる場合、目撃者の目撃状況や連絡先を確認するようにしましょう。

2　入通院治療継続中のポイント

① 　事故時〜1ヶ月

　　□　事故直後の受診

　　□　負傷した箇所すべての受診

　　□　健康保険の利用

　　□　労災保険の利用

　　□　弁護士費用特約

　　□　整骨院（接骨院）への通院

　　□　事故証明書の事故区分（物件事故／人身事故）

② 　事故時〜6ヶ月

　　□　通院頻度

　　□　個室の利用

　　□　タクシーの利用

　　□　物損事故の示談

　　□　警察からの事情聴取・実況見分調書への対応

③ 　事故後6ヶ月〜

Part 2
交通事故

- □　保険会社からの治療費の打切り
- □　これまでの診断内容の確認

【事故時～1ヶ月】

□　**事故直後の受診**

　警察等への報告が終わったら、できる限り早く病院を受診するべきです。事故から数日以上経ってから受診すると、事故と怪我との因果関係を争われやすくなります。

□　**負傷した箇所すべての受診**

　事故直後に受診する際には、痛みがある箇所はすべて診断してもらうようにしましょう。頭痛と腰痛、2箇所あるにもかかわらず、最初の受診時には頭痛しか訴えなかった場合、後日腰痛を訴えても、事故との因果関係を否定され、治療費を支払ってもらえないこともあります。

□　**健康保険の利用**

　健康保険を利用できる場合には、治療費の負担を抑えるためにも、積極的に検討しましょう。病院によっては、健康保険の利用に消極的なこともありますが、健康保険の利用は可能ですので、その旨説明して対応しましょう。

□　**労災保険の利用**

　通勤中の事故や業務中の事故の場合、労災保険を利用することが可能です。労災保険を利用できる場合、特別給付金があるほか、自賠責保険による後遺障害等級認定とは別に、労災保険による後遺障害等級認定を受けることが可能です。また、自賠責保険による後遺障害等級認定よりも、労災保険による後遺障害等級認定のほうが、被害者保護に厚く、重い後遺障害等級が出やすい傾向にあります。

□　**弁護士費用特約の確認**

　弁護士費用特約を利用することができれば、最大300万円までは弁護士費用の負担がかからないことになります。弁護士費用特約は、①被害者本人が加入している場合だけでなく、②配偶者、③同居の親族、④別居の両親、⑤事故車両、が加入している場合にも利用できることがあります。ご本人が入っているかどうかだけでなく、上記②～⑤についても確認するようにしましょう。

□　**整骨院（接骨院）への通院**

整形外科だけでなく整骨院（接骨院）にも通院する場合には、治療の必要性・相当性が争われることがあります。病院まで遠い場合や、病院の対応時間が短いために通院できない場合、整骨院（接骨院）に通院したいという要望は少なくありませんが、後日保険会社から争われる可能性があることを念頭に置き、整形外科医等から、整骨院（接骨院）への通院の必要性があることの意見書等を書いてもらうようにしましょう。

□　事故証明書の事故区分（物件事故／人身事故）

　警察へ交通事故を届ける場合、物件事故か人身事故のいずれかに区分することになります。交通事故で怪我をした場合には、必ず人身事故で届けをするようにしましょう。物件事故のままとなると、後日、事故と怪我との因果関係を争われやすくなります。また、物件事故から人身事故へと切り替えることは可能ですが、事故から時間が経過すると、警察も切り替え手続には難色を示します。「交通事故証明書」を見れば、物件事故か人身事故扱いかどうかが分かります。物件事故となっているようでしたら、すぐに人身事故に切り替えるようにしましょう。

【事故１ヶ月後〜６ヶ月】

□　通院頻度

　慰謝料の算定基準を満たす通院回数は、おおよそ週２〜３回程度とされています。十分な補償を受けるためには、この通院頻度が一応の目安となります。また、１ヶ月前後通院をしていないと、保険会社から、「そろそろ治療の必要はないのでは。」と指摘され、治療費が打ち切られやすくなります。

□　個室の利用

　入院治療をしている場合、個室を利用する場合には、個室の利用料が保険で対応されるかどうかは慎重に検討する必要があります。後日、保険会社が個室の利用料については事故との因果関係を争ってくることもあり得ます。個室を利用する場合には、担当医から個室を利用する必要がある旨の意見書を書いてもらうようにしましょう。

□　タクシーの利用

　個室の利用と同様、通院等にあたりタクシーを利用する場合にも、タクシーの利用料金が支払われるかどうかは慎重に検討する必要があります。タクシーの利用料金も、保険会社が事故との因果関係を争ってくることがあります。タクシーを利用する場合には、担当医からタクシーを利用する必要がある旨の意見書を書

Part 2
交通事故

いてもらうようにしましょう。

□ 物損事故の示談

治療継続中であっても、物損事故の示談を先行して進めることがあります。物損事故の示談を先行する場合、過失割合には特に注意する必要があります。人身損害と比べて、物損は金額も小さいことから、過失割合に多少争いがあっても、金額に大差はないため、安易に示談に応じやすいところがあります。ですが、物損事故について納得がいかない過失割合で合意した場合、人身損害についても、物損事故について合意した過失割合を前提に交渉を進められやすくなってしまいます。

物損事故についても安易に示談をするのではなく、果たして妥当な過失割合と言えるかどうかを十分検討してから示談をする必要があります。

□ 警察からの事情聴取・実況見分調書への対応

人身事故扱いの場合、警察が刑事事件として捜査を行います。そして、この捜査の過程で、事情聴取を行ったり、実況見分調書を作成したりします。事情聴取の結果作成される供述調書や、実況見分調書は、過失割合が争いになる場合、信用性の高い証拠となります。供述調書や実況見分調書の内容によって、過失割合の判断が左右されかねません。そこで、供述調書や実況見分調書を作成する場合には、改めて事故当時の状況を整理しておく必要があります。

【事故後６ヶ月〜】

□ 保険会社からの治療費の打切り

事故から数ヶ月経過すると、保険会社によっては治療費の打切りを打診してくることがあります。特に、事故から６ヶ月程度経過してくると、保険会社から治療費の打切りを打診してくることが多くなります。もっとも、保険会社から治療費の打切りを打診されたとしても、いまだに痛みが継続しているために、治療の必要がある場合も少なくありません。このような場合、主治医と協議し、まだ治療の必要があるようでしたら、その旨の意見書を作成してもらうなどの対応をする必要があります。

なお、保険会社が治療費の打切りを強行してきた場合には、弁護士が代理人となっていたとしても、治療費の立替払延長を保険会社へ命じることはできません。担当弁護士としては、保険会社に対して治療費の立替払いの延長をするよう任意交渉を重ねるか、打切りとなった場合には健康保険等を利用して治療費の経

済的負担を抑えてもらいながら通院を継続するよう依頼者にアドバイスする等の対応を検討することになります。

□　これまでの診断内容の確認

　この頃になると、後遺障害等級認定申請も視野に入れていくことになります。事故直後から代理人として対応している場合には、治療継続中も自覚症状等をしっかりと診断書に記載してもらうようアドバイスすることができますが、事故後数ヶ月経過してから相談に来たような場合には、それまでの診断内容についてアドバイスすることはできません。

　後遺障害等級を獲得できる可能性があるかどうか、また相談者が訴える症状がしっかりと診断書等に記載されているかどうかを確認するためにも、これまでの治療内容を確認するようにしましょう。

　具体的には、各医療機関に連絡し、カルテ等の開示請求をする方法が考えられます。

3　症状固定のポイント

□　症状固定時期はいつか
□　症状固定後の治療費等の扱い

□　症状固定時期はいつか

　後遺障害等級認定申請を見据える場合、症状固定時期をいつ頃に設定することがよいのかは難しい問題です。治療期間が長ければ長いほど、慰謝料や治療費等の賠償額が増えるので、症状固定時期も長いほうが良いのではないかとも思われますが、一概にそうとも言い切れない面があります。例えば、骨折等による可動域制限（機能障害）に基づく後遺障害等級認定申請を検討する場合、長期間リハビリ治療をすることで、徐々に可動域が改善していくこともあります。このようなケースでは、症状固定時期を早めに設定し、可動域が改善していない段階で後遺障害等級認定申請をしたほうが、獲得できる後遺障害等級は高くなることが期待できます。醜状障害のケースでも同じようなことが考えられます。

　個別の事案や被害者の意向によって判断は異なりますので、一概には言えませ

Part 2

交通事故

んが、症状固定時期は「遅ければ遅いほどよい」とは単純に言えないことに注意しましょう。

□　症状固定後の治療費等の扱い

　一方で、症状固定日以降の治療費等は、原則として損害賠償の対象にはなりません。したがって、症状固定とした後は、後遺障害等級認定申請をするのか、示談交渉をするのか、できる限り早く方針を決めて対応していく必要があります。

4　後遺障害診断書作成時のポイント

□　症状固定日はいつか

□　自覚症状の記載漏れはないか

□　各種検査は受けているか

□　後遺障害のチェックに漏れはないか

□　症状固定日はいつか

　後遺障害診断書には、「症状固定日」を記載する欄があります。多くは後遺障害診断書作成時の受診日になりますが、記載日が受診日と異なって記載されることもあります。症状固定日をいつと記載してもらうことがよいかは事案によって異なりますので、よく検討する必要があります。

□　自覚症状の記載漏れはないか

「自覚症状」欄に記載された内容も、後遺障害等級の有無の判断材料となります。被害者の方が感じている自覚症状があっても、「自覚症状」欄に記載がなければ、そのような自覚症状はないものと扱われてしまいます。記載漏れのないよう、担当医の方にしっかりと伝えておく必要があります。

□　各種検査は受けているか

　後遺障害診断書作成の前から問題となることですが、後遺障害等級の判断に必要な検査（レントゲン撮影、MRI検査、CT検査等）は受けているか確認しましょう。また、神経症状による後遺障害等級を検討する場合には、各種神経テスト（スパーリングテスト、ジャクソンテスト）等の検査結果も記載してもらう必要があります。

□　後遺障害のチェックに漏れはないか

　本来であれば複数の後遺障害が考えられるにもかかわらず、1つの後遺障害しか記載されていないということもあります。検討されている後遺障害に不足はないか、受傷内容や治療経過から、予想される後遺障害の確認をすべてしてもらっているかどうか確認しましょう。

5　後遺障害等級認定申請のポイント

□　被害者請求と一括請求のメリット・デメリット
□　認定申請から結果が出るまでの期間

□　被害者請求と一括請求のメリット・デメリット

　後遺障害等級認定申請申請には、被害者請求（自賠法16条）と一括請求（「事前認定」ともいわれます）の2つの方法があります。被害者請求は、被害者が必要書類等を用意して自賠責保険会社に後遺障害等級認定申請書を提出する手続であるのに対し、一括請求は加害者加入の任意保険会社が必要書類等を取りまとめて自賠責保険会社に後遺障害等級認定申請書を提出する手続になります。

　それぞれの方法のメリット・デメリットは以下のとおりですが、デメリットを考えると、できる限り被害者請求の手続をとるほうがよいでしょう。

	被害者請求	一括請求
メリット	・提出書類を検討できる ・進捗状況等の確認ができる	・必要書類の用意等の手間を省くことができる
デメリット	・必要書類の用意に時間を要する	・被害者に不利な意見書等を提出されるおそれがある。 ・進捗状況等が不透明。

□　認定申請から結果が出るまでの期間

　後遺障害等級認定申請から結果が出るまでは、特に問題がなければ1ヶ月前後といわれています。ですが、損害調査事務所が検討している際に疑問があれば、被害者の治療先の医療機関に照会をしたり、追加の質問書を送付したりすること

Part 2
交通事故

があります。このような照会や追加質問書があったりすると、結果が出るまでに数ヶ月かかることもあります。

6　後遺障害等級認定結果受領時のポイント

□　後遺障害等級認定結果を争うかどうか
□　認定結果の争い方①　異議申立て
□　認定結果の争い方②　一般財団法人自賠責保険・共済紛争処理機構の調停
□　認定結果の争い方③　訴訟

□　**後遺障害等級認定結果を争うかどうか**

　後遺障害等級認定結果が出ると、①後遺障害等級の有無、②認定後遺障害等級、③認定理由、が開示されます。この認定結果を検討し、認定等級を前提に示談交渉に移行するか、認定結果を争うかどうかを検討することになります。

□　**認定結果の争い方①　異議申立て**

　後遺障害等級認定結果の争い方の1つとして、異議申立手続があります。

　異議申立手続は、自賠責保険会社に対し、後遺障害等級の認定結果が不当であることを主張し、再度審査するよう申し入れる手続です。

　異議申立手続には回数制限はなく、また費用もかからないため、リスクの少ない手続ということができます。

□　**認定結果の争い方②　一般財団法人自賠責保険・共済紛争処理機構の調停**

　別の後遺障害等級認定結果の争い方として、一般財団法人自賠責保険・共済紛争処理機構の調停があります（自賠法23条の6、同機構紛争処理業務規程2条）。

　紛争処理機構の調停に対しては不服申立てができないため、この方法でも解決しない場合には、訴訟で争うしかないことになります。

□　**認定結果の争い方③　訴訟**

　後遺障害等級認定結果の最後の争い方として、訴訟があります。

　自賠責保険による判断と、裁判所による判断では、後遺障害等級の認定結果が異なることも少なくありません。

異議申立手続や紛争処理機構の調停では解決できない場合、最終手段として訴訟を選択することも考えられます。

7　解決方法選択のポイント

□　示談による解決
□　ADRによる解決
□　裁判による解決

□　示談による解決

　後遺障害等級の認定結果を争わない場合、通常は損害賠償額を確定することができます。この段階で、加害者に対し、損害賠償額を請求し、示談交渉を進めていくことが一般的です。

　加害者本人ではなく、加害者加入の保険会社と交渉する場合、保険会社の担当者によっては、慰謝料や休業損害等を裁判基準全額で払うことはできないと主張することもあります。早期解決も無視できない要素ですから、依頼者とよく協議した上で、示談による早期解決を図るか、その他の手段による増額を図るかを検討しましょう。

□　ADRによる解決

　ADRによる解決方法として、①公益財団法人交通事故紛争処理センター（通称「紛セ」あるいは「紛セン」）、②公益財団法人日弁連交通事故相談センター（N-TACC）、③各弁護士会の仲裁センター、が挙げられます。

　いずれも利用にあたっては一定の条件がある点に注意が必要です。

　後遺障害等級の認定結果には争いがなく損害額の評価が争点の中心となっているような場合や、示談交渉では進展がない場合、ADRによる解決方法も有効な選択となります。

□　裁判による解決

　後遺障害等級の認定結果自体に争いがあったり、事故態様の主張自体に大きな隔たりがあったりする場合、示談交渉やADRでは適切な解決が期待できません。この場合には、訴訟を選択することになります。

Chapter 8 ポイント④ 交通事故の責任原因

【交通事故の責任原因】

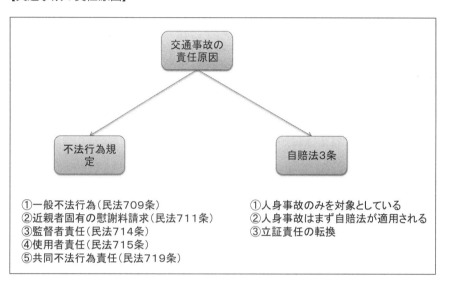

これまで、交通事故の流れや、法律相談の流れについて述べてきました。次に、交通事故の民事責任における最大のポイントである損害額の計算方法とともに、交通事故の責任原因（請求根拠）について述べていきます。

1 不法行為規定

交通事故における民事責任の基礎は民法です（民法709条以下）。

損害賠償請求権が、不法行為責任規定に基づくことは当たり前のことのように思われますが、以下の点には注意が必要です。

① 近親者固有の損害賠償請求権（民法711条）

被害者が亡くなったり、死亡に匹敵するような重症（重度の後遺障害）を負ったりした場合、近親者固有の損害賠償請求権が発生することになります。

この場合、損害賠償請求権を行使する当事者が誰になるのかを確認する必要があります。

② 監督者責任（民法714条）

加害者が未成年者である場合（民法712条）、あるいはその事故が加害者の精神上の障害によるものである場合（民法713条）には、民法714条の監督者責任に基づき、親に対する損害賠償請求を検討することが考えられます。

この場合には、加害者である未成年者に責任能力が認められると民法714条の適用はないことになるため、まずは未成年者の責任能力の有無を検討する必要があります。

もっとも、未成年者に責任能力が認められるとしても、通常は賠償能力が十分ではないため、監督者に監督上の過失があり、それが未成年者の加害行為につながったことを立証することで、監督者に対する民法709条に基づく損害賠償請求権の行使も検討することになります。

③ 使用者責任（民法715条）

交通事故の加害者が運送会社の従業員である等、業務中に交通事故を起こしてしまった場合には、当該運転手だけでなく、運転手を使用している会社の責任も問題となります（使用者責任、民法715条）。

運転手だけでは支払能力に問題がある場合には、運転手だけでなく、使用者である会社に対しても損害賠償請求権を行使する必要がありますので、この点の調査・確認も忘れないようにしましょう。

2 自動車損害賠償保障法3条

交通事故における民事責任の特徴として、民法の不法行為責任のみならず、自動車損害賠償保障法（いわゆる「自賠法」）に基づく責任が発生することが挙げられます。

自賠法に基づく責任は、運行供用者責任といわれます（自賠法3条）。

自賠法3条と民法の適用を規定する4条の規定及びその特徴は以下のとおりです（太字強調は筆者）。

Part 2
交通事故

> （自動車損害賠償責任）
> **第三条　自己のために自動車を運行の用に供する者は、その運行によつて他人の生命又は身体を害したとき**は、これによつて生じた損害を賠償する責に任ずる。ただし、自己及び運転者が自動車の運行に関し注意を怠らなかつたこと、被害者又は運転者以外の第三者に故意又は過失があつたこと並びに自動車に構造上の欠陥又は機能の障害がなかつたことを証明したときは、この限りでない。
> （民法 の適用）
> 第四条　自己のために自動車を運行の用に供する者の損害賠償の責任については、前条の規定によるほか、民法（明治二十九年法律第八十九号）の規定による。

＜運行供用者責任の特徴＞

> ① 人身事故のみを対象としている（物損は対象外）
> ② 人身事故はまず自賠法が適用され、自賠法に規定のない部分について民法が適用される（自賠法 4 条）
> ③ 立証責任の転換

①　人身事故のみを対象としている

　自賠法は人身事故のみを対象としているため、交通事故における損害賠償の請求根拠となる運行供用者責任も、人身事故部分の損害賠償請求にしか対応できません。

　したがって、人身事故による損害（慰謝料等）だけでなく、物損事故による損害（修理費用等）も請求しているにもかかわらず、根拠条文として自賠法 3 条しか挙げないということは誤りということになります。訴訟等で根拠条文の引用を誤ると、代理人としての力量を察せられてしまいますので、特に注意しましょう。

②　人身事故はまず自賠法が適用される

　自賠法と民法は特別法と一般法の関係にあります。

もっとも、下記③にある、立証責任の転換という自賠法のメリットを活かす必要がないようなケースでは、加害者に対する損害賠償請求を民法のみに基づいて行うことも誤りというわけではありません。

③　立証責任の転換

　民法ではなく、運行供用者責任に基づいて損害賠償請求を行うメリットは、立証責任の転換にあります。

　民法709条に基づく損害賠償請求をするためには、被害者側で運行供用者の故意・過失を立証しなければなりません。

　一方、運行供用者責任に基づく損害賠償請求では、被害者側で運行共用者の故意・過失を立証する必要はありません。運行供用者側で自賠法3条但書の免責事由（免責三要件）の全てを立証できない限り、賠償責任を負うことになります。この免責三要件は、①運行供用者及び運転者がいずれも自動車の運行に関し注意を怠らなかったこと、②被害者又は運転者以外の第三者に故意又は過失があったこと、③自動車に構造上の欠陥又は機能の障害がなかったこと、とされています。実際には、この3要件の立証は困難であることから、事実上は無過失責任とさえいわれています。

　自賠法3条と民法709条に基づく損害賠償請求は、過失の立証が難しい場面でその違いが明確になります。

事故当事者の双方が「自分が青信号、相手が赤信号である」と主張し、どちらも相手方の過失の立証ができなかった場合
運行供用者責任規定（自賠法3条）の責任：相手方有責
不法行為規定（民法709条等）の責任：相手方無責

Chapter 9　ポイント⑤　交通事故による損害

【交通事故による損害＜損害項目＞】

損害	人身損害	財産的損害	積極損害	治療費，看護費，雑費，交通費，家屋改造費，葬儀費用，弁護士費用　等
			消極損害	休業損害
				逸失利益（後遺障害・死亡）
		精神的損害	傷害慰謝料	
			後遺障害慰謝料	
			死亡慰謝料	
	物的損害	財産的損害	積極損害	修理費，時価額，買替諸費用，評価損，代車使用料等
			消極損害	休車損
		精神的損害	原則として認められない	

　次に、交通事故による損害賠償額を算定するにあたっての損害の分類について述べていきます。

　なお、実務では、各損害項目に従って項目を積算し、項目ごとにその請求金額の範囲内で認められるかどうかを判断し、最終的な合計損害額を算定します。理論上は、同一の事故による人身損害賠償請求事件についての損害賠償請求権は1つであり、訴訟物は1つですから、適当な概算額を請求しておけば、最終的に裁判所が調整してくれると思うかもしれませんが、実務ではそのようになっていません（治療費として100万円、慰謝料として200万円、休業損害として300万円、…合計1000万円などと請求して、項目ごとに損害賠償額がそれぞれ認定されます）。

　また、損害の項目や種類によって、請求原因が異なります。例えば、人損につ

いては自賠法3条が根拠となりますが、物損については自賠法3条は根拠となりません。

さらに、労災保険等の社会保険給付を損害賠償額に充当する場合、損害項目に応じて損害の填補がされているかどうかを検討しなければなりません。例えば、労災保険からの給付として100万円支払われた場合、何も考えずに損害賠償額全額から100万円を控除してしまうと、本来は支払対象にはなっていない損害部分についてまで控除してしまったことになり、弁護過誤と指摘されかねない事態もあり得ます。

このように、損害の分類は、交通事故における民事責任の検討の中心的な分野であるとともに、慎重な検討が求められる分野でもあります。

1 被害の客体に関する分類

交通事故による損害を被害の客体で分類すると、まず以下の人損と物損に分けられます。

---

① 人損：人の生命・身体に関する損害
② 物損：物に関する損害

---

2 発生した損害の内容に関する分類

上記1の分類をさらに発生した損害の内容で分類すると、以下の財産的損害と精神的損害に分けられます。

---

① 財産的損害：財産的・経済的な不利益で金銭に見積ることができるもの
② 精神的損害：苦痛・不快感など金銭に見積ることが困難なもの

Part 2
交通事故

3　損害の性質に関する分類

　上記1・2の分類をさらに損害の性質で分類すると、以下の積極的損害と消極的損害に分けられます。

---

① 積極損害：加害行為によって被害者の既存の財産が減少したことによる損害（例：治療費、家屋改造費など）

② 消極損害：事故により失った得べかりし利益、すなわち事故がなければ将来被害者が得られたであろうと考えられる利益を事故によって失ったことによる損害（例：休業損害、後遺障害逸失利益、死亡逸失利益等）

Chapter 10 ポイント⑥ 損害賠償の算定基準

【損害賠償の算定基準】

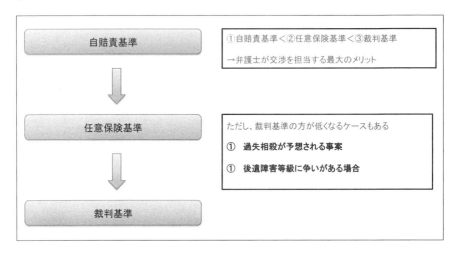

1 損害の算定基準

交通事故の損害賠償の算定方法は、大きく3つの基準があります。

私たち弁護士が代理人として保険会社との交渉を担当する役割の1つは、自賠責基準、任意保険基準よりも高額な裁判基準に基づいた損害賠償額の獲得を目指していくことにあります。

各損害項目の計算方法は、「赤い本」(日弁連交通事故相談センター東京支部編『民事交通事故訴訟損害賠償算定基準』)を参照していただくことが最も基本かつ正確です。ただし、個別の事案によって、「赤い本」では損害賠償の内容に対応しきれないこともあります。その場合には、事案ごとに検討していく必要があります。

2 裁判基準によることの注意点

前記のとおり、一般的には裁判基準に従って計算したほうが、損害賠償額は高

額になる傾向にあります。

　ですが、裁判基準に従って算定すると高額であるからといって、安易に裁判による解決を目指した場合、かえって認められる損害賠償額が交渉による解決よりも少なくなってしまうというケースもあります。

　その一例を紹介すると以下のとおりです。

①　過失相殺が予想される事案

　被害者側にも相当程度の過失相殺をされることが予想される場合、裁判基準によって損害額を算定したとしても、過失相殺によって大幅に認められる損害賠償額が少なくなることがあります。

　一方、自賠責保険の場合、重大な過失（7割以上の過失）でなければ減額されません。したがって、場合によっては、裁判によって賠償額を請求するよりも、自賠責保険から先に受け取っていたほうが、損害賠償額をより多く得ることができることになります。

②　後遺障害等級に争いがある場合

　自賠責保険によって認定された後遺障害等級は、裁判でも参考とはなりますが、必ずしも裁判所がこの判断に拘束されるわけではありません。後遺障害等級が自賠責保険の認定よりも高くなることもあれば、逆に低い等級や、非該当と判断されることもあります。したがって、後遺障害等級の認定結果に不満がある場合には、裁判による解決よりも、交渉等によって解決を目指したほうが適切なこともあります。

Chapter 11 ポイント⑦　各損害項目の算定

【各損害項目の算定】

- 積極損害
- 消極損害
- 慰謝料
- 物損

【各損害項目に分けて算定する必要がある】
積極損害:「事実」「証拠」に基づく
消極損害:「フィクション」(想像)
慰謝料:増減額事情を押さえる

【損害の減額事由】
① 過失相殺
② 素因減額(人損のみ)

1　積極損害

(1) 治療関係費

　治療費は、原則として実費全額が賠償請求の対象になります。

　ただし、治療の必要性と相当性が争われるケースもありますので、常に全額が認められるわけではないということに注意が必要です。

　主な争点としては、以下のものが挙げられます。これらは、少なくとも医学的観点からみて治療の必要性・相当性があるといえるかどうかがポイントになります。したがって、これらの争点が問題となりうる場合には、担当医の意見書等を用意しておくようにすべきでしょう。

①過剰・濃厚診療、高額診療

②特別室料の必要性

③症状固定後の治療費

④事故による傷害の治療費以外の医療関係費用（たとえば、受傷を原因とする中絶費用等）

⑤鍼灸、マッサージ費用、温泉療養費等（医師の指示・勧めなどがあれば認められやすい傾向にあります）

⑥症状改善効果があるとして支出された治療器具、薬品代、栄養食品等

（2）付添費用

入院付添看護費・在宅付添費の支払基準は以下のとおりです。

①職業付添人の場合：実費全額

②近親者付添人の場合：入院付添1日につき5,500～7,000円

③通院付添（幼児・老人・身体障害者など必要がある場合）：1日につき3,000円～4,000円

医師の指示、あるいは受傷の部位、程度、被害者の年齢などから付添が必要であれば、相当な程度で認められます。

重篤な脳損傷や脊髄損傷、上肢・下肢の骨折などで身体の自由がきかない状態の場合には、付添費用を認める傾向にあります。

また、単に身体介護の必要性がある場合のみならず、退院後のリハビリ移行を円滑にする目的、精神機能に与える効果、などを理由に付添費用を肯定する例が見られます。

さらに、幼児・児童の場合は、症状にかかわらず、付添の必要性を認めることがあります。

危篤状態など、家族が医療機関に待機することが当然と思われる状態の場合には、看視・看護の必要性がある場合はもちろんですが、特段親族による看護が必要とはできない場合であっても、付添費用を認める場合もあります。

もっとも、上記の金額にかかわらず、被害者の状態が常時介護を要せず、部分的な介護・付添のみ必要と認められる場合には、その評価に応じて減額した範囲で認められる例もあります。

　退院後、自宅で療養を行う場合でも、身体の障害が重く、日常生活上介護を受ける必要がある等の場合には自宅付添費が認められます。

　重度後遺障害が残り、要介護状態となった場合には、症状固定時以降は将来介護費用が認められます。

　また、症状固定時までの間も、少なくとも、将来介護費用額以上の日額で自宅付添費が認められることがあります。この場合は、身体の機能が回復し日常生活が独力で可能となるまでの付添とは異なり、身体障害の程度は、症状固定状態より重いためです。

　なお、仕事のある近親者の付添の場合には、実収入が参考とされることもあります。

　いずれにせよ、付添費用を請求するにあたっては、担当医の意見書（付添看護の必要性、内容等に関する意見）を用意するなどの証拠の準備をしておくようにしましょう。

（3）将来介護費

　将来介護費の支払基準は以下のとおりです。

---

①実際に支出されると想定される費用額に基づいて相当額を認定する。

②近親者が付添を行う場合には、常時介護を要する場合で1日につき8,000
　～9,000円を目安に算定を行う。

③期間は原則として平均余命までの間とし、中間利息を控除する。

④常時介護を必要としない場合には介護の必要性の程度、内容により減額
　されることがある。

　通常は、自賠法施行令2条による自賠責後遺障害の別表第1の1級及び2級の場合に認められています。もっとも、具体的な状況次第では、3級以下の障害の場合でも認められることがあります。

　なお、この点は「赤い本」下巻の論文集でも詳細に検討されています。将来介

Part 2
交通事故

護費が問題となる場合には、必ず「赤い本」下巻の論文集も参照しましょう。

（4）雑費

　入院時には、通常の生活で必要な分以上に購入しなければならない物品があったりします（これを「入院雑費」といいます）。

　このような場合には、購入費用等の一定限度で賠償が認められる傾向にあります。

　また、症状固定後であっても、重度の障害の場合には、通常の生活では不要な物も継続的に購入する必要が出てくる場合もあります（これを「将来雑費」といいます）。

ア　入院雑費

入院雑費の支払基準は以下のとおりです。

> 入院中の諸雑費として入院 1 日につき、1,400 円〜 1,600 円

入院雑費に含まれる項目としては、以下のものが挙げられます。

> ①日用品雑貨費（寝具、衣類、洗面具、食器等購入費）
> ②栄養補給費（栄養剤等）
> ③通信費（電話代、切手代等）
> ④文化費（新聞雑誌代、ラジオ、テレビ賃借料等）
> ⑤家族通院交通費等
> 　なお、家族交通費については、特別な事情があるときは、別途損害賠償
> 　が認められることもあります。

イ　将来雑費

　被害者の具体的状況により認められる金額はまちまちとなっており、入院雑費のように定額化しているとはいえません。

（5）通院交通費等

　交通事故における損害賠償請求のうち、入通院に要した交通費の請求も認めら

れています。

　請求が認められる交通費は、原則として実費を認める取扱いとなっています。

　ただし、タクシー代など公共交通機関の料金水準を相当程度超える費用を要する交通手段については、相当性（傷害の程度、交通機関の便などを考慮）がないときは、電車、バスなどの運賃が基準となります。

　また、自家用車の場合、実費相当額（ガソリン代、高速道路代、駐車場料金）を具体的資料に基づいて算定します。なお、ガソリン代は、通常は1kmあたり15円で計算されています。

　通院のため以外でも、通勤・通学・日常生活の必要物の買物の際に、身体の不自由や安全確保のためにタクシーを利用した場合なども相当性のある損害と認められることがあります。

　通常認められるのは、被害者本人の通院のための交通費です。被害者の家族の交通費については、家族付添費あるいは入院雑費に含まれるとして別途損害算定をしない例もありますが、遠隔地の場合などは、お見舞い、看護が必要で相当なときに別途認められます。

　特に、被害者が危篤の場合には、親族が外国にいた場合の帰国費用など相当高額なものも認められることがあります。

　また、治療や看護のために宿泊する必要がある場合には、宿泊費等が認められる例があります。

（6）学習費、保育費、進学付添費等

　交通事故の被害者や関係者が未成年だった場合、成人の場合とは異なり、学習費等を損害として考慮することがあります。

　例えば、以下のような場合が考えられます。

---

①受傷による学習進度の遅れを取り戻すための補習費

②留年したことにより新たに払った、あるいは無駄になった事故前に支払済みの授業料等

③被害者が子の養育・監護をできなくなったことにより負担した子供の保育費等

①の例としては、高校2年生の長期入院（110日間）による学力不足を取り戻すための6か月分の家庭教師費用35万円を認めたものがあります。

②の例としては、症状固定時20歳・男性・大学生の留年について、1年間の学費として約98万円、1年間のアパート賃借料として約56万円を認めたものがあります。

③の例としては、被害者の弟（事故時2歳9か月）の看護費用として1日3200円、小学校入学までホフマン計算により約416万円を認めたものがあります。

もっとも、上記はあくまでも一例に過ぎません。個別の事情によって異なることに注意しましょう。

（7）装具・器具等購入費

交通事故被害によっては、ギプスや義足等の装具を要する場合があります。

このような装具に関する取扱いは以下のようになっています。

> 義足、車いす、補聴器、入れ歯、義眼、かつら、コンタクトレンズ、身障者用ワープロ、パソコン、介護ベッド、医療器具などの購入費、処置料などについて相当額。
>
> ただし、将来の買換え費用については原則として、中間利息を控除する。

なお、これらの装具は、耐用年数が短いために、将来買換えが必要になることもあります。

この場合、将来予想される購入代も損害として認められますが、中間利息を控除する必要があります。中間利息控除の計算方法は、**後記2（2）**で述べる逸失利益の計算方法と同じように考えます。

（8）家屋・自動車等改造費

交通事故に遭ったために重度の後遺障害が残り、ご自宅や自家用車を改造した場合、実際に購入するために必要な金額を損害額として計算することになります。

家の出入口、風呂場、お手洗い等の設置・改造費、ベッド、椅子等の調度品購入費、自動車の改造費等について実費相当額

ただし、改造等の必要性、支出額の相当性（不要な高級仕様になっていないか等）、被害者以外の家族が改造により事実上享受する便益があるかどうかによって、損害額が一部に限定されることもあります。

（9）葬儀関係費用

被害者が交通事故で亡くなった場合の葬儀費用等について、判例は、葬儀費用のみならず、墓碑建設費、仏壇購入費用についても賠償の対象になるとしています。葬儀費用の基準は、実務上はおおむね以下の基準とされています。

基準：130 ～ 170万円

純粋な葬儀費用が上記基準額を超えて支出され、あるいは葬儀費用以外にも、その他の法要、仏壇・位牌購入費、墓地購入、墓石建立費などが支出された場合も同様ですが、現実の支出額の一部に限定して認める考え方が一般的です。

ただし、注意していただきたい点は、現実の支出額が上記基準額に達しない場合には、現実の支出額が損害額とされます。

また、香典返しや弔問客の接待費などは損害として認められない傾向にあります。

（10）弁護士費用

交通事故に限らず、不法行為の損害賠償訴訟では、弁護士費用の一部が不法行為により負担せざるを得ない費用として、損害として認められます。損害として認められる弁護士費用は、以下のとおりです。

基準：認容額の10%程度

なお、弁護士費用の算定の際には、計算順序を間違えないようにする必要があ

Part 2
交通事故

ります。

　①弁護士費用以外の損害額を合計した後、②過失相殺・素因減額による減額を行い、③自賠責保険金や弁済金による損益相殺を行います。①から③を経た合計額に対する10%程度を弁護士費用として計算することになります。

　また、弁護士費用についても遅延損害金は不法行為時から発生しますので、提訴時には過少請求をすることのないように注意しましょう（最判昭和58年9月6日民集37巻7号901頁、判時1092号34頁）。

(11) 遅延損害金

　交通事故における損害賠償請求権は不法行為責任に基づくところ、遅延損害金は不法行為である交通事故日から発生することになります。

　そして、前記のとおり、弁護士費用も不法行為時（＝交通事故日）から発生することに注意しましょう。

　また、遅延損害金の計算にあたって、自賠責保険金の支払いがあった場合、これらの支払いは損害賠償請求債権の元本に充当するのか、支払いの時点までに発生した遅延損害金にまず充当し、その後に残金を元本の支払いに充当するのかという問題があります。

　最高裁平成16年12月20日第2小法廷判決は、改正前民法491条1項の定める法定充当による計算方法（遅延損害金にまず充当し、残額を元本に充当する）を肯定したため、計算方法によっては過少請求となりかねないことに注意する必要があります。

2　消極損害

(1) 休業損害

　交通事故に遭ったために働くことができなくなった場合、本来得られるはずであった利益を、「休業損害」として請求することが可能です。

　「休業損害」とは、傷害の治療（あるいは後遺障害の症状固定）までに発生する就労不能ないしは通常の就労ができないことにより生ずる収入減少額を損害として把握するものです。

裏を返せば、事故に遭わなかったとしても、この収入を得ることはできなかったという場合には、損害の発生は否定されることになります。

　休業損害における損害算定の計算式は、以下の2つの方法があります。

---

①収入日額×認定休業日数治療期間の限度内で相当な休業日数を認定します。
②収入日額×期間A＋収入日額×期間B×a％＋収入日額×期間C×b％＋…
※②は、受傷当初は100％の休業、その後は身体機能の回復に伴い、労働能
　力の喪失の程度で損害認定するという考え方です。

　基礎収入額の認定方法については、休業した方が、①給与所得者、②会社役員、③事業所得者、④家事従事者、⑤生徒・学生等、⑥無職者、不労所得者等によって扱いが異なります。

　基礎収入額の算定方法によって休業損害の総額は大きく異なりますので、まずは被害者の属性を確認する必要があります。

　また、実務上よく問題となるのは、主婦（主夫）（又は兼業主婦（主夫））の休業損害です。特に専業主婦（主夫）の場合、外で働いて収入を得ていないために、一見すると無収入のようにも思われますが、実務では家事労働をしているとみなし、女性労働者の平均賃金（厚生労働省「賃金構造基本統計調査」（賃金センサス）第1巻第1表の産業計、企業規模計、学歴計の全年齢平均賃金または年齢別平均賃金）を用いることになります。全年齢平均賃金によれば、約350万円もの年収を得ていることになるため、場合によっては外で働いている他方配偶者よりも休業損害算定の基礎収入が高いことになります。兼業主婦（主夫）の場合、基礎収入をどう評価するかという問題もありますが、休業損害の計算方法によっては損害賠償額が大きく変わることになりますので、しっかりと主張・立証していく必要があります。

（2）後遺症による逸失利益

　後遺障害が発生した場合、将来にわたって得られたであろう利益（＝「逸失利益」）を請求することが可能です。

　「逸失利益」の算定は、ある意味ではフィクションの世界の話です。

　将来得られたであろう利益、の問題ですから、そこには一定の仮定が介入せざ

るを得ないからです。

　もっとも、仮定の話とはいえ、こちらの主張に説得力を持たせるためには、これまでに起きた事実をしっかりと整理する必要があります。

　後記の労働能力喪失率も、一定の基準はあるものの、絶対的なものではありません。

　具体的な事情によっては修正される余地もありますので、交通事故被害の実態を正確に伝える必要があります。

　後遺症による逸失利益の算定基準は、以下のように整理されます。

基礎収入×労働能力喪失率×喪失期間に対応するライプニッツ係数

①基礎収入額は、原則として事故前の現実収入額とし、現実収入額以上の収入を将来得られると認められれば、その金額を算定基礎とします。
　家事従事者、学生等の現金収入がない者の場合は、賃金センサスの平均賃金額を算定基礎とします。

②労働能力喪失率は、自賠責保険の後遺障害等級に対応する労働能力喪失率を基準として、職種、年齢、性別、傷害の部位・程度、減収の有無・程度や生活上の障害の程度などの具体的稼働・生活状況に基づき、喪失割合を定めます。

③原則として、就労可能年限まで労働能力を喪失したものとして扱います。ただし、比較的軽度の後遺障害については、喪失期間が限定される場合があります（例えばむち打ち症の事例等）。

　なお、「ライプニッツ係数」とは、ある一定の年額の金銭（A円）を、ある時点からX年間にわたり継続的に得るとした場合に、それをある時点で一時金でもらうとしたらいくらに換算するのが適当かという観点で算出された係数です。

　後遺障害による逸失利益は、基礎収入の金額をどのように評価するか、労働能力喪失率を何％とすべきか、労働能力喪失期間をいつまでと評価するのか等、各項目で様々な論点があります。

　後遺障害の等級や種類によっては、「赤い本」の計算方法どおりの逸失利益が認められるわけではありませんので、決して安易に高額な賠償額を計算した上で、楽観的な見通しを伝えないようにしましょう。例えば、醜状障害の場合、そもそ

も逸失利益自体が認められるかどうかで争点になることが考えられます。

（3）死亡による逸失利益

　交通事故によって被害者が亡くなった場合、死亡した被害者が生存していれば得られたであろう収入（ないしは経済的利益）相当額の損害（＝「逸失利益」）を請求することが可能です。

　死亡による逸失利益の算定基準は、以下のように整理されます。

基礎収入×（1－生活費控除率）×就労可能年数に対応するライプニッツ係数

①基礎収入額は、原則として事故前の現実収入額とし、現実収入額以上の収入を将来得られると認められれば、その金額を算定基礎とします。家事従事者、学生等の現金収入がない者の場合は、賃金センサスの平均賃金額を算定基礎とします。

②生活費控除率は、被害者の家庭内の地位に応じて、原則として30～50％の範囲内の数値とされます。

③就労可能年数は、原則として、満67歳となるまでの期間とされますが、高齢者の場合は平均余命年数の2分の1の年数とされます。

3　慰謝料

（1）死亡

　死亡による慰謝料は、死者の年齢や家族構成などにより、原則として以下の金額の範囲内で決定されます。

---

①一家の支柱の場合：2800～3100万円（「赤い本」では2800万円）

②一家の支柱に準ずる場合：2500～2800万円（「赤い本」では2500万円）

③その他の場合：2000～2500万円（「赤い本」では2000～2500万円）

　一家の支柱とは、当該被害者の世帯が、主として被害者の収入によって生計を

維持している場合をいいます。

　一家の支柱に準ずる場合とは、それ以外の場合で、例えば家事の中心をなす主婦、養育を必要とする子を持つ母親、独身者であっても高齢な父母や幼い兄妹を扶養し、あるいはこれらの者に仕送りをしている者をいいます。

　なお、上記基準額は、亡くなった被害者のみならず、近親者固有の慰謝料も合算した合計額になります。

　近親者固有の慰謝料も請求する場合には、訴訟の当事者（原告）をどこまで含めるのかは事前に検討する必要があります。

（2）傷害

　傷害慰謝料の算定にあたっては、「赤い本」に掲載されている「入通院慰謝料」別表ⅠとⅡを使用することが一般的です。

　ただし、この別表ⅠとⅡを使用するにあたっては、以下の点に注意する必要があります。

①　別表Ⅰと別表Ⅱの区分基準

　別表Ⅰと別表Ⅱを比較すると、別表Ⅰの方が高額であるため、できる限り別表Ⅰを使用したいと考えることになるかと思います。ですが、実務では、「むち打ち症で他覚症状がない場合」は、別表Ⅱを使用することとなっています。そして、むち打ち症（頚椎捻挫や外傷性頚部症候群等）以外であっても、骨折等の明らかな他覚症状がない事案では、別表Ⅱを使用する傾向にあります。

②　通院頻度

　傷害慰謝料は、通院期間（通常は交通事故日から症状固定日まで）に基づき算定します。もっとも、通院実日数が少ない場合には、通院期間ではなく、通院実日数の3.5倍程度（別表Ⅱであれば通院実日数の3倍程度）を通院期間の目安とされます。例えば、通院期間は1年だとしても、実際に通院した日数が30日しかなければ、別表Ⅰの基準であれば30日×3.5＝105日、別表Ⅱの基準であれば30日×3＝90日の通院期間とみなされて傷害慰謝料が算定されることになります。通院期間1年をベースとすれば、傷害慰謝料は154万円（別表Ⅰ）又は119万円（別表Ⅱ）と算定されることになりますが、通院実日数をベースとすると、81万5000円（別表Ⅰ）又は53万円（別表Ⅱ）となり、相当の差異が生じることになります。

このように、傷害慰謝料を考慮した場合、通院頻度としては、週2、3回程度が望ましいということになります。

（3）後遺症

後遺障害慰謝料は、後遺障害等級ごとに以下の基準で算定されます（裁判基準）。

第1級	第2級	第3級	第4級	第5級	第6級	第7級
2,800万	2,370万	1,990万	1,670万	1,400万	1,180万	1,000万
第8級	第9級	第10級	第11級	第12級	第13級	第14級
830万	690万	550万	420万	290万	180万	110万

重度の後遺障害の場合は、被害者本人のみならず、近親者固有の慰謝料が認められることもあります。

また、外貌醜状の場合には、通常の基準よりも高額な慰謝料が認められることがあります。

4 物損

(1) 物損の全体像

【物損の全体像】

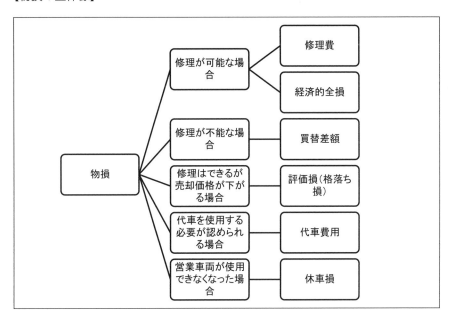

(2) 修理費

　被害車両の修理が可能な場合には、修理費相当額が損害として認められます。もっとも、この修理が可能というのは物理的に修理が可能というだけでなく、経済的にも修理が可能であることが必要です。

ア　修理費の認定

　修理費の認定は、主に自動車修理工場の見積書・請求書から行われます。
　これらの書類の内容が被害車両の衝突部位と整合性があるか否か、修理する必要性があるか否か、金額が妥当なものであるか否かを確認、検討する必要があります。

仮に未だに修理をしていないとしても、現に修理が必要な物損が生じていることから、修理費相当の損害が認められます（大阪地判平10・2・24自保1261号2頁）。

イ　相当な修理費

修理費は、過剰な修理費用は認められません。

一例ですが、損傷を受けた部分だけでなく全面塗装を行った場合に、その相当性が争われることが少なくありません。

（3）経済的全損

ア　認定される損害額

修理費＞車両時価額＋買換諸費用＝経済的全損→買換差額

修理費＜車両時価額＋買換諸費用＝修理費

修理費用が車両の時価等を超えている場合（＝「経済的全損」）、車両損害として認められるのは、修理費用ではなく、車両の時価等となります（東京地判平14・9・9交民35巻6号1780頁）。

イ　自動車の価格の証明方法

有限会社オートガイドが発行する「オートガイド自動車価格月報」（「レッドブック」）や、一般財団法人日本自動車査定協会の発行する「中古車価格ガイドブック」（「シルバーブック」あるいは「イエローブック」）が参考になります。

このほかにも、被害車両と同一車種、同一走行距離等の条件の類似した車両の中古価格をインターネットで複数検索し、その平均値で算定するという方法もあります。

（4）車両の買換差額

修理が不能であり、車両を買い換える場合には、事故時の車両の時価と、事故後の車両の売却代金（スクラップとしての売却代金）との差額が損害となります。

この点について、最高裁も以下のように述べています（以下要約）。

「修理不能かまたは車体の本質的構造部分に重大な損傷が生じ、その買換えが社

会通念上相当と認められるときは、事故当時の価格と売却代金の差額を請求できる。また、中古車が損害を受けた場合の中古車の時価は、原則としてそれと同一の車種・年代・型・同程度の使用状態・走行距離などの自動車を中古車市場で取得し得る価格による。」（最判昭49・4・15民集28巻3号385頁）。

（5）評価損（格落ち損）

車両を修理しても、車両の機能や外観が修復されなかったり、あるいは修復していても事故歴が残ったりすることなどにより売却価格が下がるような場合には、評価損が問題となります。

評価損が認められるか否かは、修理の程度、車種、登録年度、走行距離等を考慮し、修理費用を基準に判断される傾向にあります。

また、評価損の立証方法としては、整備工場等で査定書を作成してもらう、一般財団法人日本自動車査定協会で査定書を作成してもらう、などが考えられます。

（6）代車費用

修理期間中、あるいは新車買換期間中に、代わりの車両を使用した場合、その代車費用が損害として認められる場合があります。

代車費用が認められるためには、代車を使用する必要性があり、現実に使用した場合でなければ請求できません。営業車両やマイカーであっても日常的に使用している場合には、代車を使用する必要性があるとされています。

代車の使用が認められる期間は、修理が可能な場合には修理に必要な期間であり、買換えの場合には買換えに必要な期間が基本となります。

（7）休車損

休車損とは、事故のために車両が使用できなくなった場合、その期間、使用できていれば得られたであろう利益に相当する損害をいいます（最判昭33・7・17民集12巻12号1751頁）。

休車損は、主として営業用車両の場合に認められます。

(8) 登録手続関係費用

車両が修理不能のために車両の買換えを行った場合には、車両の時価だけでなく、買換えに必要な諸費用も損害となります（東京地判平元・10・26交民22・5・1192）。

もっとも、全損した車両について前納していた自動車税、自動車重量税、自賠責保険料については、車両を廃車することで還付されることもありますので、この場合には損害から控除されます。

(9) 雑費

事故と相当因果関係が認められるものであれば、上記以外の支出も損害として認められることがあります（必ずしも損害として認められるわけではないことにご留意ください）。

例えば、①車両保管料、②レッカー代、③時価査定料、④通信費、⑤交通事故証明書交付手数料、⑥廃車料、等が挙げられます。

(10) 物損についての慰謝料

物損については原則として慰謝料は認められません。

もっとも、損壊行為による人命に対する危険、損壊物に対する愛情及び敬愛の念など特段の事情がある場合には、慰謝料を認める裁判例も見受けられます。

5 過失相殺

過失相殺は、不法行為の趣旨である損害の公平な分担という観点から、事故態様について被害者側にも落ち度がある場合には、その程度に応じて当事者間の過失割合を決めて、その分を損害賠償額から控除するものです（民法722条2項）。

過失相殺率は、裁判所の自由裁量とされていますが、実務では、「民事交通訴訟における過失相殺率の認定基準〔全訂5版〕（別冊判例タイムズ38）」に掲載された各過失相殺基準表を参考にして判断されています。

したがって、過失割合に争いがある場合には、まずこの表を参照する必要があります。

Part 2
交通事故

6 素因減額

　素因減額とは、被害者の素因（心因的要因、体質的素因）が、損害の発生・拡大に寄与し、かつ、その損害の発生・拡大の程度が公平に反する程度にまで至っている場合に行われる過失相殺規定（民法722条2項）の類推適用による割合的認定のことをいいます。

　素因は、大きく分けて、①被害者の体質的な素因による損害拡大がある場合、②被害者の心因的要因による損害の発生・拡大、③私病や他の交通事故の影響等が混在している場合、に分類されます。

　素因があればすべて減額が認められるわけではありません。

　素因減額が許されない場合として、「被害者が平均的な体格ないし通常の体質と異なる身体的特徴を有していたとしても、それが疾患に当たらない場合には、特段の事情の存しない限り、被害者の右身体的特徴を損害賠償の額を定めるに当たり斟酌することはできない」（最判平成8年10月29日民集50巻9号2474頁）とされています。

　また、素因減額が肯定されるとしても、減額率はケースバイケースとされています。

参考文献 ─────────────────────
・日弁連交通事故相談センター東京支部編『民事交通事故訴訟損害賠償算定基準』（通称「赤い本」）
・日弁連交通事故相談センター本部編『交通事故損害賠償額算定基準』（通称「青本」）
・東京地裁民事交通訴訟研究会編『民事交通訴訟における過失相殺率の認定基準〔全訂5版〕（別冊判例タイムズ38）』（判例タイムズ社、2014年）（通称「判タ基準」）
・高野真人編著『〔改訂版〕後遺障害等級認定と裁判実務──訴訟上の争点と実務の視点』（新日本法規出版、2017年）
・労災サポートセンター『労災補償　障害認定必携　〔第17版〕』（一般財団法人労災サポートセンター、2020年）
・塩崎勤ほか編『交通事故訴訟〔第2版〕（専門訴訟講座1）』（民事法研究会、2020年）
・東京弁護士会弁護士研修センター運営委員会編「民事交通事故訴訟の実務（弁護士専門研修講座）」シリーズ（ぎょうせい）

離婚

Part 3

Chapter 1 本章の目的

> 1　離婚分野の特徴の理解
> 2　離婚手続きの流れの理解
> 3　離婚分野の7つのポイントの理解

　現在は「3組に1組が離婚する」と言われるほど、離婚問題は日常的に耳にします。

　離婚分野は、個人法務を扱う法律事務所では、一度は担当することがあるはずです。

　ところで、離婚問題は、「はじめからある程度結論が見えており、どの弁護士が扱っても結果に大きな違いはない簡単な分野だ。」と言われることがあるようです。ですが、実際には決して簡単な分野ではなく、高度の専門性が必要な分野といえます。

　そもそも、離婚請求が認められるかどうかは、過去の裁判例に照らして慎重に検討する必要があります。訴えを起こせば必ず認められるというものではありません。

　また、親権や面会交流に関しては、子の福祉という観点から、事実経過を正確かつ丹念に探求していく必要があります。

　婚姻費用や養育費の算定にあたっては、安易に算定表に頼るのではなく、算定表の限界を理解した上で、修正すべき事情があるかどうかを検討しなければなりません。

　財産分与に関しては、そもそも財産調査・財産評価を適切に行うことができるかどうかで、弁護士の力量が問われます。

　離婚問題は、家族関係の清算だけでなく、夫婦財産関係の清算という面もあります。離婚に伴い、経済的、精神的環境は一変することになります。これらの変化に伴い、様々な法律問題が離婚手続きの段階に沿って発生していくことになります。時期に応じて適切に相談者・依頼者をサポートしていくためには、離婚問題に対する正確な理解が必要です。

Part 3
離婚

　本章では、はじめて離婚分野を担当する方が、理解しておくべき最低限のポイントを整理することに主眼を置いています。

　本章をご一読いただき、離婚の法律相談に際して、最低限のポイントを押さえて対応できるようになれば幸いです。

Chapter 2

離婚分野の特徴

1 家族関係の清算
2 財産関係の清算
3 精神的ケアの必要性

1 家族関係の清算

　婚姻によって、他人同士であった2人の間に、夫婦という新しい家族関係が形成されます。また、血族関係だけでなく、姻族関係が形成されることになります。

　ところが、離婚によって、婚姻で形成された夫婦関係が解消されるだけでなく、姻族関係も解消されることになります。その結果、扶養義務だけでなく、相続関係にも影響が生じることになります。

　さらに、夫婦間に子供ができていた場合、離婚に伴い、共同親権から単独親権に変更されるため、子供の親権者を夫婦のいずれか一方に指定しなければなりません。

　このように、離婚に伴い、夫婦関係のみならず親族関係、さらには親子関係も清算することになります。

2 財産関係の清算

　離婚する際には、夫婦が婚姻中に築いた財産を分与することになります（財産分与）。また、離婚原因によっては、一方配偶者から他方配偶者に対し慰謝料を請求することもあります。さらに、離婚が成立するまでの間の生活費や、離婚後も子供の養育費の取り決めが問題となることもあります。

　このように、離婚に伴い、夫婦がこれまで協力して築いてきた財産をどのように清算するかが問題となります。

Part 3
離婚

そして、財産関係の清算方法次第では、離婚後に他方当事者の生活の目処さえ立たなくなってしまう事態も起こり得ます。

3　精神的ケアの必要性

さらに、離婚問題では、当初は信頼して結婚したはずの相手方との関係を清算することから、多大な精神的苦痛を感じることが少なくありません。離婚に伴う家族関係や財産関係の清算と向き合うことで、より強い精神的苦痛を感じることもあります。離婚問題に悩む当事者は、このような強い精神的苦痛を被っている渦中にあることを理解し、当事者の精神的ケアにも配慮する必要があるといえます。

Chapter 3 相談・受任の注意点

1 相談・受任の流れ

【法律相談の流れ】

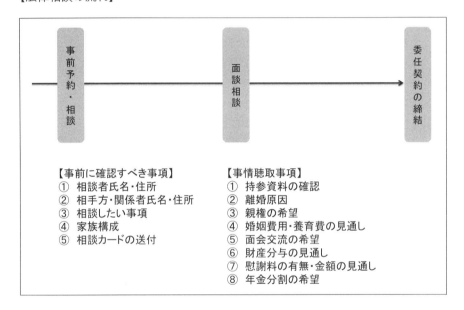

2 相談の目的

　法律相談の目的は、相談者に対し、法的観点から見て最適な解決案を提示することにあります。

　そこで、最適な解決案の模索にあたり必要な事項を確認していく必要があります。

　そして、必要な事項を確認するためには、面談による法律相談だけでなく、事前に相談カードを送付し、必要事項を記入しもらったり、必要な資料を用意してもらったりするなどの事前準備も有効です。

Part 3
離婚

このように、事実関係を確認した上で、相談者が弁護士に相談したいポイントがどこにあるのかを見極める必要があります。その際には、**後記chapter 4「7つのポイント」**の視点を中心に確認すると効率的です。

なお、法律相談の結果、事案によっては弁護士に依頼せずに自分で交渉したほうがよいケースもあり得ます。

この場合には、弁護士に依頼した場合に発生する弁護士費用と、解決見通しを伝えた上で、弁護士に依頼するメリットがどこにあるのかを丁寧に説明し、相談者の理解を得ることに務めましょう。

3 事前予約・相談時に確認すべき事項

通常、法律相談は予約をとってから行います。

事前予約は電話やメールで行うことが多いと思いますが、その際には以下の事項を確認しておくようにしましょう。

（1）相談者氏名・住所

相談者の身分関係を確認するため、氏名・住所を確認しましょう。

利益相反のチェックをするためにも、詳細な相談内容を確認する前にこの点を確認しておく必要があります。

なお、ときには相談者本人ではなく、相談者の親族が本人に代わって相談をしたいということもありますが、相談者本人の意向を確認する必要がありますので、このような申し出はお断りしたほうがよいでしょう。また、本人以外の方が相談に来る場合、「後で本人に伝えたいので、法律相談の内容を録音してもよいか」と聞かれることがあります。どのように対応するかは各弁護士の考え方によると思いますが、私は原則としてお断りするようにしています。録音された内容がひとり歩きしてどのように利用されるかわかりませんし、守秘義務との関係でも問題があります。

（2）相手方・関係者氏名

相談者と対立している相手方や関係者の氏名・住所を確認しましょう。

これは、利益相反のチェックをするために必要です。

なお、離婚分野では、不貞行為の問題も絡んでくることが少なからずあります
ので、相手方（通常は他方配偶者）だけでなく、不貞相手の氏名・住所も忘れず
に確認しましょう。

（３）相談したい事項

　利益相反のチェックが済んだ後に、具体的な相談内容を聞いていくことになり
ます。

　もっとも、漫然と話を聞いていくと、いくら時間があっても足りないことにな
りますので、chapter 4「７つのポイント」の視点で聞くとよいでしょう。

　なお、相談内容によっては、相談者と同性の弁護士が面談相談を担当した方が
よい場合もありますので、事前に希望弁護士の有無についても確認しておくとよ
いでしょう。

（４）家族構成

　相談者の家族構成は事前に把握しておくとよいでしょう。

　家族構成を確認することで、親権や面会交流、親権等の問題が生じうるかどう
かの目処が立ちます。

（５）相談カードの送付

　以上の事案の概要を確認し、相談者が希望すれば、日程を調整して相談日を設
定します。

　なお、相談の前に、あらかじめ相談カードを送付しておき、法律相談前に記入
しておいてもらうと、法律相談を効率的に進めることが可能となります。

　次頁の二種類の**相談カード**は当事務所で使用しているものですが、適宜改訂し
て利用するとよいでしょう。

4　面談相談時に確認すべき事項

　面談相談にあたり、確認すべき事項は141頁以下のとおりです。

　なお、離婚分野の相談は、長年の配偶者との関係に疲弊してしまい、精神的ケ
アを必要とするケースも少なくありません。相談者の話を漫然と聞いていると、

Part 3

離婚

【離婚・相談カード】

離婚・相談カード

相談日：令和　　年　　月　　日

弁　護　士：	担当事務局：
事　務　所：	・

※全て必須項目です。太枠内に分かる範囲で漏れなくご記入ください。（裏面もご記入ください。）

□ 離婚請求をしたい（している）　　□ 離婚請求をされた（されている）

ご相談者

	ふりがな				旧姓	性別 男・女	生年月日	（大・昭・平　　年） （西暦　　年）
	氏　名							月　日　（　歳）
	連絡先	TEL:　（　　）		FAX:　（　　）			携帯:　（　　）	
		E-mail(PC):			E-mail(携帯):			
		メールマガジンの配信をしてもよろしいですか？　□ はい　□ いいえ						
	現住所	〒　－　　□住民票と同じ　■本籍地と同じ　※マンション名・アパート名までご記入ください。 都道府県　　　市・区						□一人暮らし □同居人あり
	居　所	〒　－　　□住民票と同じ　■本籍地と同じ　※マンション名・アパート名までご記入ください。 都道府県　　　市・区						□一人暮らし □同居人あり

※当事務所からご連絡申し上げる場合に、上記連絡先に連絡してもよろしいですか。□現住所・可　□居所・可　□いずれも不可

【連絡時】事務所名: 可 / 不可　事務所名での留守電メッセージ: 可 / 不可

配偶者

	ふりがな				旧姓	性別 男・女	生年月日	（大・昭・平　　年） （西暦　　年）
	氏　名	・						月　日　（　歳）
	連絡先	TEL:　（　　）		FAX:　（　　）			携帯:　（　　）	
		E-mail(PC):			E-mail(携帯):			
	居　所	〒　－　　□住民票と同じ　■本籍地と同じ　※マンション名・アパート名までご記入ください。※同居の場合は「同上」とご記入ください。 都道府県　　　市・区						□一人暮らし □同居人あり

結婚の経緯	見合い・恋愛		見合いまたは，交際開始時期		年　　月頃
同居開始日　　年　月　日		結婚式日　　年　月　日		結婚式日　　年　月　日	
現在の状況　同居・別居（予定も含む）		別居開始日　　年　月　日		別居回数　　　　回	
本格的に離婚を決意した時期			年　　　月　　　日		
離婚意思　【ご相談者】（□積極的　□消極的　□条件次第）【配偶者】（□積極的　□消極的　□条件次第）					

子の状況

名前（ふりがな）	年齢	性別	現在の状況	通園・通学状況
		男・女	同居・別居	幼・小・中・学童・中・高　□送迎　□徒歩　□電車等
		男・女	同居・別居	幼・小・中・学童・中・高　□送迎　□徒歩　□電車等
		男・女	同居・別居	幼・小・中・学童・中・高　□送迎　□徒歩　□電車等

離婚原因	□浮気・不貞（※）　□暴力　□暴言　□金銭問題　□親族との関係　□性格不一致 □その他（　　　　　　　　　　　　　　　　　　　　　　　　　　　　　　　　　　）
証拠	□ビデオ　□写真　□録音テープ　□電子メール　□LINE　□携帯電話の記録　□念書・謝罪文　□手紙 □日記・メモ　□診断書　□カード等の利用明細書・領収書　□第三者の証言（　　　　　　　　） □その他（　　　　　　　　　　　　　　　　　　　　　　　　　　　　　　　　　　）

※不貞相手

□既婚 □未明 □不明

	ふりがな				性別 男・女	生年月日	（大・昭・平　　年） （西暦　　年）
	氏　名						月　日　（　歳）
	連絡先	TEL:　（　　）		携帯:　（　　）		E-mail:	
	住　所	〒　－　　□住民票と同じ　■本籍地と同じ　※マンション名・アパート名までご記入ください。※同居の場合は「同上」とご記入ください。 都道府県　　　市・区					□一人暮らし □同居人あり
	勤務先　□知（□フルタイム □パート）□不知　不貞開始　　年　月　日頃　関係継続　□あり　□なし						
	態度　　□不貞を認めている（□慰謝料（　）万円を払う □払わない）□不貞を認めていない						

親権関係		
内容	ご相談者	配偶者
子の親権	□希望する □希望しない	□希望する □希望しない
過去の監護状況	□授乳 □食事 □風呂 □寝かしつけ □オムツ交換 □着替え □送迎 □行事出席	□授乳 □食事 □風呂 □寝かしつけ □オムツ交換 □着替え □送迎 □行事出席
同一世帯 もしくは近隣 に 移 住する 養育協力者	□無 □有(□父 □母 □祖父 □祖母 □兄弟姉妹 □他( ) 【上記人物の協力内容】□見守り □遊び □食事 □風呂・寝かしつけ □オムツ・着替え □送迎 □宿泊を伴う預かり □他( )	□無 □有(□父 □母 □祖父 □祖母 □兄弟姉妹 □他( ) 【上記人物の協力内容】□見守り □遊び □食事 □風呂・寝かしつけ □オムツ・着替え □送迎 □宿泊を伴う預かり □他( )

資産・収入		
内容	ご相談者	配偶者
収入	年収(額面) 万円	年収(額面) 万円
家計管理	□相談者が管理 □配偶者が管理 □別会計	
勤務状況	□フルタイム □パート □専業主婦・主夫 □無職 □求職中	□フルタイム □パート □専業主婦・主夫 □無職 □求職中
勤務先	名称 勤務地	名称 勤務地
勤務時間	1日 時間(: ～ :) 残業有(週 日／1日 時間)	1日 時間(: ～ :) 残業有(週 日／1日 時間)
休日	週 日 □定休( )□不定休	週 日 □定休( )□不定休
婚姻前 保有財産	□土地 □建物 □預貯金(万円) □他( )	□土地 □建物 □預貯金(万円) □他( )
婚姻後 形成財産	□土地(ローン □有(万円) □無) □建物・マンション等(ローン □有(万円) □無) □預貯金(万円)管理者 □ご相談者 □配偶 者 □借金(万円)□他( )	□土地(ローン □有(万円) □無) □建物・マンション等(ローン □有(万円) □無) □預貯金(万円)管理者 □ご相談者 □配偶 者 □借金(万円)□他( )
希望財産分与	□自宅・不動産を自己名義に □預貯金(万円)取得 □相手との協議による	□自宅・不動産を自己名義に □預貯金(万円)取得 □相手との協議による
慰謝料	□相手に払わせたい(万円) □自分が払う(万円) □希望しない	□相手に払わせたい(万円) □自分が払う(万円) □希望しない
現在の状況	□話し合いが進まない・できない □調停申立て準備中 □調停中 □調停不成立・訴訟提起前 □訴訟中	
相談の目的	□離婚の進め方 □親権, 面会交流 □慰謝料, 財産分与の見込み □離婚手続き □弁護士費用 □弁護士の具体的活動 □その他	
ご自身のご希望	【方法】□話合いでの解決 □裁判所での解決 【スピード】□時間をかけた解決 □スピーディーな解決	

アンケートにお答えください。 ●当事務所をどのようにしてお知りになりましたか。
□検索サイト (google・yahoo・弁護士ドットコム・その他( )) □NTT電話帳 □テレビ・ラジオ □紹介( )□雑誌 □店頭設置チラシ □その他( ) ※ご協力いただき誠にありがとうございました。

Part 3

離婚

【相談カード（離婚）】

相 談 カ ー ド（離婚）

　弁護士との相談を効率よく行うために,以下の質問事項について可能な限りご記入の上,相談
当日にご持参下さるようお願いいたします。
スペースが足りないときは,別の用紙にご記入下さい。
なお,ご不明な点がありましたら事務局までご連絡下さい。

【相談日】　　　　年　　　月　　　日（　　）午前・午後　　時　　分　　　　　　　　　・
　　　　　　　　担当弁護士:

1 あなたの

①お名前 _____

②本籍地 _____

③現住所 〒　　　〒 _____

④電話番号 _____

⑤ 携帯番号 _____

⑥勤務先 _____

⑦勤務先TEL _____

⑧その他連絡先 _____

2 相手方の

①お名前 _____

②本籍地 _____

③現住所 〒　　　〒 _____

④電話番号 _____

⑤ 携帯番号 _____

⑥勤務先 _____

⑦勤務先TEL _____

⑧その他連絡先 _____

1

3 あなたの家族構成

フリガナ 氏　名	続柄	年齢	生年月日	職業・学校名	同居/別居	備　考
	本人					

4 あなたの父母の氏名・職業

父:　　　　　　　　　　　　　職業:

母:　　　　　　　　　　　　　職業:

5 あなたの兄弟の構成 (記載例:4人兄弟の1番下の場合 ⇒ 長女・次女・長男・私)

6 あなたの生まれた場所と結婚するまでの生活場所

7 あなたの学歴
　　　　　　(記載例:昭和〇〇年〇月 〇〇〇中学校・高校・大学 卒業・中退)
　　　年　　　月
　　　年　　　月
　　　年　　　月
　　　年　　　月

8 あなたの職歴及び具体的な仕事内容を古い順にご記入下さい。

期　間	勤　務　先	仕事内容
年　　月～　　年　　月まで		
年　　月～　　年　　月まで		
年　　月～　　年　　月まで		
年　　月～　　年　　月まで		
年　　月～　　年　　月まで		

9 相手方についてご記入下さい。

① 出身地(生まれ育った場所)

2

Part 3
離婚

②親の名前と職業

父: 　　　　　　　　　　　職業:

母: 　　　　　　　　　　　職業:

③兄弟の構成 (記載例:4人兄弟の1番下の場合 ⇒ 長女・次女・長男・相手方)

④職歴及び具体的な仕事内容を古い順にご記入下さい。

期　間	勤　務　先	仕事内容
年　　月～　　年　　月まで		
年　　月～　　年　　月まで		
年　　月～　　年　　月まで		
年　　月～　　年　　月まで		
年　　月～　　年　　月まで		

10　相手方の学歴(知っている範囲で) 年月

　　　　年　　月

　　　　年　　月

　　　　年　　月

　　　　年　　月

11　あなたの収入はいくらですか。

年収　　　　　　　円(賞与 有・無)

12　相手方の収入はいくらですか。

年収　　　　　　　円(賞与 有・無)

13　あなたの資産(土地・建物・預金・車等)と負債はどのくらいありますか。

資　産	
負　債	

3

14 相手方の資産(土地・建物・預金・車等)と負債はどのくらいありますか。

資 産	
負 債	

15 結婚式及び婚姻届出年月日

結婚式　　　　　　　年　　　月　　　　日

婚姻届　　　　　　　年　　　月　　　　日

16 あなたと相手方が知り合った時期と結婚するまでのいきさつについてご記入下さい。結婚に障害があった
場合にはその内容と対応についても具体的に記して下さい。
① 知り合った時期・いきさつ (例:友人の紹介で知り合った,勤務先が同じだった等)
　　　　　　　　　　　　　　年　　　月

②結婚までのいきさつ

年・月頃	事 実 経 過
年　　月	
年　　月	
年　　月	
年　　月	
年　　月	

3 結婚に障害があった場合の内容と対応

年・月頃	事 実 経 過
年　　月	
年　　月	
年　　月	

17 結婚をしてから今日に至るまでの状況について,年代を追ってなるべく詳しくご記入下さい。相手方と別居
している場合には,その時期と別居に至った経過も詳しく記して下さい。

年・月頃	事 実 経 過
年　　月	
年　　月	

4

Part 3
離婚

年　月	
年　月	
年　月	

18 現在の生活状況について
①あなた

②相手方

19 子どもの親権者の希望（ 有 ・ 無 ）〈理 由〉

20 2人の関係が悪化した原因は何と思っていらっしゃいますか。

- □ 不貞行為・異性問題等 　 □ 暴力行為・暴言等
- □ 金銭問題 　 □ 子育て 　 □ 舅・姑等人間関係
- □ 飲酒・ギャンブル・遊興 　 □ 性格の不一致
- □ その他(具体的に)

21 そのことに対して,相手方があなた自身の原因,責任についてどう思っていらっしゃいますか。または,どう思っているとお考えですか。

22 あなたのご意向はどのようなことですか。
☐ 離婚　　　☐ 親権・養育費の請求　　　☐ 年金分割の請求
☐ 慰謝料の請求　　☐ 財産分与の請求　　　☐ 円満な夫婦関係の回復
☐ その他

23 その他,弁護士にお聞きになりたいことなどをご記入下さい。

24 家庭裁判所で調停を行った場合のみ,下記にご記入下さい。(資料があればご持参下さい。)

① 裁判所 ＿＿＿＿＿＿＿家庭裁判所 ＿＿＿＿＿支部
② 事件番号　平成 ＿＿＿＿＿年(家イ)第 ＿＿＿＿＿号
③ 申立人　☐ ご本人　　☐ 相手方
④ 申立日　平成　　年　　月　　日
⑤ 終了日　平成　　年　　月　　日
　　　　　☐ 不調　　☐ 取下

◆相談日には,この「相談カード」の他,戸籍謄本・住民票謄本もできればご持参下さい◆

6

Part 3
離婚

人生相談のようなことになってしまい、いつまでも相談が終わらないことも起こりえます。そこで、**後記chapter 4「7つのポイント」**の視点からお話を聞いていくようにするとよいでしょう。

（1）離婚原因（離婚の可否）

① 離婚の意思

まず、相談者が離婚を希望しているのか、条件次第では婚姻生活を維持するのか、それとも離婚を希望していないのかを確認しましょう。

離婚手続を進める場合、別居や、転職、子供の学区の変更等、生活環境にも大きな変化が生じることがあります。また、それまで夫婦2人で家計を管理していたものの、離婚手続を進めることで、収入も大きく変わることになります。

様々な変化が予想されても、なお離婚を希望するかどうかは慎重に確認すべきです。決して、安易に離婚を勧めるべきではありません。

② 離婚原因

次に、どのような理由で離婚を希望しているのか、離婚原因を確認しましょう。当事者間で離婚の合意ができている場合には問題はありませんが、離婚自体を争っている場合、法定離婚原因（民法770条）が認められなければ、離婚ができないことになります。

そして、離婚原因は1つに限らず、複数挙がることも珍しくありません。例えば、夫の不貞に加え、DV、浪費癖等がある場合などです。離婚原因は1つに限る必要はありませんので、まずは相談者が思いつく限りの離婚原因を聞くようにしましょう。

③ 有責性の有無

離婚原因を確認し、法定離婚原因が認められるかどうかの目安が立ったとしても、油断は禁物です。さらに、離婚を希望する側に、婚姻関係を破綻させた原因（有責性）がないか確認する必要があります。

典型例は、離婚を希望する側が浮気をしており、第三者と結婚したいために今の配偶者との離婚を希望するような場合です。このような事情がある場合、原則として離婚請求が認められないことを伝えた上で、なお積極的に離婚手続を進めるかどうかを確認する必要があります。

（2）親権

①　家族構成

　親権の検討にあたり、まず家族関係（子の有無、人数、年齢、性別）を確認しましょう。当然ですが、親権が問題となるのは未成年者の子であって、成年になった子の親権は問題とはなりません。また、子の年齢がある程度高くなってくると、親権の判断にあたっては子の意向も尊重されます。そこで、子の年齢も確認しておくようにしましょう。

②　別居の有無、別居期間

　次に、家族が現在も同居しているのか、それとも別居しているのか、また別居しているとしてその期間はどの程度かを確認しましょう。

　親権の判断にあたっては、現在の監護養育状況も重要な判断要素となります。

　すでに別居しているのであれば、別居先の親権者の元での監護養育状況に問題がないかどうかを確認しましょう。

③　親権の希望

　また、相談者が親権についてどのような希望を有しているのかを確認しましょう。なかには、相手方との交渉材料として親権を主張することを考える方もいますので、親権に対する意欲がどの程度あるのかはよく話し合う必要があります。

　一方、すでに長期間別居していたり、子供が幼く母親の存在が不可欠であったりする場合など、親権を取得することが困難と思われる状況でも、どうしても親権を譲ることはできないと訴える相談者もいます。この場合、状況を踏まえると親権を取得することが難しいことを伝えた上で、それでも親権を主張するかどうかを十分に話し合うべきです。また、親権を取得できなくとも、面会交流の条件を具体的に定めることでは足りないかどうかも確認しましょう。

（3）婚姻費用・養育費の算定

①　当事者の年収

　婚姻費用・養育費の算定にあたっては、当事者双方の年収がベースとなります。そこで、当事者双方の年収を確認するようにしましょう。

　また、当事者の年収が近いうちに大きく変動する可能性がある場合（退職や転職、昇進等）、婚姻費用・養育費の金額も変わりますので、そのような事情がな

いかも聞くようにしましょう。

② 家族構成

婚姻費用・養育費は、どちらが子を監護しているかによっても左右されます。また、婚姻費用は、別居時に発生することが通常です。言い換えれば、同居している間は婚姻費用は通常認められないことになります。そこで、現在の家族構成を確認するようにしましょう。

③ 当事者の学歴

養育費では、いつまで支払義務があるかが問題となります（養育費の終期）。多くの事例では、養育費の終期は、①子が満18歳に達する月まで、②子が満20歳に達する月まで、③子が満22歳に達する月まで（大学等の高等教育機関を卒業する月まで）、のいずれかに設定されます。養育費の終期を設定する際には、当事者の学歴も考慮されますので、この点も確認するようにしましょう。

（4）面会交流

① 面会交流の希望

面会交流を実施する希望があるかどうか、また面会交流を実施するとして、頻度や日時、場所、立会人等の条件をどうするのかを検討する必要があります。

まずは相談者自身の希望を確認するようにしましょう。

② 面会交流の障害事由

次に、これまでに面会交流を実施したことがあるかどうかを確認しましょう。

これまでも問題なく面会交流が実施されているのであればよいのですが、面会交流が拒否されている場合、どのような理由で拒否されているのかを確認すべきです。

DVのような事情がある場合、面会交流が認められないケースもありますので、安易に面会交流は親の権利として認められるなどとアドバイスしないようにしましょう。

（5）財産分与

① 当事者双方の財産

財産分与の検討にあたっては、まず当事者双方の財産として何があるのかを把握する必要があります。

この場合、**次頁**の「**財産分与一覧表**」の書式等を参考にしながら、夫婦それぞれの名義に分けた上で、不動産・預貯金・自動車・生命保険等の各財産を整理していきましょう。

その際には、退職金や保険の解約返戻金等、現時点ではすぐに確認できないものも財産分与の対象となることに注意しましょう。財産分与の対象財産に漏れがないように確認していく必要があります。

②　婚姻時期・別居時期

次に、財産分与の対象財産は、婚姻時から別居時までに夫婦で形成した共有財産になります。

そこで、婚姻時期と別居時期を確認する必要があります。

なお、別居を繰り返しているようなケースでは、別居時期が争点になることもあります。

（6）慰謝料

①　有責性の有無

離婚に伴い、慰謝料を請求する場合には、相手方に有責性があるかどうかを確認しましょう。

離婚の際の慰謝料請求では、離婚自体慰謝料があるとされていますが、経験上、離婚自体慰謝料を請求しても、そもそも慰謝料が認められないか、認められるとしても引越費用程度（数十万円）にすぎないということが多いように感じています。

そこで、慰謝料を請求するのであれば、相手方の有責性に基づく離婚原因慰謝料が認められる事情がないかどうかを検討すべきです。

②　有責性に関する証拠

次に、有責性に関する事情を確認した後に、有責性を裏付ける証拠があるかどうかを確認しましょう。

不貞行為であれば、不貞を裏付ける資料として、写真やメール、SNSの履歴等が考えられます。また、DVであれば、診断書や受傷部位の写真等です。これらの客観的証拠がない場合には、関係者からの証言等を得ることができないか検討しましょう。

Part 3
離婚

【財産分与一覧表】

財産分与一覧表

夫名義の資産・負債　　　　基準時　　令和　　年　　月　　日

番号	項目				金額	証拠	備考
1 不動産	所在	番地	種類	地積			
1-1							
1-2							
			小計		0		
2 預貯金	金融機関名	支店名	預金の種類	口座番号			
2-1							
2-2							
			小計		0		
3 自動車	車種	年式	車番	所有者			
3-1							
3-2							
			小計		0		
4 生命保険等	会社名	商品名	保険の種類	証券番号			
4-1							
4-2							
			小計		0		
5 負債	金融機関名	説明					
5-1							
5-2							
			小計		0		
			合計		0		

妻名義の資産・負債　　　　基準時　　令和　　年　　月　　日

番号	項目				金額	証拠	備考
1 不動産	所在	番地	種類	地積			
1-1							
1-2							
			小計		0		
2 預貯金	金融機関名	支店名	預金の種類	口座番号			
2-1							
2-2							
			小計		0		
3 自動車	車種	年式	車番	所有者			
3-1							
3-2							
			小計		0		
4 生命保険等	会社名	商品名	保険の種類	証券番号			
4-1							
4-2							
			小計		0		
5 負債	金融機関名	説明					
5-1							
5-2							
			小計		0		
			合計		0		

財産分与額	0

（7）年金分割

　年金分割を希望する場合、事前に「年金分割のための情報通知書」を取り寄せるようにアドバイスしましょう。

　「年金分割のための情報通知書」は、年金事務所で入手することが可能です。「年金分割のための情報通知書」を確認することで、年金分割を請求したほうが有利かどうかの判断も可能となります。

5　法律相談　実践例

　以上を踏まえ、実際の法律相談の場面について、ホワイトボードを使用して整理すると、以下のようになります。

　離婚分野の場合、親権や監護権が争点となる場合には、子どもが父親と母親のどちらと一緒に暮らしているのかが問題となったり、不貞行為が問題となる場合には不貞相手の家族との関係も問題となったりすることがあり、登場人物の整理が複雑になることが少なくありません。

　また、婚姻生活が長いほど、夫婦間のトラブルの背景原因も複雑なものになりがちであるため、時系列の整理が複雑になる傾向にあります。

　初回の法律相談時には、7つのポイントに沿った問題点の概要を把握することに努め、より詳細な事情は相談者・依頼者に後日整理してもらうようにするなどのメリハリも意識しましょう。

　なお、私たちの場合、初回相談終了時に離婚経過相談カードを渡し、次回相談予約を入れ、次回までに相談者・依頼者に整理してきてもらうようにしています。

Part 3
離婚

【ホワイトボードによる法律相談の「型」】

① 登場人物の記載

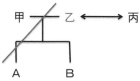

1. 乙（妻）はA・Bを連れて甲（夫）と別居
2. 乙（妻）は丙と交際している

③ 予想される法的争点・立証上の問題点等の記載

【問題点】
1. 離婚の可否
2. A・Bの親権
3. 面会交流の可否・頻度
4. 婚姻費用・養育費の相場
5. 慰謝料
6. 財産分与（財産関係）
7. 年金分割

② 時系列の記載

H20年4月	H21年4月	H22年2月	H23年3月	H24年1月	H28年1月	H28年1月
甲・乙婚姻	A誕生	B誕生	甲名義の自宅購入（ローン3000万円）	甲→乙 DV	乙 丙と交際	乙 別居

離婚の7つのポイント

【離婚の7つのポイント】

Point 1	離婚の可否	□ 離婚原因はあるか □ 有責性はあるか
Point 2	親権の確認	□ 子は未成年者か □ 子はどちらがみているのか
Point 3	面会交流の方法	□ 面会交流の頻度・場所・立会人 □ 面会交流を拒否する理由
Point 4	婚姻費用・養育費の算定	□ お互いの年収 □ お互いの生活状況・勤務先
Point 5	慰謝料の検討	□ 慰謝料の理由があるか □ 慰謝料の金額はどの程度か
Point 6	財産分与の検討	□ 特有財産と共有財産の区別 □ 共有財産の評価
Point 7	年金分割の検討	□ 年金分割の按分割合 □ 年金分割のための情報通知書

　離婚手続を進めるにあたり検討すべきポイントを整理するとこの7つに整理することができます。もちろん、個別の事案によって、検討すべきポイントが異なることもありますが、相談者の話を整理する上でも、まずはこの7つの視点から聞くとよいでしょう。

Chapter 5 ポイント① 離婚の可否

【離婚の可否】

```
                    法定離婚原因

                有責配偶者からの離婚請求

                    離婚原因のポイント
```

1 法定離婚原因

当事者双方が離婚に合意する場合には、離婚の理由は問題にはなりません。

ですが、一方当事者がどうしても離婚に合意しない場合には、法律で決められた離婚原因（法定離婚原因）が認められることが必要になります（民法770条）。

法定離婚原因は、①「配偶者に不貞な行為があったとき」（民法770条1項1号）、②「配偶者から悪意で遺棄されたとき」（民法770条1項2号）、③「配偶者の生死が三年以上明らかでないとき」（民法770条1項3号）、④「配偶者が強度の精神病にかかり、回復の見込みがないとき」（民法770条1項4号）、⑤「その他婚姻を継続し難い重大な事由があるとき」（民法770条1項5号）、の5つになります。

そこで、相談されたケースが、①ないし⑤のいずれの離婚原因に該当するのかを検討する必要があります。なお、検討にあたっては、相談者には事前に相談カードを書いてもらったり、婚姻生活の状況を時系列に整理して書いてもらったりすることで、効率的に打合せを進めることが可能になります。

（1）民法770条1項1号（不貞行為）

　そもそも、「不貞」の概念は一義的ではありません。法定離婚原因である民法770条1項1号にいう「不貞」の意義に関しては、「一夫一婦制の貞操義務に忠実でない全ての行動であり、姦通的行為よりも広い概念」と広義に解する説と、「配偶者以外の者と性的関係を結ぶこと」と狭義に解する説がありますが、実務では後者の狭義説が有力とされているようです（安西二郎「不貞慰謝料請求事件に関する実務上の諸問題」判例タイムズ1278号45頁以下）。

　この点、最高裁昭和48年11月15日判決は、民法770条1項1号にいう「不貞」とは、「配偶者ある者が、自由な意思にもとづいて、配偶者以外の者と性的関係を結ぶことをいうのであつて、この場合、相手方の自由な意思にもとづくものであるか否かは問わないものと解するのが相当」と判示しています。

　なお、民法770条1項1号にいう「不貞」と、慰謝料の請求原因となる「不貞」が同じ意味かどうかが問題となることがあります。この点、安西論文45頁以下では、離婚請求と慰謝料請求では、法律効果が異なることから、民法770条1項1号にいう「不貞」と、慰謝料の請求原因となる「不貞」は、同じ意味に解する必然性はないと説明されています（慰謝料の請求原因となる「不貞」については、後記chapter 9「慰謝料の検討」の4で詳しく説明します）。

（2）民法770条1項2号（悪意の遺棄）

　悪意の遺棄とは、正当な理由がないにもかかわらず、民法752条に定める同居義務、協力義務、扶助義務に違反することをいいます。

　具体的には、夫が妻以外の女性と同棲し、妻子に生活費を送らない場合や、半身不随の身体障害者の妻を自宅に置き去りにして長時間別居を続け、その間に妻に対して生活費を送らなかったりした場合です。

（3）民法770条1項3号（3年以上の生死不明）

　3年以上の生死不明とは、3年以上生存も死亡も確認できない状態が続いていることをいいます。

　行方不明であっても、ただ居場所が分からないというだけで生きていることが分かっていれば、この離婚原因には当たらないことになります。

Part 3
離婚

（4）民法770条1項4号（回復の見込みのない強度の精神病）

強度の精神病とは、その精神障害の程度が、民法752条の協力扶助義務を果たすことができないような場合をいいます。

なお、病者の今後の療養や生活等についての具体的な方途がない場合には、民法770条2項が適用され、離婚の請求が棄却されうることに注意が必要です。

（5）民法770条1項5号（その他婚姻を継続し難い事由）

実務上、最もよく見られる離婚原因です。

「婚姻を継続し難い重大な事由」とは、夫婦の婚姻関係が破綻し回復の見込みがないことをいいます。具体的な条件が法定されているわけではなく、抽象的離婚原因とも呼ばれています。

婚姻関係が破綻しているかどうかを判断する基準として、結婚中の当事者双方の行動や態度、子供の有無やその年齢、婚姻継続の意思、当事者の年齢、健康状態、資産状況、性格などが挙げられます。

なお、実務では、「性格・価値観の不一致」が主張される理由ですが、このことだけを主張しても、この「婚姻を継続し難い重大な理由」に該当するとは限らないことに注意が必要です。性格・価値観の不一致に基づいて離婚を主張されるのであれば、性格・価値観の不一致がきっかけとなった別居や喧嘩など、具体的な出来事を主張・立証する必要があります。離婚の理由を尋ねた時に、相談者が「性格・価値観が合わない。」と話した時には、果たして離婚が認められるかどうかは慎重に検討する必要があります。

民法770条1項5号で問題となる場面は以下のとおりです。

ア　暴行・虐待（DV）

離婚訴訟では、無視、暴言、支配などの精神的暴力・虐待は、これだけでは「婚姻を継続し難い重大な事由」とは認められないことがあります。これらの精神的暴力によって、婚姻関係が破綻したことが必要です。

東京高裁平成13年1月18日判決は、会社人間の夫の思いやりのない態度によって精神的暴力を受けたとして妻が離婚請求した事案ですが、裁判所は、夫が心遣いに欠ける面があったことは否定できないが、格別に婚姻関係を破綻させるような行為があったわけではないとして請求を棄却しています。

151

イ　性格の不一致・価値観の相違

性格の不一致や価値観の相違は、多かれ少なかれどの夫婦にも見られることですから、これだけでは「婚姻を継続し難い重大な事由」とは認められません。

性格の不一致や価値観の相違によって婚姻関係が破綻している場合でなければ離婚請求は認められません。

この場合、長期間の別居期間等、その他の理由で離婚原因があるといえないか検討する必要があります。

ウ　宗教活動

夫婦間でも個人の信教の自由は認められますから、夫婦はお互いの信仰、信仰に基づく宗教活動には寛容であることが求められます。

ですが、信仰に基づく宗教活動が行き過ぎてしまった場合には、「婚姻を継続し難い重大な事由」と認められることがあります。

エ　性的不能・性交拒否・性的異常

性生活は婚姻生活における重要な要因であることは否定できません。性的不能・性交拒否・性的異常は、「婚姻を継続し難い重大な事由」に当たり得ます。

オ　配偶者の親族との不和

親族との不和は、「婚姻を継続し難い重大な事由」には直ちには当たりません。

ですが、配偶者がその不和を傍観し、親族に同調していた場合には、離婚請求が認められることもあります。

カ　不貞に類する行為

不貞とまではいえないものの、他の異性と親密な関係にある場合、それを理由に婚姻関係が破綻した場合には、「婚姻を継続し難い重大な事由」に当たり得ます。

したがって、民法770条1項1号にいう「不貞」とまでいえるかどうか微妙なケースでは、民法770条1項5号も主張すべきといえます。

キ　民法770条1項4号に該当しない精神障害

うつ病、アルコール依存症、薬物依存症、重度でない精神障害等、民法770条1項4号に該当しない精神障害は、それだけでは離婚理由にはなりませんが、それが原因で婚姻関係が破綻した場合には、「婚姻を継続し難い重大な事由」に当たり得ます。

Part 3
離婚

ク　難病・重度の身体障害

精神病のように夫婦の精神的交流を阻害することがないので、原則として、それだけでは離婚理由にはなりませんが、それが原因で婚姻関係の破綻が生じた場合には、「婚姻を継続し難い重大な事由」に当たります。

2　有責配偶者からの離婚請求

ところで、離婚の相談の中には、「浮気相手と一緒になりたいので、今の夫（妻）と離婚したい」というものもあります。

このような相談に対しては、安易に離婚できるという方向でアドバイスすることは控えるようにしましょう。

離婚を希望する側にこそ、離婚の原因があると考えられる場合、離婚請求が認められるかどうかは慎重に考える必要があります。

有責配偶者からの離婚請求について、最高裁判所は、婚姻関係が破綻している場合であっても、有責配偶者からの離婚請求は、信義誠実の原則に反し、原則として認めないという立場をとっています。

したがって、有責配偶者からの離婚請求は原則として認められないと考える必要があります。

もっとも、一切例外が認められないわけではありません。最高裁昭和62年9月2日判決（判時1243号3頁）は、有責配偶者の離婚請求は原則として認めないという立場を前提に、①夫婦の別居が両当事者の年齢及び同居期間との対比において相当の長期間に及んでいること、②当事者の間に未成熟子がいないこと、③相手方配偶者が離婚により精神的、社会的、経済的に極めて過酷な状況に置かれる等、離婚請求を認めることが著しく社会正義に反すると言えるような特段の事情が認められないこと、という3つの要件を満たす場合には、有責配偶者からの離婚請求も認められると判断しています。

有責配偶者からの離婚請求にあたっては、この三要件を満たすかどうかを、慎重に判断しなければなりません。

なお、三要件を満たすかどうか微妙な場合には、財産給付が信義則の判断を左右する一つの要素になっています。したがって、財産給付の内容（婚姻費用等の生活費の援助、財産分与、慰謝料等）で相手方に誠意を示す努力をすることも求

153

められるでしょう。

3　離婚原因のポイント

　このように、当事者双方が離婚に合意しているのであれば問題はありませんが、離婚すること自体争っている場合には、離婚原因が認められるか、また離婚を請求する側に有責性がないかどうかを検討しなければなりません。

　相談者はあくまでも一方当事者にすぎず、対立当事者の言い分を相談時には確認することができません。相談者の話だけを鵜呑みにして、「離婚を請求するくらい関係が悪化しているのだから、離婚自体は問題なく認められるだろう」等と安易に考えることは禁物です。

　離婚原因を満たすかどうか、また有責性があるかどうかということを常に念頭に置いていただき、場合によっては離婚できない可能性もあることを伝えることも必要です。

Chapter

6 ポイント② 親権の確認

【親権の留意点】

```
┌─────────────────────────────────────────────┐
│         ┌─────────────────────────┐         │
│         │  親権者・監護者指定の判断基準  │         │
│         └─────────────────────────┘         │
│                                             │
│         ┌─────────────────────────┐         │
│         │     有責者の親権適格性      │         │
│         └─────────────────────────┘         │
│                                             │
│         ┌─────────────────────────┐         │
│         │   親権者・監護者指定の手続   │         │
│         └─────────────────────────┘         │
│                                             │
│         ┌─────────────────────────┐         │
│         │   親権者と監護者の分属      │         │
│         └─────────────────────────┘         │
└─────────────────────────────────────────────┘
```

「親権者」とは、未成年の子を養育監護し、その財産を管理し、その子を代理して法律行為をする権利を有し、義務を負う者のことです。

当然ですが、親権が問題となる場面は、夫婦間の子が未成年者であるときであり、子が成年になった場合には親権は問題とはなりません。

親権の内容は、①監護権（身上監護権）（養育・監護に関する権利義務）（民法820条等）、②財産管理権・代理権（財産に関する権利義務）（民法824条等）に分けられます。

離婚する際には、それまで夫婦双方にある共同親権を、いずれか一方の単独親権としなければなりません。

また、監護権については、離婚の際に夫婦のいずれか一方に指定するか、離婚前にも指定することができます。

なお、あまり多くはありませんが、親権と監護権を夫婦で別々に指定し、一方を親権者、もう一方を監護権者とすることも可能です。離婚の争点の中心が親権にあり、お互いに一歩も譲らない場合、親権と監護権を分離するということで合意することもありますが、子の福祉という観点から見た場合、果たしてそのよう

な解決が妥当といえるかどうかは慎重に考える必要があります。

1 親権者・監護権者指定の判断基準

　裁判所は、夫婦双方の事情、子の事情等を考慮して、夫婦のいずれが親権者・監護権者となるのがよいかを判断します。

　言い換えれば、夫婦のいずれが親権者・監護権者になることが子の福祉に適うかどうかという視点から判断されることになります。

　そして、それは将来を見据えた監護の継続性と子の安定性が大前提です。しかし、何が子にとって幸福であるかは一概に判断できません。

　以下では、実務で主に参考とされる判断基準について説明します。

① 父母の事情

　具体的には、監護に対する意欲（子に対する愛情の度合い）、監護に対する現在および将来の能力（親の年齢、心身の健康状態、時間的余裕、資産・収入などの経済力、実家の援助等）・生活環境（住宅事情、居住地域、学校関係）が判断材料となります。

② 子の事情

　具体的には、子の年齢、性別、子の意思、子の心身の発育状況、兄弟姉妹の関係、環境の変化による影響の度合い、親や親族との情緒的結びつき等が判断材料となります。

③ 継続性の原則

　これは、これまで実際に子を監護してきた者を優先させるという考え方です。現在の養育環境で安定している親子関係に変更を与えることは、子の情緒を不安定にし、子の人格形成上好ましくないという理由からです。

④ 子の意思の尊重

　15歳以上の子の場合、子の意思を確認することが法律上規定されています（人事訴訟法32条4項）。また、裁判所は、15歳未満の子であっても、子の意思を確認する取扱いをしています。子の監護状況、子の意思などは専門家である家庭裁判所調査官の調査により実施されますが、それを踏まえた上で裁判官自身が子に接し、子の意思を確認したり、子が実際に安定した状況にあるかを見たりするという傾向にあるようです。

Part 3
離婚

⑤ 兄弟姉妹不分離の原則

兄弟姉妹を一緒に育てることが原則であるとした判例があります。これは、親の都合で一緒に育ってきた兄弟姉妹を離ればなれにすることは好ましくないという考えに基づいています。もっとも、兄弟姉妹の年齢や関係、これまで一緒に育ってきたかどうかなど、事案によって異なるため、その他の事情と総合して判断されます。

⑥ 母親優先の基準

乳幼児については、特別の事情がない限り母親に監護させることが子の福祉に適うとした裁判例があります。もっとも、本来は親として相応しい方に親権を認めるべきであり、母親であるというだけで親権を認めるべきではありません。最近は、事案ごとに具体的に親権者としての適格性を判断し、母親優先の基準にとらわれない傾向にもあるようです。

2 有責者の親権者適格性

ところで、夫婦の一方が浮気をしていたなど、離婚にあたっての有責性があった場合、親権の判断に影響するかどうかという問題があります。

この点、夫婦の問題と親権者の適格性とは別の問題であると考えられています。

裁判所は、子を養育する上で支障となる品行状況にない限り、あくまで「子の福祉」、「子の利益」に適うのはどちらであるかを、父母の事情、子の事情を総合考慮して判断します。

したがって、婚姻中に不貞行為があったという理由だけで親権者にはなれない、ということではありません。

3 親権者・監護者指定の手続

（1）親権者指定

　協議離婚の場合は、夫婦で協議し、離婚届を提出する際に親権者を記載して決定します。協議が調わない場合、または協議ができない場合、親権者指定の調停申立て・親権者指定の審判の申立てをします。調停が不調に終わった場合には、審判に移行します。

（2）監護権者指定

　監護権者指定の手続きは、親権者指定の手続とほぼ同様です。

　ただし、監護権者の決定は、離婚届の要件とはなっていないため、離婚後に協議したり調停の申立てをしたりすることも可能です。

4 親権者と監護者の分属

　親権者は、実際に子の面倒を見る身上監護権と子の法律行為を代理する財産管理権を有しています。

　このような親権と監護権を、当事者双方に分属することができると考えられています（離婚後の監護者指定）。

　もっとも、子の養育監護に適している方を親権者と定めたわけですから、一般的には、分属させる必要はありません。

　審判例でも、親権と監護権を分属させることは、例外的な場合にのみ認められる傾向にあります。

親権・監護権の分属の基準

①父母の一方が子の養育監護には適しているが、財産管理については適任ではない場合（特に子が乳幼児の場合など）

②父母双方が親権者となることに固執していることから、親権・監護権の分属による解決が子の精神的安定のために効果がある場合

Part 3
離婚

③父母のいずれが親権者になっても子の福祉にかなう場合に、できるだけ共
　同親権に近づけるという積極的な意義を認める場合

5　親権のポイント

　離婚の条件をめぐって特に対立が激しくなるポイントが親権です。

　親権は、親子の関係に直結する問題であり、自分と子のつながりである親権を
手放すことに強い抵抗があることは当然のことかもしれません。

　親権は、子の福祉という観点からお互いに納得がいくまで話し合った末に決め
ることができればよいのですが、そうそううまくいくものでもありません。

　親権の対立が激しい場合、「相手方で生活している子供をこちらに連れてきて
もよいか。」と相談されることもあります。弁護士によって見解は異なるかもし
れませんが、私は連れ去りにも当たり得るような行為をするようアドバイスをす
ることは問題があると考えています。そもそも刑法に抵触する可能性がある上、
相手方に無断で子供を連れてくるようなことをすれば、相手方が激昂することは
当然であり、いっそう紛争が大きくなることは容易に想像できます。当事者から
すればもどかしいかもしれませんが、相手方の生活環境が子供にとって問題があ
ると考えているのであれば、話し合いや、調停、審判の手続をとるべきです。

ポイント③ 面会交流の方法

【面会交流の留意点】

- 面会交流権の性質
- 面会交流の決定方法
- 面会交流の判断基準
- 弁護士の役割
- 面会交流の合意に違反した場合の効力
- 面会交流のポイント

【面会交流の判断基準】
① 子に関する要素
② 監護親に関する要素
③ 非監護親に関する要素
④ 両親の関係に関する要素
⑤ 子と非監護親の関係に関する要素

【面会交流の合意に違反した場合の効力】
① 面会交流の履行勧告(家事事件手続法289条)
② 間接強制
③ 親権の変更(福岡家裁平成26年12月4日審判)

1 面会交流権の性質

　面会交流権とは、父又は母が子と面接し、もしくはそれ以外の方法で親子として交渉する権利をいいます。面会交流権は、親権・監護権の一部であると考えられています。

　離婚にあたっては、この面会交流権をどのように決めるかが争点となることがあります。

2 面会交流の決定方法

　離婚の際には、親権者は必ず決める必要があります(民法819条)。
　一方、面会交流については必ずしも決める必要はありません。

Part 3
離婚

ですが、非親権者側（親権を相手に譲る親）においては、今後、親権者側と面会交渉について話し合う機会があるとは限りません。むしろ、離婚後は、お互いに連絡を取り合いたくないケースの方が多く見られます。このような場合、離婚後に面会交渉を具体的に決めることは困難です。その結果、離婚後は子と容易に連絡がとれず、親子関係が疎遠になってしまうということも往々にして見られます。やはり、離婚にあたり、子との面会交渉の条件は決めておくべきでしょう。

3　面会交流の判断基準

面会交流は、「子の福祉に合致するか否か」という観点から、どの程度面会交渉が認められるかを決めています。「子の福祉に合致するか否か」は、様々な事情を総合考慮して判断することになります。

過去の裁判例を参考にすると、以下の要素を基準にしていると考えられます。

なお、面会交流の判断基準等を整理した文献として、横田昌紀・石川亨・伊藤彰朗ほか「面会交流審判例の実証的研究」（判例タイムズ1292号5頁2009年5月15日）が参考となります。

面会交流の判断要素
①子に関する要素（子の意思、子の年齢、子の生活環境に及ぼす影響）
②監護親に関する要素（監護親の意思、監護親の養育監護への影響、監護親の生活状況）
③非監護親に関する要素（非監護親の生活状況、非監護親に問題がある場合
④両親の関係に関する要素（別居・離婚に至った経緯、現在の両親の関係）
⑤子と非監護親の関係に関する要素

4　面会交流の実施にあたっての弁護士の役割

面会交流の実施にあたり、代理人である弁護士の立会いを求められることがあります。

面会交流を実施する際に、弁護士が立ち会わなければならないという義務はあ

りませんが、実務上は立会いを要請されることがままあります。

　例えば、子供を引き渡す際に、1人で相手方と会うことを嫌がる依頼者からの要請ということもあれば、依頼者が1人で来ると何をするかわからないので、依頼者をなだめる役割を期待して、相手方から要請されることもあります。また、調停委員や裁判官から、面会交流の際に同席を要請された上、そのときの面会交流の様子を報告書として提出するよう求められることもあります。

　同席する際には、あくまでも子と親の面会の機会であることから、あれこれと口を挟むべきではなく、親子の交流を見守るというスタンスで臨むべきかと思います。また、当事者同士で離婚の条件等を話しそうになる場合には、あくまでも親子の面会交流として設定されたのであり、離婚の条件等は別の機会で話すよう促したりすることが必要かと思います。弁護士が同席する際には、当事者双方が感情的になることを抑えつつ、子の福祉の観点から、親子の交流の機会を見守るという役割を務めることが必要かと思われます。

　また、面会交流にあたっては、毎回立ち会う必要があるかどうかという問題もあります。これも事案や弁護士によって考え方は様々であり、正解はないかもしれませんが、長期間にわたって面会交流が実施されていないようなケースでは、最初の数回は弁護士が立ち会うことで、お互いの緊張を緩和することは必要かもしれません。もっとも、離婚成立後も毎回弁護士が立ち会っていくことは現実的ではありませんので、時機を見て当事者間で対応できるように道筋をつくっていくべきです。

5　面会交流の合意に違反した場合の効力

　調停や審判で合意した面会交流が実施されない場合、非監護親は、家庭裁判所から監護親に対し、面会交流の履行勧告をしてもらうことができます（家事事件手続法289条）。

　履行勧告によっても面会交流を実施しない場合には、強制執行を検討することになります。

　もっとも、面会交流の履行は、その性質上、直接強制や代替執行になじまないとされていることから、履行されない場合に制裁金を課す命令を裁判所に求める間接強制を試みることになります。なお、間接強制を試みる場合、調停や審判の

条項の表現が、債務名義としての要件を備えているかどうかを慎重に確認する必要があります。

面会交流における間接強制の可否については、同日に出された以下の3つの最高裁決定が参考となります。

①最高裁第一小法廷決定平成25年3月28日（最高裁平24（許）第41号）【①事件】：間接強制否定

②最高裁第一小法廷決定平成25年3月28日（最高裁平24（許）第47号）【②事件】：間接強制否定

③最高裁第一小法廷決定平成25年3月28日（最高裁平24（許）第48号）【③事件】：間接強制肯定【不履行1回につき5万円】

前記②事件では、間接強制の要件について、「…非監護親と監護親との間で非監護親と子が面会交流をすることを定める調停が成立した場合において、調停調書に面会交流の日時又は頻度、各回の面会交流時間の長さ、子の引渡しの方法等が具体的に定められているなど監護親がすべき給付の特定に欠けるところがないといえるときは、間接強制を許さない旨の合意が存在するなどの特段の事情がない限り、前記調停調書に基づき監護親に対し間接強制決定をすることができると解するのが相当である。」と判示していることが参考になります。

なお、面会交流を命じる審判を下された後も、面会交流が実施されなかったところ、非監護親が間接強制を試みたものの、審判の条項の表現が債務名義としての要件を満たしていないと判断され、間接強制が否定されたために、再度審判の申立てをされたという事案もあります。

また、母の言動が原因で子が面会交流を拒んだという事案で、監護権を母に留めながら、父親に親権を変更する旨の判断をしたという審判例もあります（福岡家裁平成26年12月4日審判）。場合によっては、面会交流を拒否する相手方に対し、親権変更を求める調停や審判を申し立てるという方法も考えられます。

6 面会交流のポイント

面会交流は、非監護親が子との関係を継続するための大切な権利です。

もっとも、面会交流の具体的な条件等は法定されているわけでもなく、またすでに対立が激しくなっている当事者間では十分な話し合いをすることも困難であ

るため、面会の日時や場所、方法等まで具体的に検討できずに抽象的な面会交流の条件を決めるだけで終わってしまうことも少なくありません。

ですが、面会交流の条件を具体的に決めておかなければ、仮に面会交流の合意に違反した場合、間接強制等の法的手段をとることができなくなってしまうこともあり得ます。

面会交流を実効性のあるものとするためにも、初回の面会交流には弁護士が立ち会うなどして当事者の感情的な対立の緩和に努めつつ、お互いが納得できる面会交流の条件を決めていくことができるように活動していくことが求められます。

Chapter 8 ポイント④　婚姻費用・養育費の算定

【婚姻費用・養育費の留意点】

婚姻費用の性質	**【婚姻費用分担請求権の発生時期】** ① 別居時 ② 請求時①（調停や審判の申立前に当事者間で請求していたことが証明できる場合はこの請求時） ③ 請求時②（上記証明ができない場合は調停や審判の申立時）
婚姻費用の支払義務	
婚姻費用分担請求に対する反論	**【婚姻費用分担請求に対する反論】** ① 婚姻費用の支払義務の不存在 ② 基礎収入の考慮
養育費の性質	**【養育費の発生時期】** ① 別居時 ② 請求時①（調停や審判の申立前に当事者間で請求していたことが証明できる場合はこの請求時） ③ 請求時②（上記証明ができない場合は調停や審判の申立時）
養育費の支払義務	
婚姻費用・養育費の算定方法	**【養育費の終期】** ① 未成熟子が満18歳に達する月まで ② 未成熟子が満20歳（成年）に達する月まで ③ 未成熟子が大学等高等教育機関を卒業する月まで 　（通常22歳まで）
婚姻費用・養育費のポイント	

1　婚姻費用の性質

　婚姻費用とは、婚姻共同生活の維持を支える費用です（「生活費」と言い換えてもいいかもしれません）。

　配偶者の収入・財産に応じた生活水準が必要とする生計費・交際費・医療費等の日常的な支出や、配偶者間の子の養育費・学費・出産費等を含む、婚姻から生ずる費用を指します。

　夫婦が別居に至った場合も、婚姻生活は継続しているので、各自の生活費や子どもの養育費は婚姻費用として分担すべきことになります。

　したがって、実際に婚姻費用の分担が問題となってくるのは、主に別居状態になった場合です。

2 婚姻費用の支払義務

(1) 婚姻費用請求権の発生時期

　婚姻費用の分担は、過去に遡って請求することができます（最大決昭40.6.30民集19巻4号1114頁）。そこで、具体的にいつの時期から婚姻費用を請求することができるかが問題となります。婚姻費用請求権の始期は、裁判所の合理的な裁量によって決まっていますが、裁判例等を見ると、おおむね以下のように整理できます。

　したがって、「調停を申し立てた時からしか請求できません」とアドバイスすると、厳密には誤りということになりかねませんので注意しましょう。

---

①別居時

②請求時①（調停や審判の申立前に当事者間で請求していたことが証明できる場合はこの請求時）

③請求時②（上記証明ができない場合は調停や審判の申立時）

---

(2) 婚姻費用の終期

　婚姻費用請求権の終期は、「別居の解消または離婚に至るまで」とすることが一般的です（調停や審判でもこの条項を入れることが通常です）。もっとも、将来事情が変わる可能性が高い場合には、終期を一定期間経過後に明記する例もあります。

3 婚姻費用分担請求に対する反論

(1) 婚姻費用の支払義務の不存在

　婚姻費用分担請求は、別居に至った時点で請求することが可能になります。そして、原則として、別居に至った事情にかかわらず、収入が少ない権利者は、収

入が高い義務者に対する婚姻費用分担請求権を主張することができます。

しかも、義務者が支払いに応じない場合には、調停や審判を申し立てることで債務名義を取得し、差押等の手続をとることも可能です。

婚姻費用分担請求権は、権利者からすれば、別居するだけで義務者に請求することが可能となる、強力な権利ということができます。

ですが、「浮気相手と一緒になりたい」などという理由で別居に至った場合にまで、権利者に対して婚姻費用を支払わなければならないということになると、あまりにも義務者にとって酷な結果となります。

このように、有責配偶者からの婚姻費用分担請求は、権利の濫用として認められないか、減額されることがあります。

例えば、別居の原因が妻の不貞行為にあるときは、妻からの婚姻費用分担請求は権利の濫用として認められないという裁判例があります（東京家審平成20・7・31家月61巻2号257頁、東京高決昭和58・12・16判時1102号66頁）。

そこで、婚姻費用分担請求が問題となっている事例では、別居にあたり、権利濫用に該当するような事情があるかどうかを検討する必要があります。

（2）基礎収入の考慮

また、婚姻費用分担請求が調停等で決まったとしても、その後に事情の変動があれば（例えば、権利者の収入が大幅に下がったり、義務者の収入が上がったりしたような事情）、再度婚姻費用減額調停を申し立て、婚姻費用の見直しを求めることも可能です。

4 養育費の性質

養育費は、法律上の親は、未成熟子に対して扶養義務（民法877条以下）を負担しているところ、監護親から非監護親に対し、監護費用（民法766条）として請求されるものです。

5 養育費の支払義務

（1）養育費の発生時期

養育費の根拠は、親の子に対する扶養義務ですから、子の要扶養状態と親の扶養可能状態があれば、その時点から養育費を請求することは理論上可能です。

もっとも、あまりにも過去に遡って請求すると、義務者にとって酷となることから、ある程度の範囲に限定されることが多いようです。

実務上は、養育費の発生時期については、婚姻費用分担請求と同様、以下のように整理できます。ただし、この分類に当てはまらない裁判例もありますので、あくまでも参考として、個別の事案ごとに検討するようにしましょう。

---

①別居時

②請求時①（調停や審判の申立前に当事者間で請求していたことが証明できる場合はこの請求時）

③請求時②（上記証明ができない場合は調停や審判の申立時）

（2）養育費の終期

次に、養育費をいつまで支払うのかという終期の問題があります。

実務上、調停等ではおおむね以下の3つのパターンで提案されることが多いように感じます。

---

①未成熟子が満18歳に達する月まで

②未成熟子が満20歳（成年）に達する月まで

③未成熟子が大学等高等教育機関を卒業する月まで（通常22歳まで）

協議や調停でお互いに合意できるのであれば、いずれの終期でも問題はありませんが、当事者間で合意ができない場合、③のように20歳をすぎる終期を求めることができるかどうかという問題があります。

Part 3
離婚

この点、子が成年に達するまでに限定するという裁判例（大阪高決昭57・5・14家月35巻10号62頁）もあれば、「大学を卒業する月まで」とする裁判例（東京家審平18・6・29家月59巻1号103頁）もあるため、どちらか一義的に決まっているということはできません。

したがって、夫婦の最終学歴や収入状況等、具体的な事実を主張・立証して妥当な養育費の終期を求めることになります。

（3）養育費の支払方法

養育費は、月ごとに発生する定期金債権であり、一括払いを請求することは困難です。

もっとも、当事者双方が合意して一括払いをすることは可能ですが、課税上の問題や、一括払いした後、全額使い切ったとして再度養育費を請求される可能性もありますので、一括払いをすることでよいかどうかは慎重に検討しましょう（なお、養育費の一括払いをした後に再度養育費を請求されたものの、結論として否定された裁判例として、東京高決平10・4・6家月50巻10号130頁があります）。

6　婚姻費用・養育費の算定方法

（1）「婚姻費用・養育費算定表」の利用

婚姻費用及び養育費の算定にあたっては、実務上、東京大阪養育費等研究会「簡易迅速な養育費等の算定を目指して——養育費・婚姻費用の算定方式と算定表の提案」（判タ1111号285頁以下。以下、この論文291頁掲載の計算式を「算定方式」、297頁以下の表を「算定表」といいます）によって判断されることが通常です。

算定表の使用にあたっては、権利者と義務者双方の収入を確認することが必要になります。

現在、算定表は裁判所のホームページでも掲載されており、相談者も事前に目を通していることは珍しくありません。相談を受ける際には、算定表があることを伝えるだけでは十分なアドバイスにはならないこともあります。

（2）「婚姻費用・養育費算定表」の限界

　実務では、算定表に従って調停や審判が進められることが通常です。

　ですが、中には算定表を形式的に利用するとかえって不都合が生じる場合や、算定表に当てはまらない場合があります。

　例えば、権利者・義務者の基礎収入が、算定表の上限を超えている場合や、当事者間の子の数が算定表の想定する人数以上の場合、当事者双方にそれぞれ監護する子がいる場合などです。

　このように、算定表は決して万能ではなく、個別の事案に応じて修正していく必要があります。

　しかしながら、相手方や、調停委員、またときには裁判官によっても、算定表を無理に引用して、納得のできない婚姻費用や養育費を受け入れるよう説得してくることがあります。このような場合には、決して安易に譲歩することなく、算定表はあくまでも目安でしかないことを踏まえて、修正すべき事情があることを主張・立証していくようにしましょう。

　なお、算定表の問題については、岡健太郎「養育費・婚姻費用算定表の運用上の諸問題」（判タ1209号4頁以下）に詳しくまとめられていますので、こちらをご一読することをお勧めいたします。

7　婚姻費用・養育費のポイント

　婚姻費用・養育費の算定にあたっては、算定表が広く普及しており、算定表に従って婚姻費用等を算定することが、当事者、調停委員のみならず裁判官とも共通認識になっています。

　ですが、算定表に当てはまらない事案も決して少なくありません。実際の相談に対応する際には、まずは算定表で予想される婚姻費用等を確認しながらも、算定表による金額を修正すべき事情がないかどうかを検討すべきです。

　また、婚姻費用を請求された場合には、請求金額の多寡を検討するだけでなく、そもそも相手方の請求が認められるのかどうかも検討するようにしましょう。算定表のあてはめの方にばかり意識が向きがちですが、前提として、相手方の請求が権利濫用として排斥できる余地はないかといった検討を漏らさないよう

Part 3
離婚

注意が必要です。

Chapter 9 ポイント⑤　慰謝料の検討

【慰謝料の留意点】

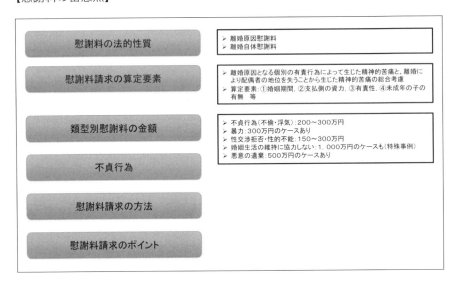

1　慰謝料請求の法的性質

　慰謝料とは、離婚によって被る精神的苦痛に対して支払われる賠償金のことです。慰謝料は、性質上、以下の2つに分類され、その双方を含むとされています。
　①離婚原因となる個別の有責行為によって生じた精神的苦痛に対する損害の賠償（離婚原因慰謝料）
　②離婚により配偶者の地位を失うことから生じた精神的苦痛に対する損害の賠償（離婚自体慰謝料）

2　慰謝料請求の算定要素

　慰謝料の算定は、①離婚原因となる個別の有責行為によって生じた精神的苦痛

Part 3
離婚

と、②離婚により配偶者の地位を失うことから生じた精神的苦痛の双方が総合的に考慮されます。慰謝料の算定要素としては、①婚姻期間、②支払側の資力、③有責性、④未成年の子の有無等が挙げられます。

3 類型別慰謝料の金額

慰謝料が認められる場合を整理すると、以下のようになります。なお、以下で挙げる事例はあくまでも典型例ですので、これに限られるわけではないことにご注意ください。また、慰謝料額の参考となる文献として、千葉県弁護士会編『慰謝料算定の実務〔第2版〕』（ぎょうせい、2013年）があります。

(1) 不貞行為 (不倫・浮気)

慰謝料の認容額ですが、200万円～300万円程度が多いようです。 もっとも、高額の慰謝料が認容された事案では、1000万円～1500万円というものもあるようですが、その場合には相手方の資力が高い事例といえます。

(2) 暴力

暴力の程度にもよるため一概には言えませんが、過去の判例では、夫が妻をしばしば殴打するなど、妻の人格を無視する行動に及んだと認定した上で、慰謝料300万円を認めた事例があります（浦和地判昭59・9・19判時1140号117頁）。

(3) 性交渉拒否・性的不能

事例によって、慰謝料額は150万円～500万円までと異なります。

(4) 婚姻生活の維持に協力しない

一方当事者に精神疾患があり、夫婦としての共同生活が営めないような場合です。過去の事例では、1000万円もの高額な慰謝料が認められた事案もありますが、相手方が資産家である等の特殊な事情があったためと考えられます。

(5) 悪意の遺棄

妻及びその親族に対していやがらせの電話や通信を繰り返すという積極的な行

為をした事案で、慰謝料500万円を認めた事例があります。

4 不貞行為

（1）不貞行為とは

　ところで、離婚における慰謝料請求の原因として、実務上よく見られるものが、「不貞」になります。

　夫婦の一方の配偶者と不貞行為に及んだ第三者は、故意または過失がある限り、他方の配偶者が被った精神上の苦痛に対する損害賠償義務があります。

　そして、第三者とともに、不貞行為に及んだ他方配偶者も、不法行為責任を負うことになります。

　ところで、慰謝料請求の原因となる「不貞」とは具体的に何を指すのかというと、一義的に決まってはいません。また、法定離婚原因である「不貞」（民法770条1項1号）と、慰謝料請求の原因となる「不貞」は同じかどうかという問題もあります。この点、安西二郎「不貞慰謝料請求事件に関する実務上の諸問題」判例タイムズ1278号45頁以下では、離婚請求と慰謝料請求では、法律効果が異なることから、民法770条1項1号にいう「不貞」と、慰謝料の請求原因となる「不貞」は、同じ意味に解する必然性はないと説明されています。

　そして、安西論文によれば、不貞とは、以下の3つであると整理しています。

---

①（配偶者とは異なる第三者との）性交又は性交類似行為
②（配偶者とは異なる第三者との）同棲
③上記の他、一方配偶者の立場に置かれた通常人の立場を基準として、一方配偶者・他方配偶者の婚姻を破綻に至らせる蓋然性のある異性との交流・接触

　このように、慰謝料請求原因となる「不貞」は、性交に限定されず、それよりも広い概念であるということができます。なお、慰謝料請求原因となる「不貞」について、詳細に各裁判例を検討した文献として、中里和伸『判例による不貞慰謝料請求の実務』（LABO、2015年）があります。

Part 3
離婚

（2）婚姻関係破綻後の不貞

一方、他方配偶者が第三者と不貞に及んだとしても、婚姻関係破綻後に不貞に及んだ場合には、婚姻共同生活の平和の維持という権利又は法的保護に値する利益があるとはいえないことから、不法行為が成立しないという抗弁があります（最判平8・3・26民集50巻4号993頁）。

実務では、不貞に対する慰謝料を請求する場合、この婚姻関係破綻の抗弁が被告側から主張されることが珍しくありません。

そこで、具体的にどのような場合に婚姻関係が破綻していたと評価できるかが問題となりますが、裁判例によって判断はまちまちであり、統一的な基準を見出すことは困難といえます。したがって、個別の事案において、婚姻生活の状況等、丁寧に多くの事情を確認し、依頼者に有利な主張を展開していく必要があります。

なお、二宮周平「家族　妻の不貞行為の相手方の不法行為責任（不貞の慰謝料）（東京地判平10・7・31）」（判タ1060号112頁）は同居が継続していれば破綻とはいえないとしていることは参考となります。

（3）婚姻関係が不貞当時破綻していると過失なく誤信したこと

また、最高裁平成8年3月26日判決（民集50巻4号993頁）に基づき、婚姻関係が不貞当時すでに破綻していると過失なく誤信した場合には不法行為が成立しないという主張があります。

この点、不貞に及んだ第三者としては、他方配偶者が既婚者である以上、安易に不貞関係に入らないように注意すべきであり、無過失と認めるためには、婚姻関係が破綻しているとの他方配偶者の言葉を信用しただけでは足りず、他方配偶者の言葉を裏付ける根拠があることが必要であるとされています（前出・安西判タ1278号53頁）。

5　慰謝料請求の方法

慰謝料請求は訴訟事項であるため、調停で解決しない場合には、訴訟を提起することになります。

175

離婚慰謝料は損害賠償請求であるため、通常の民事訴訟事件として、地方裁判所に提訴することが可能です。

　もっとも、人事訴訟法に基づき、離婚訴訟と併合して離婚慰謝料を請求することも可能です（人事訴訟法8条・17条）。

　さらに、不貞を原因とする慰謝料請求の場合、他方配偶者に対する離婚請求及び慰謝料請求訴訟と併合し、不貞相手に対する慰謝料請求訴訟も家庭裁判所で提訴することが可能です（人事訴訟法17条）。

　したがって、訴訟経済を考え、一体的に紛争を解決することを図る場合には、他方配偶者に対する離婚請求・慰謝料請求訴訟とともに、不貞相手に対する慰謝料請求訴訟も同じ家庭裁判所に併合してもらうことがよいといえます。

　ただし、他方配偶者に対する離婚訴訟等では、慰謝料請求のみならず、親権や財産分与等も争点となるのに対し、不貞相手に対する慰謝料請求訴訟では、慰謝料請求のみが争点となるため、併合した結果、不貞相手に対する慰謝料請求の実質的な審理は先行して終わっていながら、他方配偶者との離婚訴訟等に関する親権や財産分与等の争点の判断が終わらないために、いたずらに審理が長期化するというおそれがあります。

　他方配偶者との訴訟の争点が多数あり、長期化が予想されるようなケースでは、あえて不貞相手に対する慰謝料請求訴訟は併合せず、別々に審理を進めてもらったほうがよいこともあります。提訴する前には、併合したほうがよいのかどうか、慎重に検討しましょう。

6　慰謝料請求のポイント

　離婚に伴う慰謝料請求は、①離婚原因となる個別の有責行為によって生じた精神的苦痛に対する損害の賠償（離婚原因慰謝料）と、②離婚により配偶者の地位を失うことから生じた精神的苦痛に対する損害の賠償（離婚自体慰謝料）の2つがあるとされていますが、経験上、②離婚自体慰謝料が考慮されることは多くはないという印象を受けます。

　①離婚原因慰謝料としてどの程度認められる可能性があるかという観点から相談者に対してはアドバイスすべきであり、安易に②離婚自体慰謝料が認められる旨の説明をしてしまい、結局離婚自体慰謝料が考慮されなければ、信頼関係にも

Part 3
離婚

影響しかねません。

　また、離婚慰謝料は、300万円程度という傾向があり、それ以上の高額な慰謝料が認容された事例は多くありません。高額な慰謝料が認容されるかのような期待を抱かせる説明をすることは控えるべきといえます。

　不貞を原因とする慰謝料請求の場合、不貞の概念の理解と、この立証がどの程度できるかを検討する必要があります。また、婚姻関係破綻の抗弁も予想して対応する必要があります。実際に不貞に対する慰謝料請求をする場合、地方裁判所と家庭裁判所のいずれに提訴するのか、また不貞相手に対する慰謝料請求訴訟も併合するのかどうか、全体の方針検討は慎重に行うべきといえます。

Chapter 10 ポイント⑥ 財産分与の検討

【財産分与の留意点】

財産分与の法的性質	➢ 清算的財産分与 ➢ 扶養的財産分与 ➢ 慰謝料的財産分与
清算的財産分与の計算方法	➢ 清算的財産分与の対象財産（特有財産と共有財産の区別） ➢ 分与対象財産確定の基準時 （「別居時」まで） ➢ 分与対象財産評価の基準時 （「口頭弁論終結時」）
対象財産ごとの問題	➢ 不動産 ➢ 預貯金 ➢ 生命保険 ➢ 子供名義の学資保険 ➢ 株式 ➢ 退職金
清算的財産分与の割合	
財産分与のポイント	

1 財産分与の法的性質

　財産分与とは、離婚した相手に対して財産の分与を請求することをいいます（民法768条1項）。財産分与には、以下の3つの要素が含まれているとされています。

> ①夫婦が婚姻中に協力して築いた財産の清算（「清算的財産分与」）
> ②離婚後の経済的に弱い側への扶養料（「扶養的財産分与」）
> ③浮気等、離婚相手が原因で離婚に至った場合の慰謝料（「慰謝料的財産分与」）

　ここでは、特に問題となる①清算的財産分与を前提にご説明します。

Part 3
離婚

2　清算的財産分与の計算方法

　清算的財産分与を計算するにあたっては、①財産分与の対象となる共有財産の範囲を特定する（特有財産を除外する）、②共有財産確定の基準時を決める、③共有財産評価の基準時を決める、という流れで整理することになります。

（1）清算的財産分与の対象財産

　清算的財産分与の対象となる財産は、3つの種類に分けることができます。

種類	性質	分与の対象
特有財産	名実ともに一方が所有する財産	原則としてならない
共有財産	共有名義の財産	なる
実質的共有財産	名義は一方に属するが夫婦が協力して取得して得られた財産	なる（なお、夫婦のどちらかに属するか不明な財産は共有財産と推定）

　財産分与の対象となるものは、「共有財産」と「実質的共有財産」のみです。
　「特有財産」は財産分与の対象とはならないのが原則です。
　「特有財産」とは、例えば相続で取得した遺産や、婚姻前から有していた預金、家族等からもらったお祝い金などです。
　したがって、離婚にあたっては、お互いの財産関係を改めて整理して、何が財産分与の対象となるのかを検討する必要があります。

（2）分与対象財産確定の基準時

　次に、財産分与の対象となる財産は、どの時点までのものが含まれるのかということが問題となります。
　この点、実務では、別居時と解されています。
　夫婦が協力して形成した財産を清算するのですから、夫婦の協力関係が失われた別居時がその時期と解されるからです。
　なお、別居時は婚姻関係が破綻した時期とは異なることがあることに注意が必

要です。

　例えば、夫婦が別居したとしても、夫婦関係が破綻したとまでは言えない場合もあります。

　いつの時点が別居時なのか、ということで争いになる場合も少なくありません。

（3）分与対象財産評価の基準時

　次に、財産分与の対象財産を評価する基準時ですが、当事者間の公平の観点から、口頭弁論終結時とされています。

　財産分与の対象となる財産を確定する基準時と、評価の基準時は異なることに注意が必要です。

3　対象財産ごとの問題

（1）不動産

　不動産の評価額は、口頭弁論終結時点が基準となります。

　もっとも、不動産の評価額は、簡単には決められない上、金額も大きいために、よく争いになります。

　お互いにどうしても評価額で合意できない場合には、最終的には不動産鑑定士などの鑑定によるべきことになりますが、鑑定には相当の費用がかかるため、実際にはあまり利用されていないようです。

　なお、別居後に不動産を売却した場合には、その売却額が不動産の評価額とされることになります。

　また、実務ではよく問題となることが、不動産に住宅ローンが残っている場合です。ローン残高よりも不動産価格が上回っているのであれば、残存価値を生産すればよいのですが、ローン残高が不動産価格を上回っている場合（いわゆる「オーバーローン」）、負債超過をどのように整理するかが問題となります。

（2）預貯金

　預貯金の評価額は、別居時の残高になります。

預貯金の残高を確認するために、預貯金の名義人や、通帳を持っている方から、残高証明や通帳の写しを出してもらうことになります。

もっとも、実際には、すぐに出してくれないこともあり、その結果、お互いに出そうとせずに交渉が進まないということは決して少なくありません。

どうしても進まない場合には、金融機関に対して調査嘱託の申立てをするといった方法で対応することもあります。

（3）生命保険

生命保険の評価額は、別居時の解約返戻金相当額となります。

ただし、婚姻前から契約しており、同居期間中に支払った保険金は一部にすぎないような場合には、別居時の解約返戻金相当額に対し、保険料支払期間を考慮して減算することになります。

別居時の解約返戻金額の確認にあたっては、保険証書等を持っている方から保険会社等へ問い合わせをしてもらうか、調査嘱託等を利用することになります。

（4）子供名義の学資保険

子供名義の学資保険の評価額も、生命保険と同様、別居時の解約返戻金相当額となります。

なお、子供名義であっても財産分与の対象となるかが問題となりますが、夫婦が子供の将来のために積み立てたものであれば、結局夫婦の財産から出たことになりますので、財産分与の対象になります。

もっとも、お互いに子供の養育費に充当すべきであって、財産分与の対象にするべきではないとお考えであれば、財産分与の対象にはならないという処理をすることも可能です。

実務上も、このように処理されることも少なくありません。

（5）株式

株式等の評価額は、口頭弁論終結時点が基準となります。

なお、別居後に株式を売却した場合、売却額が評価額となります。

（6）退職金

退職金は、離婚時点ではまだ具体的に発生していないため、財産分与の対象に含まれるかどうかが問題となります。

もっとも、退職金は、労働の対価の後払い的性質を有していると解されるため、婚姻後別居に至るまでの期間に対応する部分は清算的財産分与の対象になると解されます。

財産分与の対象に含まれるとしても、退職金は将来に支払われるものですから、評価額の算定は難しい問題です。

また、退職金相当額を一括で支払ってもらえるのか、それとも分割払いとなるのか、支払方法も問題となります。

4　清算的財産分与の割合

財産分与の対象になる財産を確定した後に、財産全体をどのような割合で分与するのかということを決めることになります。

財産分与の清算割合は、財産形成、維持にどの程度貢献したのかということで決めます。

現在は、妻が専業主婦であったか否かを問わず、財産分与割合を原則として平等（2分の1ずつ）にするということが多いようです。

もっとも、常に2分の1ずつになるというわけではありません。

例えば、夫婦がお互いの収入から婚姻費用を出し、かつ妻が長年家事労働も担当していたという事案では、妻6：夫4という割合が認められた裁判例もあります。

5　財産分与のポイント

財産分与が争点となる場合、よく見られる問題は、お互いに資料を出すことを拒否し、審理が進まないということです。

お互いに資料の開示を拒否すれば、時間が無駄に経過することになりますので、調査嘱託の申立てや、場合によっては文書提出命令の申立てを検討する必要

があります。

　また、財産分与の対象となる共有財産か、対象とはならない特有財産かという点は、財産分与の金額にも大きく影響するため、十分に事実関係を精査し、依頼者にとって有利な主張を展開していく必要があります。

Chapter 11 ポイント⑦ 年金分割の検討

【年金分割の留意点】

1 年金分割の基本的な仕組み

(1) 公的年金

　公的年金とは、政府が保険者となり、国民が被保険者として実施している年金をいいます。公的年金は、以下の3つに分類できます。
　① 国民年金：
日本国内に住所を有する20歳以上60歳未満の人を被保険者とし、基礎年金としてすべての国民が加入する年金です。
　② 厚生年金：
厚生年金保険法に規定される「適用事業所」に使用される70歳未満の者を被

保険者とする年金です。

③　共済年金：

国家公務員、地方公務員及び私立学校教職員については、国家公務員共済組合法等の各共済組合法によって定められたそれぞれの共済組合によって厚生年金と同様の年金給付を行っています。

（2）年金分割制度

年金分割制度とは、公的年金のうち、①厚生年金と②共済年金につき、年金額を算出する基礎となっている保険料納付実績を分割し、分割を受けた者に保険事故が発生した場合（年金受給年齢に達した場合等）、分割後の保険料納付実績に基づいて算定された額の年金受給権が、当該分割を受けた者自身に発生するという制度です。

手続上は、離婚等がなされた場合に、夫婦であった者の一方の請求により、厚生労働大臣が当該離婚等について婚姻期間その他の厚生労働省令で定める対象期間に係る被保険者期間の標準報酬の改定等の処分を行う方法によってなされます。

なお、国民年金や、厚生年金基金・国民年金基金等は分割の対象となりません。これらについては、財産分与の対象として処理することになります。

（3）年金分割制度の種類

年金分割制度には、合意分割と3号分割の2種類があります。

①　合意分割：

夫と妻が、分割することと、その分割割合（これを「按分割合」といいます）について合意していれば、離婚時に限り、婚姻期間の保険料納付実績を按分割合の最大限度を2分の1として分割できるという制度です。夫婦の間で合意ができない場合には、夫婦の一方が裁判所に申立をして、裁判所で按分の割合を決定することもできます。 なお、合意分割は「2号分割」や「離婚分割」と呼ばれることもあります。

②　3号分割：

平成20年4月以降に、配偶者の一方が第3号被保険者であった期間（＝特定期間）について、他方配偶者の保険料納付実績の1/2を自動的に分割できる制度

です。合意分割とは異なり、夫婦間での合意の必要はなく、請求すれば、当然に1/2の割合で分割されることになります。

2 依頼者と相手方の年金の調査方法

　離婚を検討するに際しては、離婚時年金分割を行うのか、行うとして按分割合をどのように定めるのかを判断するため、当事者双方の年金額がいくらあるのか、年金の加入状況はどのようになっているのか等の情報を収集することが重要です。

　そこで、厚生年金保険法においては、夫婦であった者の双方又は一方の請求により、厚生労働大臣が標準報酬改定請求を行うために必要な情報を提供する制度が設けられています。

　同様に、国家公務員共済組合法及び地方公務員等共済組合法においては各々の組合が、私立学校教職員共済法においては事業団が情報提供する制度が設けられています。

3 合意分割

（1）合意分割を行う手続

① 当事者間の話し合いによる場合：

　当事者間の話し合いによって合意分割を行うためには、夫と妻の間で決定した按分割合を定めた書面（公正証書等）を作成する必要があります。書類の作成が必要となる理由は、法律上分割の請求をするにあたり、書面を添付する必要があるからです。

② 当事者間の話し合いによらない場合：

　当事者間の話し合いでは合意できなかった場合や、話し合い自体ができない場合には、一方の当事者が家庭裁判所に申立てをすることで、その割合を定めることができます。家庭裁判所における手続としては、調停、審判、離婚訴訟の3つがあります。

Part 3
離婚

③ 厚生労働大臣に対する標準報酬改定請求：

上記いずれかの手続を行った後、夫婦であった者の一方は、厚生労働大臣に対して、標準報酬改定請求をする必要があります。実際には、所定の請求書に必要事項を記載し、請求する側の現住所を担当することになっている年金事務所を通して社会保険庁に提出することになります。

（2）合意分割の按分割合

按分割合は一定の範囲で自由に定めることができますが、上限は2分の1とされています。一方、按分割合の下限は、分割前の第2号改定者の対象期間標準報酬総額を分割前の当事者双方の対象期間標準報酬総額の合計額で除した額となります。

なお、この按分割合の上限及び下限は、年金事務所への申請で入手できる「年金分割のための情報通知書」に記載されています。

4 3号分割を行う手続

3号分割の場合、当事者間の合意は不要となります。したがって、すぐに標準報酬改定請求を行うことになります。

そして、この場合も、合意分割の場合と同様に、原則として離婚等の翌日から数えて2年以内に請求を行う必要がありますので、注意が必要です。

5 合意分割と3号分割との関係

平成20年4月1日以降に関しては、合意分割と3号分割が併存することになります。そこで、両者の関係が問題となりますが、その点については、以下のように考えられています。

（1）3号分割の分割請求を行った場合

3号分割の請求のみがなされた場合には、対象となる平成20年4月1日以降の特定期間についてのみ年金分割が行われることになります。

（2）平成20年3月31日以前の対象期間を含めて合意分割の請求を行った場合

　この場合には、合意分割の請求と同時に3号分割の請求もあったものとされます。したがって、まず平成20年4月1日以後の特定期間につき3号分割が行われ、その後、平成20年3月31日以前の期間につき合意分割が行われることになります。平成20年3月31日以前より婚姻関係がある場合には、こちらの方法を採用することとなります。

6　年金分割のポイント

　相談者が年金分割を希望する場合、年金分割の手続を進めるにあたっては、「年金分割のための情報通知書」を用意する必要があります。

　また、「年金分割のための情報通知書」を確認することで、相談者と相手方のどちらが年金分割を請求したほうが有利といえるかを検討することができます。

　仮に相談者の方が、年金分割の結果、相手方に対して按分することになるのであれば、積極的に年金分割は主張すべきではないということになります。

Chapter 12 離婚手続の流れ

1 離婚手続の全体像

(1) 解決方法の選択

【解決方法の選択】

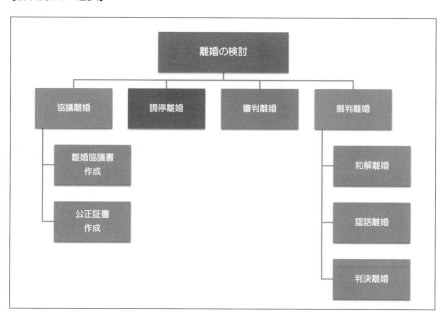

(2) 手続きの流れ

【手続きの流れ】

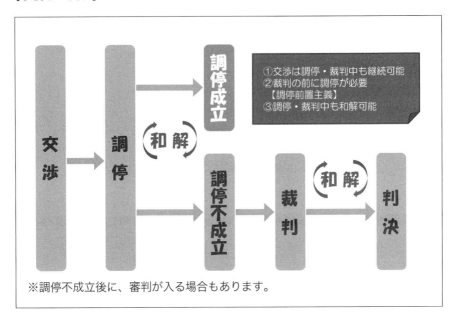

2 離婚の種類

　離婚の種類には、①協議離婚、②調停離婚、③審判離婚、④裁判離婚（和解離婚、請求の認諾）があります。
①協議離婚は、夫婦がその協議で離婚するものです。
②調停離婚は、家庭裁判所の調停によって離婚するものです。
③審判離婚は、調停が成立しない場合に、家庭裁判所が行う調停に代わる審判（家事事件手続法284条）によって離婚するものです。
④裁判離婚は、調停が不成立になり、離婚審判もされなかった場合に、家庭裁判所の判決によって離婚するものです。
　これらの離婚の中でもっとも多いものが①協議離婚（全体の約9割）になります。以下、②調停離婚、④裁判離婚、③審判離婚と続きます。なお、実務上、③審判離婚はほとんどありません。審判離婚は、当事者が2週間以内に異議申立を

Part 3
離婚

すると失効してしまう（家事事件手続法286条1項・279条2項）ため、実効性に疑問があるからです。また、④裁判離婚も、多くは和解による解決であり、判決による離婚は全離婚事件の約1％程度にすぎません。

3 調停前置主義

　人事訴訟事件は、調停前置主義がとられています（家事事件手続法257条）。
　したがって、調停を経ずに離婚訴訟を提起した場合、まずは付調停になります。なお、仮に以前、調停を一度していたとしても、不調で終了した時期が数年前という場合には、付調停となるので注意しましょう。調停が不成立となると、訴訟が再開されます。
　ただし、調停前置主義にも例外はあります。調停に付すことが適当ではないと認められる場合、例えば相手方が生死不明や行方不明だったり、心神喪失の状態にあったりする場合は、調停を経ずに、直接訴えを提起することもできます。調停が取り下げで終わった場合も、調停で実質的に離婚の話合いがなされていれば、調停前置の要件を満たしたと認められ、離婚訴訟を提起することができます。

4 各離婚手続のメリット・デメリット

（1）協議離婚のメリット・デメリット

　協議離婚のメリットは、夫婦が合意すれば法定離婚事由（民法770条1項各号）が不要な上、費用もかかりません。
　一方、デメリットとしては、当事者間での話合いとなるため、中立・公平性に欠ける合意となるおそれがあること、面接交渉権や財産分与、慰謝料等、離婚条件についての取決めが不十分なまま合意してしまい、後日紛争が蒸し返されるおそれがあります。

（2）調停離婚のメリット・デメリット

　調停離婚のメリットは、夫婦の合意は必要ですが、法定離婚事由は不要である

191

ということです。また、協議離婚と違い、調停には調停委員会が関与するので、不当・不公平な離婚を避けることができます。さらに、調停調書の記載が債務名義になるため、現実に離婚条件を相手方に守ってもらえることが期待できます。加えて事案に応じた柔軟な取り決めも可能です（例えば、夫婦が協力して得た唯一の財産がオーバーローンの不動産の場合、判決では財産分与の対象はゼロですが、調停では当事者がどのように決めることも可能です）。

一方、調停離婚のデメリットは、結局お互いの合意ができなければ不成立で終わってしまう、ということです。また、協議離婚と異なり、調停手続を利用するための経済的・時間的負担が生じます。

（3）裁判離婚のメリット・デメリット

裁判離婚のメリットは、法定離婚事由があれば、相手方と離婚について合意できなくとも離婚ができるという点です（なお、相手方と離婚の合意ができなくとも離婚する方法として、「審判離婚」があります。ですが、「審判離婚」は実務上ほとんど利用されないため、割愛します）。

また、調停離婚同様、判決や裁判上の和解が債務名義になるため、現実に離婚条件を相手方に守ってもらえることが期待できます。

裁判離婚のデメリットは、他の方法と比べ、経済的・時間的負担が大きいことです。また、他の方法よりも、柔軟な解決が図りにくい、ということが挙げられます（ただし、この点については裁判上の和解を利用することでカバーすることができます）。

（4）まとめ

審判離婚を除く各離婚手続のメリット・デメリットを整理すれば以下のとおり

	協議離婚	調停離婚	裁判離婚
メリット	法定離婚事由不要 時間的経済的負担小	法定離婚事由不要 調停委員会の利用 債務名義の取得 柔軟な解決	合意不要 債務名義の取得
デメリット	中立性・公平性欠く 紛争蒸し返しのおそれ	合意必要 経済的時間的負担中	経済的時間的負担大 柔軟性欠く

Chapter 13 協議段階の対応

1 協議離婚の流れ

【協議離婚の流れ】

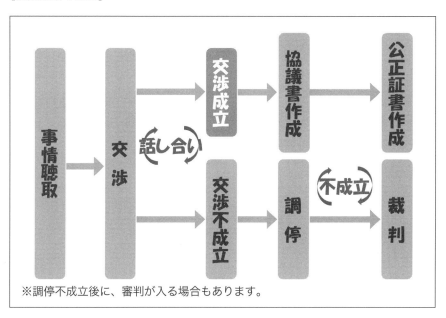

※調停不成立後に、審判が入る場合もあります。

2 事情聴取

　相談者との事情聴取にあたっては、前記chapter 3 の 4 「面談相談時に確認すべき事項」に記載した事項を漏らさずに確認してきましょう。
　その上で、相談者に対し、どのような条件で離婚することを希望しているのか、また相談の事実関係を前提にその希望を実現することができるかどうかを話し合っていく必要があります。
　次に、協議離婚、調停離婚、裁判離婚の各手続の流れと、各手続のメリット・

デメリットを踏まえた上で、今後の手続の流れを説明しておくとよいでしょう。

　なお、離婚にあたり、相手方に対し、不貞やDVを原因とする慰謝料を請求する場合には、不法行為時から3年で慰謝料請求権が時効消滅すること（民法724条）に注意が必要です。事情聴取の結果、数年前に不貞やDVがあったことが判明した場合には、時効を中断するために、内容証明郵便で早急に相手方に対して請求しなければなりません。

3　相手方との交渉

　相手方と交渉するにあたっては、いくつかの方法が考えられます。

　交渉の方法としては、手紙、電話やメールのほか、直接相手方と面談するということも考えられます。個別の事案や時期によってどのような方法をとることが適切かは異なりますが、DVが疑われる相手方の場合には、できる限り直接面談する方法は控えたほうがよいでしょう。また、感情的になり、冷静に話し合うことができないと思われる場合にも、直接面談する方法は控えたほうが無難といえます。

　まずは受任通知を送付し、弁護士が代理人として対応することになったこと、今後の連絡先は代理人となり、依頼者本人に連絡することは控えるように伝えるだけでも、依頼者は相手方とのやりとりから解放されて安心することも少なくありません。

　また、相手方と交渉している最中、相手方の意向が当初の提案から変わってしまうこともあります。例えば、当初は「離婚には応じるが、親権は譲らない」と言っていたところ、しばらくすると、「考えなおしたが、そもそも離婚するつもりもない」と主張し、親権から離婚の成否自体に争点が変わってしまうようなこともあります。

　水掛け論になってしまうことを防ぐためにも、離婚条件等については書面で回答してもらったりするなど、証拠化に努めるようにしましょう。

4　協議内容の決定

　協議離婚の交渉にあたっては、前記chapter 4「7つのポイント」で説明した

ように、主に以下の点について決めていく必要があります。

- ☐ 離婚に応じるかどうか
- ☐ 親権者はどちらがなるか
- ☐ 面会交流の条件はどうするのか
- ☐ 婚姻費用・養育費は月額いくらで、いつまでにするのか
- ☐ 慰謝料はどうするのか
- ☐ 財産分与はどうするのか
- ☐ 年金分割はどうするのか

　この点については、交渉を通じながら、一つひとつ書面でまとめていくと、後日蒸し返されることを防ぎやすくなります。

5　協議離婚の手続

（1）離婚協議書の作成

　交渉の結果、協議離婚の条件が決まった場合、離婚協議書を作成し、離婚の条件を書面にしておくべきです。離婚協議書の形式に決まりはありませんので、任意の書式で離婚の条件を整理した離婚協議書を作成し、当事者双方から署名・捺印（割印）をもらうことで、後日の紛争を防ぐための証拠を作成することができます。

（2）公正証書の作成

　ただし、離婚協議書はあくまでも証拠になるにすぎず、これだけでは債務名義にならないことから、後日相手方が離婚協議書の合意に違反した場合、直ちに強制執行等の法的手段をとることはできません。

　そこで、債務名義を取得するために、離婚協議書をもとに、公正証書を作成しておくことも検討するとよいでしょう。

　この場合、公正証書作成にあたっての実費が発生するため、公正証書作成の実費は誰が負担するのかも話し合いで決める必要があります。

（3）協議離婚の届出

なお、離婚協議書を作成するだけでは、離婚したことにはなりません。

市町村役場に対し、離婚届を提出する必要があります（なお、協議離婚の届出は、口頭でも可能ですが（民法764条・739条2項）、大半は書面でなされています）。

そこで、離婚協議書の作成とともに、離婚届出書の作成も並行して進めるべきです。なお、離婚届出書を作成して、相手方に預けてしまうと、後日気が変わったとして、提出されないリスクもあります。このような事態を避けるために、離婚届出書を2通作成して双方で保管するか、少なくとも依頼者側で保管するようにすべきです。

6 離婚不受理申出制度の利用

ところで、離婚届の審査は、形式審査であり、書面が提出されれば、形式面に不備がない場合には受理されることになります。

したがって、相手方が離婚届を偽造し、無断で提出してしまう可能性も否定できません。

このような心配がある場合には、協議離婚の不受理申出書を本籍地の市区町村の役場に提出しておくことで、離婚届を受理されないようにしておくことができます。なお、現在は不受理申出書を一度提出すれば、本人からの取り下げがない限り不受理期間が続くことになっています。

Chapter 14 調停段階の対応

1 調停離婚の流れ

【調停離婚の流れ】

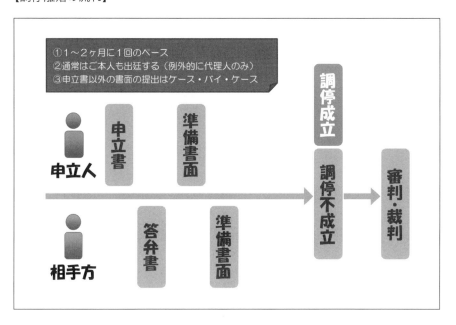

2 調停の申立

(1) 調停離婚とは

　調停離婚は、当事者が家庭裁判所に調停を申し立て、調停委員が間に入り夫婦それぞれの主張を聞きつつ話し合いを進め、当事者双方の合意のもと、離婚に至る形態です。

　裁判離婚をする場合、訴訟を提起する前に、調停を経ていなければなりません

（調停前置主義、家事事件手続法257条）。

離婚調停は男女各1名、計2名の調停委員により進められます。

なお、親権や面会交流などが争点になる場合、家庭裁判所調査官が同席することもあります。

（2）調停申立書の書式

調停申立書の書式は、東京家庭裁判所のホームページで公開されています[2]。

東京家庭裁判所のホームページで掲載されている書式集では、申立書の書式や記載例だけでなく、各手続にあたり必要な収入印紙や予納郵券額、添付書類等の説明も掲載されているため便利です。

初めて家事事件の調停を申し立てる場合には、まずこちらの書式集を参照するとよいでしょう。裁判所作成の書式集を利用したほうが、添付書類等や必要的記載事項の漏れを防ぎやすいというメリットもあります。

なお、必ずこの書式に従って作成しなければならないというわけではなく、事案によっては、通常の民事訴訟事件と同じような形式で申立書を作成することでも特に支障はありません。

（3）申立書の提出にあたっての注意事項

ア　管轄（提出先）

離婚調停の管轄は、相手方の住所地または当事者が合意で定める家庭裁判所になります（家事事件手続法245条1項）。

くれぐれも、「申立人（相談者）の住所地を管轄する裁判所でできます」等とアドバイスしてはなりません。

離婚案件に限らず、管轄の問題は、出廷にあたっての交通費や日当等の経済的負担、時間的負担に直結することであるため、気にされる相談者は少なくありません。

離婚案件に不慣れなうちは、つい他の民事訴訟等と同じように考え、請求者である申立人の住所地に管轄があるはずなどと誤解しがちですが、特に注意が必要です。

2　http://www.courts.go.jp/tokyo-f/saiban/tetuzuki/syosiki02/

もっとも、一切例外が認められないというわけではありません。例外的に、管轄がない場合であっても、申立人の住所地を管轄する家庭裁判所に対する申立てが認められることがあります（家事事件手続法9条1項）。これを「自庁処理」といいます。実務では、調停申立書を提出する際に、あわせて「自庁処理の上申書」を提出し、例外的に申立人の住所地を管轄する家庭裁判所で受理すべき事情を主張することになります。

自庁処理が認められることはあまり多くありませんが、私が過去に経験した事例では、申立人（妻）と相手方（夫）が遠隔地で別居しているところ、申立人が高齢であり、身体障害者である両親の介護を負担していることから、遠隔地での調停には対応できないと上申書で主張した結果、自庁処理が認められたことがあります。

イ　住所等の秘匿

離婚調停を申し立てる際には、申立人の現住所や連絡先等を明らかにしてよいかどうかを確認する必要があります。

離婚調停を申し立てる事案では、深刻なDV被害に遭ったりしたために、相手方から避難していることもあります。このような事案では、申立人の現住所等を相手方に知られないよう、細心の注意が必要です。

東京家庭裁判所のホームページに掲載されている書式でも、調停申立書について、「非開示の希望に関する申出書」という書面を用意していますので、こちらを利用して対応することが一般的かと思いますが、必要に応じて住所等をマスキングするなどの対応をとることが考えられます。

なお、申立書の記載には特に注意しますが、証拠等を提出する場合には、その取扱いにも注意が必要です。例えば、婚姻時の状況を立証するために申立人の陳述書を証拠提出する場合、うっかり陳述書の表紙や内容に、現住所や連絡先を書いてしまうケースもあります。また、暴力を受けた証拠として診断書を証拠提出する際、診断書に記載された申立人の住所を表示したままにしてしまうケースなどです。

これらのミスは、ついうっかりと犯してしまいがちですが、現住所が相手方に判明してしまっては、取り返しのつかないことになるおそれもあります。

万が一、このようなミスをしてしまった場合には、すぐに提出先の裁判所に連絡し、現住所等をマスキングした証拠に差し替えてもらうよう依頼するなどの対

応が必要です。

ウ　個人情報の取扱い

申立人の現住所等の取扱いについては慎重に行う必要があることは前述したとおりですが、相手方の住所等の情報についても慎重に取り扱う必要があります。

例えば、相手方が転居して現住所がわからなくなった場合には、職務上請求制度を利用し、相手方の住民票等を取り寄せることになります。この取り寄せた住民票等を、漫然と申立人（依頼者）に示した場合、場合によっては必要もないにもかかわらず個人情報を漏洩したとして、懲戒される可能性も否定できません。

住民票や戸籍謄本等は、機密性の高い情報ですので、その取扱いには特に注意する必要があるといえます。

3　調停の手続

（1）第1回調停期日

調停手続では、代理人だけでなく、当事者本人の同席が通常求められますので、当事者本人も出席していただくよう事前に説明しておきましょう。

そして、第1回調停期日では、調停委員2名の自己紹介の後、調停手続の説明があります。

その後、通常は①申立人から申立書の内容等を聞いた後、②相手方に対し申立人の主張に対する言い分を聞き、③再度申立人を呼んで相手方の言い分に対する反論を聞き、④時間があれば再度相手方を呼んで申立人の反論に対する言い分を聞く…ということで、調停委員が申立人と相手方の言い分を交互に聞いていくことで進んでいきます。そして、調停期日の時間が迫ってくると、次回期日までに当事者双方の課題（用意すべき事項）を整理し、次回期日を調整して終了する、ということになります。

なお、家事事件手続法の成立に伴い、調停期日の開始と終了時には申立人と相手方が同席して調停委員から説明を受ける運用に代わるという話がありましたが、DV事案の場合、事前に裁判所に連絡しておくことで、同席しないようにしてもらったり、申立人と相手方の調停開始時間をずらしてもらったりするほか、待合室を別の階にずらしてもらったりするなどして、相対しないように配慮して

Part 3
離婚

もらうことも可能です。

（2）その後の調停期日

　第2回目以降の調停期日では、前回の課題をそれぞれ提出しながら、お互いに合意点を探って進めていくことになります。

　また、離婚調停や婚姻費用分担請求調停、面会交流請求調停事件などは、別事件扱いとなっていますが、当事者が共通していれば、同一期日に進められることが通常です。そして、調停期日を重ねていくと、「離婚調停は親権や財産分与で争いがあるのでもう少し回数を重ねる必要がありますが、婚姻費用分担請求調停は先に合意しましょう」、「離婚調停は重ねるとして、面会交流調停事件は審判に移行して進めましょう」というように、別々の時期や方法で解決していくことも珍しくありません。面会交流の条件が決まり、実際に実施されると、態度が軟化し、離婚調停もまとまることもありますので、各調停事件を別々に進めていくことも有効といえます。

　なお、調停期日は、概ね1ないし2ヵ月に1回程度のペースで進められていきます。このペースで進めることに不満を持つ当事者も少なくありませんので、できる限り調停任せにせず、期日間でも適宜交渉を進めるなどして、迅速な解決を目指していくべきです。

4　調停の終了

（1）調停の成立

　調停期日を重ねて、お互いに合意できるラインが見えてくると、調停の成立に向けて、具体的な調停条項を検討していくことになります。

　なお、調停期日当日で調停条項案を決めようとすると、相手方と細かい表現で食い違いが生じたり、ときには依頼者と対立したりしてしまうこともありますので、できれば期日間で具体的な条項案を作成しておき、事前に調整しておくことが望ましいといえます。

　また、家事調停事件に限らず、交渉ごと一般として、最初に高めの要求を提示したあとで水準を下げていくことは容易ですが、最初に低めの要求を提示したあ

とで水準を上げていくことは困難といえます。そこで、相手方に調停条項を提示するときには、最初は高めに提示することも選択肢の一つとしていれておくべきでしょう（例えば、養育費の金額を多少高めに提示するなど）。

調停が成立すると、確定判決と同一の効力を有します（家事事件手続法268条1項）。強制執行も可能となりますので、相手方が支払いに応じない場合には、差押等も視野にいれることができます。

（2）調停の不成立

調停の不成立とは、調停委員会が、当事者間に合意が成立する見込みがない場合、家庭裁判所が調停が成立しないものとして事件を終了させることをいいます（家事事件手続法272条）。

調停事件が不成立となった場合、婚姻費用分担調停事件等は審判手続に移行することになります。

一方、離婚調停事件は、審判に移行しません。離婚調停事件の場合、訴訟に移行するかどうかを検討することになります。なお、調停前置主義との関係上、離婚事件は直ちに訴訟提起をすることが原則としてできません。調停不成立となることで訴訟を提起することができるようになります。離婚訴訟を提起するために、調停不成立としてもらうこともあります。

（3）調停の取下げ

調停係属中であれば、申立人はいつでも申立てを取り下げることができます（家事事件手続法273条）。

なお、はじめから調停の成立の見込みがない離婚調停事件の場合、早々に離婚訴訟を提起したいと考えることもあります。この場合、第1回期日ですぐに調停を取下げ、離婚訴訟に移行することも考えるかもしれませんが、実質的に調停を行っていないと判断されると、調停前置主義に抵触するとして、当該訴訟が調停に付されることもありますので、注意が必要です。

Chapter 15 訴訟段階の対応

1 裁判離婚の流れ

【裁判離婚の流れ】

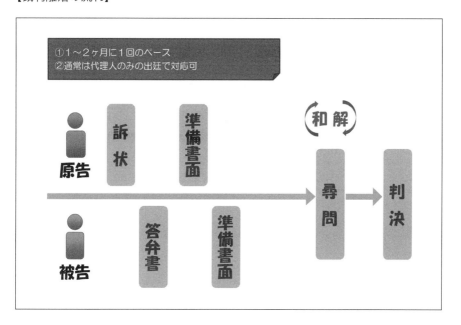

2 訴えの提起

(1) 訴状の書式

　裁判離婚にあたっては、訴状を裁判所に提出することになります。
　訴状の書式は、各地の家庭裁判所に定型用紙が用意されているほか、裁判所のホームページからもダウンロードすることができますので、こちらを利用しても

よいでしょう[3]。

（2）管轄

　裁判離婚の管轄は、原則として原告または被告どちらかの住所地を管轄する家庭裁判所となります（人事訴訟法4条）。合意管轄や応訴管轄は認められません。

　調停離婚の管轄は、相手方の住所地または当事者が合意で定める家庭裁判所になります（家事事件手続法245条1項）ので、調停離婚と裁判離婚では管轄が異なることに注意しましょう。

　したがって、調停離婚の場合は、遠隔地にいる相手方の住所地を管轄する家庭裁判所に申し立てざるを得なかったケースでも、裁判離婚に移行する際には、原告（申立人）の住所地を管轄する家庭裁判所で提訴することが可能になります。

　ただし、裁判離婚では、例外として、家庭裁判所が離婚請求事件の管轄を有していない場合でも、当該事件に前置される調停事件がその家庭裁判所に係属していたときには、調停の経緯や当事者の意見等の事情を踏まえ、特に必要があると認めるときは、申立てまたは職権により自庁処理ができること（家事事件手続法9条）に注意しましょう。

（3）附帯処分等の申立

　裁判離婚の際には、離婚請求とともに、子の監護者の指定その他子の監護に関する処分、財産分与、年金分割に関する処分の審理を行うことができます（人事訴訟法32条。これらの処分を「附帯処分」といいます）。

　附帯処分の申立ては、事実審の口頭弁論終結時までに行うことができますが、実際には訴状にまとめて記載し、離婚等の訴えと同時に行うことが通常です。

　附帯処分を求める場合、手数料（貼用印紙額）には注意が必要です。親権者指定及び子の引渡しについては、手数料は不要ですが、その他の附帯処分については1事項ごとに1,200円が必要です。貼用印紙額の計算を誤らないようにしましょう。

3　http://www.courts.go.jp/saiban/syosiki_zinzisosyou/syosiki_01_39/

Part 3
離婚

3 裁判離婚の手続

（1）第1回口頭弁論期日

　裁判離婚の場合、調停離婚とは異なり、当事者本人の出席は必要とされていないため、通常は代理人のみの出席で対応されます。

　そして、第1回口頭弁論期日では、訴状及び答弁書の陳述が行われた後、次回期日の指定がなされます。

ア　請求認諾の可否

　被告は、離婚請求については認諾することができます（人事訴訟法37条1項）。

　しかしながら、附帯処分の申立てや、親権者の指定が必要な場合は、離婚請求の認諾はできません（人事訴訟法37条1項但書）。

イ　被告が欠席した場合

　第1回口頭弁論期日において被告が欠席した場合、人事訴訟では擬制自白を認める民事訴訟法159条は適用されません（人事訴訟法19条）。したがって、被告が欠席したとしても、擬制自白が成立したものとして結審することはできません。

ウ　調停前置主義との関係

　調停をせずに訴えを提起した場合や、調停を申し立てているものの実質的な話し合いがなされていない場合には、第1回口頭弁論期日において事件は調停に付されることになります（家事事件手続法257条）。

（2）その後の弁論期日

　第2回期日以降は、各争点に関する主張・立証を当事者双方で行って進めていくことになります。

　裁判離婚では、財産分与に関する争いが中心になることがありますが、裁判離婚における各争点の中でも、財産分与に関する争いは、長期かつ複雑化する可能性が高い争点ということができます。そもそも、財産分与に関する証拠をお互いに任意に開示しないということも珍しくありませんので、調査嘱託の申立てや文

205

書提出命令の申立等の手続を行い、財産の開示をしていかなければならないこともあります。そして、ようやく財産関係の資料が出た後、共有財産と特有財産の区別や、各財産の評価等の問題を解決していかなければなりません。

　親権や養育費等、他の争点の審理を行った後に、財産分与の争点を検討するという進行では、訴訟が長期化することが避けられませんので、財産分与が争点になることが予想される事案では、訴訟の早い段階で、他の争点の審理と並行しながら進めていく必要があります。

4　裁判離婚の終了

（1）判決

　離婚等とともに附帯処分の申立てを行った場合でも、1つの判決の中で判断が示されることになります。したがって、判決のうち、離婚請求に関する判断に不服はなく、附帯処分に関する部分のみに不服があった場合でも、不服申立て方法は、判決に対する控訴となります（即時抗告とはなりません）。

（2）和解

　裁判離婚でも、訴訟上の和解が認められています（人事訴訟法37条・民事訴訟法267条）。

　訴訟上の和解による離婚の場合、親権者の指定は必ず行わなければなりませんが、財産分与や養育費等については同時に合意する必要はありません。

（3）訴訟終了後の手続

　裁判離婚が終了すると、判決正本、和解調書正本または認諾調書の正本が送達されます。

　判決の確定や和解の成立によって、実体法上離婚の効果が生じますが、当事者のうち離婚の届出義務者とされた者は、判決確定後または和解成立後10日以内に、本籍地または届人の住所地の市区町村役場に届け出なければなりません。なお、届出の際に必要となる省略謄本や判決確定証明書の交付は、書面により交付申請をする必要があります。この際、収入印紙の納付も必要となりますので、事

Part 3
離婚

前に裁判所に収入印紙額を確認するようにしましょう。

　一方、判決内容に不服がある場合、判決書の送達を受けた日から2週間以内に控訴の提起が可能です（民事訴訟法285条）。

参考文献 ─────────────────────
・冨永忠祐『離婚事件処理マニュアル』（新日本法規出版、2008年）
・東京家裁人事訴訟研究会編『書式　人事訴訟の実務──訴え提起から執行までの書式と理論（裁判事務手続講座第23巻）』（民事法研究会、2013年）
・中里和伸『判例による不貞慰謝料請求の実務』（LABO、2015年）
・二宮周平・榊原富士子『離婚判例ガイド〔第3版〕』（有斐閣、2015年）
・榊原富士子監修、打越さく良『Q＆A DV事件の実務〔改訂版〕』（日本加除出版、2015年）
・東京弁護士会法友全期会家族法研究会編『離婚・離縁事件実務マニュアル〔第4版〕』（ぎょうせい、2022年）
・千葉県弁護士会編『慰謝料算定の実務〔第2版〕』（ぎょうせい、2013年）

相続

Part4

Chapter 1 本章の目的

1　相続分野の特徴の理解
2　相続手続の流れの理解
3　相続分野の7つのポイントの理解

　相続分野は、多額の相続財産の分配が問題となるとともに、多数の当事者の利害関係の調整が必要となります。また、家族・親族関係にある相続人同士での利害関係が生じるために、長年の感情的対立が背景にあることも珍しくありません。

　さらに、相続分野では、戸籍に関する知識や不動産登記に関する知識、税法に関する知識等、様々な専門的知識が求められます。

　本章では、相続分野の特徴を説明した上で、相続分野を理解するにあたって重要な点を7つのポイントに整理して説明していきます。最後に、相続手続の流れを説明し、相続分野の全体像を把握していただければ幸いです。

相続分野の特徴

1 多数当事者の利害調整
2 相続財産の適正な評価・分割
3 戸籍・登記・相続税務等の専門性

1 多数当事者の利害調整

 被相続人の死亡によって相続が開始すると、複数の相続人が相続財産の分割をめぐって利害関係を持つことになります。
 事案によっては、相続人が10人以上に及ぶこともあります。
 そして、相続財産の分割をめぐって、相続人同士でグループをつくり、グループ間で対立することもあります。さらに厄介なことには、当初はグループ同士で結束していても、具体的な遺産分割の話し合いになると、グループ内部でも対立が生じることもあります。
 通常の民事事件であれば、1人の依頼者から依頼を受ければ済みますが、相続案件では、複数の相続人が1つのグループとして相談・依頼をしてくることも十分考えられます。
 このような場合に、どのように相談・依頼を受ければよいのか、また相続人同士の利害調整をどのように図っていくのかという難しい判断を迫られる場面があります。

2 相続財産の適正な調査・評価・分割

 生前から被相続人が十分な相続対策を行い、相続開始時にはすでに相続財産の調査が終わっている場合であれば問題はないのですが、多くのケースでは、生前からの相続対策がなされておらず、相続開始時にはどのような相続財産があるのかがはっきりしません。このように、相続財産の範囲自体がはっきりしないケー

スでは、相続財産の漏れがないように適切に調査をする必要があります。仮に相続財産に漏れがあったりすれば、遺産分割協議の有効性にも影響しかねませんので、十分に注意が必要です。

相続財産の調査が完了すると、次に相続財産の評価が問題となります。預貯金や現金の場合には、相続財産の評価が問題となることはあまりありませんが、不動産や有価証券の場合、評価方法によっては評価額が大きく異なることも珍しくありません。

さらに、相続財産をどのように分割するのかという分割方法も問題となります。例えば、不動産を現物で単独取得することが希望なのか、評価額相当の現金を取得することが希望なのか、は実務上でもよく問題となります。そして、どのような分割方法を希望するかによって、どのような相続財産の評価が望ましいのかが変わってくることになります（さきほどの不動産の例で考えますと、現物で単独取得する側からすれば、不動産の評価額は低い方が望ましいといえますし、評価額相当の現金で取得する側からすれば、不動産の評価額は高いほうが望ましいといえます）。

このように、相続財産の調査・評価・分割方法は、相続手続では必ず確認する事項ですが、依頼者の立場や希望を踏まえ、最適な評価・分割方法を考える必要があります。

3　戸籍・登記・相続税務等の専門性

相続手続の解決のためには、相続財産の調査・評価・分割方法の検討のみならず、相続に関連する様々な手続きも検討・解決しなければなりません。

そもそも、相続人の調査・確定のためには、戸籍に関する知識が必要です。

また、相続財産の調査・評価のためには、不動産登記に関する知識や死亡退職金・生命保険に関する知識、有価証券等の評価に関する知識が必要です。

さらに、相続手続には相続税の申告等も伴うため、相続税に関する知識も必要です。

このように、相続手続には法的な問題のみならず、様々な分野の専門的知見が必要になります。相続手続の適切な解決のためには、弁護士だけでなく、司法書士や税理士等、他士業とも連携して取り組んでいくべき場合も少なくありません。

Chapter 3 法律相談・受任の注意点

1 法律相談・受任の流れ

【法律相談の流れ】

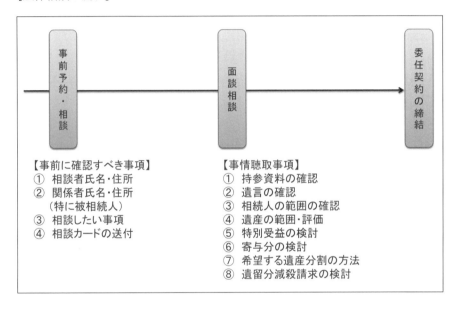

2 法律相談の目的

　法律相談の目的は、相談者に対し、法的観点から見て最適な解決案を提示することにあります。そこで、最適な解決案の模索にあたり必要な事項を確認していく必要があります。
　必要な事項を確認するためには、面談による法律相談だけでなく、事前に相談カードを送付し、必要事項を記入してもらったり、必要な資料を用意してもらったりするなどの準備も有効です。
　適切なアドバイスを行うために必要な事実関係を確認した上で、相談者が弁護

士に相談したいポイントがどこにあるのかを見極める必要があります。ただし、漫然と話を聞いていくと、いくらあっても時間が足りないということにもなりかねませんので、chapter 4「7つのポイント」の視点を中心に、適宜弁護士側が主導して質問していくことも必要です。

なお、法律相談の結果、事案によっては弁護士に依頼せずに自分で交渉したほうがよいケースもあり得ます。

この場合には、弁護士に依頼した場合に発生する弁護士費用と、解決見通しを伝えた上で、弁護士に依頼するメリットがどこにあるのかを丁寧に説明し、相談者の理解を得ることに努めましょう。

3 事前予約・相談時に確認すべき事項

通常、法律相談は予約をとってから行います。

事前予約は電話やメールで行うことが多いと思いますが、その際には以下の事項を確認しておくようにしましょう。

（1）相談者氏名・住所

相談者の身分関係を確認するため、氏名・住所を確認しましょう。

利益相反のチェックをするためにも、詳細な相談内容を確認する前にこの点を確認しておく必要があります。

なお、ときには相談者本人ではなく、相談者の親族が本人に代わって相談をしたいということもありますが、相談者本人の意向を確認する必要がありますので、このような申し出はお断りしたほうがよいでしょう。また、本人以外の方が相談に来る場合、「後で本人に伝えたいので、法律相談の内容を録音してもよいか」と聞かれることがあります。どのように対応するかは各弁護士の考え方によると思いますが、私は原則としてお断りするようにしています。録音された内容がひとり歩きしてどのように利用されるかわかりませんし、守秘義務との関係でも問題があります。

（2）関係者氏名・住所（特に被相続人）

相談者と対立している相手方や関係者の氏名・住所を確認しましょう。

Part 4
相続

これは、利益相反のチェックをするために必要です。

なお、相続分野では、相談者からすればほとんど付き合いのない遠い親族が相続人であったり、相続人が多数にのぼったりするために、相談者も他の相続人の氏名や住所を正確に把握することができていないことも少なくありません。

このような場合には、他の相続人ではなく、被相続人の氏名や住所を確認することで、利益相反のチェックを効率的に行うことが可能です。

(3) 相談したい事項

利益相反のチェックが済んだ後に、具体的な相談内容を聞いていくことになります。

相談したい事項の聞き取りにあたっては、端的に「相続に関してどのようなことでお困りですか」、「どのようなことを相談されたいのでしょうか」とまずはオープンクエスチョンをしてみるとよいでしょう。

もっとも、漫然と話を聞いていくと、いくら時間があっても足りないことになります。お話をうまく整理できない時には、こちらから**後記**chaper 5「7つのポイント」の視点をもとに、相談したい事項を整理していくようにしましょう。

(4) 相談カードの送付等

以上の事案の概要を伺い、相談者が希望すれば、日程を調整して相談日を設定します。

なお、あらかじめ相談カードを送付しておき、法律相談前に記入しておいてもらうと、法律相談を効率的に進めることが可能となります。

次頁の相談カードは当事務所で使用しているものですが、適宜改訂して利用するとよいでしょう。

また、法律相談にお越しいただく際には、以下の資料を持参いただくよう事前に指示をしておくと、初回の相談を効率的に進めることが可能となります。

---

① 【事実関係】相談カード・経過一覧
② 【相続人が確認できるもの】相続関係図（戸籍謄本、除籍謄本）
③ 【遺言の有無】遺言書
④ 【相続財産】預金通帳履歴、不動産登記簿、名寄帳　等

【相続・相談カード】

相続・相談カード

相談日：令和　　年　　月　　日

弁　護　士：	担当事務局：
事　務　所：	・

※全て必須項目です。太枠内に分かる範囲で漏れなくご記入ください。（裏面もご記入ください。）

<table>
<tr><td rowspan="7">ご相談者</td><td>ふりがな</td><td colspan="2"></td><td>旧 姓</td><td>性別</td><td rowspan="2">生年月日</td><td colspan="2">（ 大・昭・平　　年 ）</td></tr>
<tr><td rowspan="2">氏 名</td><td colspan="2"></td><td></td><td rowspan="2">男・女</td><td colspan="2">（ 西暦　　　　年 ）</td></tr>
<tr><td colspan="2"></td><td></td><td colspan="2">月　日　（　歳）</td></tr>
<tr><td rowspan="2">連絡先</td><td colspan="2">TEL： 　（　　　）</td><td colspan="2">FAX： 　（　　　）</td><td colspan="2">携帯： 　（　　　）</td></tr>
<tr><td colspan="2">E-mail(PC)：</td><td colspan="4">E-mail(携帯)：</td></tr>
<tr><td colspan="7">メールマガジンの配信をしてもよろしいですか？ □ はい □ いいえ</td></tr>
<tr><td>現住所</td><td colspan="6">〒　　－　　　□住民票と同じ　□本籍地と同じ ※マンション名・アパート名までご記入ください。
都道府県　　　　市・区　　　　　　　　　　　　　□一人暮らし □同居人あり</td></tr>
<tr><td></td><td>居 所</td><td colspan="6">〒　　－　　　□住民票と同じ　□本籍地と同じ ※マンション名・アパート名までご記入ください。
都道府県　　　　市・区　　　　　　　　　　　　　□一人暮らし □同居人あり</td></tr>
</table>

※当事務所からご連絡申し上げる場合に、上記連絡先に連絡してもよろしいですか。□現住所・可 □居所・可 □いずれも不可
【連絡時】事務所名：可 ／ 不可　事務所名での留守電メッセージ：可 ／ 不可

<table>
<tr><td rowspan="6">お亡くなりになられた方（被相続人）</td><td>ふりがな</td><td colspan="2"></td><td>性別</td><td rowspan="2">生年月日</td><td colspan="2">（ 大・昭・平　　年 ）</td></tr>
<tr><td rowspan="2">氏 名</td><td colspan="2"></td><td rowspan="2">男・女</td><td colspan="2">（ 西暦　　　　年 ）</td></tr>
<tr><td colspan="2"></td><td colspan="2">月　日　（　歳）</td></tr>
<tr><td>死亡時住所</td><td colspan="5">〒　　－　　　□住民票と同じ　□本籍地と同じ ※マンション名・アパート名までご記入ください。※同居の場合は「同上」とご記入ください。
都道府県　　　　市・区　　　　　　　　　　　　　□一人暮らし □同居人あり</td></tr>
<tr><td>本籍地</td><td colspan="5">〒　　－　　　□住民票と同じ　□本籍地と同じ ※マンション名・アパート名までご記入ください。※同居の場合は「同上」とご記入ください。
都道府県　　　　市・区　　　　　　　　　　　　　□一人暮らし □同居人あり</td></tr>
</table>

ご相談者との関係	□父　□母　□祖父　□祖母　□配偶者　□子　□兄弟姉妹　□おじ・おば　□その他(

死亡日	年　月　日 死亡	死亡時の遺言	□作成されていた（自筆証書遺言（コピー □あり □なし） □公正証書遺言）
同居家族の協力	□あり　□なし		□作成されていなかった

<table>
<tr><td rowspan="4">相続関係</td><td>【相続人の配偶者】</td><td>□死亡時に健在（□妻 □夫）□既に死別 □死亡時に配偶者なし</td></tr>
<tr><td>被相続人の子（①）</td><td>□あり（　　　　　　　）人 □なし</td></tr>
<tr><td>被相続人の尊属（②）</td><td>□死亡時に健在（□父 □母 □父方の祖父・祖母 □母方の祖父・祖母）□既に死別</td></tr>
<tr><td>被相続人の兄弟姉妹（③）</td><td>□死亡時に健在（□兄 □弟 □姉 □妹 □おい・めい）□既に死別</td></tr>
</table>

<table>
<tr><td rowspan="6">遺産</td><td>【死亡時の居住建物】</td><td>□借家 □持家（住宅ローン残　　　　万円）□親族（　　　　）の所有の名義 □共有</td></tr>
<tr><td>□あり 登記簿・固定資産税評価</td><td>築　　年 床面積　　　　m²</td></tr>
<tr><td>□なし □不明</td><td>被相続人の借入れ・保障のための抵当権設定 □なし □あり 抵当権社名(</td></tr>
<tr><td>【死亡時の自宅土地】</td><td>□借家 □自分の土地（　　　）m² □親族（　　　　）の所有の名義 □共有</td></tr>
<tr><td>□あり 登記簿・固定資産税評価</td><td>築　　年 床面積　　　　m²</td></tr>
<tr><td>□なし □不明</td><td>被相続人の借入れ・保障のための抵当権設定 □なし □あり 抵当権社名(</td></tr>
<tr><td></td><td>【他の不動産】</td><td>□畑・田 □建物 □その他(　　　　　　) 合計　　　　m² □共有</td></tr>
<tr><td></td><td>□あり 登記簿・固定資産税評価 □なし □不明</td><td>被相続人の借入れ・保障のための抵当権設定 □なし □あり</td></tr>
</table>

Part 4
相続

<table>
<tr><td rowspan="13">遺産</td><td>【銀行の預金】</td><td colspan="2">1. ( ) 銀行 ( ) 支店 死亡時残高 ( ) 円 □普通 □定</td></tr>
<tr><td>□あり 登記簿・固定資産税評</td><td colspan="2">2. ( ) 銀行 ( ) 支店 死亡時残高 ( ) 円 □普通 □定</td></tr>
<tr><td>□なし □不明</td><td colspan="2">3. ( ) 銀行 ( ) 支店 死亡時残高 ( ) 円 □普通 □定</td></tr>
<tr><td>【生命保険・共済】</td><td colspan="2">1. 加入保険・共済 ( ) 受取人 ( ) 受取金額 (</td></tr>
<tr><td>□あり 保険証券</td><td colspan="2">2. 加入保険・共済 ( ) 受取人 ( ) 受取金額 (</td></tr>
<tr><td>□なし □不明</td><td colspan="2">3. 加入保険・共済 ( ) 受取人 ( ) 受取金額 (</td></tr>
<tr><td rowspan="6">【株・投資】
□あり 証券会社・管理会社資
□なし □不明</td><td colspan="2">1. □株式 (会社名:) □投資信託 (ファンド名:) □(</td></tr>
<tr><td colspan="2">死亡時残高 ( ) 円</td></tr>
<tr><td colspan="2">2. □株式 (会社名:) □投資信託 (ファンド名:) □(</td></tr>
<tr><td colspan="2">死亡時残高 ( ) 円</td></tr>
<tr><td colspan="2">3. □株式 (会社名:) □投資信託 (ファンド名:) □(</td></tr>
<tr><td colspan="2">死亡時残高 ( ) 円</td></tr>
<tr><td>【車】
□あり 車検証・納税書
□なし □不明</td><td colspan="2">名義 (□被相続人名義 □( ) の名義) ( ) 年式
車種 ( ) 購入価格 ( ) 万円 現在の時価 (
ローン残 ( ) 万円 業者名 (</td></tr>
<tr><td rowspan="1">負債</td><td>【死亡時の負債】
⇒多額の場合は別紙へ</td><td colspan="2">1, 住宅ローン ( ) 万円 2, 事業借入れや連帯保証 合計 (
3, 消費者金融や信販会社からの借入れ 合計 ( ) 万円</td></tr>
<tr><td rowspan="14">ご相談・ご依頼</td><td>弁護士相談の目的
(複数回答可)</td><td colspan="2">□ 今後の相続事務手続全般に関するアドバイスをもらいたい
□ 相続人や遺産・負債の調査を進めたい
□ 借金が多いので相続放棄に関するアドバイスをもらいたい
□ 遺産について(他の相続人よりも)多く取得したいので、その方法を知りたい
□ 遺産分けの協議がまとまらないので、協議の進め方について相談したい
□ 納得のいかない遺言が作られたので、相談したい
□ その他</td></tr>
<tr><td>弁護士への依頼について</td><td colspan="2">□ 弁護士のアドバイスだけを聞きたい(正式な依頼は考えていない)。
□ 弁護士のアドバイスをふまえて、自分で解決をしたい(正式な依頼は考えていない。)
□ 弁護士のアドバイス内容を聞き、活動方針や必要などが折り合えば、弁護士への依頼
□ 弁護士に依頼したい
□ 急いで弁護士に依頼をしたい
□ その他( )
※弁護士費用のご予算
□ ( ) 万円 □ 説明や見積書をふまえて考えたい</td></tr>
</table>

<table>
<tr><td rowspan="4">ご相談前にご用意いただきたい資料</td><td colspan="2">□ 被相続人の戸籍謄本・住民票の除票 □ ご相談者の身分証(免許証・健康保険証等) □ 被相続人の通帳(銀
□ 遺言(公正証書遺言・自筆証書遺言)のコピー □ 被相続人の不動産(土地・建物)登記簿謄本(法務局)
□ 被相続人の固定資産税評価証明(死亡時の住民票登録地で取得) □ 死亡時の残高証明書(各金融機関)
□ 証券会社や管理会社の資料 □ 保険証券・共済の証書 □ 車検証・納税書
(負債調査に必要な書類)
□ 金融機関の請求書・支払督促通知 □ 開示された個人情報記録</td></tr>
</table>

■ アンケートにお答えください。	● 当事務所をどのようにしてお知りになりましたか。
□検索サイト (google・yahoo・ 弁護士ドットコム・ その他 ( ))	□NTT電話帳 □テレビ・ラジオ
□紹介 ( ) □雑誌 □店頭設置チラシ	□その他 ( ) ※ご協力いただき誠にありがとうございました。

⑤【有価証券】契約書、保険証券　等

⑥【負債】葬儀費用（香典）・介護費用　等

4　面談相談時に確認すべき事項

面談相談にあたり、確認すべき事項は以下のとおりです。

なお、相続分野の相談は、長年の親族間の対立が背景にあるために、数十年前からの対立の歴史をお話される方もいらっしゃったりします。このような背景を聞くことは、特別受益や寄与分の手がかりとなることもあるため、決して無益ではないのですが、一つ一つ最初から確認していくと、いくら時間があっても相談が終わらないことになります。

そこで、初回の法律相談では、**後記chapter 4「7つのポイント」の視点から**お話を聞いていくようにするとよいでしょう。イメージとしては、弁護士が率先して事案の整理をしていくことになります。

（1）持参資料の確認

法律相談のご予約の際、**前記3記載の各資料を持参いただくよう指示している**場合、持参資料を確認するようにしましょう。

事前に相談カード等を記入してもらっている場合には、相談者もあらかじめ相談したい事項を整理していることが通常ですから、資料を確認しながらスムーズに打合せを進めていくことが可能です。

なお、相続関係図や財産一覧表について、司法書士や税理士等、他士業が関与して作成したものであれば信頼度は高いのですが、相談者自身が作成した場合には、あくまでも参考資料程度に考えたほうが無難です。

改めて相続人を確認するために戸籍謄本を取り寄せたり、相続財産を調査するために名寄帳を取り寄せたりして確認すると、相続人や相続財産に漏れがあることも少なくありません。

相談者は決して法律の専門家ではありませんので、相談者自身に作成してもらった資料を過信することなく、改めて弁護士サイドで確認するようにしましょう。

（2）遺言の確認

　遺言があれば、遺言の内容を前提に遺産分割手続を検討することになります。

　なお、相談者自身は遺言がないと主張していても、他の相続人が遺言を保管していたり、銀行の貸金庫に保管されていたりするケースもあります。また、相談者が把握していなくとも、公正証書遺言が作成されていたりするケースもあります。公正証書遺言の有無は、公証役場で確認することができます。遺言の有無によって相続手続の進め方は大きく異なりますので、相談者が遺言はないと主張していても、必ず遺言の有無を確認するようにしましょう。

（3）相続人の範囲の確認

　相続人の範囲を確認するために、被相続人の親族関係を確認しましょう。

　法定相続人が亡くなった時期によって、法定相続人となるかどうか、また法定相続分が異なってきますので、親族関係だけでなく、亡くなった時期等も確認するようにしましょう。事前に相続関係図を作成してもらっている場合にはスムーズに進めることが可能ですが、このような事前準備がない場合には、まずは相談者が分かる範囲で聞き取りをしていく必要があります。その際には、あくまでも参考程度にすぎず、実際には戸籍謄本等を取り寄せないと、正確な相続関係は確認できないことを説明しておきましょう。

　なお、相続関係図の聞き取りにあたっては、「相談カード」を利用するか、ホワイトボードなどに書き取りながら話を進めると、相談者とのコミュニケーションがスムーズに取りやすくなります。

（4）遺産の範囲・評価の確認

　遺産の範囲については、税理士が相続税の申告準備を進めている場合には、相続税申告書を確認することで網羅的に把握することが可能です。

　もっとも、事前に税理士が関与していないケースでは、相談者から相続人の生前の財産を聞き取り、まずは概要を把握しましょう。相談者からの聞き取りだけでは正確な遺産の範囲を確認することは困難ですので、別途弁護士会照会等の調査が必要になりますが、聞き取り調査によってどのような遺産があるのか、またどのような調査が必要になるのかの目処をつけましょう。

遺産の範囲を確認した後には、遺産の評価について検討することになります。法律相談時点では正確な遺産の評価を行うことは困難ですが、遺産分割にあたり、遺産の評価が問題となりそうな財産の目処をつけておくとよいでしょう。また、相談者が希望する遺産の分割方法に照らして、遺産の評価は高めに主張することが望ましいのかどうかも検討しておくとよいでしょう。

（5）特別受益の検討

具体的な相続分の算定にあたり、特別受益の有無が問題となります。

特別受益とは、相続人が、被相続人から遺贈を受け、又は婚姻若しくは養子縁組のため若しくは生計の資本として贈与を受けたときの利益をいいます（民法903条）。

特別受益の具体例には、学費等、高等教育や留学等が挙げられます。

このような特別受益を特定の相続人が被相続人から受けていた場合、具体的な相続分から控除して考えることになります。

法定相続分に従った相続分の算定を修正する要素になるため、実務でも争いになることが多い争点の一つです。

特別受益となりうるかどうかを判断するために、詳細な事実の聞き取りが必要になりますが、限られた法律相談の時間では限界もありますので、1回の法律相談では確認が終わらない場合には、次回の打合せまでの間に相談者の方で整理してもらうよう促すなどの工夫をするとよいでしょう。

（6）寄与分の検討

特別受益のほかに、具体的な相続分の算定にあたって検討すべき事項として、寄与分があります。

寄与分とは、相続人が、「被相続人の事業に関する労務の提供又は財産上の給付、被相続人の療養看護その他の方法により被相続人の財産の維持又は増加について特別の寄与をした」場合に、相続財産の分配にあたって法定相続分とは別に考慮される評価分をいいます（民法904条の2）。

法定相続分に従った相続分の算定を修正する要素になるため、特別受益とともに、実務でも争いになることが多い争点の一つです。

特別受益同様、寄与分として評価されるどうかを判断するために、詳細な事実

の聞き取りが必要になりますが、限られた法律相談の時間では限界もありますので、1回の法律相談では確認が終わらない場合には、次回の打合せまでの間に相談者の方で整理してもらうよう促すなどの工夫をするとよいでしょう。

（7）希望する遺産分割の方法

相続人の範囲や相続財産の範囲等を確認した後、具体的に希望する遺産分割の方法を確認することになります。

遺産分割の方法は、大きく分けて①現物分割、②代償分割、③換価分割の3つが考えられます。

現金や預貯金等、評価額が争いにならず、また容易に分割することができる財産については特に問題となりませんが、不動産や有価証券等、評価額が争いになったり、容易に分割したりすることができない財産については、分割方法をめぐって激しい対立が生じることも少なくありません。

例えば、不動産の場合、現物で単独取得する側からすれば、不動産の評価額は低いほうが望ましいといえますし、評価額相当の現金で取得する側からすれば、不動産の評価額は高いほうが望ましいといえます。評価額次第では不動産を現物のまま引き取ってもよいということも考えられますので、この点は非常に悩ましいところです。

（8）遺留分侵害額請求の検討

全財産を特定の相続人が取得する、又は一切の財産を特定の相続人には取得させない、という趣旨の遺言がある場合、遺留分侵害額請求が問題となります（民法1042条以下）。

遺留分侵害額請求が問題となる場合、消滅時効の問題（民法1048条）もありますので、どのような方法を、いつ頃進めていくのかを検討する必要があります。

5　相談・受任時の注意点

なお、相続財産の分割をめぐって、相続人同士でグループをつくり、グループ間で対立することもあります。

そして、結束したグループ複数名で法律相談に来ることも少なくありません。

相談・依頼する側からすれば、複数名で相談・依頼したほうが、弁護士費用等を当事者間で分担することを期待できるため、できれば複数名でまとめて相談・依頼したいという要求があります。また、弁護士サイドでも、相談・依頼する側の便宜を考えて、複数名からまとめて依頼を受けることもあるかもしれません。

　ですが、遺産分割協議の段階までは結束していたグループが、遺産分割調停の段階に入ってからは、徐々に足並みが揃わなくなり、次第にはグループ内部で特別受益や寄与分を主張しあったり、遺産分割方法で揉めてしまったりすることも考えられます。こうなってしまうと、利益相反関係にある複数の当事者から依頼を受けていることになり、双方の依頼を辞任せざるを得ないことになります。

　このような事態が想定される場合には、事前に特別受益や寄与分の主張に関する合意書をあらかじめ取り付けておいたり、そもそも当事者の1人からしか依頼を受けないようにしたりするなどの予防を講じておくなどの対応が必要となります。

　どのような対応が正解とは言い切れないため、ケースバイケースでの判断が求められますが、いずれにせよ漫然と複数の当事者から依頼を受けてしまうことは避けるようにしましょう。

6　法律相談　実践例

　以上を踏まえ、実際の法律相談の場面について、ホワイトボードを使用して整理すると、以下のようになります。

　相続分野の場合、多数の当事者が登場し、相続関係が複雑になるケースも少なくありません。

　初回の相談時には、正確な相続関係図を把握することができないこともある上、相続財産も調査するまではわからないことも珍しくありませんので、初回の法律相談時には、7つのポイントに沿った問題点の概要を把握することに努め、より詳細な事情は後日の調査を踏まえて整理するなどのメリハリを意識しましょう。

<u>Part 4</u>
相続

【ホワイトボードによる法律相談の「型」】

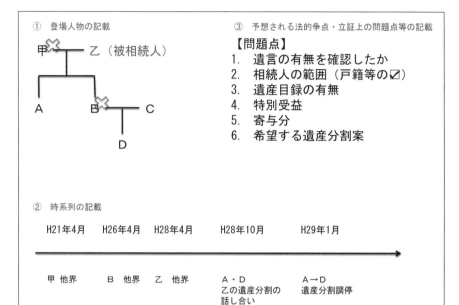

Chapter 4 相続の7つのポイント

【相続の7つのポイント】

Point 1 遺言の確認	☐ 遺言の調査 ☐ 遺言の有無 ☐ 遺言の有効性の検討	
Point 2 相続人の範囲の確認	☐ 相続人の調査 ☐ 相続人の確定(順位,相続放棄…) ☐ 当事者の確定(相続分の譲渡…)	
Point 3 遺産の範囲・評価	☐ 遺産の範囲の調査 ☐ 前提問題の整理 ☐ 評価の基準時・評価の方法	
Point 4 特別受益の検討	☐ 特別受益者となりうる者 ☐ 特別受益の範囲・計算方法 ☐ 持戻免除の意思表示	
Point 5 寄与分の検討	☐ 寄与分を受ける者の確認 ☐ 寄与分の算定 ☐ 具体的相続分の算定	
Point 6 遺産の分割方法	☐ 分割方法の種類 ☐ 分割方法と遺産の種類 ☐ 遺産分割方法が合意に至らない場合	
Point 7 遺留分侵害額請求	☐ 遺留分権利者の確認 ☐ 遺留分侵害額の算定 ☐ 遺留分侵害額請求権の行使	

相続手続を進めるにあたり、特に検討すべきポイントを7つに整理しました。もちろん、相続手続の検討すべき点は、このほかにも多岐にわたりますが、はじめて相続の相談を受ける際に最低限把握すべきポイントとして整理してあります。

相談者の話を整理し、要点を押さえて確認する際には、この7つのポイントに沿っていくとスムーズにいきます。

Chapter 5 ポイント① 遺言の確認

【遺言の有無による手続の流れ】

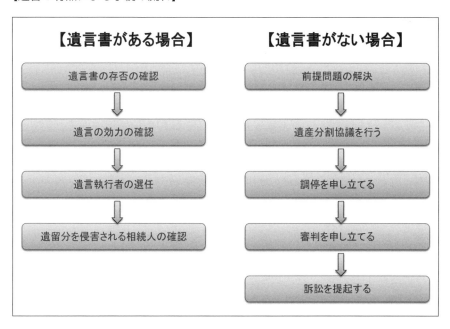

1 遺言書の調査

　相続の問題が発生した場合には、まず被相続人が遺言を遺しているかどうかを確認する必要があります。

　被相続人が遺言書を遺していることを、相続人や関係者に伝えていないこともありますので、まずは相続人や関係者に探してもらうようアドバイスしましょう。

　なかには、遺言書が相続人以外の第三者（親しい知人や弁護士等の専門家等）、銀行の貸金庫に預けられていることもあります。

　なお、公正証書遺言であれば、当該遺言に利害関係を持つ相続人であれば、公証人役場から検索することが可能です。

2　検認の申立

　公正証書遺言の場合を除き、遺言書の保有者は、相続開始後遅滞なく家庭裁判所に検認の請求をしなければなりません（民法1004条1項・2項）。

　検認とは、相続人に対して遺言の存在と内容を知らせるとともに、遺言執行前に遺言書を保全し、後日の変造や隠匿を防ぐために行う手続です。遺言が有効かどうかを確定するものではないことに注意する必要があります。

　検認手続は、相続人全員に通知の上で行いますので（ただし、相続人全員が出席する必要はありません）、相続人全員の住所を調査する必要があります。

3　遺言の効力の確認

(1) 形式的要件の確認

ア　自筆証書遺言の場合

　自筆証書遺言の場合、民法968条の要件（全文の自書、日付の記載、氏名の記載、押印）を備えている必要があります。

　自筆証書遺言では、他の相続人から、筆跡が被相続人本人のものではないと言われることもあります。裁判で筆跡の同一性を判断するためには、筆跡鑑定を行うことになりますので、ほかに被相続人が書き記した物（手紙、日記等）がないか、確認しておく必要があります。

イ　公正証書遺言の場合

　公正証書遺言の場合、「2名以上の証人の立会い、遺言者による遺言の趣旨の口授、公証人の筆記と遺言者および証人の筆記した遺言内容の読み聞かせ又は閲覧、遺言者及び証人の承認、署名、押印、公証人の署名・押印」が必要とされます（民法969条）。

　このように、公正証書遺言は、公証人の面前で作成されるものですから、一応は形式的な要件が備わっているものと考えられます。

　もっとも、口授の存否については争いになることがあり、「口授がなかった」として遺言書を無効とした例もあります。

Part 4
相続

（2）実質的要件の確認

　次に、遺言書の実質的要件を確認する必要があります。

　いずれの形式の遺言書であっても、遺言書の作成当時、遺言者が、自分がしようとしている遺言の内容やその意味を理解できる意思能力（遺言能力）を備えていることが必要です（民法963条）（いわゆる「実質的要件」）。

　形式的要件を備えた遺言書があったとしても、実質的要件を欠けば、この遺言書は無効となります。

　ただし、形式的要件を備えている以上、この遺言書を無効とするためには、遺言無効確認訴訟を提起しなければなりません。

　遺言能力を争った裁判は数多く、公正証書遺言であってもその効力を否定した裁判例は少なくありません。

4　遺言執行者の選任

　遺言執行者とは、遺言者が亡くなり、遺言の効力が生じた後にその内容を実現する事務を行う権限を持つ者です。

　遺言者は、遺言によって遺言執行者を指定することもできますが（民法1006条）、被指定者はこれを承諾することも拒絶することもできます（民法1007条）。

　遺言執行者を必要とするのに、遺言者の指定がなされていなかったり、被指定者が遺言執行者への就職を拒絶した等で現に遺言執行者がいなかったりしたときには、利害関係人（相続人、相続債権者、受遺者等）の請求によって家庭裁判所がこれを選任します（民法1010条）。

5　遺留分を侵害される相続人の確認

　全財産を特定の相続人が取得する、又は一切の財産を特定の相続人には取得させない、という趣旨の遺言がある場合、遺留分侵害額請求が問題となります（民法1042条）。

　遺留分制度とは、被相続人が有していた相続財産について、その一定割合の承継を一定の法定相続人に保障する制度です（民法1042条）。

227

遺留分権を有する相続人を、遺留分権利者といいます。

遺留分権利者は、被相続人の配偶者、子、直系尊属であり、子の代襲相続人も、被代襲者である子と同じ遺留分を持ちます。一方、兄弟姉妹には遺留分はありません（民法1042条）。

Chapter 6 ポイント② 相続人の範囲の確認

【相続人の範囲の確認】

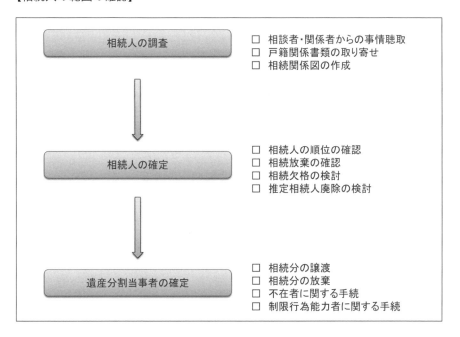

1 相続人の調査

(1) 相談者・関係者からの事情聴取

相続人の調査にあたっては、相続関係者の戸籍調査が必要です。

もっとも、何の手がかりもなく戸籍調査を進めることはできませんので、まずは相談者や関係者から事情聴取を行い、被相続人や相続人の本籍地、住所地を確認することになります。

(2) 戸籍関係書類の取寄せ

次に、被相続人の出生から死亡までの戸籍謄本等を取り寄せることになりま

す。

　戸籍の取得は、被相続人の戸籍謄本・除籍謄本と相続人の戸籍謄本を取得します。そして、被相続人の出生から死亡までの身分関係を確定できない場合には、取得した被相続人等の戸籍謄本等の記載を順次遡っていき、前の除籍謄本や改製原戸籍謄本を取得していくことになります。

　なお、戸籍謄本等の取得方法は、日本弁護士連合会統一用紙を利用し、職務上請求を行うことで可能です。

（3）相続関係図の作成

　戸籍謄本等を取り寄せましたら、**下記のような相続関係図**を作成しましょう。すべての戸籍謄本が揃っていない段階で相続関係図を作成することで、現時点でどの部分の戸籍謄本が足りないのかを把握し、追加の取り寄せが必要かどうかを判断することができます。なお、相続関係図には、法定相続人以外の関係者（相続人の配偶者等）も記載すると、プライバシーの侵害を訴える関係者もいたりしますので、どの範囲まで記載するのかは事前に検討しましょう。

【相続関係図】

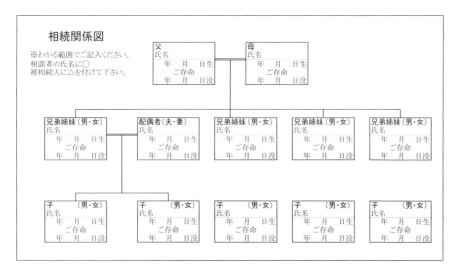

Part 4
相続

2 相続人の確定

（1）相続人の順位の確認

　相続関係図を作成した後には、相続人の確定を行うことになります。

　相続人の順位は法定されていますので、まずは相続人の順位を確認します。な
お、相続は、法律で規定されている優先順位に従って行われますが、先順位の相
続人がいない場合に、次順位の相続人に相続権が生じることになります。

　①　**配偶者＝常に相続人**

　被相続人の配偶者は、常に相続人となります（民法890条）。

　②　**第1順位の相続人＝子**

　被相続人の子（胎児を含みます（民法886条））は、第1順位の相続人となり
ます（民法887条1項）。

　なお、この順位は、子が嫡出子であっても、非嫡出子であっても変わりませ
ん。

　相続開始をする前に相続人となるはずの子が死亡しているときは、その者にさ
らに子があれば、その子が相続人となります（民法887条2項）（いわゆる「代
襲相続」です）。

　また、相続開始以前に代襲者が死亡していても、その者にさらに子があればそ
の子が相続人となります（民法887条3項）（これを「再代襲」といいます）。

　③　**第2順位の相続人＝直系尊属**

　被相続人に子ないし代襲者がいない場合は、直系尊属（被相続人の親など）が
相続人となります（民法891条1項1号）。

　④　**第3順位の相続人＝兄弟姉妹**

　次に、第1順位の子（代襲者等）、第2順位の直系尊属がいない場合、兄弟姉
妹が相続人となります（民法889条1項2号）。

　相続開始以前に相続人となるべき兄弟姉妹が死亡していても、その者に子がい
れば、その子が代襲して相続人となります（民法889条2項・887条2項）。

　もっとも、兄弟姉妹の代襲相続には、再代襲は認められていません。ただし、
民法改正で兄弟姉妹の再代襲が廃止される前の昭和55年12月31日以前に相続が

231

開始した場合には、兄弟姉妹にも再代襲がありますので注意が必要です。

⑤　養子縁組の場合

養子縁組をした場合、養子は養親の嫡出子の身分を取得します（民法809条）。

その結果、養親子の間だけでなく、養子と養方の親族（直系尊属、兄弟姉妹）の間にも相続が発生します。

普通養子縁組の場合、養子と実方の父母との親族関係は終了しません。その結果、養子が被相続人となった場合、実方、養方両方の父母及び親族が相続人となります。一方、特別養子縁組の場合、実方の父母及び親族との親族関係は終了します（民法817条の9）。その結果、相続は養方の父母及び親族との間でだけ発生することになります。

（2）相続放棄の確認

相続放棄をした者は、はじめから相続人とはならなかったことになります（民法939条）。そして、相続放棄をした場合には、代襲相続は発生しません（民法887条参照）。

相続放棄の有無の確認は、以下の手順で進めていくことになります。

---

①　相談者・関係者から相続放棄をした者がいるかどうかを聞く

②　該当者に対して照会書を送付・回答を得る

③　利害関係人として家庭裁判所から相続放棄申述受理証明書を取得する

（3）相続欠格の検討

相続欠格とは、法定事由に該当する場合には相続人となることができないという制度です。相続欠格事由は、民法891条に規定されています。

相続欠格事由があるかどうか、相談者等から確認することから始めることになります。

（4）推定相続人廃除の検討

推定相続人の廃除とは、一定の事由に該当する推定相続人に対し、被相続人が家庭裁判所に請求して推定相続人廃除の審判がなされた場合、被廃除者は相続人

Part 4
相続

となることができないという制度です（民法892条）。

廃除に該当するとされる一定の事由とは、①被相続人に対し虐待をし、もしくは②被相続人に重大な侮辱を加えたとき、又は③その他の著しい非行があったとき、をいいます。

なお、推定相続人廃除の意思表示は、遺言ですることも可能です（民法893条）。

3 遺産分割協議の当事者の確定

相続人の確定が完了した後は、実際の遺産分割協議の当事者を確定することになります。

（1）相続分の譲渡

相続人は、自分の相続分の一部又は全部を、他の相続人も含めた第三者に譲渡することができます（民法905条参照）。

相続分の全部譲渡がなされた場合には、相続分の譲受人が遺産分割手続に関与することになります。但し、他の共同相続人は、1ヶ月以内に譲渡された相続分の価額及び費用を償還して、その相続分を譲り受けた第三者から取り戻すことが可能です（民法905条）。

（2）相続分の放棄

相続分の放棄とは、法定されている相続放棄とは異なり、共有持分権の放棄の意思表示といわれる実務上の手続の一つです。

相続分の放棄を行った場合、遺産分割手続の当事者適格がなくなり、脱退手続をとって脱退することになります。

相続分の譲渡では、譲渡を受けた他の相続人の相続分が増えることになりますが、相続分の放棄では、その他の相続人間で分割するという違いがあります。

相続財産があまり多くなく、かつ相続人が非常に多いケースでは、相続人1人あたりの相続分がほとんどないことになります。このようなケースでは、相続手続に関心を持たない相続人も少なくありません。そこで、交渉を行い、相続分の譲渡や相続分の放棄に協力してもらうという方法をとることもあります。

233

（3）不在者に関する手続

　調査の結果、行方が分からない相続人がいる場合、他の相続人は、行方不明の相続人について、家庭裁判所に対し不在者財産管理人の選任申立をすることが可能です（民法25条）。

（4）制限行為能力者に関する手続

　相続人が未成年者である場合、その親権者が未成年者に代わって遺産分割手続に関与することになります（民法824条）。ただし、親権者自身も共同相続人である場合、または親権者が他の未成年者である相続人の代理人となる場合、利益相反行為に該当するため、家庭裁判所に対し、特別代理人の選任申立をする必要があります（民法826条）。

　また、相続人が成年被後見人である場合、成年後見人が成年被後見人に代わって遺産分割手続に関与することになります（民法859条）。ただし、成年後見人も共同相続人である場合、利益相反行為に該当するため、特別代理人の選任申立をする必要があります（民法860条・826条）。

Chapter 7 ポイント③ 遺産の範囲・評価

【遺産の範囲・評価】

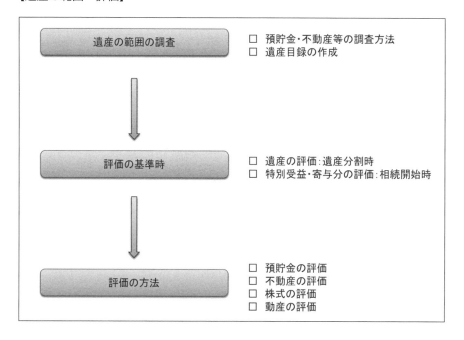

1 遺産の範囲の調査

(1) 預貯金

　まずは相談者から被相続人名義の預金通帳を預かることが考えられます。
　相談者が被相続人名義の預金通帳を保管していない場合や把握していない場合、預金残高証明書や取引履歴明細書、払戻伝票・解約伝票及びその添付資料を各金融機関に照会して取り寄せることになります。取引履歴明細書だけでなく、払戻伝票・解約伝票及びその添付資料も確認することで、多額の預貯金の払戻しや解約があった場合、誰が払戻等をしたのかが確認できることがあります。その際には、事前に各金融機関に問い合わせ、必要な書類を確認しましょう。

また、金融機関が開示に応じない場合には、弁護士会照会によって確認することになります。なお、弁護士会照会による場合には1件あたり数千円の手数料がかかりますので、複数の口座を調べる場合には、手数料が相当程度かかってしまうことに注意が必要です。

　ところで、預貯金に関しては、共同相続された普通預金債権、通常貯金債権及び定期貯金債権が遺産分割の対象となるかどうかという問題があります。この点に関し、最高裁大法廷平成28年12月19日決定において、共同相続された普通預金債権、通常貯金債権及び定期貯金債権は、いずれも相続開始と同時に当然に相続分に応じて分割されることはなく、遺産分割の対象となると判断されています。

　同決定の考え方を前提とすると、相続人は全員で共同しなければ預貯金の払戻しを受けることができないことになります（民法264条本文、251条）。したがって、共同相続人の一部が、被相続人の預貯金債権を相続分に応じて分割取得したと主張して、金融機関に対してその法定相続分相当額の支払いを求めた場合、その請求は棄却されるべきこととなります（「家庭の法と裁判」2017年4月号（vol.9）参照）。

　上記最高裁決定によって、預金債権に関する遺産分割の取扱いが変更される場面が出ていますので注意が必要です。

（2）不動産

　まずは不動産の登記簿謄本や公図を法務局から取り寄せましょう。

　また、名寄帳（「土地家屋台帳」や「固定資産課税台帳」）を、当該不動産の所在地である市区町村役場から取り寄せることで、被相続人名義の不動産一覧を確認することも可能です。

（3）有価証券

　まずは相談者から、被相続人名義で契約した各種有価証券契約書を預かることが考えられます。

　相談者が各種有価証券契約書を保管していない場合、当該契約にかかる通知書等を入手し、各契約会社に照会して確認します。

Part 4
相続

（4）生命保険

まずは相談者から、被相続人名義で契約した各保険証券を預かることが考えられます。

相談者が各保険証券を保管していない場合、当該契約にかかる通知書等を入手し、各保険会社に照会して確認します。

なお、生命保険等の場合、受取人が特定の相続人に指定されている場合、原則として当該相続人の財産となり、遺産分割の対象とはならないことに注意が必要です（例外的に、特別受益として考慮されることがあります）。

（5）動産

まずは相談者から、被相続人の動産の有無や保管状況等について聞き取りをしましょう。

次に、相談者が把握していない場合には、被相続人の生活圏内にある金融機関に照会し、貸金庫に保管されていないか確認します。

（6）負債

まずは相談者から、被相続人の生前の債務の有無を聞き取りましょう。また、相談者から、被相続人に対する督促状等があれば預かるようにしましょう。

なお、被相続人の親族が連帯保証人となっている場合もありますので、相談者以外の関係者からの聞き取りで判明する場合もあります。

2　遺産目録の作成

遺産の調査と並行し、遺産目録を作成するようにしましょう。

遺産目録の書式に決まりはありませんので、**次頁の「相続財産目録」**等を参考に適宜作成してください。

【相続財産目録】

相続財産目録（被相続人名義の財産）

1　不動産　　　　　　　　　　　　　　　　　　　　**有 ・ 無 ・ 不明**

NO	所　　　　在	種　類	面　積	固 定 資 産 評 価 額
1				
2				
3				

2　預貯金，現金　　　　　　　　　　　　　　　　　**有 ・ 無 ・ 不明**

NO	金 融 機 関 名 、 口 座 番 号	種　類	残 高 （ 金 額 ）	備　考
1				
2				
3				
	現金・預貯金総額		円	

3　その他の資産（保険契約，株券，各種金融資産等）　**有 ・ 無 ・ 不明**

NO	金 融 機 関 名 、 口 座 番 号	金 額 （ 数 量 ）	備　考
1			
2			
3			

4　負債（保証債務も相続しますので，ご注意ください。）　**有 ・ 無 ・ 不明**

NO	債 権 者 等	金 額 （ 円 ）	備　考
1			
2			
3			
	負債総額	円	

5　寄与分（被相続人の付与・看護・被相続人に財産や労務の提供等を行って、遺産の維持・増加に寄与した相続人）　**有 ・ 無 ・ 不明**

NO	名　　前	内　　　　容
1		
2		
3		

6　特別受益（被相続人から高額な贈与を受けた相続人）　**有 ・ 無 ・ 不明**

NO	名　　前	内　　　　容
1		
2		
3		

Part 4

相続

3 評価の基準時

（1）遺産の評価の基準時

　遺産の評価の基準時は、実務上は遺産分割時説によっています。もっとも、実際には審判期日に近接した証拠調べ終了時を基準とすることになります。

　また、調停や審判時において、遺産の評価が争いになる場合、当事者間の合意で、評価の基準時を決めることもあります（例えば、不動産の評価の場合、年々変動することから、理論上はいつまでも一定しないことになりますので、当事者間の合意で「令和〇年度の固定資産評価額」とするなど決めることがあります）。

（2）特別受益・寄与分の評価の基準時

　特別受益や寄与分の評価の基準時は、実務では相続開始時を基準としています。

4 評価の方法

（1）預貯金

　預貯金の場合は客観的に特定することが可能であるため、争いにあることはあまりありません。直近の預金残高証明書や取引履歴によって確認します。ただし、取引履歴を検討した結果、預金の払戻しが問題となることはあります。

（2）不動産

　実務上、もっともよく問題となる遺産が不動産です。不動産の評価は、①固定資産評価額、②路線価、③相続税申告時の評価額、④実勢価格等、様々な方法が考えられます。いずれの方法が妥当かは一概に言い難く、また不動産の現物分割を希望するか、評価額を金銭で取得する代償分割を希望するかによっても、不動産の評価額の高低いずれが望ましいのかも変わってきます。

　不動産の評価については鑑定によったほうが信用性が高い傾向にあるとはいえ

ますが、評価額を争っている一方当事者が私的鑑定を行ったとしても、まず他方
当事者が納得することは期待しにくいといえます。このような場合には、中立の
立場にある裁判所に鑑定を依頼することになりますが、その場合には鑑定費用を
どのように負担するかが問題となります。

（3）有価証券

　上場会社の株式等の場合、取引相場が公開されているため、遺産分割時に近接
した時価額や、一定期間の平均値をベースに評価額を算定することが可能です。
　一方、非上場会社の株式等の場合、評価は決して容易ではありません。会社法
上の株式買取請求における価格の算定方法（会社法144条）に従い、純資産方式
や収益還元方式等によることが考えられます。また、相続税申告時の評価額を参
考にすることもあります。もっとも、不動産の評価と同様、当事者間で対立が激
しいケースも少なくありません。この場合には、やはり不動産と同様、中立の立
場にある裁判所に鑑定を依頼することが考えられます。

（4）動産

　絵画や美術品、宝石等のように、高価な動産の場合には、評価が問題となりま
す。この場合には、鑑定を依頼することも考えられますが、鑑定費用の問題もあ
りますので、古物商等の業者から市場価格を確認する方法も考えられます。

Chapter 8 ポイント④ 特別受益の検討

【特別受益の検討】

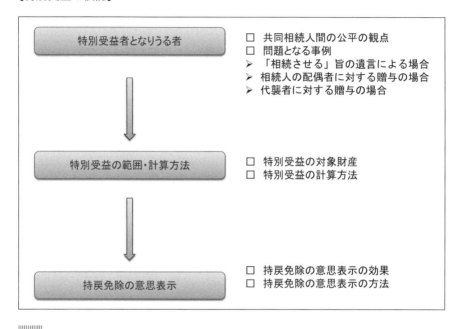

1 特別受益者となりうる者

(1) 相続人間の公平の観点

　特別受益は、共同相続人中に、被相続人から遺贈を受けたり、または婚姻もしくは養子縁組のため、もしくは生計の資本として贈与を受けたりした者がいる場合、この利益を遺産へ持ち戻す義務があるという制度です（民法903条）。

　裁判例では、特別受益に該当するかどうかは形式的に判断されるのではなく、共同相続人間の公平の観点から実質的に判断されています。

　以下では特別受益者となるかどうかが争われた裁判例等を紹介していますが、個別の事案によって判断が分かれうるところです。

（2）問題となる事例

① 「相続させる」旨の遺言による場合

遺産の一部である特定の財産を「相続させる」旨の遺言により取得した相続人について、特別受益の持戻しと同様の処理をすべきとされた裁判例があります（広島高裁岡山支部決定平成17年4月11日）。

② 相続人の配偶者に対する贈与の場合

相続人の配偶者は被相続人の共同相続人には該当しませんが、夫婦が経済的に一体であるという点を捉えて、被相続人が直接相続人の配偶者に対して贈与を行った場合でも、相続人への贈与として特別受益該当性を肯定した裁判例があります（高松家裁丸亀支部審判平成3年11月19日）。

③ 代襲者に対する贈与の場合

代襲者が相続人となった後に受けた贈与については特別受益に該当するものの、それ以前に受けた贈与については特別受益に該当しないという見解がありますが、この点は判断が分かれるところです。

2 特別受益の範囲・計算方法

（1）特別受益の対象

特別受益として問題となるものは、「遺贈」と「生前贈与」です。

「遺贈」は、すべて特別受益の対象になります（民法903条）。

一方、「生前贈与」は、「婚姻若しくは養子縁組のため」又は「生計の資本」としての贈与のみが対象となります（民法903法）。

「婚姻若しくは養子縁組のため」には、持参金や支度金、結納金などが含まれることには争いはありません。

「生計の資本」には、生計の基礎として役立つような贈与はこれに含まれると解されています。例えば、相続人が事業を行う際の資金提供や、独立する際の土地・建物の贈与、高等教育や留学のための学費等がこれに当たります。

Part 4
相続

（2）特別受益の計算方法

まず、みなし相続財産を算定することになります。相続財産に特別受益である生前贈与を加えて、みなし相続財産を算定します。一方、遺贈は相続財産に含まれているため、加算しないことになります。

このみなし相続財産を基礎として、各相続人の相続分を算定します。

そして、特別受益者は、この相続分から特別受益分を差し引いた残額を算定します。これが特別受益者の具体的相続分となります。

なお、相続分を超える贈与額や遺贈額があっても、遺産分割にあたっては取り分がなくなるだけであり、超過部分を返還しなくともよいことには注意しましょう。

3　持戻免除の意思表示

（1）持戻免除の意思表示の効果

特別受益を持ち戻して相続財産に加えて算定の基礎にすることを「持戻」といいます。

特別受益者については、原則として「持戻」の計算をすることになります。

もっとも、被相続人が遺贈や生前贈与を相続分の算定にあたって考慮しないこと等の遺言を作成している場合などには持戻免除の意思表示が認められることがあります（民法903条3項）。

持戻免除の意思表示が認められる場合、持戻計算をしないことになります。

（2）持戻免除の意思表示の方法

持戻免除の意思表示は、明示の意思表示に限られず、黙示の意思表示でも認められることがあります。そして、持戻免除の意思表示については、特別な方式も要求されていないと解されています。

Chapter 9 ポイント⑤ 寄与分の検討

【寄与分の検討】

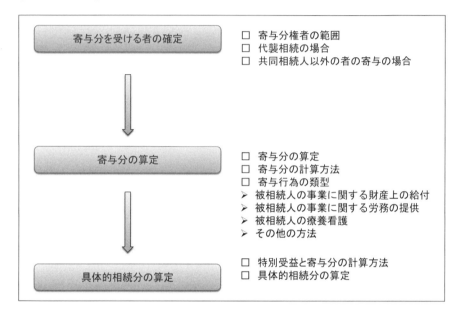

1 寄与分を受ける者の確定

(1) 寄与分権者の範囲

寄与分権者は、相続人に限られます（民法904条の2）。

なお、代襲相続人も相続人ですから、寄与分権者に当たります。

(2) 代襲相続の場合

もっとも、代襲相続人の場合、代襲相続人自身ではなく、被代襲者による寄与に基づいて寄与分を主張できるかが問題となりますが、肯定した裁判例があります（東京高決昭和54年2月6日）。

Part 4
相続

（3）共同相続人以外の者の寄与の場合

　相続人以外の者（例えば相続人の配偶者や子、内縁の妻等）は、相続人ではない以上、寄与分を主張することはできません。しかしながら、相続人の妻子が被相続人を介護したことが、当該相続人の寄与分に置いて考慮された審判例（東京家裁審判平成12年3月8日）などもあり、寄与分の算定にあたって全く考慮されないということではないことに注意が必要です。

2　寄与分の算定

（1）寄与分の算定

　寄与分の算定にあたっては、「寄与の時期、方法及び程度、相続財産の額その他一切の事情を考慮」されることになります（民法904条の2第2項）。実際には、寄与分を具体的に算定することは困難を伴います。寄与分の程度を金銭に換算する方法もあれば、遺産全体に対する割合で定める方法もあります。

（2）寄与分の計算方法

　寄与分がある場合、被相続人が相続開始の時において有していた財産の価額から寄与分を控除した価額をみなし相続財産として、これに相続分の割合を乗じて算定した上で、寄与分権者にはさらに寄与分を加えて具体的相続分を算定することになります（民法904条の2第1項）。

（3）寄与行為の類型

　寄与行為は、以下の類型があります（民法904条の2）。なお、実際には、以下の類型の複合型もあり得ます。
　①　**被相続人の事業に関する労務の提供**
　労務提供の形態としては、家事従事型、従業員型、共同経営型等が考えられます。
　②　**被相続人の事業に関する財産上の給付**
　被相続人の行う事業等に関し、資金や不動産を贈与したりする場合が考えられ

245

ます。
③ 被相続人の療養看護
相続人が実際に療養看護を行う場合と、第三者に療養看護をしてもらいその費用を支出する場合が考えられます。
④ その他の方法
被相続人の扶養等が考えられます。

3 具体的相続分の算定

相続人中に、寄与分権者と特別受益者がいる場合、みなし相続財産は、相続開始時の相続財産に特別受益をプラスした後、寄与分をマイナスして算定します。そして、みなし相続財産に各相続人の相続割合を乗じ、特別受益はマイナス、寄与分はプラスして具体的相続分を算定します。

この計算方法を整理すると、以下の図のようになります。

【具体的相続分の算定】

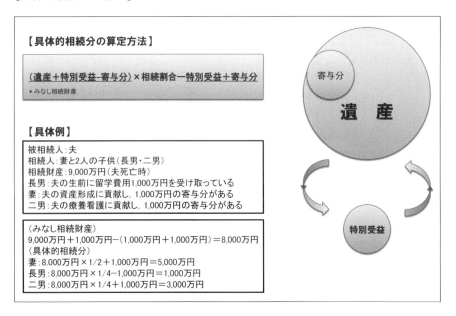

Chapter 10 ポイント⑥ 遺産の分割方法

【遺産の分割方法】

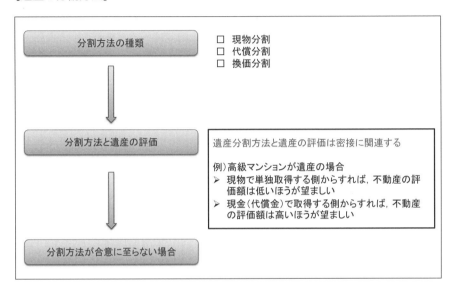

1 分割方法の種類

遺産の分割方法の種類には、①現物分割、②代償分割、③換価分割があります。現金や預貯金では問題となりませんが、不動産の場合には、どのような遺産の分割方法をとるべきかが大きな問題となります。

(1) 現物分割

現物分割は、遺産をそのままの形で取得する分割方法です。

例えば、「相続人甲は不動産1を、相続人乙は不動産2を単独取得する」、「相続人甲及び乙は、不動産3を2分の1ずつ共有取得する」といったような分割方法です。

（2）代償分割

共同相続人の一部に具体的相続分を超えた遺産の一部又は全部を現物で取得させるとともに、その者に対し、現物では具体的相続分に満たない遺産しか取得しない他の共同相続人に対し、その不足分に相当する分を代償として債務を負担させる方法です。

例えば、「相続人甲は、不動産をすべて単独取得する。相続人甲は、相続人乙に対し、乙が遺産を取得しない代償として500万円を支払う」といったような分割方法です。

（3）換価分割

遺産を売却して金銭に換価し、その売却代金を分割する方法です。

現物分割や代償分割も難しい場合にとられる方法ですが、具体的妥当性を図りやすい方法ということができます。

2　分割方法と遺産の評価

このように、遺産の分割方法はいくつかの種類がありますが、相続人がどのような財産を、どのような方法で取得するのかを希望するかということと、当該財産の評価額は密接に関連します。

例えば、不動産の場合、現物で単独取得する側からすれば、不動産の評価額は低いほうが望ましいといえますし、評価額相当の現金で取得する側からすれば、不動産の評価額は高いほうが望ましいといえます。

実務では、遺産の評価方法を決めてから遺産の分割方法を決める傾向にありますが、どのような遺産の分割方法を主張するのかは、遺産の評価方法に関する主張も含めて検討する必要があります。

評価額次第では不動産を現物のまま引き取ってもよいということも考えられますので、この点は非常に悩ましいところです。

Part 4
相続

3 分割方法が合意に至らない場合

　遺産分割協議や遺産分割調停は、あくまでも当事者間の合意が前提となります。どうしても合意に至らない場合には、遺産分割協議や遺産分割調停では解決できないことになり、遺産分割審判に移行することになります。

　遺産分割審判においても、希望する遺産分割方法を主張することは可能ですが、必ずしも当事者が希望する遺産分割方法が認められるとは限りません。裁判所の心証を探り、審判によっては希望する遺産分割方法にはならないと思われるケースでは、譲歩してでも合意で解決したほうがよいこともあります。

Chapter 11 ポイント⑦ 遺留分侵害額請求の検討

【遺留分侵害額請求】

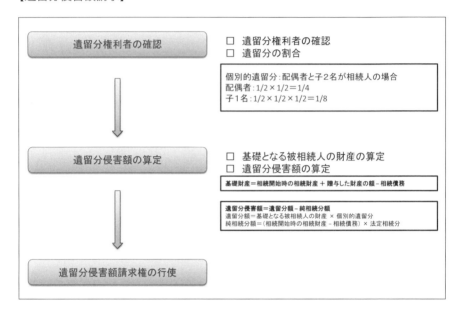

1 遺留分権利者の確認

(1) 遺留分権利者の確認

　遺留分権利者は、兄弟姉妹を除く法定相続人です（民法1042条）。言い換えれば、被相続人の配偶者、子、直系尊属が遺留分権利者となります。
　また、胎児も生まれれば子としての遺留分が認められます（民法886条）。
　なお、遺留分は相続人に与えられる権利であるため、相続欠格、相続廃除、相続放棄をした者は遺留分がありません。ただし、相続欠格、相続廃除の場合、代襲者が相続人となり、その者が遺留分権利者となります（民法887条2項）。

(2) 遺留分の割合

遺留分の割合は、総体的遺留分（遺留分権利者が相続財産全体に対して有する割合）と個別的遺留分（遺留分権利者が2人以上いる場合に各遺留分権利者が相続財産に対して有する割合）の2つがあります。

総体的遺留分は、直系尊属のみが相続人である場合には相続財産の3分の1であり、その他の場合には2分の1となります（民法1042条）。

個別的遺留分は、遺留分権利者が数人いる場合、総体的遺留分が法定相続分に従って配分されることになります。

例えば、配偶者と子2人が相続人の場合における個別的遺留分は、

配偶者：1/2×1/2＝1/4、子1名：1/2×1/2×1/2＝1/8となります。

2　遺留分侵害額の算定

【遺留分侵害額の算定】

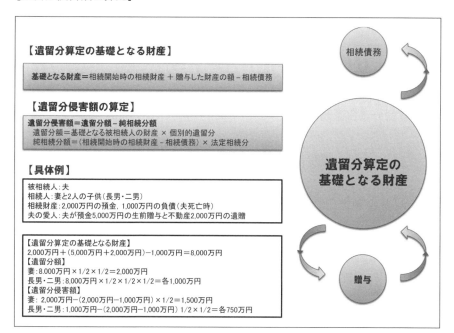

（1）基礎となる被相続人の財産の算定

遺留分の算定のためには、前提として、基礎となる被相続人の財産を確定する必要があります。

基礎となる被相続人の財産の算定方法は以下のとおりです。

基礎となる財産＝相続開始時の相続財産 ＋ 贈与した財産の額 － 相続債務

（2）遺留分侵害額の算定

次に、遺留分の侵害額の算定方法は以下のとおりです。

遺留分侵害額＝遺留分額 － 純相続分額
　　遺留分額＝基礎となる被相続人の財産 × 個別的遺留分
　　純相続分額＝（相続開始時の相続財産 － 相続債務）× 法定相続分

3　遺留分侵害額請求権の行使

（1）遺留分侵害額請求の対象

遺留分侵害額請求の対象が複数ある場合には、遺留分侵害額請求の順序・割合が問題となります。遺留分侵害額請求の順序・割合は民法1047条以下で規定されています。

①　遺留分侵害額請求の対象が複数ある場合

遺留分侵害額請求の対象が複数ある場合には、遺贈→贈与の順序で遺留分侵害額を負担します（民法1047条）。

②　遺贈が複数ある場合

遺留分侵害額請求の対象となる遺贈が複数ある場合、「その目的の価額の割合に応じて」遺留分侵害額を負担します。もっとも、「遺言者がその遺言に別段の意思を表示したときは、その意思に従う」とされます（民法1047条１項２号但し書

き）。

③ 贈与が複数ある場合

贈与が複数ある場合には、「後の贈与から順次前の贈与に対して」遺留分侵害額を負担します（民法1047条1項3号）。

（2）遺留分侵害額請求権の行使

遺留分侵害額請求権が行使されると、受遺者又は受贈者は、遺留分侵害額に相当する金銭の支払いをする必要があります（民法1046条）。

Chapter 12 解決方法の選択

【解決方法の選択】

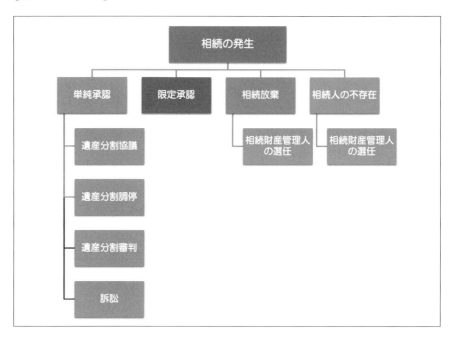

1　解決方法の選択

相続手続の解決方法としては、①単純承認、②限定承認、③相続放棄、④相続人の不存在、の四つの方法に分類できます。

相談者の意向や相続財産の状況等を踏まえ、いずれの方法を選択することが事案の解決にとって最適といえるかを検討することになります。

Part 4
相続

2 単純承認

（1）単純承認とは

　単純承認とは、被相続人の権利義務を承継することを相続人が無限に承認することをいいます（民法920条）。

（2）法定単純承認

　民法上、以下の事項に該当した場合には単純承認をしたものとみなす規定があります（民法921条1号ないし3号）。
　一　相続人が相続財産の全部又は一部を処分したとき。ただし、保存行為及び
　　　第六百二条に定める期間を超えない賃貸をすることは、この限りでない。
　二　相続人が第九百十五条第一項の期間内に限定承認又は相続の放棄をしなか
　　　ったとき。
　三　相続人が、限定承認又は相続の放棄をした後であっても、相続財産の全部
　　　若しくは一部を隠匿し、私にこれを消費し、又は悪意でこれを相続財産の目
　　　録中に記載しなかったとき。ただし、その相続人が相続の放棄をしたことに
　　　よって相続人となった者が相続の承認をした後は、この限りでない。

（3）熟慮期間

　法定単純承認事由にもあるように、自己のために相続の開始があったことを知った時から3か月以内に限定承認または相続放棄のどちらかを選択しなかった相続人は、単純承認をしたものとみなされます（民法921条2号）。
　但し、この規定には例外があります。
　1つは、熟慮期間を伸長するよう家庭裁判所に申し出をする方法です（民法915条1項但書）。
　また、もう1つは、相続開始を知った時から3ヶ月以内に限定承認又は相続放棄をしなかったのが、被相続人に相続財産が全く存在しないと信じたためであり、かつ、被相続人の生活歴、被相続人と相続人との間の交際状態その他諸般の状況からみて当該相続人に対し相続財産の有無の調査を期待することが著しく困

難な事情があって、相続人において右のように信ずるについて相当な理由がある
と認められるときは、熟慮期間は相続人が相続財産の全部又は一部の存在を認識
した時または通常これを認識しうるべき時から起算すべきものとされています
（最判昭59・4・27日民集38巻6号698頁）。

3 限定承認

（1）限定承認とは

　限定承認とは、相続によって得た財産の限度においてのみ被相続人の債務及び
遺贈を弁済するとの留保をつけた承認をいいます（民法922条）。

　相続人は、自分の意思で、相続財産を承認するか放棄するかを決めることがで
きますが、限定承認は、相続財産が債務超過となっているか明らかではなく、相
続放棄が適当かどうか判断できない場合や、債務超過が明らかであっても、家業
の承継等のため相続財産の一部を買い取りたい場合等にメリットがある制度とい
えます。

　もっとも、実際には、限定承認の利用件数は、相続放棄と比較して、非常に少
ない状況です。

（2）限定承認の効果

ア　有限責任

　相続人は、原則として、相続により被相続人の全債務を承継することになりま
す（民法896条）。

　ですが、限定承認の申述をした相続人は、相続によって得た財産の範囲内で債
務又は遺贈を弁済すれば足りますから、その責任は有限となります。

　もっとも、限定承認は、被相続人の債務を被相続人の積極財産の範囲に減少さ
せる効果はありませんから、仮に限定承認の申述をした相続人が自己の固有財産
から弁済したとしても、返還を求めることはできません。

イ　相続人の被相続人に対する権利義務の効果

　相続人は、被相続人の一身専属的な権利義務を除いてその一切の権利義務を承
継するため、原則として、相続人と被相続人の権利義務関係は混同により消滅す

ることになります。

　もっとも、相続人が限定承認をした場合には、相続人の責任が有限責任である関係上、相続人の被相続人に対する権利義務は消滅しなかったものとみなされます（民法925条）。

　したがって、被相続人に対する相続人の権利義務は、他の相続債権者や相続債務者と同様の立場で、権利を実現し、義務を負うことになります。

（3）限定承認の手続

ア　申立権者
　相続人（民法922条）。

　ただし、相続人が数人あるときは、共同相続人全員が共同して申述する必要があります（民法923条）。

イ　管轄
　相続が開始した地を管轄する家庭裁判所に申述を行います（家事事件手続法201条1項）。

ウ　申立時期
　自己のために相続の開始があったことを知った時から3ヶ月以内（民法915条1項本文）。ただし、例外があることにご注意ください。

エ　審判
　限定承認の申述を家庭裁判所に提出すると、限定承認を受理するか、却下するか審判が出されることになります。

4　相続放棄

（1）相続放棄とは

　相続放棄とは、相続人が遺産の相続を放棄することをいいます。

　相続財産の中には、債務のように相続人にとって不利なものもあることから、相続の負担から相続人を解放するため、相続放棄という制度が設けられたとされています。

　また、実際に相続放棄が行われる例としては、債務を承継しないようにする場

合以外にも、家業の経営を安定させるために後継者以外の兄弟姉妹が相続を辞退する場合などもあります。

（2）相続放棄の効果

ア　効力

相続放棄が家庭裁判所に受理されると、申述人ははじめから相続人とならなかったものとして取り扱われます（民法939条）。

この結果、相続放棄がなされると、他の共同相続人の相続分が増加したり、新たに相続人となる者が現れたりします。

この場合、特に注意しなければならないこととしては、被相続人に債務があった場合、相続放棄の結果、新たに相続人となった者も相続放棄をする必要があるという点です。

イ　訴訟の受継

被相続人を当事者とする相続財産に関する訴訟（例：被相続人を被告とする貸金返還請求訴訟等）の係属中に被相続人が死亡した場合、相続放棄をした相続人は、はじめから相続人とはならなかったものとみなされるため、訴訟も承継しないことになります。

この場合、相続放棄をしない相続人のみが承継するということになります。

ウ　相続放棄後の相続財産の管理

なお、相続放棄の申述人は、相続放棄後も、新たに相続人となった者が相続財産の管理を始めることができるまでは、相続財産を管理しなければなりません（民法940条）。

（3）相続放棄の手続

ア　申述人

被相続人の推定相続人（民法887〜890条）。

複数の推定相続人がいる場合であっても、各推定相続人は単独で相続放棄を申述することができます。

イ　管轄

相続が開始した地を管轄する家庭裁判所に申述を行います（家事事件手続法201条1項）。

ウ 申立時期

自己のために相続の開始があったことを知った時から3ヶ月以内（民法915条1項本文）。ただし、例外があることにご注意ください。

エ 審判

相続放棄の申述を家庭裁判所に提出すると、相続放棄を受理するか、却下するか審判が出されることになります。

5 相続人の不存在

（1）相続人の不存在の場合

相続人の存在、不存在が明らかでないとき（なお、相続人全員が相続放棄をして、結果として相続する者がいなくなった場合も含まれます）には、家庭裁判所は、申立てにより、相続財産の管理人を選任します（民法952条）。

相続財産管理人の申立人は、①利害関係人（被相続人の債権者、特定遺贈を受けた者、特別縁故者など）、②検察官になります（民法952条）。

相続財産管理人は、被相続人の債権者等に対して被相続人の債務を支払うなどして清算を行い、清算後残った財産を国庫に帰属させることになります（民法957～959条・953条）。

以下では、相続財産管理人が選任された後の手続の流れについて説明します。

（2）相続財産管理人選任後の手続

一般的な手続の流れは以下のとおりです。なお、手続の途中で相続財産がなくなった場合はそこで手続は終了します。

① 家庭裁判所は、相続財産管理人選任の審判をしたときは、相続財産管理人が選任されたことを知らせる公告をします。

② ①の公告から2か月が経過してから、相続財産管理人は、相続財産の債権者・受遺者を確認する公告をします。

③ ②の公告から2か月が経過してから、家庭裁判所は、相続財産管理人の申立てにより、相続人を捜すため、6か月以上の期間を定めて公告をし

ます。そして、上記期間満了までに相続人が現れない場合には、相続人がいないことが確定します。

④ ③の公告の期間満了後、3か月以内に特別縁故者に対する相続財産分与の申立てがされることがあります。

⑤ 必要があれば、相続財産管理人は、裁判官の許可を得て、被相続人の不動産や株を売却し、金銭に換えることもできます。

⑥ 相続財産管理人は、法律に従って債権者や受遺者への支払をしたりするための手続をします。

⑦ ⑥の支払等をして、相続財産が残った場合、相続財産を国庫に帰属させて手続を終了します。

Chapter 13 単純承認をする場合の遺産分割手続の流れ・選択

単純承認をする場合の遺産分割手続の流れは以下のとおりです。

まず、遺言の有無によって手続の流れが変わることになります。

ただし、遺言の内容が相続財産の一部にしか言及していなかったり、遺言自体が無効だったりする場合には、遺言の効果が及ばない相続財産については遺言がない場合と同様、遺産分割協議等で手続を進めていく必要があります。

【遺産分割手続の流れ】

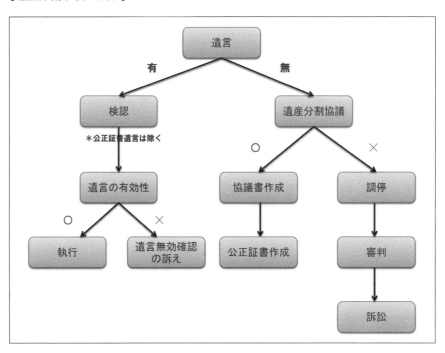

1 遺言がある場合

chapter 5「ポイント① 遺言の確認」をご参照ください。

2 遺言がない場合

（1）前提事実の確認

遺言がない場合、遺産分割協議等の手続を進めることになりますが、具体的な遺産分割協議等を行う前に、前提事実（相続人の範囲や遺産の範囲・評価等）を確認する必要があります。

ア 相続人の範囲の確認

chapter 6「ポイント② 相続人の範囲の確認」をご参照ください。

イ 遺産の範囲・評価

chapter 7「ポイント③ 遺産の範囲・評価」をご参照ください。

（2）遺産分割協議

以上の前提事実を確認した後、遺産分割協議を進めることになります。

なお、場合によっては、相続財産の範囲等がはっきりしないときには、遺産分割協議の通知を送付するとともに、他の相続人の方で把握している相続財産がないか確認することもあります。

【遺産分割協議の流れ】

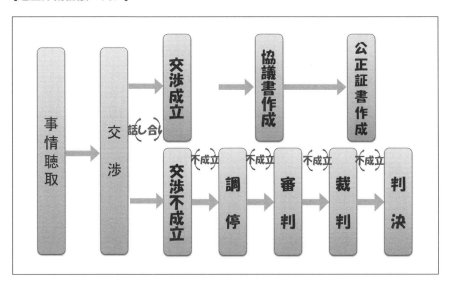

(3) 遺産分割調停

　遺産分割協議では解決しない場合、家庭裁判所に対し、遺産分割調停の申立を検討することになります。
　遺産分割調停の手続の流れは以下のとおりです。
　なお、遺産分割調停は、あくまでも当事者間の合意がなければ成立しません。
　したがって、調停でもお互いの主張が平行線を辿ったままであれば、調停は成立せず、審判に移行することになります。

【遺産分割調停の流れ】

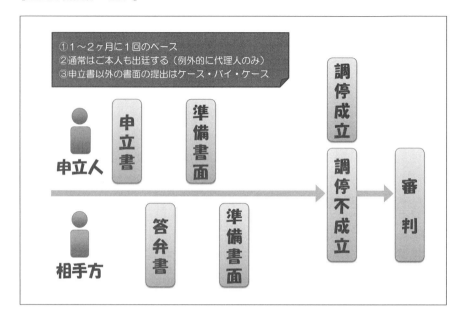

（4）遺産分割審判

　審判手続では、当事者の合意がなくとも裁判所の判断によって結論が下されます。審判手続の流れは以下のとおりです。

【遺産分割審判の流れ】

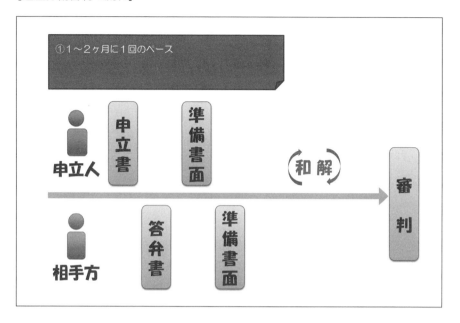

【参考文献】
- 東京弁護士会法友全期会相続実務研究会編『遺産分割実務マニュアル(第4版)』(ぎょうせい、2021年)
- 沖隆・浦岡由美子・黒野徳弥編『遺産相続事件処理マニュアル』(新日本法規出版、2019年)
- 第一東京弁護士会司法研究委員会編『裁判例に見る 特別受益・寄与分の実務』(ぎょうせい、2014年)
- 東京弁護士会弁護士研修センター運営委員会編『弁護士専門研修講座 相続・遺言――遺産分割と弁護士実務』(ぎょうせい、2008年)
- 片岡武・管野眞一編『第4版 家庭裁判所における遺産分割・遺留分の実務』(日本加除出版、2021年)
- 東京弁護士会相続・遺言研究部編『実務解説 相続・遺言の手引き』(日本加除出版、2013年)

債務整理

Part 5

Chapter 1 本章の目的

1　債務整理分野の特徴の理解
2　債務整理の流れ・各手続の理解
3　債務整理分野の7つのポイントの理解

　債務整理分野は、収入よりも支出が超過し、多額の債務を抱えている状況にある相談者をいかにして救済するか、を考える必要があります。もっとも、債務者である相談者と債権者は対立関係にあるところ、債務を整理するにあたっては債権者間の公平も図らなければなりません。このバランスをいかにして図るかを意識して債務整理を行う必要があります。

　本章では、債務整理分野の特徴をご説明した上で、債務整理分野を理解するにあたって重要な点を7つのポイントに整理してご説明します。

　最後に、債務整理手続の流れと各手続をご説明し、債務整理分野の全体像を把握していただければ幸いです。

Chapter 2

債務整理の特徴

1　債務者の利益と債権者間の公平の調整
2　適正な弁護士費用の確保の困難さ
3　複数の債務整理方法の選択

1　債務者の利益と債権者間の公平の調整

　債務整理は、債務者からの依頼を受けて、いかにして債務者の負債を整理・清算するかを検討することになります。

　依頼者である債務者の利益の最大化を図るということであれば、できる限り債務者の資産は手元に残しつつ、債務者の抱える負債はゼロに近づけていくことが望ましいといえます。

　もっとも、債務者の利益の視点だけで突き詰めていくと、債務者の財産隠しや、関係の深い債権者（親族や友人など）にだけ優先的に返済し、その他の負債は返済しないという選択を助長しかねません。言うまでもありませんが、財産隠しや特定の債権者だけに優先して返済するという偏頗弁済は違法ですので、そのような行為は厳に避けなければなりません。

　債務整理は、依頼者である債務者の利益だけでなく、債権者間の公平も実現することが求められます。債権者間の公平の実現という点からすれば、さきほど挙げたような財産隠しや、偏頗弁済が許されないことはイメージしやすいと思います。

　実際の債務整理の相談では、債務者から、「どこまで財産を報告しなければならないのか」、「半年前に●万円を債権者のA氏に返したが問題ないか」など、様々な相談が寄せられます。

　それぞれの相談への回答にあたっては、債務者の利益だけでなく、債権者間の公平という観点からも問題がないか、注意しなければなりません。

2 適正な弁護士費用の確保の困難さ

また、債務整理の依頼を受けるにあたっては、弁護士費用をどのように工面してもらうか、という問題もあります。債務整理をするということは債務超過に陥っているわけですから、弁護士に依頼する費用を用意することも難しい状況にある方が大半です。一方、ボランティアではなく、プロとして弁護士業を取り扱う以上、適正な弁護士費用をいただいて依頼を受けることも意識しなければなりません。

適正な弁護士費用を設定するとともに、設定した弁護士費用をどのような方法で工面してもらうかということも考えなければならない点が、他の分野にはない特徴であり、難しさでもあります。

3 複数の債務整理方法の選択

債務整理を行う方法は様々です。裁判所を介さず、直接債権者と交渉する任意整理という方法もあれば、裁判所を通じて行う破産や個人民事再生という方法もあります。

それぞれの解決方法にはメリット・デメリットがあり、いずれの方法が最適といえるかは、ケース・バイ・ケースです。

相談者の状況に応じて、最適な債務整理の方法を選択できるようになる必要があります。

Chapter 3 法律相談・受任

1 法律相談・受任の流れ

【法律相談・受任の流れ】

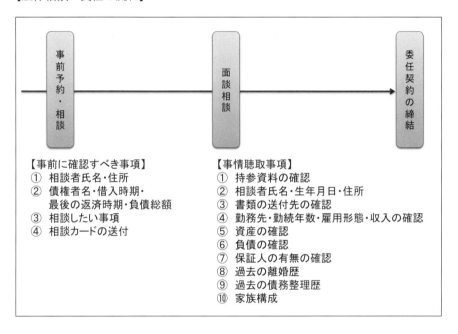

2 法律相談の目的

　法律相談の目的は、相談者に対し、法的観点から見て最適な解決案を提示することにあります。そこで、最適な解決案の模索にあたり必要な事項を確認していく必要があります。

　必要な事項を確認するためには、面談による法律相談だけでなく、事前に相談カードを送付し、必要事項を記入してもらったり、必要な資料を用意してもらったりするなどの準備も有効です。

適切なアドバイスを行うために必要な事実関係を確認した上で、相談者が弁護士に相談したいポイントがどこにあるのかを見極める必要があります。ただし、漫然と話を聞いていくと、いくらあっても時間が足りないということにもなりかねませんので、**後記chapter 4「7つのポイント」の視点**を中心に、適宜弁護士側が主導して質問していきましょう。

　なお、日弁連「債務整理事件処理の規律を定める規程（平成23年2月9日会規第93号）」により、債務整理事件を受任するにあたっては、あらかじめ、当該事件を受任する予定の弁護士が、当該債務者と自ら面談して、所定の事項（①債務の内容、②当該債務者（当該債務者と生計を同じくする家族があるときは、当該家族を含む）の資産、収入、生活費その他の生活状況、③当該債務者が不動産を所有している場合にあっては、その処理に関する希望、④その他、当該債務整理事件の処理に関する意向）を聴取しなければなりません。

　また、当該方針に関して生じることが予想される法的手続及び処理方法に関して生じることが予想される事項（ⅰ破産手続を選択したときは、法令の定めによる資格等の制限により当該債務者がつくことができない職業があること、ⅱ当該債務者が信用情報機関において借入金返済能力に関する情報を登録され、金融機関からの借入等に関して支障が生じるおそれのあること、ⅲ当該債務者が所有している不動産等の資産を失う可能性があること）その他の不利益事項を説明しなければなりません。

　さらに、弁護士報酬及びその他の費用を説明しなければならず、その説明にあたっては、債務者に弁護士費用に関する誤解が生じないようにし、かつ、自ら弁護士報酬の額が適正かつ妥当であることの理解を得るように努め、弁護士費用に関する事項を委任契約書に記載するにあたっては、当該債務者に弁護士費用に関する誤解が生じないように努める必要があります。

3　事前予約・相談時に確認すべき事項

　通常、法律相談は予約をとってから行います。

　事前予約は電話やメールで行うことが多いと思いますが、その際には以下の事項を確認しておくようにしましょう。

Part 5
債務整理

（1）相談者氏名・住所

相談者の身分関係を確認するため、氏名・住所を確認しましょう。

利益相反のチェックをするためにも、詳細な相談内容を確認する前にこの点を確認しておく必要があります。

（2）債権者名・借入時期・最後の返済時期・負債総額

次に、債権者名・借入時期・最後の返済時期・負債総額を確認しましょう。

債権者名を確認することは、利益相反のチェックのためにも必要ですが、主な借入先が消費者金融かどうかによって、過払金がありうるかどうか等の目安にもなります。

また、借入時期を確認することで、相当以前からの借入である場合、返済を続けてきているようであれば過払金が発生している可能性があるため、債務整理の方針にも影響することが考えられます。

最後の返済時期が相当以前であれば、消滅時効を援用することで債務を消滅させることが可能となるため、この点も事前に確認しておくとよいでしょう。

そして、負債総額を把握することで、おおよその債務整理方針の目処を立てることが可能です。

（3）相談したい事項

相談したい事項の聞き取りにあたっては、端的に「債務整理に関してどのようなことでお困りですか」、「どのようなことをご相談されたいのでしょうか」とまずはオープンクエスチョンをしてみるとよいでしょう。

漫然と話を聞いていくと、いくら時間があっても足りないことになります。詳細な話は来所された際に伺うとご案内し、事前に相談カードを送付して記入しておいてもらうことも効果的です。

（4）相談カードの送付等

以上の事案の概要を確認し、相談者が希望すれば、日程を調整して相談日を設定します。

なお、面談相談の前に相談カードを送付しておき、法律相談前に記入しておい

【債務整理・相談カード】

債務整理・相談カード

弁護士:	事務局:
事務所: ・	

※全て必須項目です。太枠内に分かる範囲で漏れなくご記入ください。(裏面もご記入ください。)

相談日	令和　年　月　日		旧姓	性別	生年月日	（ 大・昭・平　　年 ）
ふりがな	改姓されている方は旧姓もご記入ください。			男・女		（ 西暦　　　　年 ）
氏　名						月　日　（　　歳）

連絡先	TEL:　（　） FAX:　（　） 携帯:　（　）
	【連絡時】事務所名: 可 / 不可　事務所名での留守電メッセージ: 可 / 不可
	E-mail(PC):　　　　　　　　　　　　　　E-mail(携帯):
	メールマガジンの配信をしてもよろしいですか？ □ はい □ いいえ

※当事務所からご連絡申し上げる場合に、上記連絡先に連絡してもよろしいですか。□連絡してもよい。□連絡して欲しくない。

ふりがな	〒　　−　　　　□住民票と同じ □本籍地と同じ　　　　※マンション名・アパート名までご記入ください。
現住所	都道府県　　市・区　　　　　　　　　　　　　　　　　　　□一人暮らし □同居人あり
本籍地	都道府県　　市・区

※借り入れを始めたときの住所が現住所と変わっている場合は、以下にご記入ください。　　　　　　（引っ越しを繰り返されている方はご記憶の範囲内で、全てご記入ください。）

旧住所1	時期:　年～　　年頃 住所:
旧住所2	時期:　年～　　年頃 住所:
旧住所3	時期:　年～　　年頃 住所:

書類の送付先	〒　　−　　　　□現住所と同じ　※現住所と同じ場合は『現住所と同じ』にチェックをしてください
	都道府県　　市・区　　　　　　　　　　　　　（　　　　　）様方

勤務先名		勤続	年	職種(具体的に)
				勤務先TEL:　（　　）

雇用形態	□ 正 社 員 □ 契 約 社 員 □ 派 遣 社 員 □ パート・アルバイト □ 自営業 □ その他
収　入	手取 月　　～　　万円 / 支給日 有 ・ 無　　賞与(手取 1回あたり)　　　万円 / 支給月　月・　月

資 産 ・ 負 債	公的扶助(年金・生活保護・児童手当など) 有 ・ 無	家賃　万円/月	住宅ローン　万円/月	預金　万円
	退職金予想額　　万円	建物 有・無(担保 有・無)	土地 有・無(担保 有・無)	
	クレジットで購入して支払をしていないものはあるか	有・無 有の場合・物品名(	)	ローン 有・無
	自動車・バイクを持っているか	有・無 有の場合・車種名(	)	ローン 有・無
	国産・外車　　　年代　走行距離 約　万km	売却価格 約　万円	ローン残債 約　万円	
	各種保険に加入しているかどうか	有・無 有の場合:	契約数 合計　　口 内訳(掛捨　口,積立　口,その他　口) 解約返戻金合計 約　万円 保険料合計 約　万円/月	
	売却したら20万円以上する物を持っているか	有・無 有の場合・品物名(	)　約　万円	
	有価証券(株式等)を持っているか	有・無 有の場合・有価証券の種類(	)	
	社内積立(財形貯蓄等)はしているか	有・無 有の場合・積立金 約　万円 持株会入会 有・無		
	借入れについて保証人があるか	有・無 有の場合・保証人名(	)	
	契約してから一度も返済していない借入先はあるか	有・無 有の場合・借入先名(	)	
	勤務先からの借入れはしているか	有・無 有の場合・借入額 約　万円　給与天引 有・無		
	親族・知人からの借入はあるか	有・無 有の場合・名から総額 約　万円		
	過去に離婚経験はあるか	有・無 有の場合・平成　年頃　未成年の子 名 養育費等取決 有・無		
	過去に破産,その他の債務整理をしたことがある か。	有・無 有の場合・	弁護士・司法書士への依頼 有・無 平成　年頃　事務所名・資格者名( ) 債務整理の方針(破産・再生・任意整理・過払金請求・特定調停)	

資 産 ・ 負 債	完済して、今は借入がない業者	有・無 有の場合 業者名1(　　　　　　　)業者名2(　　　　　　　) 業者名3(　　　　　　　)業者名4(　　　　　　　)
	弁護士等を入れずに、債権者と和解したことはあるか。	有・無
	税金の滞納	有・無 有の場合 総額:約(　　　)万円

支出 毎月	家賃・住宅ローン	円	食費	円	医療・教育費	円
	電気・ガス・水道	円	電話・携帯	円	税金	円
	自分の小遣い	円	その他(ガソリン代・日用品)	円	支出合計	円

公的扶助 □有 □無
□年金 □児童手当 □生活保護 □他(　　　　　　　　　　　　　　)
振込口座【　　　　銀行・信金・信組【　　　　】支店　※同銀行からの借入 □有 □無
今後3年間の大きな支出予定

Part 5
債務整理

□病気の療養　□子供の進学　□その他（　　　　　　　　　）

	氏　名	続　柄	年　齢	職　業	年　収	同　居	借入の有無	借入額	本日のご相談を秘密にしている
家		父親	歳		約　　万円	有・無	有・無	約　　万円	はい・いいえ
族		母親	歳		約　　万円	有・無	有・無	約　　万円	はい・いいえ
構			歳		約　　万円	有・無	有・無	約　　万円	はい・いいえ
成			歳		約　　万円	有・無	有・無	約　　万円	はい・いいえ
等			歳		約　　万円	有・無	有・無	約　　万円	はい・いいえ

家族以外で本日のご相談を知っている人：

家族に秘密の理由：

アンケートにお答えください。●当事務所をどのようにしてお知りになりましたか。
□検索サイト（google・yahoo・弁護士ドットコム・その他（　　　　　））　　　　　　　□NTT電話帳
□テレビ・ラジオ　　　　　□雑誌　　□紹介（　　　　　）　　　□店頭設置チラシ　　□その他（　　　　　）
　　　　　　　　　　　　　　　　　　　　　　　　　　　　※ご協力いただき誠にありがとうございました。

メモ

てもらうと、法律相談を効率的に進めることが可能です。

　ただし、相談カードの送付先や、送付時の弁護士名・事務所名の表示の可否は注意が必要です。家族等には借金があることを知られたくないという方もいますので、相談者のプライバシーに配慮した対応が必要です。

　前頁の相談カードは当事務所で使用しているものですが、適宜改訂して利用してみてください。

　また、法律相談にお越しいただく際には、以下の資料を持参いただくよう事前に指示をしておくと、初回の相談を効率的に進めることが可能となります。

　もっとも、初回相談時にすべてを用意してもらうことができることは多くありません。まずは①と②だけでも分かる範囲で記入してもらい、その他の資料については初回相談時に説明し、継続的に用意してもらうことでもよいでしょう。

---

①【事実関係】相談カード
②【債権者情報】債権者一覧表
③【負債】通知書、請求書、取引履歴等
④【収入関係】源泉徴収票、給与明細書、確定申告書　等
⑤【財産関係】預金通帳、不動産登記簿、保険証券、車検証　等

4　面談相談時に確認すべき事項

　面談相談にあたり、確認すべき事項は以下のとおりです。

　基本的には、相談カード記載事項を確認していくことになりますが、各確認事項の注意点をご説明します。

（1）持参資料の確認

　法律相談のご予約の際、各資料を持参いただくよう指示している場合、持参資料を確認するようにしましょう。

　事前に法律相談カード等を記入してもらっている場合には、相談者もあらかじめ相談したい事項を整理していることが通常ですから、資料を確認しながらスムーズに打合せを進めていくことが可能です。

Part 5
債務整理

【債権者一覧表】

債権者一覧表（一般用）

※「原因」欄は，A=現金の借入，B=物品購入(クレジット等)，C=保証，D=その他のいずれかを選択。

債権者数(一般)合計	0 人（社）		現在の残額(一般)合計			0 円
番号	債権者名	債権者住所			現在の残額	
	借入・購入の時期	借入・購入総額	原因	使途	最後の返済日	
1						
	～	円	A		平成　年	月
2						
	～	円	A		平成　年	月
3						
	～	円	A		平成　年	月
4						
	～	円			平成　年	月
5						
	～	円			平成　年	月
6						
	～	円			平成　年	月
7						
	～	円			平成　年	月
8						
	～	円			平成　年	月
9						
	～	円			平成　年	月
10						
	～	円			平成　年	月

なお、相談カードや債権者一覧表に記載してある事項は、あくまでも参考資料程度に考えておいたほうがよいでしょう。債務整理では、債権者が複数にわたることが珍しくなく、相談者も正確にどの業者からお金をいつ、いくら位借りたか、記憶していないこともよくみられます。債権者の漏れや、負債金額のずれなどはよくあることですので、相談カードや**前頁**の**債権者一覧表**に記載されていることを手がかりに、正確な負債状況や資産状況を確認するようにしましょう。

（2）相談者氏名（旧姓含む）・生年月日・住所（過去の住所含む）

債務整理の場合、消費者金融や金融機関等、各債権者に問い合わせ、債務者の取引履歴を確認することになります。その際、債務者本人の身元確認のために、氏名（旧姓含む）・生年月日・住所の確認を求められることがよくあります。場合によっては、債務者が相当以前に借入れをしたために、借入当時の住所が現住所と異なっていることもあります。そこで、相談者の身分事項の確認にあたっては、他の分野以上に、詳細な状況をチェックする必要があります。運転免許証等、身分証明書のコピーを預かることも有用です。

また、金融機関によっては、電話番号での問い合わせが可能な場合もありますので、相談者の記憶が曖昧な場合には、念のために電話番号も確認しておくとよいでしょう。

（3）書類の送付先の確認

資料の送付先や、送付時の弁護士名・事務所名の表示の可否は注意が必要です。家族等には借金があることを知られたくないという方も少なからずいますので、相談者のプライバシーに配慮した対応が必要です。

そこで、法律相談時には、今後も継続的に相談をしたり、依頼を受けたりする場合には、書類の送付先や送付方法を確認しておく必要があります。

（4）勤務先・勤続年数・雇用形態・収入の確認

債務整理の解決方法の選択にあたっては、相談者の勤務先や勤続年数、雇用形態、収入を確認しておくとよいでしょう。

破産や個人民事再生を選択する場合、これらの情報を裁判所に報告する必要があるほか、安定した雇用形態や収入が確保できる見通しがあれば、個人民事再生

Part 5
債務整理

という選択をとりやすいという目安が立ちます。任意整理を選択する場合でも、負債を一定期間で分割弁済できるだけの収入があるかどうかが判断できます。

さらに、勤続年数や雇用形態によっては、退職金の有無と見込額を確認する手がかりとなります。破産手続開始決定や再生計画認可決定確定時点での自己都合による退職金見込額の8分の1相当額は、破産手続における破産財団を形成すると扱われ、個人再生手続における清算価値算定の基準となります。

また、職種によっては、破産手続を選択した場合、資格の制限を受けることもありますので、具体的な仕事の内容や資格の有無を確認するようにしましょう。

なお、勤務先の確認にあたっては、債権者も相談者の勤務先を把握しているかどうかもあわせて確認しておきましょう。債権者が相談者の勤務先を把握している場合、相談者の給料債権の差押えをされる可能性もありますので、差押えをされる前に債務整理手続を行うべきかどうかも検討事項になります。

（5）資産の確認

相談者がどのような資産を有しているのかを確認することは、債務整理の解決方法の選択にあたって必ず確認する必要があります。債務整理を行う理由は、相談者の負債が資産を超過している場合に、どのように超過した負債を清算するかということにありますので、資産の内容を把握する必要があります。また、破産や個人再生を選択する場合、相談者の資産は裁判所に報告する必要がありますので、破産や個人再生の手続を検討する場合にも、資産を確認することは必須といえます。

以下、各財産の確認にあたっての注意点を記載します。

ア　預貯金

相談者名義の預金口座を確認する必要があります。

可能であれば預金の取引履歴を確認しましょう。

相談時の残高だけではなく、取引履歴を確認することで、相談者が申告し忘れた保険の存在や債権者を確認できる場合もあります。

イ　不動産

相談者の住居が自宅か借家かどうかを確認します。

自宅である場合には、戸建てかマンションかを確認し、戸建ての場合は、敷地が相談者名義かどうかを確認します。

また、自宅の場合には、おおよその評価額と、抵当権の設定された住宅ローンの残額・支払月額を確認しましょう。さらに、住宅ローン以外にも抵当権等の担保物権が設定されていないかも確認しましょう。

　これらの事情は、自宅がオーバーローン物件かどうかの判断に関わり、破産や個人再生を選択する目安となります。

　なお、自宅等の不動産に、どのような抵当権が設定されているのかを正確に理解していない相談者も少なくありませんので、早期に不動産登記簿を確認するようにしましょう。

ウ　自動車・バイク

　所有名義と時価を確認する必要があります。所有名義は車検証を見ることで確認できますが、時価を正確に確認するためには、自動車販売会社や査定協会の査定書（評価書）が必要になります。もっとも、相談時にそこまで用意してもらうことは困難ですから、まずは車種と年式を確認しましょう。国産車で、かつすでに10年以上も経過しているような中古車であれば、通常はほとんど資産価値がないといえます。資産価値がない自動車・バイクであれば、破産をしても、相談者の手元に残すことも期待できます。地方都市で生活している方の場合、自動車がなければ生活できない方も少なくないため、自動車を手放すことになるのではないかということを気にして破産に躊躇する方もいますので、この点は注意しましょう。

　なお、自動車やバイクにローンが残っている場合、通常は所有権留保が設定されています。所有権留保が付いている場合、債務整理を行うと、自動車やバイクが引き上げられてしまうことが通常です。自動車やバイクが引き上げられてしまうと支障を来す場合には、債務整理の通知時期は注意が必要です。

エ　各種保険（生命保険・自動車保険等）

　保険の種類と、積立型か掛け捨て型かを確認しましょう。

　生命保険等で積立型であれば、解約返戻金があることが予想されます。解約返戻金も資産となりますので、確認する必要があります。

オ　売却した場合に20万円以上の価値がある動産

　売却した場合に20万円以上の価値がある動産は、破産申立時には裁判所に報告する必要があります。

　まずは相談者に、数年以内で20万円以上で購入したものがあるかどうかを確

認するようにしましょう。

カ　有価証券（株券・ゴルフ会員権等）

破産や個人再生申立時には時価を裁判所に報告する必要があります。

ゴルフ会員権等は取扱会社のウェブサイト等で評価額を調査することも可能です。

キ　売掛金等の債権

個人事業主からのご相談であれば、売掛金等があることが考えられます。

売掛金等については、内容（債務者・債権の種類）・金額・回収の見込みを確認しましょう。

（6）負債の確認（債権者名・借入時期・最後の返済時期・負債総額）

事前確認事項と重複しますが、直接の面談時には、相談者に債権者の情報が記載された資料（請求書等）を持参いただくことが可能ですので、必ず請求書等と付き合わせて確認するようにしましょう。また、債権者によっては、債権譲渡や組織変更によって、債権者が何度も変更になっていることも珍しくありません。相談者は、最初に借りた時の債権者名しか覚えていないこともありますので、債権者数や負債総額の重複を避けるためにも、各資料と照合していく必要があります。

また、相談者自身が保証人となっていないかどうかも確認しましょう。住宅ローンや事業の運転資金等では保証人が要求されることがあります。相談者から負債を抱えた経緯を確認している中で、自宅の新築や自営業等の話題が出てきた場合には、念のため保証人となっていないかも確認するようにしましょう。

なお、中には、消費者金融や金融機関だけを債権者として報告し、親戚や友人など、個人からの借入れは報告しない相談者もいます。相談者としては、親戚や友人などに迷惑をかけたくないという気持ちから黙ってしまうという方も少なからずいますが、破産などを選択する場合、親戚や友人など特定の債権者だけは破産債権の対象から除外すると問題となってしまいます。そこで、まずはお金を借りたり、もらったりした相手はすべて教えてもらうように説明し、親戚や友人など、個人からの借入れも確認するようにしましょう。

（7）保証人の有無の確認

　債権者の確認の際には、各債権者に保証人がいるかどうかも確認するようにしましょう。

　住宅ローンのように数千万円程度の負債を抱えるケースでは、相談者の配偶者や親族などが保証人となっていることも珍しくありません。

　そして、保証人がいる場合、主債務者である相談者が債務整理を行った場合、債権者の請求が保証人に向かうことが予想されます。相談者によっては、保証人に請求が向かってしまうことを特に気にする方もいますので、保証人の有無を確認するとともに、保証人に債権者の請求が向かった場合、どのような問題があるのかを確認するようにしましょう。

（8）過去の離婚歴

　相談者に離婚歴がある場合、離婚の際の財産分与等の金銭給付が問題となることがあります。

　また、離婚時に未成年者の子がいる場合、養育費の取り決めがあるかどうか、またその金額も問題となります。

　これらの事情は、破産申立時には裁判所に報告する必要があります。

（9）過去の債務整理歴

　今回の相談以前にも債務整理を行ったことがあるかどうかを確認しましょう。

　前回の破産申立による免責確定後、原則7年間は再び自己破産をすることができませんので、この期間制限に抵触する場合には、破産を選択することは難しくなります。

（10）家族構成

　具体的な債務整理の進め方を検討する判断材料として、相談者の家族構成（氏名・続柄・年齢・職業・年収・同居の別・借入の有無・借入額・相談の秘密性）を確認しましょう。

　破産や個人再生の場合、申立人の家族構成や同居の有無等のほか、家族からの援助の有無等を裁判所に報告する必要があります。

Part 5
債務整理

　また、債務整理にあたっての弁済原資や弁護士費用を用意するにあたり、家族からの援助を受けることができる見込みがあるかどうかも検討することができます。

　さらに、家族構成は、相談者とその家族の再建のために、どのような債務整理の方法が適当かを判断する際にも重要です。相談者によっては、債権者に迷惑をかけたくないので、頑なに破産や個人再生を拒否する姿勢を示す方もいます。ですが、家族に進学を予定しているお子様や、病弱な方がいるような場合、近い将来に教育費や医療費がかかることが予想されます。そのような事情があっても、なお破産や個人再生を選択しない方がよいといえるのか、相談者と話し合うきっかけにもなります。

　なお、相談者が債務整理に関する相談を家族に秘密にしている場合には、今後債務整理手続を進めるにあたっても家族に秘密にしたほうがよいかは確認しましょう。相談者によっては、絶対に家族に知られないで債務整理を進める方法はないかと聞いてくる方もいますが、支払督促や訴状など、裁判所からの書類が相談者のもとに送付されてきたり、破産等の申立の準備にあたり同居の家族の収入等が確認できる資料を用意したりする過程で家族に知られてしまう可能性は否定できませんので、絶対に家族に知られずに債務整理を進めることは難しいということを説明することも検討しましょう。

(11) 不利益事項の説明

　すでに述べたように、日弁連の規程により、ⅰ破産手続を選択したときは、法令の定めによる資格等の制限により当該債務者がつくことができない職業があること、ⅱ当該債務者が信用情報機関において借入金返済能力に関する情報を登録され、金融機関からの借入等に関して支障が生じるおそれのあること、ⅲ当該債務者が所有している不動産等の資産を失う可能性があることを説明する必要があります。

　相談者の中には、ⅱの信用情報登録を何とか回避できないかと聞いてくる方もいます。もっとも、債権回収会社から請求されたり、保証債務を履行した保証会社から請求されたりしている場合には、すでに信用情報登録がなされていると考えられますので、信用情報登録を回避する必要性に乏しいことになります（ただし、新たに信用情報が載ることで抹消までの登録期間が延びるというデメリット

はあるので回避の必要性が全くないというわけではありません）。

　また、返済が困難なため債務整理をする必要がある状況にある場合、債務整理をする以外には解決の手段がないので、信用情報登録の回避を考える余地はありません。そのような相談者に対しては、「今後借入れが出来なくなることを心配するよりも、どうしたら再度借り入れないで済むか、生活スタイルの見直しを考える方が良い」などとアドバイスすべきでしょう。

5　法律相談　実践例

　以上を踏まえ、実際の法律相談の場面について、ホワイトボードを使用して整理すると、以下のようになります。

　債務整理分野の場合、1つの債権者に対し、主債務者だけでなく複数の保証人や物上保証が設定されていることがあります。このように、債務者が複数いる場合には、債務者1名が債務整理手続を行うことによって期限の利益を喪失するなどして、他の債務者にも影響が及ぶことがありえます。他の債務者との関係で、どのタイミングで、どのような債務整理方針を選択すべきかが変わってきますので、法律相談では当事者の関係を整理する必要があります。

　また、いつの時点で返済が困難になったと認識したのかも確認する必要がありますので、時系列表を作成する際には、この点もチェックしましょう。

Part 5
債務整理

【ホワイトボードによる法律相談の「型」】

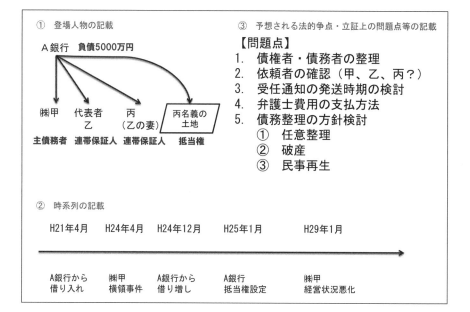

Chapter 4 債務整理の7つのポイント

【債務整理の7つのポイント】

Point 1	受任通知の発送	□ 受任通知の意義・効果 □ 受任通知の記載内容 □ 受任通知の発送時期等
Point 2	債権調査・債務額の確定	□ 取引履歴の開示請求 □ 開示履歴の検討 □ 債務額の確定
Point 3	弁護士費用の支払方法	□ 分割払い □ 第三者からの援助 □ 資産の処分
Point 4	解決方法の選択	□ 任意整理 □ 自己破産 □ 個人再生
Point 5	任意整理	□ 方針決定 □ 債権調査・家計調査 □ 和解交渉
Point 6	自己破産	□ 方針決定 □ 破産手続 □ 免責許可
Point 7	個人再生	□ 方針決定 □ 民事再生の特徴 □ 民事再生手続

　債務整理手続を進めるにあたり、特に検討すべきポイントを7つに整理しました。はじめて債務整理の相談を受ける際に把握すべきポイントとして整理しています。

Chapter

5

ポイント① 受任通知の発送

【受任通知の発送】

① 受任通知の意義・効果	
② 受任通知の注意点	☐ 債務者本人への直接取立禁止の要請 ☐ 過払金の支払請求 ☐ 債務の承認ではないこと ☐ 取引履歴開示請求 ☐ 公正証書作成用の委任状の撤回
③ 受任通知の記載内容	
④ 受任通知の発送時期	
⑤ 受任通知後の取立てへの対応	
⑥ クレジットカードの返却	

1 受任通知の意義・効果

　債務整理を受任する場合、私たち弁護士が最初に行う業務が受任通知の発送になります。

　貸金業法は、弁護士等の受任通知があった後、正当な理由がないのに債権者等が直接本人に債務の弁済を請求してはならない旨を定めています（貸金業法21条1項9号。違反した場合には同法47条の3第1項3号に基づく刑事罰、同法24条の6の4第1項2号に基づく行政処分の対象となります。）。

　したがって、受任通知後は、ほとんどの債権者が依頼者に対する直接の取立てを停止します。

　相談者（債務者）の方にとって、弁護士が受任通知を送付し、債権者からの厳

287

しい取り立てや催促が止まることの効果は、弁護士が思っている以上に大きいようです。債権者からの催促等が止まることで、ようやく落ちついて考えることができる環境をつくることが可能となります。

2 受任通知の注意点

受任通知を送付し、債務整理を開始することは信用情報機関の報告・登録事由に当たります。そして、登録が抹消されるまでの5〜7年間、その信用情報機関に加入している業者は、貸出やクレジットカードの発行を差し控えるのが通常です。なお、弁護士が介入すること自体が報告・登録事項となるか否かは、信用情報機関により異なるようです。

任意整理・破産・個人再生いずれの方法にかかわらず、債務整理を行う旨の受任通知を送付した場合、新たな借入を行うことは難しくなるということは、相談者に事前に説明する必要があります。

また、債務整理の受任通知を行うことは、少なくともその時点からは返済が困難になったことを相談者が認識していることになります。したがって、受任通知後に新たな借入れを行った場合は詐欺的な債務負担と指摘されるほか、受任通知後に特定の債権者にのみ返済をした場合には偏頗弁済と指摘されるおそれがあります。そこで、受任通知後には、新たな借入れも返済もしないよう注意する必要があります。

3 受任通知の記載内容

受任通知の記載内容は、通常の貸金業者等に対する場合やヤミ金融に対する場合、個人の債権者に対する場合等で内容が異なります。もっとも、記載すべき事項はある程度定型化していますので、書式を利用しながら、債権者や状況に応じて適宜修正することで対応可能です。

受任通知の記載内容について注意すべき点を整理すると以下のとおりです。

（1）債務者本人への直接取立禁止の要請

今後の連絡先は代理人宛として、依頼者への取立ては禁止することを必ず記載

しましょう。

（2）過払金の支払請求

　消費者金融等の場合、取引履歴を確認すると過払金が発生していることがあります。そして、過払金返還請求権の消滅時効期間の満了が近づいていることも考えられます。

　そこで、過払金返還請求権の消滅時効の完成を防ぐために、受任通知には、過払金が発生している場合には、その支払いを催告する旨を記載しましょう。

（3）受任通知が消滅時効の更新としての債務の承認ではないこと

　受任通知には、債務承認（民法152条）の趣旨ではないことを明記しておきましょう。

（4）取引履歴開示請求

　債務整理の方針を明確にするためにも、取引履歴を確認する必要があります。そこで、受任通知書には取引履歴の開示請求も明記しましょう。取引履歴の開示請求にあたっては、「債権調査票」を同封する方法もあります。

（5）公正証書作成用の委任状の撤回

　債務者から公正証書用の委任状を徴収した貸金業者がいる場合、受任通知には、後日の執行停止や請求異議手続に備えて、「依頼者が公正証書作成に関する委任をした場合には撤回する」旨を明記しましょう。

4　受任通知の発送時期

　債権者からの取立てを止めるためには、原則として早期に受任通知を送付するべきといえます。

　ただし、弁護士との委任契約書を作成する前に、委任状を取り交わすだけで受任通知を送付することは控えたほうがよいでしょう。依頼者によっては、委任状を取り交わし、弁護士が受任通知を送付して債権者からの督促が止まった段階で、自分の負債を自分の責任で整理していくという自覚を失くしてしまい、その

後の債務整理手続を積極的に行わなくなってしまう方もいます。依頼者の自覚を促し、また弁護士もボランティアではなくプロとして仕事を行うことを認識してもらうためにも、委任契約書の取り決めはしっかりと行った上で受任通知を送付すべきです。

また、債権者が銀行や信用金庫等である場合、受任通知を送付する前には、これらの金融機関から預金を相殺されたり凍結されたりしないよう、預金が払戻済であることを確認しましょう。

さらに、給与や年金等の振込先が債権者である金融機関である場合、給与の振込先口座を債権者ではない別の金融機関の口座に変更するようにしましょう。

5 受任通知後の取立てへの対応

受任通知後の依頼者に対する違法な取立てに対しては、取立てを止めるように警告を発するほか、行政処分の申立てや刑事告訴を検討しましょう。

6 クレジットカードの返却

貸金業者から交付を受けたクレジットカードがあるときは、破棄したカードとカード受領書を同封します。

クレジット会社によっては、受任通知を送付した後、クレジットカードを返却するよう求めてくることがありますが、このような求めがあった場合には協力しましょう。

Chapter 6 ポイント② 債権調査・債務額の確定

【債権調査・債務額の確定】

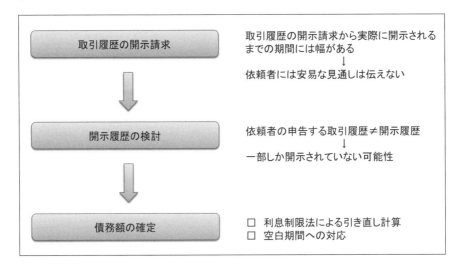

1 取引履歴の開示請求

　債務整理または過払金の返還請求を受任した場合、受任通知書を送付することになりますが、受任通知書には取引履歴の開示請求を明記すべきことは、前項で説明したとおりです。

　取引履歴・債務額を確認することは、任意整理や破産、個人再生のいずれであっても必要な事項です。開示された取引履歴により、最終取引日が明らかになれば、消滅時効援用の可否についても正確に判断することが可能となります。消滅時効の援用が可能であれば、当初は破産方針であっても、破産する必要がなくなることもあります。

　また、特に過払金返還請求権が問題となる場合、具体的な請求金額の算定にあたっては正確な取引履歴を確認することが必須です。

　貸金業法19条の2においては、貸金業者の取引履歴開示義務が認められています。取引履歴が開示されるまでの期間は貸金業者ごとに異なりますが、おおむ

ね1ヶ月程度で開示されます（消費者金融系は早く、信販系は遅い傾向にあります）。貸金業者が取引履歴をすぐに開示しない場合や取引履歴の一部しか開示しない場合には、まずは繰り返し開示請求を行いましょう。

どうしても開示に応じない場合には、財務局、都道府県知事に行政指導の申告をすることも検討しましょう。

2 開示履歴の検討

依頼者の申告する取引履歴と、貸金業者等の開示する取引履歴とが異なることがあります。

このような齟齬が生じる原因として、貸金業者等が一部の取引履歴しか開示していないことが考えられます。

このように、一部の取引履歴しか開示されていないことが考えられる場合には、まず依頼者が未開示部分の取引に関する資料を持っていないか確認しましょう。このような資料がない場合には、依頼者からの事情聴取を繰り返し、記憶喚起に努めましょう。

なお、取引履歴の保存期間は貸金業者ごとに異なり、保存期間を超える部分については開示されません。その場合には推定計算をすることとなりますので、推定計算の参考資料として、取引履歴以外の資料の開示を求めることも考えられます。

3 債務額の確定

（1）利息制限法による引直計算

債務者が利息制限法所定の制限を超える金銭消費貸借上の利息・損害金を任意に支払ったときは、制限を超える部分は民法491条により残存元本に充当され（最判昭39.11.18判時390号8頁）、計算上元本が完済になったときは、その後に債務の存在を知らないで支払った金額（過払金）の返還を請求することができます（最判昭43.11.13判時535号3頁）。そこで、貸金業者等から取引履歴の開示があった場合には、貸付、返済の年月日について、利息制限法による引直計算をし

ます。

引直計算にあたっては、名古屋消費者信用問題研究会等で公表されている引直計算ソフトが参考になります[4]。

（2）空白期間への対応

なお、過払金返還請求権を行使する場合に問題となる点が、取引の空白期間がある場合です。

貸金業者等との取引を継続していったん完済した後、しばらく時間を置いてから再度同一業者から借入れを行うことがあります。

このとき、一度完済した取引と、新たな借入れが同じ一連一体の取引ということであれば、すべての取引を通じて過払金返還請求権を行使できます。一方、以前の取引と新たな借入れは別の取引ということになると、以前の取引の完済時に過払金が発生していたとしても、すでに消滅時効が完成し、過払金の返還請求を行うことはできないという事態が生じます。

このように、取引の空白期間がある場合の対応は、実務上でも大きな問題として取り上げられており、複数の最高裁判決も出ています。最高裁判決からは明確な基準を定立することは困難ですが、形式的に1年の空白があるかどうかだけで判断していると思われる裁判官もいたりします。取引の空白期間による分断が認められると、過払金返還請求の金額も大きく左右されます。空白期間による取引の分断が争点となることが予想される事案では、慎重な調査・判断が必要です。

---

4 http://kabarai.net/index.html

ポイント③ 弁護士費用の支払方法

【弁護士費用の支払方法】

① 返済をとめて分割払してもらう	➤ 利用しやすいがあまりにも長期の分割払いを設定すると債権者からのクレーム等のリスクがある
② 第三者から援助してもらう	➤ 一括援助をしてもらうことで早期の債務整理が可能となる ➤ あくまでも援助であって借りるわけではないことに注意
③ 資産を処分して用意する	➤ 自宅や自動車の任意売却による場合，適正価格による処分かどうかが問題となる（鑑定書の用意等）
④ 法律扶助（法テラス）を利用する	➤ 法テラスの援助要件を満たすかどうか ➤ 予納金までは援助してもらうことができない

　債務整理分野では、過払金返還請求が可能な場合であればともかく、一般的には弁護士費用を支払ってもらうことが難しい傾向にあります。

　そもそも債務超過に陥っているために債務整理を検討しているわけですから、弁護士費用はおろか、依頼者自身の生活費の支払いもままならないことも珍しくありません。

　もっとも、私たち弁護士もボランティアではなく、プロとして仕事をしている以上、仕事の対価として正当な報酬は得なければなりません。また、弁護士費用を適当にしてしまうと、事務所経営にも影響が出るばかりか、弁護士費用をかけてでも債務整理をしてやり直すという依頼者自身の自覚をもってもらうことが難しくなってしまいます。

　弁護士費用を用意してもらう方法としては、①返済を止めて分割払いをしてもらう、②第三者から援助してもらう、③資産を処分して用意する、④法律扶助

Part 5
債務整理

（法テラス）を利用する、などが考えられます。

1　①返済を止めて分割払いをしてもらう

　依頼者が債務超過に陥り、生活費の支払いもままならなくなっている状況の多くは、各債権者に対する毎月の返済に追われているためです。

　そこで、弁護士から受任通知書を送付し、債権者に対する返済を止めることで、依頼者は債権者への毎月の返済から解放されることになります。

　そして、債権者への返済を止めることで生まれた余剰から、弁護士費用を支払ってもらうことが可能となります。

　この場合、依頼者の方で弁護士費用をプールしてもらい、一定額が貯まった時点で支払ってもらうという方法もありますが、受任通知書送付後の手続を進めていく上でも、毎月の分割払いを設定するほうがよいでしょう。月毎に進捗状況報告の機会を設け、その際に弁護士費用を持参してもらうという方法も有用です。

2　②第三者から援助してもらう

　依頼者が親族や友人等、第三者から援助を受けることが期待できる場合には、破産申立費用を援助してもらうことが考えられます。

　①の分割払いの方法は、多くのケースで採用しやすい方法ではありますが、弁護士費用が溜まるまで数ヵ月以上の時間を要することも珍しくありません。債務整理にあまり長時間を要することも決してよいことではありませんので、できる限り早めに弁護士費用が捻出できるのであれば、そちらの方が望ましいといえます。

　ただし、弁護士費用であっても、あくまでも第三者からの援助であって、借入れではないことに注意が必要です。第三者からの借入れとなると、詐欺的な債務負担行為や、債務整理後に返済するということになると偏頗弁済にも当たりかねません。

3 ③資産を処分して用意する

　依頼者が自動車や自宅を有している場合、これらの資産を処分して換金し、その中から弁護士費用を捻出するという方法もあります。

　ただし、自動車や自宅を処分する場合には、適正な金額で処分する必要がありますので、事前に複数の査定書を取り付け、処分価格が適正であることを証明できるように用意しておく必要があります。

4 ④法律扶助（法テラス）を利用する

　依頼者が低収入だったり無収入だったりする場合、弁護士が受任通知書を送付して債権者への返済を止めたとしても、弁護士費用を分割払いすることが困難な場合には、法律扶助（法テラス）の利用を検討しましょう。

Chapter 8 ポイント④ 解決方法の選択

【解決方法の選択】

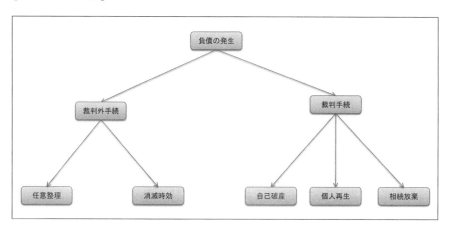

1 債務整理の解決方法

債務整理の解決方法には、裁判外手続である①任意整理と、裁判手続である②自己破産、③個人再生が挙げられます。この3つ以外にも、消滅時効の援用や相続放棄といった方法が挙げられます。

以下では、それぞれの解決方法の特徴と選択の目安を説明します。

2 任意整理の特徴

(1) 任意整理とは

任意整理とは、裁判所を利用せず、当事者間で交渉し、合意によって債務整理を行う方法をいいます。

通常は、①利息制限法に従い引直計算をして残債務額を確定した後、②債務者の弁済原資を設定し、③各債権者の負債額に応じて弁済原資を各債権者に振り分け、④分割または一括による返済案を提案します。

このような交渉を弁護士が代理して行うことになります。

（2）任意整理の特徴

ア　特定の債務のみの弁済が可能

任意整理とは異なり、自己破産や個人再生では、全債務が対象となります。

一方、任意整理では、特定の債務だけを対象として交渉をすることが可能です。

したがって、個人の債権者や勤務先からの借入れ、自動車ローンなどの支払いは続けながら、消費者金融に対する債務だけを対象に任意整理を行うことも可能です。

イ　手続が簡便・コストも低額

また、任意整理は、当事者間での交渉にすぎず、裁判所を利用しない手続のため、自己破産や個人再生のように、複雑な申立書や添付書類を用意する必要はありません。

また、裁判所を利用しないため、自己破産の際に予納する管財人費用や個人再生の際に予納する再生委員の費用を用意する必要はありません。

さらに、任意整理は自己破産や個人再生よりも簡易であるため、弁護士費用も一般に低額で済みます。

ウ　債務圧縮効果は小さい

もっとも、任意整理による場合、負債総額の圧縮はあまり望めません。一括払いによる場合であればともかく、分割払いによる任意整理では、利息制限法上の元金未満に返済総額を減額することは困難です。

相手方が債権回収会社である場合や、相手方との交渉次第では、多少の減額をできることもありますが、過剰な期待は避けるべきです。

したがって、任意整理を選択する場合、依頼者に残元金を完済できる見通しが立つことが必要です。

Part 5

債務整理

3 自己破産の特徴

(1) 自己破産とは

　自己破産とは、支払不能に陥った債務者の申立てにより、最終的には特定の非免責債権を除いて支払いを免れるための裁判上の手続をいいます。

(2) 破産手続

　破産手続は、財産の換価・配当を行う手続です。

　破産手続は、管財手続と同時廃止手続に分かれます。

　管財手続となった場合、裁判所が選任する破産管財人の調査・換価業務に協力しなければなりませんが、自己破産申立人である依頼者にとって何よりも大きい影響は、破産管財人の費用を予納しなければならないということにあります。裁判所によっても運用は異なりますが、数十万円程度の予納を求められる傾向にあります。負債総額が大きかったり、財産関係が複雑であったりする場合には、さらに高額の予納金を求められることもあります。管財事件となった場合、申立代理人となる弁護士の費用だけではなく、管財人の費用も予納しなければならないため、申立人である依頼者の経済的負担が大きくなる上、それだけの費用を用意できる目処が立つかどうかも考えなければなりません。破産申立にあたっては、管財事件とならずに同時廃止で解決する目処があるかどうかも考える必要があります。

(3) 免責手続

　自己破産を選択する最大の理由は、免責許可決定を受けることにあります。

　免責許可決定が確定すると、特定の非免責債権を除いて、破産者は、破産手続開始決定時の債権（「破産債権」といいます）について支払いをしなくてよいことになります。

　裁判所は、免責不許可事由がない場合には、免責許可決定をしなければなりません。また、免責不許可事由がある場合でも、裁判所が諸事情を考慮して免責許可をすることが相当であると判断する場合にも、免責許可決定を得ることができ

ます。

　自己破産を選択する場合には、依頼者である申立人が免責許可決定を得ること
ができるかどうかを見極める必要があります。

（4）自己破産のデメリット

ア　財産の処分

　自己破産を選択する場合、自由財産として認められない財産は手放さなければ
なりません。

　ただし、資産価値がないような物品は、処分の対象とはなりません。例えば、
日用品などは資産価値がないものが大半ですので、身近な日用品などを手放す必
要はありません。相談者のなかには、「自己破産を選択したら、バッグやテレビ、
タンスなど日用品すべてを失ってしまうのではないか」と思っている方もいます
が、よほど高価な物品でない限りはそのような心配はないと説明することも必要
です。

イ　資格の制限

　破産手続開始決定が出ると、免責許可決定が確定するまでの間、一定の資格が
制限を受けます。制限を受ける資格は法定されており、弁護士、公認会計士、税
理士、司法書士、行政書士等の士業のほか、警備業者、警備員などが挙げられま
す。

　もっとも、免責許可決定が確定すると、復権によって資格の制限はなくなりま
す。

ウ　再度の免責許可申立

　免責許可決定が確定した後、7年以内に行われた免責許可申立ては、過去の免
責許可決定の確定が免責不許可事由になります（破産法252条1項10号）。した
がって、短期間で何度も破産申立をしても免責を受けられないことになり、破産
申立をする意義がなくなることになります。

Part 5

債務整理

4　個人再生の特徴

（1）個人再生とは

個人再生とは、支払不能に陥るおそれのある債務者が、法律の定める要件を満たす金額を3〜5年間で返済する計画（「再生計画」）を立て、再生計画が裁判所によって認可されると、債務が減免される制度をいいます。

個人再生を利用することができる人は、住宅ローン、担保付債権のうち回収見込額、罰金等を除く負債総額が5,000万円以下の個人であり、将来において一定の収入の見込みのある者です（民事再生法221条1項）。

再生計画に定める弁済期間は原則として3年間の分割払ですが、特別の事情があれば5年を超えない範囲で延長が可能です。

個人再生手続には、債権者の同意を要する「小規模個人再生」と債権者の同意を要しない「給与所得者等再生」の二つの手続があります（民事再生法221条1項、239条1項）。

（2）小規模個人再生

ア　利用できる者

住宅ローンなどを除く無担保債務が5,000万円以下の個人であり、将来において反復または継続して収入を得る見込みのある個人が利用できます。

イ　債権者の同意が必要

再生計画案の認可には、再生計画案に同意しない旨を回答した債権者が債権者総数の半数に満たず、かつ、その債権額が債権総額の2分の1を超えないことが必要です。

ウ　必要弁済額

小規模個人再生の利用にあたっては、弁済額が以下の①清算価値保障原則、②負債基準額要件を満たすことが必要です。

> ①　清算価値保障原則
> 　弁済総額が破産手続の場合の配当額を下回らないこと

② 負債基準額要件

次のⅰまたはⅱのいずれか高い金額を支払う。

ⅰ 自分の財産を全て処分した場合に得られる金額

ⅱ 負債総額に応じた次の金額

100万円以下の場合：負債総額全部

100万円を超え500万円以下の場：100万円

500万円を超え1500万円以下の場合：負債総額の5分の1

1500万円を超え3000万円以下の場：300万円

（3）給与所得者等再生

ア 利用できる者

住宅ローン等を除く無担保債務が5,000万円以下で、給与またはこれに類する定期的収入を得る見込みのある個人で、その変動の幅が小さいと認められる人が利用できます（民事再生法221条1項・239条1項）。

年間の収入の変動の幅が5分の1以内であれば、変動の幅は小さいと考えられています。

給与所得者等再生を利用できる債務者は、小規模個人再生を利用してもよいことから、両者は自由に選択できます。

イ 債権者の同意は不要

小規模個人再生と異なり、再生計画案認可のために、債権者の消極的同意は必要とされていません。

ウ 必要弁済額

次の①〜③のうち、いずれか最も高い金額を支払う。

① 自分の財産を全て処分した場合に得られる金額

② 負債総額に応じた次の金額

100万円以下の場合：負債総額全部

100万円を超え500万円以下の場：100万円

500万円を超え1500万円以下の場合：負債総額の5分の1

1500万円を超え3000万円以下の場：300万円

③ **自分の可処分所得額（自分の収入の合計額から税金や生活費用として必要と認められた政令で定められた費用を控除した残額）の２年分の金額**

給与所得者等再生の場合、①負債基準額要件、②清算価値保障原則に加えて、③可処分所得額要件を満たす必要があります。

③可処分所得額要件とは、原則として、弁済総額が「１年間当たりの手取収入」から「最低限度の生活を維持するために必要な１年分の費用（最低生活費）」を控除した額の２倍以上であることをいいます。

もっとも、最低生活費が相当低めに設定されていることから、最低弁済額が高額になる傾向にあります。

特に、独身者や高額所得者の場合は可処分所得に基づく最低弁済額は高額になるため、給与所得者再生ではなく、小規模個人再生を選択する方が一般的です。

エ　住宅資金特別条項

住宅資金特別条項は、民事再生であっても、小規模個人再生、給与所得者等再生のいずれであっても利用することができるオプション条項です。

住宅ローンを抱えながらその他の債務の返済が困難ではあるものの、なんとか住宅を維持したいという場合に利用することになります。なお、オプション条項にすぎませんので、利用することが強制されるわけではなく、住宅を維持する希望がない場合には住宅資金特別条項を利用する必要はありません。

住宅資金特別条項を利用する場合、再生計画案の中に住宅ローンの弁済案を入れることになります。もっとも、再生計画では、債務は原則として３年以内に弁済することを要求されますが、住宅ローンの返済は３年間に限定されることはありません。

住宅資金特別条項を利用する場合、債務者は、住宅ローン債権者以外の債権者に対しては再生計画に従った弁済をすることに加え、従来どおり住宅ローンを返済することになります。

5 その他（消滅時効・相続放棄）

（1）消滅時効の援用

　各債権者から取引履歴を取り寄せた結果、最終弁済日から５年以上が経過している場合には、消滅時効を援用することが考えられます。消滅時効の援用にあたっては、受任通知書を送付する際に、消滅時効の更新としての債務の承認ではないことを明記するなどの注意が必要です。

（2）相続放棄

　被相続人が多額の負債を残したまま死亡した場合には相続放棄も検討しましょう。

　相続放棄を検討する際の注意点としては、３ヶ月の熟慮期間を経過したかどうかという点です。相続人が、相続開始後に相続放棄をしなかった理由が、相続財産が全く存在しないと信じたためであり、かつ、このように信じるについて相当な理由があるときには、熟慮期間は相続財産の存在を認識できる時まで起算されないとされています（最判昭59.4.27判時1116-29判例23-1）。

　裁判所によっては、「債権者からの通知があったとき」に相続開始を初めて知ったと主張することで、債権者からの通知があってから３ヶ月以内の相続放棄の申述も受理されることもあります。

6 各手続の選択の目安

　債務整理の解決方法の選択にあたっては、各手続との比較をするとイメージしやすいといえます。

　以下、各手続の選択の目安を説明します。

（1）任意整理の目安

　債務者の収入から生活費を控除した返済可能月額を基準として、おおむね36回（３年）以内で返済できるかどうかが任意整理を選択する目安となります。

Part 5
債務整理

　任意整理はあくまでも当事者間の交渉ですから、厳密な分割払いの期間制限はないのですが、36回以上の分割払いの提案となると、難色を示されることも少なくありません。

　また、3年以上の長期の分割払いとなると、依頼者自身、仕事や体調の変化によって収入が変動する可能性もあり、無理なく返済を続けることができるかというと心もとないところです。

　次に、弁済原資の目安としては、「住居費を引いた月額手取収入の3分の1」といわれています。

　そこで、一般的には、「住居費を引いた月額手取収入の3分の1×36回＞返済総額」であれば任意整理が可能、といえます。もっとも、任意整理の見込みが立つとしても、自己破産や個人再生を選択したほうがより多くの負債を減免できることから、自己破産や個人再生を回避すべき事情がないのであれば、任意整理以外の解決方法も積極的に検討すべきといえます。

（2）自己破産の目安

　任意整理の見込みが立たない場合などには、自己破産を検討することになります。

　自己破産は、債務の支払いを免責されるという経済的に大きいメリットを受けることができる手続ですので、積極的に検討すべきです。

　もっとも、自己破産を選択するにあたり、以下のような障害があることに注意しましょう。

ア　免責不許可事由の存在

　負債の原因がギャンブルや浪費にあるなど免責不許可事由がある場合、自己破産を選択すべきか検討する必要があります。

　自己破産を選択できない場合には、任意整理や個人再生を検討することになります。もっとも、任意整理や個人再生は、自己破産と比べるとどうしても依頼者の経済的負担は大きくなりがちです。場合によっては、裁判所の裁量免責を期待して自己破産申立を選択するということも一つの考え方といえます。ただし、この方針を選択する場合には、依頼者に免責不許可になる可能性があることを事前に説明する必要があります。

イ　不動産などの資産を処分したくない場合

依頼者によっては、自宅等の資産を処分したくないために、自己破産手続の選択に消極的な方もいます。もっとも、自宅等に住宅ローンが残っているところ、住宅ローンの返済さえままならないことも少なくありません。

このような場合には、経済的に考えても自己破産手続を選択することが妥当であること、どうしても自宅等を残したい場合には、親族等の第三者に買い取ってもらうこと方法がないかなどを説明し、納得してもらう必要があります。

ウ　資格制限がある場合

資格制限がある場合には、自己破産手続ではなく、任意整理や個人再生も検討することになります。

もっとも、警備員や保険会社・証券会社の外務員を職業としている場合でも、破産手続開始決定によって必ずしも失職するわけではないことから、自己破産手続の経済的メリットと比較衡量した上で、任意整理や個人再生によるかどうかを選択することもあります。

エ　勤務先からの借入れがある場合

勤務先からの借入れがある場合、破産手続を選択すれば、原則として勤務先の債権も免責の対象となります。

このように、勤務先からの借入れがある場合には、勤務先からの借入れを除いた任意整理の可能性を検討することが多いといえます。

もっとも、収支の関係で、任意整理を選択することができない場合には、勤務先に対する負債も届け出て、自己破産を選択せざるを得ないこともあります。このような場合には、勤務先には事情を説明することもあります。

オ　予納金の不足

管財手続の対象となりうるものの、予納金の用意ができない場合に、自己破産手続を選択するかどうかが問題となります。

管財人費用も含めた予納金は数十万円になることもあり、簡単には用意できない依頼者も少なくありません。

このような事情がある場合でも、なお自己破産を選択すべき場合には、裁判所と事前に協議し、予納金の納付方法を相談したり（分割払いの相談）、予納金の金額を調整してもらうよう相談したりすることが考えられます。

（3）個人再生の目安

ア　自己破産との比較

　依頼者の負債額と返済資力に照らして、自己破産が相当と思われる場合でも、自己破産を選択した場合には免責不許可事由が問題となったり、資格制限が問題なったりするほか、自宅をどうしても処分したくないという場合には、個人再生を検討することになります。

　個人再生を選択する場合には、任意整理と同じように、再生計画を遂行できるだけの返済能力があるかどうかも重要な判断要素となります。

イ　任意整理との比較

　一方、任意整理と比較した場合、任意整理が可能であっても元本カットの可能な個人再生手続のほうが、債務者にとって負債総額を圧縮でき、経済的メリットが大きいといえます。また、任意整理を行っても債権者が同意してくれず、任意整理がうまくいかない場合には、個人再生を検討することになります。

Chapter 9 ポイント⑤ 任意整理

【任意整理】

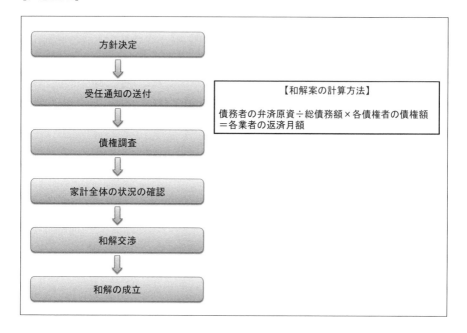

1 方針決定

　任意整理とは、裁判所を利用せず、当事者間で交渉し、合意によって債務整理を行う方法をいいます。
　通常は、①利息制限法に従い引直計算をして負債総額を確定した後、②依頼者の弁済原資を設定し、③各債権者の負債額に応じて弁済原資を各債権者に振り分け、④分割または一括による返済案を提案します。
　このような交渉を弁護士が代理して行うことになります。
　通常は、「住居費を引いた手取り収入の3分の1×36回＞返済総額」であれば任意整理が可能、ということになります。
　もっとも、仮に任意整理の目処が立つとしても、自己破産や個人再生を選択し

たほうがより多くの負債を減免できることから、自己破産や個人再生を回避すべき事情がないのであれば、任意整理以外の解決方法も積極的に検討すべきといえます。

依頼者と十分協議した上で、任意整理を選択するようにしましょう。

2　受任通知の送付

任意整理を選択した場合には、受任した弁護士はできる限り速やかに受任通知を送付すべきです。

なお、受任通知の意義・効果については、**前記chapter 5「受任通知の発送」**をご参照ください。

3　債権調査

受任通知書を送付し、各債権者から取引履歴を取り寄せた後は、債権調査・債務額の確定を行うことになります。

債権調査・債務額の確定については、**前記chapter 5「受任通知の発送」**をご参照ください。

4　家計全体の状況の確認

依頼者の負債総額を確定した後は、依頼者がどの程度の弁済原資を用意できるのかを検討する必要があります。

依頼者の弁済原資を確認する方法として、**次頁のような家計全体の状況**を作成することが挙げられます。

この「家計全体の状況」は自己破産申立をする場合に作成するものですが、任意整理でも依頼者の弁済原資を確認する上で有効な方法といえます。

5　和解交渉

負債総額を確定し、依頼者の弁済原資を設定した後は、各債権者との弁済案の

【家計全体の状況】

家計全体の状況

(令和　　　　年　　　　　月分)

＊申立直前の2か月分の状況を提出します。
＊「他からの援助」のある人は，（　）に援助者の名前も記入します。
＊「交際費」「娯楽費」その他多額の支出は，具体的内容も記入します。
＊「保険料」のある人は，（　）に保険契約者の名前も記入します。
＊「駐車場代」「ガソリン代」のある人は，（　）に車両の名義人も記入します。

収入		支出	
費目	金額（円）	費目	金額（円）
給料・賞与（　申立人　）		家賃（管理費も含む）	
給料・賞与（　配偶者　）		地代	
給料・賞与（　　　　　）		駐車場代（　　　　　　　　　）	
自営収入（　申立人　）		食費	
自営収入（　配偶者　）		上下水道代	
自営収入（　　　　　）		電気代	
年金（　　申立人　　）		ガス代	
年金（　　配偶者　　）		電話代	
年金（　　　　　　）		新聞代	
年金（　　　　　　）		ガソリン代	
生活保護（　　　　　）		（車の名義人　　　　　　　　）	
児童手当			
その他の扶助		医療費	
他からの援助		教育費	
（援助者　　　　　　）		交通費	
サラ金からの借入れ		被服費	
（借入先　　　　　）		冷暖房燃料費	
その他（具体的に）		保険料・掛金	
		（契約者　　　　　　　　　）	
		交際費	
		娯楽費	
		日用品	
		返済（住宅ローン）	
		返済（対業者）	
		返済（親戚・知人）	
		返済（その他）	
		その他（具体的に）	
前月からの繰り越し		翌月への繰越し	0円
収入合計	0円	支出合計	0円

交渉を行うことになります。

　任意整理では、通常は依頼者（債務者）側から和解案を作成し、各債権者に提案することで進めていきます。

　和解案は、以下の計算式で作成することが通常です。

債務者の弁済原資÷総債務額×各債権者の債権額＝各業者の返済月額

6　和解の成立

　各債権者との間で交渉が成立すると、和解書を作成します。

　和解書の作成にあたっては、債権者任せにするのではなく、受任した弁護士側で作成した和解書に、債権者の記名押印を求めるほうが、和解書の解釈で齟齬が生じるおそれを防ぐことができ、妥当といえます。

Chapter 10 ポイント⑥ 自己破産

【自己破産】

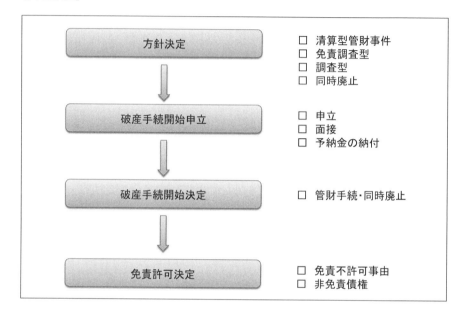

1 方針決定

　自己破産は、債務の支払いを免責されるという経済的に大きいメリットを受けることができる手続ですので、積極的に検討すべきです。

　自己破産を検討するにあたり、自己破産の障害となる事情は、**前記chapter 8「解決方法の選択」**のとおりです。

　なお、自己破産を選択する場合には、今後の破産手続の見通しも検討する必要があります。自己破産手続の見通しを整理すると以下のとおりです。

① 清算型管財事件

　破産法上の原則形態であり、破産管財人を選任した上で配当手続を行う類型です。

Part 5
債務整理

② **免責調査型**

本来は同時廃止決定が見込まれる案件であるものの、免責不許可事由が疑われ、管財手続となる類型です。

③ **調査型**

破産財団に組み込まれる財産の存否、免責不許可事由の有無を確認する必要があるなど、破産管財人の調査が必要と判断される類型です。

④ **同時廃止**

上記①〜④の問題がなく、財産が少ない場合に選択される類型です。

自己破産を選択するとしても、以上のいずれの手続の流れによるかによって、破産手続に要する時間的・経済的負担は大きく異なることになります。

依頼者もこの点はとても気にするところですので、ある程度の見通しは説明しましょう。

2 破産手続開始申立

（1）申立

破産手続開始申立は、最高裁判所規則で定める事項（破産規則2条）を記載した書面で行う必要があります（破産法20条）。

破産開始決定申立書を提出する際には、必要書類を添付します。破産申立に必要な書類は、チェックリスト等を使用して効率的に確認しましょう（裁判所によって異なりますのでご注意ください）。

なお、弁護士がすべて集めることはかえって非効率ですので、依頼者と打合せをする際に、チェックリスト等を示しながら、次回の打合せまでに収集持参してもらう資料を指示していくことが効率的です。

（2）面接

破産手続開始の判断に際して、書面審査のみで判断をするのか、代理人との面接や申立人本人の審尋まで行うかは、裁判所（支部ごと）によって取扱いが異なるようです。

東京地裁本庁では即日面接の運用がされていますが、茨城県内の裁判所では即日面接の運用は一般的ではないようです。

各地の裁判所によって運用が異なりうるということを認識した上で、大まかなスケジュールを把握するために、事前に裁判所に問い合わせることも検討しましょう。

（3）予納金の納付

破産手続開始申立に際し、申立人は手続費用として裁判所が定める金額を予納する必要があります（破産法22条）。

官報公告費用は１万円程度で足りますが、管財手続になる場合には、管財人費用として、少なくとも20万円前後の予納を求められる傾向にあります。

予納金を直ちに納付できない場合には、裁判所と事前に協議し、予納金の納付方法を相談したり（分割払いの相談）、予納金の金額を調整してもらうよう相談したりすることが考えられます。

3　破産手続開始決定

（1）破産手続の開始

裁判所は、破産手続開始原因があると認める場合には、破産手続費用の予納がない、あるいは不当な目的で破産手続の開始申立てがなされたなど、申立てが誠実にされたものではないときを除いて破産手続開始決定をします（破産法30条１項）。

（2）管財手続・同時廃止

破産手続には、破産管財人が選任されて財産調査・配当等を行う管財事件と、破産手続開始決定と同時に破産手続を終了させる廃止決定をする同時廃止事件に分けることができます。

同時廃止事件となるのは、「破産財団をもって破産手続の費用を支弁するのに不足すると認めるとき」に該当すると裁判所が判断した場合です（破産法216条１項）。

同時廃止事件の場合、破産手続そのものは終了し、免責手続だけが続行することになります。

一方、管財事件の場合、破産手続が続行し、破産管財人が破産手続開始決定時に破産者が有する財産の管理処分権限を取得し、配当がされたり、「破産財団をもって破産手続の費用を支弁するのに不足する」場合に該当するとして、破産手続廃止決定がされたりします（破産法217条。「異時廃止」とも呼ばれます）。

管財手続と同時廃止の分類の目安は、前記のとおりです。

4 免責許可決定

（1）免責とは

免責とは、破産者の残債務についての責任を免除することをいいます（破産法253条1項本文、248条以下）。

（2）免責許可申立てについての裁判

免責許可は、一定の免責不許可事由がない限り、必ず発令されます（破産法252条1項）。

裁判所は、免責許可申立に対して、破産管財人の報告・意見や債権者の意見を聞いた上で、免責許可の可否を決定します（破産法250条、251条）。債権者等の利害関係人には、免責不許可事由を裁判所に指摘し、免責許可に不服を申し立てる機会が与えられています（破産法251条）。

（3）免責不許可事由

免責不許可事由とは免責許可決定の消極的要件となる事由をいいます（破産法252条1項1号ないし11号）。免責不許可事由がある場合には、免責許可決定がされないことがあります。

実際に免責不許可事由が問題となる場合としては、以下のようなケースが挙げられます。

① 債権者を害する目的で、財産の隠匿、損壊、債権者に不利益な処分その

他の破産財団の価値を不当に減少させる行為をした場合（破産法252条1項1号）

② 破産手続の開始を遅延させる目的で、著しく不利益な条件で債務を負担し、又は信用取引により商品を買い入れてこれを著しく不利益な条件で処分した場合（破産法252条1項2号）

③ 特定の債権者に対する債務について、当該債権者に特別の利益を与える目的又は他の債権者を害する目的で、担保の供与又は債務の消滅に関する行為をした場合（破産法252条1項3号）

④ 浪費又は賭博その他の射幸行為をしたことによって著しく財産を減少させ、又は過大な債務を負担した場合（破産法252条1項4号）

⑤ 破産手続開始の申立てがあった日の一年前の日から破産手続開始の決定があった日までの間に、破産手続開始の原因となる事実があることを知りながら、当該事実がないと信じさせるため、詐術を用いて信用取引により財産を取得した場合（破産法252条1項5号）

⑥ 業務及び財産の状況に関する帳簿、書類その他の物件を隠滅し、偽造し、又は変造した場合（破産法252条1項6号）

⑦ 虚偽の債権者名簿を提出した場合（破産法252条1項7号）

⑧ 破産手続において裁判所が行う調査において、説明を拒み、又は虚偽の説明をした場合（破産法252条1項8号）

⑨ 不正の手段により破産管財人、保全管理人、破産管財人代理又は保全管理人代理の職務を妨害した場合（破産法252条1項9号）

⑩ 前回の免責許可から7年が経過していない場合（破産法252条1項10号）

（4）裁量免責

　ただし、免責不許可事由がある場合でも、必ず免責不許可となるとは限りません。免責不許可事由がある場合でも、裁判所の裁量による免責を受けることができる場合があります（破産法252条2項）。

　裁量免責の可否に際しては、免責不許可事由の悪質さの程度、金額の多寡、管財業務に対する協力の程度、生活態度の改善等が考慮要素となります。

（5）免責許可決定の効力

免責許可決定は、その確定によって効力を生じます（破産法252条7項）。

免責許可決定の確定によって、破産者は破産債権について支払責任を免れます（破産法253条）。

（6）非免責債権

なお、免責許可決定の効力が及ばない債権があることには注意が必要です。

非免責債権は、以下のものが挙げられます（破産法253条）。

① 租税債権

租税等の請求権とは、「国税徴収法又は国税徴収の例によって徴収することのできる請求権」のことをいいます（破産法97条・253条1項1号）。

② 悪意の不法行為債権

破産者が悪意で加えた不法行為に基づく損害賠償請求権は、悪意の加害者への制裁を緩和するのは適当ではないとの判断から非免責債権とされたものです（破産法253条1項2号）。

「悪意」の意味については争いがありますが、単なる故意ではなく、積極的な害意が必要であるとの考え方が有力です。

③ 故意又は重過失による生命・身体に対する不法行為請求権

破産者が故意又はこれと同視すべき重大な過失により人の生命又は身体を侵害する不法行為を行い、これに基づいて生じた損害賠償請求権は、生命・身体という法益の重大性に照らして、その保護の必要性が特に高いと考えられることから、非免責債権とされたものです（破産法253条1項3号）。

④ 親族間の一定の義務

夫婦間の協力及び扶助の義務（民法752条）、婚姻費用分担義務（民法760条）、子の監護に関する義務（民法766条等）、扶養義務（民法877ないし880条）及びこれらの義務に類する義務であって、契約に基づくものに係る請求権は、保護の必要性が特に高いと考えられたことから非免責債権とされたものです（破産法253条1項4号）。

⑤ 従業員の労働債権

雇用関係に基づいて生じた使用人の請求権及び使用人の預り金の返還請求権

は、被用者の生活保護のために非免責債権とされたものです（破産法253条1項5号）。

⑥　故意に債権者名簿から除外した債権

破産者が知りながら債権者名簿に記載しなかった債権者の請求権は、当該債権者の破産手続参加の機会を確保するために非免責債権とされたものです（破産法253条1項6号）。

⑦　罰金等

罰金等の請求権は、破産者の責任を重視して非免責債権とされたものです（破産法253条1項7号）。

Chapter 10 ポイント⑦ 個人再生

【受任通知の発送】

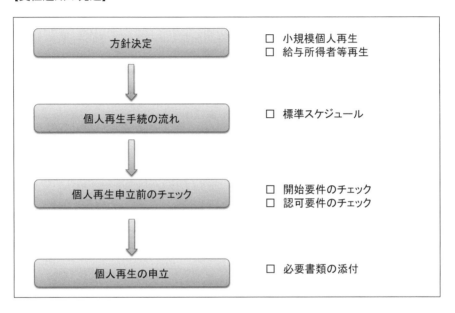

1 方針決定

　個人再生とは、支払不能に陥るおそれのある債務者が、法律の定める要件を満たす金額を3～5年間で返済する計画（「再生計画」）を立て、再生計画が裁判所によって認可されると、債務が減免される制度をいいます。

　個人再生を利用することができる者は、住宅ローン、担保付債権のうち回収見込額、罰金等を除く負債総額が5,000万円以下の個人であり、将来において一定の収入の見込みのある者です。

　再生計画に定める弁済期間は原則として3年間の分割払いですが、特別の事情があれば5年を超えない範囲で延長が可能です。

　個人再生手続には、債権者の同意を要する「小規模個人再生」と債権者の同意を要しない「給与所得者等再生」の二つの手続があります。

個人再生を選択する目安は前記chapter 8記載のとおりですが、改めて特徴を整理すれば以下のとおりです。このような特徴を踏まえ、個人再生を選択するかどうかの判断をしましょう。

（1）債務減免の強制

　任意整理や特定調停と異なり、債務減免と分割払内容を定める再生計画の認可決定が確定すると、これに不服の債権者の債権も、強制的に再生計画に従って権利変更されます。

（2）財産清算不要

　自己破産と異なり、債務者は現に有する財産を清算する必要はなく、そのまま保持できます。また、事業者であれば、事業用設備を清算する必要がないため、そのまま事業を継続することができます。

（3）資格制限なし

　個人再生手続は、警備員になれない等の法律上の資格制限はありません。この点は破産手続との比較で大きなメリットといえます。

（4）住宅ローン返済中の住宅の保持

　自己破産を選択した場合、住宅ローン返済中の自宅は手放すことになります。一方、個人再生を利用し、かつ住宅資金貸付債権の特則を利用すれば、住宅を手離すことなく、住宅ローンを除く債務の減免と原則3年（例外5年まで）の分割払いでの債務整理が可能となります。

2　個人再生手続の流れ

　個人再生手続については、事件の進行管理の観点から、各地の裁判所で標準スケジュールが決められています。

　各地の裁判所ごとによって異なりますので、事前に申立予定の裁判所に確認しましょう。

Part 5
債務整理

3 申立前の準備等

（1）開始要件のチェック

　個人再生の申立を検討する場合には、まず個人再生の開始要件を満たすかどうかを検討する必要があります。

　個人再生の開始要件は、①開始原因があること（民事再生法21条）、②申立棄却事由がないこと（民事再生法25条1号ないし4号）、③小規模個人再生・給与所得者等再生共通の要件（民事再生法221条）、④給与所得者等再生固有の要件（民事再生法239条）が挙げられます。

（2）認可要件のチェック

　次に、個人再生の認可要件を満たすかどうかを検討する必要があります。

　個人再生の認可要件は、①小規模個人再生の場合は民事再生法174条2項及び民事再生法231条2項、②給与所得者等個人再生の場合は民事再生法241条2項、に規定されています（なお、当該条文には「不認可の条件」が規定されています）。

4 個人再生申立

　以上の開始要件、認可要件を満たすことを前提に、個人再生申立書の作成・提出を進めていくことになります。

　個人再生申立にあたっての提出書類を整理すると以下のとおりです。

　なお、各地の裁判所によって異なりうるところですので、提出前には裁判所に確認したほうがよいでしょう。

　個人再生申立を行った後は、裁判所や再生委員の指示に基づいて手続を進めていくことになります（水戸個人再生手続実務研究会『個人再生実務の手引　再生債務者代理人用』44頁以下）。

（1）申立時必要書類

まず、個人再生を行うにあたり、必要な基本書類は以下のとおりです。

---

① 再生手続開始申立書

② 収入一覧

③ 主要財産一覧

④ 陳述書

⑤ 財産目録

⑥ 債権者一覧表

⑦ 再生手続開始申立書の添付書類一覧表

⑧ 委任状（原本）

⑨ 住民票（原本）

⑩ 居住地の土地建物の登記事項証明書（自宅が借家でない場合）（原本）又は賃貸借契約書（自宅が借家の場合）、及び居住証明書（他人の持家ないし借家に居住している場合のみ）（原本）

⑪ 債権者の宛名ラベル：2組

⑫ 決定正本等を郵送により受領することを希望する場合は、再生債務者代理人事務所の宛名ラベル：6組

（2）清算価値算出に必要な書類

清算価値の算出にあたり、必要な書類は以下のとおりです。

---

① 預金通帳等の写し（2年分）

② 貸付金があればその契約書の写し

③ 積立金があればその資料の写し

④ 退職金見込額証明書

⑤ 保険証券の写し、解約返戻金に関する証明書

⑥ 有価証券の写し、時価が分かる資料

⑦ 自動車の車検証の写し、時価が分かる資料

Part 5
債務整理

⑧ 不動産登記事項証明書、固定資産額評価証明書、不動産業者の評価書等
（申立時は1通でよいが、特に評価額が問題となるような事案では、状
況に応じて、追完を求める場合がある）（原本）
⑨ その他の財産的価値があるものがあればその資料
⑩ 水道光熱費の領収書の写し（1ヶ月分）（提出された通帳から引き落と
しが確認できない場合）

（3）小規模個人再生申立時に提出する書類

小規模個人再生を申し立てる場合に、追加で必要となる書類は以下のとおりで
す。

① 確定申告書、源泉徴収票その他の再生債務者の収入の額を明らかにする
書面
② 個人再生委員が指示する書面

（4）給与所得者等再生申立時に提出する書類

給与所得者等再生を申し立てる場合に、追加で必要となる書類は以下のとおり
です。

① 申立人の源泉徴収票の写し（申立ての直近2年分）
② 申立人の課税証明書の写し（申立ての直近2年分、所得税、市町村・県
民税及び社会保険料の額が分かるもの）
③ 直近2ヶ月分の給与明細書の写し
④ 賃貸住宅の場合：賃貸借契約書の写し
⑤ ローン付き住宅の場合：ローン返済明細の写し
⑥ 個人再生委員が求める書面

（5）住宅資金特別条項を利用する場合に提出する書類

　住宅資金特別条項を利用する場合に、追加で必要となる書類は以下のとおりです（民事再生規則102条による添付書類等）。

① 　住宅ローン契約の内容を記載した証書の写し（民事再生規則102条1項1号）
② 　住宅ローン契約に定める各弁済期における弁済すべき額を明らかにする書面（民事再生規則102条1項2号）
③ 　住宅及び住宅の敷地の登記事項証明書（民事再生規則102条1項3号）
④ 　住宅以外の不動産（住宅の敷地を除く）で民事再生法196条（定義）3号に規定する抵当権が設定されているときは、登記事項証明書（民事再生規則102条1項4号）
⑤ 　再生債務者の住宅のうち自己の居住の用に供されない部分があるときは、専ら再生債務者の居住の用に供される部分及び当該部分の床面積を明らかにする書面（民事再生規則102条1項5号）
⑥ 　保証会社が住宅資金貸付債権に係る保証債務の全部を履行したときは、当該履行により当該保証債務が消滅した日を明らかにする書面（民事再生規則102条1項6号）
⑦ 　住宅資金貸付債権についての報告書（住宅資金貸付債権者との事前協議に関するもの）
⑧ 　住宅資金貸付債権の一部弁済許可申立書（民事再生法197条3項、開始決定後も住宅資金貸付債権の弁済を継続する場合）

Part 5
債務整理

参考文献 ─────────────────────────

・茨木茂編著『個人債務整理事件処理マニュアル』（新日本法規出版、2012年）
・東京弁護士会・第一東京弁護士会・第二東京弁護士会編著『クレジット・サラ金処理の手引〔5訂補訂版〕』（東京弁護士会、2014年）
・竹下守夫ほか編『大コンメンタール　破産法』（青林書院、2007年）
・全国倒産処理弁護士ネットワーク編『破産実務Q&A220問（全倒ネット実務Q&Aシリーズ）』（金融財政事情研究会、2019年）
・東京弁護士会倒産法部会編集『破産申立マニュアル〔第2版〕』（商事法務、2015年）
・全国倒産処理弁護士ネットワーク編『私的整理の実務Q&A140問』（金融財政事情研究会、2016年）
・鹿子木康・島岡大雄・舘内比佐志・堀田次郎編『個人再生の手引〔第2版〕』（判例タイムズ社、2017年）
・小林秀之・園尾隆司編『条解民事再生法〔第3版〕』（弘文堂、2013年）
・全国倒産処理弁護士ネットワーク『個人再生の実務Q&A120問──全倒ネットメーリングリストの質疑から』（金融財政事情研究会、2018年）
・水戸個人再生手続実務研究会『個人再生実務の手引〈再生債務者代理人用〉〈個人再生委員用〉〈参考書式集〉〔改訂版〕』（2008年）

労働

Part 6

Chapter

1 本章の目的

1　労働分野の特徴の理解

2　労働分野の手続の流れの理解

3　労働分野の7つのポイントの理解

　労働分野は、労働関連の知識のみならず、各種社会保険制度に対する理解等も求められる、専門性が必要な分野といえます。

　本章では、労働分野の特徴を説明した上で、労働分野を理解するにあたって重要な点を7つのポイントに整理して説明し、最後に、労働手続の流れを紹介します。ここで、労働分野の全体像を把握していただければ幸いです。

Chapter
2 労働分野の特徴

---

1 高度な専門性
2 証拠の偏在化
3 解決方法の多様性

---

1 高度な専門性

　労働分野は、労働法関連の知識のみならず、各種社会保険制度に対する理解等も求められる、高度な専門性が要求される分野といえます。

2 証拠の偏在化

　また、労働分野では、使用者と被用者の対立構造が生じますが、被用者側からすれば、当該労働紛争に関連する証拠が使用者側で管理されているために、容易に収集できないという証拠の偏在化の問題があります。労働者側に立った場合の労働紛争では、いかにして証拠を収集するかという点で悩んでしまうことも少なくありません。

3 解決方法の多様性

　さらに、労働分野では、裁判手続でも保全処分や労働審判、訴訟等の選択肢があるほか、裁判外手続でも労働組合との連携や行政機関の利用、さらに会社内の相談機関の利用等、様々な解決方法を取り得ます。いずれの解決方法を選択することが当該労働紛争の解決にとって最適といえるかは、慎重に検討する必要があります。

Chapter 3 法律相談・受任の流れ

1 法律相談・受任の流れ

【法律相談・受任の流れ】

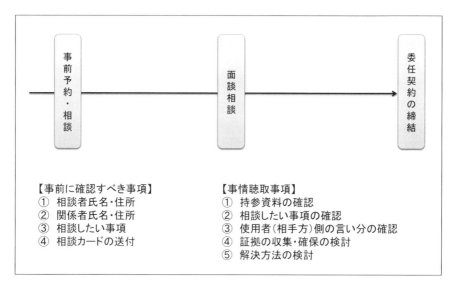

2 法律相談の目的

　法律相談の目的は、相談者に対し、法的観点から見て最適な解決案を提示することにあります。そこで、最適な解決案の模索にあたり必要な事項を確認していく必要があります。

　必要な事項を確認するためには、面談による法律相談だけでなく、事前に相談カードを送付し、必要事項を記入してもらったり、必要な資料を用意してもらったりするなどの準備も有効です。

　労働事件の場合、相談者自身の話だけでは正確なアドバイスが困難であり、法律相談の際にもできる限り客観的な資料を確認する必要があります。例えば、雇

用契約書や労働条件通知書、就業規則などを確認しなければ正確な労働条件等を把握することができません。また、相談者が「解雇された」と訴えていても、会社から提示された書面を見ると、実は合意退職だった、ということも少なからず見受けられます。

このような資料を用意してもらい、適切なアドバイスを行うために必要な事実関係を確認した上で、相談者が弁護士に相談したいポイントがどこにあるのかを見極める必要があります。ただし、漫然と話を聞いていくと、いくらあっても時間が足りないということにもなりかねませんので、**後記chapter 4の「7つのポイント」**の視点を中心に、適宜弁護士側が主導して質問していくことも必要です。

なお、法律相談の結果、事案によっては弁護士に依頼せずに自分で交渉したほうがよいケースもあり得ます。例えば、労働事件の場合、未払賃金の金額が数万円程度のこともあります。このようなケースにおいて、弁護士に依頼した場合に発生する弁護士費用と、解決見通しを伝えた上で、弁護士に依頼するメリットがどこにあるのかを丁寧に説明し、相談者の理解を得ることに努めましょう。

3 事前予約・相談時に確認すべき事項

通常、法律相談は予約をとってから行います。

事前予約は電話やメールで行うことが多いと思いますが、その際には以下の事項を確認しておくようにしましょう。

（1）相談者氏名・住所

相談者の身分関係を確認するため、氏名・住所を確認しましょう。

利益相反のチェックをするためにも、詳細な相談内容を確認する前にこの点を確認しておく必要があります。

（2）関係者氏名・住所

利益相反のチェックをするため、相談者と対立している相手方や関係者の氏名・住所を確認しましょう。

また、労働事件の場合、対立している相手方が職場の上司や同僚であれば、直接対立していない勤務先の会社に対する使用者責任（民法715条）の問題もあり

ますので、必ず勤務先も確認するようにしましょう。

なお、出向先等での労働問題の場合、勤務先である出向元の会社だけでなく、出向先の会社も確認するようにしましょう（出向先の安全配慮義務違反が問題となるケースもありうるためです）。

（3）労働問題の内容

利益相反のチェックが済んだ後に、具体的な労働問題の内容を聞いていくことになります。

労働問題の聞き取りにあたっては、端的に「どのようなことをご相談されたいのでしょうか」とオープンクエスチョンをしてみるとよいでしょう。

もっとも、漫然と話を聞いていくと、いくら時間があっても足りないことになります。労働問題でよく見られる内容は、時間外手当請求や労働条件の切り下げ、不当解雇やハラスメント問題です。そこで、相談者が話をうまく整理できない時には、こちらから後記chapter 4 の「7つのポイント」の視点をもとに、相談したい事項を整理していくようにしましょう。

（4）相談カードの送付等

以上の事案の概要を確認し、相談者が希望すれば、日程を調整して相談日を設定します。

なお、相談の前に、あらかじめ相談カードを送付しておき、法律相談前に記入しておいてもらうと、法律相談を効率的に進めることが可能となります。

次頁の相談カードを適宜改訂して利用してみてください。

また、法律相談にお越しいただく際には、以下の資料を持参いただくよう事前に指示をしておくと、初回の相談を効率的に進めることが可能となります。

---

① 【労働条件】労働条件通知書、雇用契約書、就業規則　等
② 【時間外手当】労働時間管理記録、業務記録、勤務日報、給与明細　等
③ 【会社の処分の理由】懲戒処分通知書　等
④ 【ハラスメント】診断書、写真、メール　等

Part 6
労働

【労働　相談カード】

労働　相談カード　　　　相談日：令和　　年　　月　　日

弁　護　士：	担当事務局：
事　務　所：	・

<table>
<tr><td rowspan="8">ご相談者</td><td rowspan="5">□事業主</td><td>相談日</td><td colspan="3">令和　　年　　月　　日</td><td>旧姓</td><td>性別</td><td rowspan="2">生年月日</td><td colspan="2">（　大・昭・平　　年　）</td></tr>
<tr><td>ふりがな</td><td colspan="3" rowspan="2">改姓されている方は旧姓もご記入ください。</td><td rowspan="2"></td><td rowspan="2">男・女</td><td colspan="2">（　西暦　　　　年　）</td></tr>
<tr><td>氏　名</td><td>　月　　日　（　　歳）</td></tr>
<tr><td>社名等</td><td colspan="3"></td><td colspan="2">事業形態</td><td colspan="3">□ 会社　□ 個人事業主　□その他</td></tr>
<tr><td>代表者名</td><td colspan="3">□ ご相談者と同じ</td><td colspan="2">担当者名</td><td colspan="3">□ ご相談者と同じ</td></tr>
<tr><td rowspan="3">□個人</td><td rowspan="2">連絡先
□代表者
□担当者</td><td colspan="6">TEL:　　（　　　）　　　　FAX:　　（　　　）　　　　　　携帯:　　（　　　）</td></tr>
<tr><td colspan="6">E-mail(PC):　　　　　　　　　　　E-mail(携帯):
メールマガジン・ニュースレター等の配信をしてもよろしいですか？　□ はい　□ いいえ</td></tr>
<tr><td>住所</td><td colspan="6">〒　　－
　　　　都道府県　　　市・区　　　　　　　　　　　※マンション名・アパート名までご記入ください。　　□一人暮らし
□同居人あり
□会　　社</td></tr>
</table>

※当事務所からご連絡申し上げる場合に、上記連絡先に連絡してもよろしいですか。□連絡してもよい。□連絡して欲しくない。
【連絡時】事務所名: 可 / 不可　事務所名での留守電メッセージ: 可 / 不可

相談項目	□残業代請求　□不当解雇・退職強要　□セクハラ・パワハラ　□労働条件の不利益変更 □労災対応　□その他（　　　　　　　　　　　　　　　　　　）

<table>
<tr><td rowspan="11">相手方</td><td rowspan="6">□事業主</td><td>住所</td><td colspan="4">〒　　－
　　　都道府県　　市・区</td></tr>
<tr><td>社名等</td><td colspan="2"></td><td>事業形態</td><td>□ 会社　□ 個人事業主　□その他</td></tr>
<tr><td>代表者名</td><td colspan="2"></td><td>担当者名</td><td></td></tr>
<tr><td rowspan="2">連絡先</td><td colspan="4">TEL:　　　　　　　　　FAX:　　（　　　）　　　　携帯:　　（　　　）</td></tr>
<tr><td colspan="4">E-mail(PC):　　　　　　　　　E-mail(携帯):</td></tr>
<tr><td>（業種／事業内容）</td><td colspan="4"></td></tr>
<tr><td rowspan="4">□個人</td><td>ふりがな</td><td colspan="2"></td><td colspan="2">（TEL・居所等）</td></tr>
<tr><td>氏　名</td><td colspan="2"></td><td>連絡先</td><td></td></tr>
<tr><td>現勤務先</td><td colspan="2"></td><td>TEL:　（　　　）
FAX:　（　　　）</td><td></td></tr>
<tr><td>相手方との関係</td><td colspan="4">□ 取引先　□現・元従業員 □ 関係者 □ その他</td></tr>
</table>

（具体的な相談内容）

アンケートにお答えください。　●当事務所をどのようにしてお知りになりましたか。
□検索サイト（googl e・yahoo・弁護士ドットコム・その他（　　　　　　　　　）））□NTT電話帳　　□テレビ・ラジオ
□紹介（　　　　　　　　　　　　）□雑誌　　　□店頭設置チラシ　　□その他（　　　　　　　　）
※ご協力いただき誠にありがとうございました。

4　面談相談時に確認すべき事項

　面談相談にあたり、確認すべき事項は以下のとおりです。

　なお、労働分野の相談では、相談者が勤務先での紛争のために精神的に疲弊しており、うつ病等に罹患しているケースも少なくありません。このようなケースでは、相談者の心情にも配慮しながら、根気強く話を聞く姿勢が大切です。もっとも、限られた法律相談の時間を充実させるために、初回の法律相談では、**後記chapter 4 の「7つのポイント」**の視点を踏まえ、弁護士が率先して事案の整理をしていくことも必要です。

（1）持参資料の確認

　法律相談のご予約の際、前記3に記載した各資料を持参いただくよう指示している場合、持参資料を確認するようにしましょう。

　事前に法律相談カード等を記入してもらっている場合には、相談者もあらかじめ相談したい事項を整理していることが通常ですから、資料を確認しながらスムーズに打合せを進めていくことが可能です。

　また、相談者は決して法律の専門家ではありませんので、相談者自身に作成してもらった資料を過信することなく、改めて弁護士サイドで確認するようにしましょう。

（2）相談したい事項の確認

　持参資料を踏まえ、改めて相談者の相談したい事項（労働問題の内容）を確認しましょう。

　相談者が訴える労働問題が、勤務先の特定の個人を相手方にしているものであったとしても、勤務先の会社に対して使用者責任（民法715条）を追及することも考えられる場合があります。このようなケースでは、相談者と十分話し合い、勤務先の特定の個人だけでなく、勤務先の会社に対しても責任を追及するかどうかを検討するとよいでしょう。ただし、特定の個人だけでなく、勤務先の会社まで相手方とすると、会社全体を敵に回してしまい、今後も会社で勤務することが難しくなることが懸念されます。また、特定の個人に対する責任追及を行う際、

Part 6
労働

勤務先の会社から協力を得ることが難しくなることも懸念されます。紛争の全体的な解決という観点から、特定の個人だけでなく、会社に対しても責任追及をするかどうかは慎重に検討する必要があります。

（3）使用者（相手方）側の言い分の確認

相談したい事項（労働問題の内容）を確認しましたら、使用者（相手方）側の言い分を確認するようにしましょう。

例えば、労働条件の切り下げの場合、使用者側から何らかの処分の理由の説明があることが通常です。そして、使用者側の処分の理由の説明は、後日変わっていくことも珍しくありませんので、相談に来た早い段階で処分の理由を確認しておく必要があります。

ただし、使用者側の処分の理由が書面等で示されているのであればよいのですが、相談者の主張だけであれば、あくまでも参考程度にとどめておき、鵜呑みにするべきではありません。例えば、前記2で述べたように、相談者が「解雇された」と訴えていても、会社から提示された書面を見ると、実は合意退職だった、ということもあります。このような場合、相談者の主張だけを鵜呑みにしていると、労働問題解決の見通しも変わってきてしまいます。

（4）証拠の収集・確保の検討

次に、相談者の相談したい事項（労働問題の内容）に関連する資料が十分にあるかどうかを検討しましょう。

例えば、労働条件の切り下げに関する相談であれば、当初の労働条件の内容を確認するために、労働条件通知書や雇用契約書を確認する必要があります。その他、就業条件が問題となっている場合であれば、就業規則や賃金規程等を確認する必要もあります。

これらの資料（証拠）が相談者の手元にあり、相談時に持参してもらうことが可能であればよいのですが、相談者の手元にもない場合には、これらの資料（証拠）を収集することが可能かどうかを検討する必要があります。就業規則は従業員が閲覧できる状態に置かれていなければなりませんが、実際には閲覧できるような状態で置かれていないことも珍しくありません。同様に、労働条件通知書や雇用契約書も、そもそも入社時に交付されていないケースもあります。

また、時間外手当請求が問題となるケースでも、勤務時間が確認できる労働時間管理記録等が従業員では入手できないこともあり得ます。

　このような場合、資料（証拠）を収集するよう相談者にお願いしても入手は困難ですので、別の方法を考える必要があります。弁護士が代理人として介入し、受任通知とともに資料を開示するよう求めることで、会社から任意に開示してもらうことができるケースもありますが、必ずしもこのようなケースばかりではありません。そもそも、弁護士が介入して受任通知を送付した場合、資料を改ざんされたり、破棄されたりされるおそれがあるケースもあります。このように、資料の改ざん等のおそれがある場合には、証拠保全申立をすることも考えられます。

（5）解決方法の検討

　相談された労働問題に関連する資料（証拠）等の確認を踏まえ、最後にどのような解決方法を選択するべきかを検討します。なお、前記(1)～(4)までの事項は、相談者にとって適切な解決方法を検討・提案するために確認するものですので、相談内容によっては、解決方法の検討・提案の方が時間を要することもあります。

　労働問題では、解決方法は大きく分けて裁判外手続と裁判手続に分類できます。裁判手続は、裁判外手続と比べると経済的負担や時間を要する傾向にあります。また、裁判手続を選択する場合、複雑な法律解釈や裁判手続が関係してきますので、弁護士に依頼することが多いといえます。この場合、弁護士費用の問題も生じますので、弁護士費用や時間的負担を踏まえて、裁判手続を選択することでよいのかどうかも説明する必要があります。

　裁判手続まで選択することに躊躇があるようなケースでは、裁判外手続から進めることもあります。例えば、労働基準監督署による調査等は、実効性に疑問があるケースも少なくありませんが、費用はかからない上、迅速に対応してもらうことができることもありますので、相談者にとっては負担が少なくて済むため、まず利用してみてもよいでしょう。

5　法律相談　実践例

　以上を踏まえ、実際の法律相談の場面について、ホワイトボードを使用して整

Part 6
労働

理すると、以下のようになります。

　労働分野の場合、勤務先の会社だけでなく、ハラスメントが問題となるケースでは上司や同僚等も相手方当事者となることがあります。

　また、労働分野の場合には、労働条件がどのようになっているのか、どのような処分を受けたのか、を時系列に沿って整理する必要があります。

　どのような手順を踏まえて懲戒処分がなされたのかを整理する必要があります。

【ホワイトボードによる法律相談の「型」】

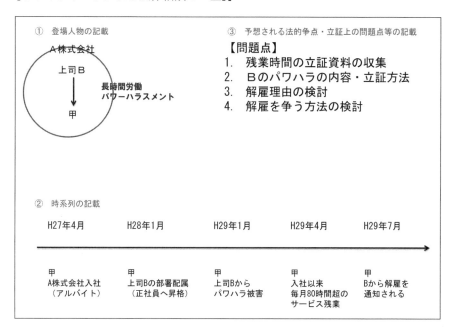

Chapter 4 労働問題の7つのポイント

【労働問題に関する7つのポイント】

Point 1	時間外手当に関する問題	□ 適用除外者 □ 労働時間の考え方 □ 時間外手当の請求
Point 2	労働条件・労働環境に関する問題	□ 労働条件切り下げへの対処 □ 退職金不払・減額への対処 □ セクハラ等への対処
Point 3	労働契約の終了に関する問題	□ 労働契約終了の分類 □ 退職勧奨等への対処 □ 解雇の対処
Point 4	解決手続の選択	□ 解決手続の種類 □ 裁判外手続 □ 裁判手続
Point 5	保全処分の利用	□ 仮差押 □ 仮処分 □ 保全処分の終了
Point 6	労働審判の利用	□ 労働審判の流れ □ 労働審判の審理 □ 労働審判の終了
Point 7	訴訟の利用	□ 訴訟の流れ □ 訴訟の審理 □ 訴訟の終了

　労働問題を進めるにあたり、特に検討すべきポイントを7つに整理しました。労働問題では、労働契約の開始から終了に至るまで、様々な問題が生じるため、今回取り上げたポイントは労働問題全体の一部にすぎません。実務上、特に相談が多い労働問題に絞った上で、労働問題の解決手続の選択を中心に整理してあります。

Chapter 5 ポイント① 時間外手当に関する問題

【時間外手当に関する問題】

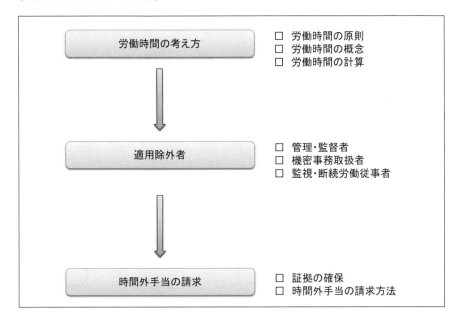

　実務上、労働問題に関する相談でよく見られる分類の1つが、時間外手当に関するものです。「残業代請求」とも呼ばれています。
　時間外手当請求の相談の特徴は、時間外手当請求のことだけで相談に来ることは稀であり、たいていその他の相談とあわせて問題となることが多いといえます。勤務先での仕事を続けようと考えている最中は、違法なサービス残業を強いられていても、勤務先とトラブルになることを避けるために時間外手当を請求しようとしないのですが、勤務先とトラブルになり、勤務先を辞めることになってもかまわないと考えたときに、時間外手当の請求を考え始める傾向にあります。
　したがって、時間外手当に関する相談は、その他の労働問題に関する相談とともに受けることが多いため、労働問題に関する相談の中でもよく見られるものといえます。最近では、ブラック企業の問題などがよく取り上げられるようになり、相談者も時間外手当が適切に支払われているかどうかを気にする方が増えて

います。もっとも、相談者が、「長時間労働を強いられていたので、時間外手当（残業代）は認められますよね」等と聞いてきたときに、安易に時間外手当（残業代）が認められるなどと答えることは禁物です。以下に述べるように、時間外手当が認められる要件を満たすかどうかを検討する必要があります。

1 労働時間の考え方

（1）労働時間の原則

労働時間の考え方は、労働基準法で規定されています。

労働基準法では、労働時間の上限と例外、休日の原則と例外、休憩・年次有給休暇等が規定されています。

労働時間に関する原則は、以下の3つに整理できます。

---

①1日8時間、週40時間
②休日は週1回以上
③実労働時間で算定

（2）労働時間の概念

ア 労働時間

労働時間とは、使用者の指揮命令下で労働力を提供した時間をいいます。

労働時間の考え方について注意すべきことは、①実際に作業に従事した時間、以外にも、②作業の準備や後片付けをしている時間、③待機している時間も、労働時間に含まれるということです。

例えば、作業服の装着、準備体操場までの移動、始業時間前の資材の受け出し、実作業の終了後の片付けにかかる時間も労働時間に含まれます（最判平12・3・9民集54巻3号801頁［三菱重工業長崎造船所事件］）。

また、警備会社等で問題となることがありますが、作業途中で次の作業のために待機している時間や、仮眠時間とされていても、必要があればすぐに対応することが義務付けられている時間も、労働時間に含まれます（最判平14・2・28

民集56巻2号361頁［大星ビル管理事件］）。

イ　労働日

労働契約では、働くことが義務付けられている日が「労働日」、働くことが義務付けられていない日が「休日」とされます。

労働基準法は、週1日以上の休日を置き、現実に休ませることを要求しています（労働基準法35条1項）。これを「法定休日」といいます。

また、「法定休日」と対になる概念として、「法定外休日」というものがあります。「法定外休日」とは、法定休日に加えて付与される休日をいいます。例えば、祝日や、土日の週休2日制の土曜日等がこれにあたります。

ウ　残業

そもそも、残業させることは原則として認められません。

残業が認められるのは、①災害等による臨時の必要がある場合（労働基準法33条）と、②36協定が締結され、労働基準監督署長に届出をしている場合（労働基準法36条1項）に限られます。

そして、残業は、①法外残業と②法内残業の2種類に分けることができます。①法外残業とは、法定労働時間（8時間）を超える労働（「時間外労働」）をいい、②法内残業とは、所定労働時間（例えば6時間）を超えるものの、法定労働時間（8時間）を超えない労働（例えば7時間のうちの1時間）をいいます。

エ　休日労働

休日労働とは、法定休日における労働のことをいいます。

休日振替とは、定められた休日と所定労働日を事前に変更することをいい、振替の結果休日とされた日を振替休日といいます。

一方、代休とは、事前に休日の変更をせず、「休日労働」させた代わりに後日、所定労働日の労働義務を免除して休ませることをいいます。

オ　深夜労働

深夜労働とは、深夜労働時間帯（原則として22時から5時まで）の労働のことをいいます。

深夜労働には割増賃金請求権があります（労働基準法37条4項）。

また、残業として深夜労働をした場合には別途、残業に対する割増賃金請求権もあります（労働基準法施行規則20条）。

カ　36協定

36協定とは、時間外・休日労働に関し、事業場の労働者の過半数を組織する労働組合、そのような組合がない場合には事業場の労働者の過半数を代表する者と使用者との間で、書面の協定をし、労働基準監督署長への届出がされた場合に、例外的に時間外・休日労働が可能とする協定のことをいいます（労働基準法36条）。

労働基準監督署への届出が要件となりますので、届出を怠った場合には36協定の効力は生じません。

（3）残業代の計算

このような点を踏まえて残業代を計算していくことになります。

残業代の基本的な計算方法は、所定賃金から時給を換算し、労働時間数と割増率を掛けていくことになります。

ア　時間外・休日労働

> 所定賃金÷月間所定労働時間×（1＋割増率(0.25または0.35)）×時間外労働時間数

イ　深夜労働（残業の場合）

> 所定賃金÷月間所定労働時間×（1＋割増率0.25＋0.25)）×深夜労働時間数

なお、割増率は労働時間帯によって異なります。割増率を整理すると以下のようになります。

種類	割増率
時間外労働	25％以上
休日労働	35％以上
深夜労働	25％以上
時間外・深夜労働	50％（25％＋25％）以上
休日・深夜労働	60％（25％＋35％）以上

Part 6
労働

また、2023年4月1日以降は、中小企業についても、1か月について60時間を超えて時間外労働をさせた場合には、その超えた時間の労働について、法定割増賃金率を現行の25％以上の率から50％以上に引き上げられることにご留意ください。

2 適用除外者

以上のように、労働時間の考え方等について説明してきましたが、労働基準法における労働時間や休憩、休日に関する規定は、以下の者（「適用除外者」といいます）には適用されません（労働基準法41条）。

> ①労働基準法別表第一第六号（林業を除く）又は第七号に掲げる事業に従事する者（農業、畜産、水産業の事業に従事する者）
> ②事業の種類にかかわらず監督若しくは管理の地位にある者又は機密の事務を取り扱う者
> ③監視又は断続的労働に従事する者で、使用者が行政官庁の許可を受けたもの

これらの類型に該当する場合には、労働基準法に基づく時間外労働、休日労働、そしてこれに関する割増賃金を請求することができません。

ただし、適用除外者であっても、深夜に関する規定や、年次有給休暇の規定は適用されます。

実務上、もっともよく問題となる類型は、②「管理・監督者」です。以下、それぞれの類型について説明します。

（1）管理・監督者

「監督若しくは管理の地位にある者」（以下「管理・監督者」といいます）とは、労働条件の決定その他労務管理について経営者と一体的立場にある者をいうとされています。そして、名称にとらわれず、実態に即して判断すべきであるとされています（昭和22年9月13日発基17号等）。

管理・監督者に該当するかどうかは、以下の判断要素に照らして検討します。

①職務の内容、権限、責任

②出社・退社等についての自由度

③その地位にふさわしい処遇等

　なお、管理・監督者に該当するといえるためには、上記3つの判断要素をすべて満たす必要があるとされています。したがって、管理・監督者性を否定する場合には、上記3つのいずれか1つでも否定できればよいことになります（ただし、実際の訴訟等では、会社側は総合考慮して判断すべきであると主張してくることが少なくありません）。

　また、管理・監督者といえるかどうかは、名称にこだわらないという点も重要です。例えば、肩書では部長職であったとしても、勤務実態にかんがみれば、全く裁量等が認められていない場合には、管理・監督者とはいい難いといえます。

　管理・監督者性が争われた裁判例は多数ありますので、必ず類似の裁判例がないか調べるようにしましょう。

（2）機密事務取扱者

「機密の事務を取り扱う者」とは、「秘書その他職務が経営者又は監督もしくは管理の地位に在る者の活動と一体不可分であって、厳格な労働時間管理になじまない者」をいうとされています（昭和22年9月13日発基17号）。

（3）監視・断続労働従事者

　監視従事者は、「監視に従事する者は原則として一定部署に在つて監視するのを本来の業務とし常態として身体又は精神緊張の少いもの」を指します（昭和22年9月13日発基17号）。

　断続労働従事者は、「休憩時間は少いが手持時間が多い者」を指します（昭和22年9月13日発基17号）。

Part 6
労働

3 時間外手当の請求

（1）証拠の確保

労働時間の考え方や、適用除外者の該当性を検討した上で、時間外手当が発生していると思われるケースでは、実際に時間外手当を請求することを検討します。

時間外手当の請求にあたっては、まず、所定賃金と、実際に働いた時間が確認できる資料（証拠）を収集・確保する必要があります。

所定賃金は給与明細等で確認することができるため、資料の用意はそれほど難しくありません。

問題は、実際に働いた時間が確認できる資料です。

使用者には実際の労働時間数を把握すべき義務がありますが、実際にはそれが十分になされていないことが珍しくありません。

そこで、タイムカードやパソコンソフトを立ち上げた時刻の記録、ICカード乗車券利用明細の時刻等で実労働時間数を確認することもあったりします。

また、タイムカードを使用者側が開示してくれればよいのですが、開示に応じてくれない場合には、証拠保全手続も検討しなければならないこともあります。

さらに、残業代に関する規定がないかチェックするために、就業規則等も確認する必要があります。

残業代請求を検討する際には、事前にこれらの資料をチェックしておく必要があります。

（2）時間外手当の請求方法

このような資料を収集した上で、残業代請求をする方法としては、①交渉、②労働審判、③訴訟等が考えられます。

①交渉では、請求書を送付し、こちらが要求する残業代を求めていくことが一般的です。ですが、請求書の送付だけでは使用者側も対応してこないことも考えられます。

そこで、①交渉ではうまくいかない場合には、②労働審判による解決も検討す

345

る必要があります。労働審判は原則として３回の期日で解決することが予定されており、③訴訟と比べて迅速に手続を進めることができます。

　なお、②労働審判でも合意に達することができない場合には、③訴訟に移行することになります（労働審判を経ずに直接本訴をすることも可能です）。ただし、③訴訟に移行する場合には別途訴訟費用（裁判所に納める印紙代等）がかかるほか、解決まで長時間を要するため、この手続を選択すべきかどうかはよく検討する必要があります。

ポイント②　労働条件・労働環境に関する問題

【労働条件・労働環境に関する問題】

- 労働条件切り下げへの対処
  - ☐ 労働条件変更の原則
  - ☐ 就業規則の作成・変更
  - ☐ 労働協約の締結
  - ☐ 降格・配置転換
  - ☐ 個別査定

- 退職金不払・減額への対処
  - ☐ 退職金の性質
  - ☐ 退職金の支払時期
  - ☐ 退職金の不支給・減額

- セクハラ・パワハラ等への対処
  - ☐ ハラスメントの典型例
  - ☐ 違法性の判断基準
  - ☐ 使用者の防止義務
  - ☐ セクハラ・パワハラ等への対処

　次に、労働問題に関する相談でよく見られる分類として、労働条件や労働環境に関する問題があります。

　例えば、人事異動や降格処分に関する相談のほか、職場内でのトラブルを理由とした退職金の不払や減額に関する相談、セクハラやパワハラに関する相談等です。

　時間外手当の問題は、本来会社側が支払うべき賃金を支払わないという消極的姿勢が問題となりますが、労働条件や労働環境に関する問題は、会社側が何らかの処分等によって発生するものであり、いわば積極的な言動が問題となります。

　労働条件や労働環境に関する問題は、口頭であれ書面であれ、会社側から何らかの働きかけがあることが多い傾向にあります。そこで、これらの問題を検討するにあたっては、会社側がどのような処分を、どのような理由で行ったのかを記録・証拠化しておくことが大切です。

以下、それぞれの労働問題に応じてポイントを整理していきます。

1 労働条件切り下げへの対処

（1）労働条件変更の原則

ア　労働者の同意のない変更の効力

そもそも、労働条件は、労働者と使用者の合意に基づき決定されるのが原則です（労働契約法3条1項）。

そして、労働条件の変更も、労使の合意に基づいて行われることが原則です（労働契約法8条）。

実際には、労働者の同意を得ることもなく、使用者が一方的に給与を引き下げたりするケースが見受けられますが、このような労働条件の変更は無効となります。

そして、労働条件の変更が無効であれば、労働者は引き下げ前と同じ労働条件で働くことが可能です。

イ　労働条件の変更に対する異議を述べない場合

なお、使用者との立場や力の差を意識してしまい、異議を述べることができなかったというケースもあります。

このような場合、労働条件の変更について、黙示の同意があったとみなされてしまうこともありますので、注意が必要です。

ウ　労働条件の変更に対する同意を迫られている場合

そもそも、労働者には同意する義務もなければ、即答する義務もありません。そこで、まずはその場で回答せず、「いったん考えさせてください」等と言って回答を留保するようアドバイスしましょう。その上で、使用者から労働条件を変更する理由を確認したり、同意の求め方が威圧的ではないかどうかをチェックしたりするべきです。場合によっては、この段階で労働組合や労働基準監督署等に相談するようアドバイスすることも検討しましょう。

エ　労働条件の変更に同意してしまった場合

仮に、相談者がすでに労働条件の変更に同意してしまった場合でも全く対策がないわけではありません。

Part 6
労働

　まず、使用者との合意内容が法令や就業規則、労働協約に違反していないか検討するべきです。

　また、同意するにあたり、使用者から脅かされたり（強迫）、嘘をつかれたり（詐欺）したなどという事情があれば、取消を主張できることもありますので、このような事情がないか確認する必要があります。

（2）就業規則の作成・変更による労働条件切り下げ

ア　就業規則の作成・変更の場合

　使用者が労働条件を切り下げる方法として、就業規則を新たに作成したり、変更したりする場合があります。

　このような場合、労働者がそのような就業規則を受け入れなければならないのかどうかが問題になります。

　就業規則の新たな作成や変更の場面では、主に以下の点を検討する必要があります。

---

①法律上必要な手続がとられているかどうか
②作成又は変更に合理性が認められるかどうか
③法令又は労働協約に違反していないかどうか

イ　法律上必要な手続

　就業規則の作成や変更において法律上必要な手続を挙げると、以下のとおりです（労働契約法10条、労働基準法89条・90条）。これらの手続に問題がないか確認する必要があります。

---

①過半数代表者の意見聴取
②労働基準監督署への届出
③労働者への周知

ウ　具体的な対処

　実際に就業規則が新たに作成されたり変更されたりした場合、まずは変更前の就業規則と変更後の就業規則を比較検討することからはじめましょう。

次に、法律上必要な手続がとられたかどうか（過半数代表者からの意見聴取が行なわれたかどうか、労基署への届出がされたかどうか等）をチェックします。

そして、就業規則の作成や変更に合理性があるかどうかを判断するために、使用者に対し、就業規則の作成や変更の必要性について説明を求めることを検討します。

また、労働組合が結成されている場合には、使用者と団体交渉を行なうことも考えられます。

（3）労働協約締結による労働条件切り下げ

使用者と労働組合との間で労働協約が締結された結果、労働条件が不利益に変更される場合もあります。

このような場合、当該組合の組合員は、原則として協約の定めた労働条件の適用を受けることになります。

もっとも、労働協約を締結したからといっても、無制限に労働条件を切り下げることができるわけではありません。労働協約による労働条件の切り下げが限界を超えた場合には、無効と判断されるケースもあります。

また、労働協約の効力は、労働協約を締結した組合の組合員にだけ適用されることが原則です。したがって、果たして自分にも労働協約が適用されるのか検討する必要があります。

（4）降格・配置転換を理由とした労働条件切り下げ

ア　降格を理由とした労働条件の切り下げについて

「降格」とは、役職や職位、資格を引き下げる措置をいいます。

そして、降格は賃金の減額を伴うことが通常です。

降格には以下のような種類がみられます。

i　懲戒処分としての降格

労働者の秩序違反行為に対する制裁としての降格処分です。

懲戒処分として行なわれるわけですから、懲戒処分の有効性を満たす必要があります。そこで、懲戒処分としての降格の有効性を争う場合には、懲戒処分の要件を満たすかどうかを検討する必要があります。

ii　人事上の措置として行なわれる役職・職位の引き下げ

人事権として行なわれますが、人事権も無制限に認められるものではなく、人事権の濫用として無効と判断されるケースもあります。

そこで、人事上の措置として行なわれた場合には、濫用と言える余地がないか検討する必要があります。

iii 職能資格制度における資格や等級の引き下げ

職能資格制度を利用した引き下げの場合、就業規則の規定が必要になります。そこで、そのような就業規則があるかどうかを検討する必要があります。

イ 配置転換を理由とした労働条件の引き下げについて

役職や職位等の引き下げではなく、配置転換（職務内容の変更）を理由に賃金を切り下げるケースもあります。

ですが、単なる職務内容の変更に伴う賃金の切り下げは、労働者の同意や就業規則の定めがない限りは無効です。

（5）個別査定に基づく労働条件切り下げ

また、最近では、成果主義を反映し、個別査定によって賃金や賞与を定める企業も増えてきました。

そして、個別査定を口実に、事実上賃金の切り下げを行なうケースも散見されます。

個別査定であるからといっても、賃金の切り下げが無制限に認められるわけではありません。

個別査定に基づく賃金の切り下げが有効であるためには、以下の条件が必要になります。

---

①労働契約上の根拠：賃金の切り下げを予定した賃金制度が個別に同意されたり、有効な就業規則で定められたりしていること
②制度内容の合理性：評価基準等の実体面、評価方法等の手続面のいずれも合理的な内容であること
③実際の査定が合理的であること

---

2 退職金不払・減額への対処

（1）退職金の性質

　退職金は、法律上支払義務があるわけではありません。したがって、退職金は当然に支払われるわけではないので注意が必要です。

　退職金が支払われるためには、就業規則、労働協約、労働契約等の根拠が必要です。

　また、就業規則や労働協約等による定めがない場合であっても、慣行、個別合意、従業員代表との合意等で、退職金の金額の算定ができるほど明確に定まっていれば、労働契約の内容になっているとして、退職金が認められることもあります。

　そこで、退職金を請求するためには、まず就業規則や労働協約、労働契約の規定を調べることが大切です。

（2）退職金の支払時期

　ところで、退職金はいつ支払われるのでしょうか。

　これは、使用者が就業規則で退職金の支払時期を定めていればそれに従うこととされています。

　もっとも、退職金の支払時期が定められていない場合もあります。

　この場合は、退職金の支払請求があってから7日以内に支払わなければなりません（労働基準法23条1項）。また、支払が滞ったりすれば、遅延損害金が発生することになります。

（3）退職金の不支給・減額

　一方、退職金を使用者が支給しないこととしたり、減額したりすることは、一定の要件が満たされれば許されます。

　判例では以下のような要件が挙げられています。

Part 6
労働

> ①職金の不支給、減額は、退職金規定等に明記して初めて労働契約の内容
> となって実行できる。
> ②職金規定等の不支給・減額条項は、懲戒解雇日までに有効に成立してい
> ることが必要である。
> ③退職金規定等に明記されているとしても、退職金減額・不支給規定を有
> 効に適用できるのは、労働者のそれまでの勤続の功を抹消または減殺し
> てしまう程度の著しく信義に反する行為があった場合に限られる。

（4）退職金不払いへの対処

　退職金不払いの場合、退職金の発生根拠になる就業規則や労働協約その他の資料を確保することが先決です。

　なお、すでに退職してしまい、手元にこれらの資料がない場合も少なくありません。このような場合には、就業規則であれば労働基準監督署に届出されていることもあるので、閲覧を求めることが有効です。

　また、退職金の規定が知らないうちに改訂されている場合もあります。そこで、最新の退職金支給規定だけでなく、かつての規定も取り寄せて比較することが大切です。

3　セクハラ・パワーハラスメント等の対処

（1）パワー・ハラスメントの典型例

　最近は「パワハラ」とよく言われますが、一方ではミスをした部下に注意をしたりすることは職務遂行上ある程度はやむを得ないところがあります。また、労働者自身、使用者の業務命令には適正な範囲で従わなければならない義務があります。そこで、どのような場合であれば、「パワハラ」として違法となるのか、その典型例を挙げると以下のとおりです。ただし、以下はあくまでも一例であり、また個別のケースによって判断も異なります。

　なお、厚生労働省「事業主が職場における優越的な関係を背景とした言動に起

因する問題に関して雇用管理上講ずべき措置等についての指針」において、パワーハラスメントの具体例が紹介されており、参考となります。

①暴行
②言葉やメールによる人格の否定・名誉棄損・侮辱
③隔離・仕事外し、仲間外し
④本来の業務と関連性のない無意味な作業や、明らかに不可能な過度の業務の強要
⑤見せしめや報復としての降格・配転
⑥ミスに対する過度の制裁

（2）違法性の判断基準

　前記のとおり、違法かどうかの判断は個別の事案によって異なります。もっとも、これまでの判例等からすると、おおむね以下の3つの基準に照らして、違法かどうかが判断されるといえます。

①当該業務命令等が業務上の必要性に基づいていないもの
②当該業務命令等が不当な動機・目的に基づいているもの
③当該業務命令等が通常受忍すべき程度を超える不利益を課すもの

（3）使用者のセクハラ・パワハラ防止義務

　使用者は、労働者の生命、身体等の安全の確保をするよう配慮すべき義務があります（労働契約法5条）。

　その具体的内容として、セクハラやパワハラを防止すべき注意義務があると解されています（労働施策総合推進法等参照）。

　使用者が十分な注意義務を尽くさず、職場でセクハラやパワハラ被害が生じた場合、使用者には使用者責任（民法715条）や債務不履行責任（民法415条）が生じることになります。

（4）セクハラ・パワハラ被害に遭ってしまったら

　セクハラ・パワハラ被害に遭ってしまった場合、とるべき手段としては、大きく分けて①裁判外手続、②裁判手続、になります。

ア　裁判外手続

i　ADR

　労働局の指導・助言・あっせんや、弁護士会の人権擁護委員会、裁判所の調停等を利用することが考えられます。

ii　刑事告訴

　深刻なセクハラ被害であれば、強制わいせつ罪や強姦罪など、刑事責任上も違法となり得ます。

iii　労災申請

　また、セクハラやパワハラ被害に遭って休業した場合、労災認定の対象となり得ます。

イ　裁判手続（民事裁判）

i　損害賠償請求

　加害者本人と、使用者の両者に対し、不法行為責任ないし債務不履行責任を追及することができます。

ii　差止請求

　金銭的な賠償を求めるだけでは不十分な場合、セクハラやパワハラ行為を直ちにやめるよう差止めを求めることも考えられます。

Chapter 7 ポイント③　労働契約の終了に関する問題

【労働契約の終了に関する問題】

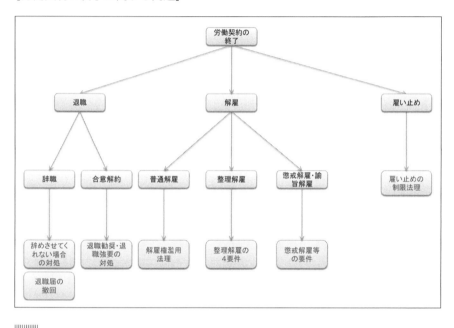

1　労働契約終了の分類

（1）労働契約終了の場面

　労働契約が終了する場合は、①解雇、②雇い止め、③退職勧奨・強要、④合意退職、⑤辞職等の類型に分けることができます。
　上記①～⑤のいずれの類型かによって法律状態や対応が異なるため、相談者のケースが①～⑤のいずれに該当するのかを区別する必要があります。

（2）意思表示による労働契約終了の場面

　意思表示によって期間を定めない労働契約を終了させたり、期間を定めた労働契約を期間満了前に終了させたりする場面は、以下のように整理できます。

Part 6
労働

①解雇：使用者からの一方的な解約であり、労働者の承諾の問題は生じない。解雇の効力が問題となる。ただし、解雇予告が必要である（労働基準法20条）。

②辞職：労働者からの一方的な解約であり、使用者の承諾の問題は生じない。原則として辞めることは自由であるが、期間の定めのない契約の場合、2週間の予告期間が必要である（民法627条）。期間の定めがある場合は、「やむを得ない事由」があれば辞職できるが、損害賠償の問題が生じうる（民法628条）。

③合意解約：労働者と使用者の合意による解約。申込と承諾によって成立する。

（3）有期雇用と無期雇用の違い

また、労働契約には、「期間の定めのない契約」（＝無期雇用）と、「期間を定めた契約」（＝有期雇用）の2種類があります。

有期雇用では、契約更新を拒絶し、労働契約を終了させる「雇い止め」という終了形態があります。これは、無期雇用にはない特徴の一つといえます。

2　辞めさせてくれない場合の対処

最近では、就職が厳しいだけでなく、辞職することも厳しい状況が増加しています。

様々な事情によって会社を辞めることを選択しようとしても、会社がそれを許さないというケースも散見されます。

ですが、労働者には辞職の自由があります。

（1）辞職の自由・民法の定め

辞職は原則として自由ですが、法律上以下の規制があります。

ア　無期雇用の場合

辞職は、解雇と異なり、正当な理由は必要ありません。

357

もっとも、原則として２週間前の予告が必要となります（民法627条）。

辞職の意思表示が使用者側に到達してから２週間後に労働契約が終了することになります。

それでは、予告期間が２週間以上に設定された就業規則や労働契約の定めがある場合はどうでしょうか。

この場合、学説は分かれているところではありますが、ある程度の期間（例えば１ヶ月程度）を設定することは有効とされる可能性はあります。

イ　有期雇用の場合

ⅰ　損害賠償責任の可能性

有期雇用の場合、無期雇用とは異なり、契約期間中の辞職については、「やむを得ない事由」（民法628条）がある場合に限り、直ちに解約することができます。

ただし、「やむを得ない事由」を故意又は過失によって生じさせた当事者は、相手方に対して、解約により生じた損害について賠償責任を負う可能性があります。なお、「やむを得ない事由」がないにもかかわらず辞職の意思を明らかにし、以降実際に就労しなかった場合も、労働者の意思に反して労働を強制することはできないので、損害賠償の問題となります。

ⅱ　「やむを得ない事由」とは何か

このように、「やむを得ない事由」があるかどうかによって、契約期間中での解約が認められるかどうかが判断されます。

「やむを得ない事由」とは具体的にどのようなことを指すのか、実務上もあまり議論されていないところではありますが、辞職が原則として自由であることからすれば、「やむを得ない事由」は、就業環境や労働者の健康、生活環境も加味して、緩やかに解されるべきであると思われます。

ⅲ　有期雇用が継続された場合

有期雇用が期間満了後も事実上継続された場合、以前の契約と同一条件で更新されたものと推定されます（民法629条１項本文）。

ところで、この場合の契約期間はどうなるかが問題となりますが、期間の定めがなくなるという見解もあれば、以前と同じ期間の定めで更新されるという見解もあります。

Part 6
労働

3 退職願の撤回

自分から退職届や退職願を出してしまった場合、撤回することができるかどうかという問題もあります。

（1）退職届の種類・法的性質

「退職」といっても、大きく分けて2種類あります。

一つは、①労働者から、一方的に労働契約の解約を申し入れること（いわゆる「辞職」）、そしてもう一つは、②労働者と使用者が合意して労働契約を終了させる合意解約、の2種類です。

さらに細かくみれば、退職は以下の3つに分類することができます。

---

①一方的解約（辞職）の通知
②合意解約の申込
③合意解約の申込に対する承諾

それぞれによって要件や効果が異なるため、退職の撤回を求める場合には対応が異なります。

したがって、相談者の退職願が、上記3つのどれにあたるのかを検討しなければなりません。

（2）退職届の撤回

すでに退職願を出してしまったものの、やはり撤回して働き続けたいと思った場合の対応について、退職願の種類に分けて整理すると以下のとおりです。

ア 退職届が一方的解約（辞職）にあたる場合

この場合、労働者からの一方的な解約通知であり、使用者に到達してしまうと、到達時に効力が生じることになります。

したがって、使用者の同意がない限り、撤回はできないことになります。

イ 退職届が合意解約の申込にあたる場合

この場合、使用者が承諾する前であれば、労働者は合意解約の申込を撤回でき

るかどうかが問題となります。

　この点、判例は、「使用者が承諾の意思表示をし、雇傭契約終了の効果が発生するまでは、使用者に不測の損害を与える等信義に反すると認められるような特段の事情がない限り、被用者は自由にこれを撤回することができる」としています（名古屋高判昭和56年11月30日）。

　　ウ　退職届が合意解約の承諾にあたる場合

　使用者が合意解約の申込をした後、労働者がこれに対して合意解約を承諾する意思表示をした場合、その時点で合意解約が成立してしまいます。したがって、使用者の同意がない限り、退職届（承諾の意思表示）は撤回できなくなります。

（3）退職願を出してしまった後にとるべき対策

　このように、退職願を一度出してしまった場合、あとで撤回することは法的には困難です。

　もっとも、そうであってもまずは退職願の撤回の申入れをしておくべきです。法的には撤回することができなくとも、使用者が撤回に応じてくれることもあり得るほか、撤回が認められる場合であっても、撤回が遅れたために使用者が承諾してしまい、合意解約が成立してしまうこともあるためです。

（4）退職届の取消・無効

　また、退職願の撤回を申し入れる以外にも、退職届の有効性を争う方法もあります。

　退職願を出した意思表示に瑕疵があるということであれば、退職願の意思表示は無効ということになります。

　具体的には、①心裡留保（民法93条）、②錯誤（民法95条）、③詐欺（民法96条）、④強迫（民法96条）、⑤公序良俗違反（民法90条）、などを主張することが考えられます。

　ただし、いずれの方法であっても、退職願の取消や無効を認めさせることは簡単ではありません。

　安易に退職願を出すことのないようにすることが大切です。

Part 6
労働

4 退職勧奨・退職強要等の対処

次に、使用者から退職を強く勧められたり、退職を迫られたりする場合の対処について説明します。

（1）退職勧奨・退職強要とは

退職勧奨とは、使用者が労働者に対して労働契約の合意解約を求めたり、解約を申し出るよう誘ったりすることをいいます。

そして、退職強要とは、退職勧奨のうち、社会通念上の受忍限度を超えたものをいいます。

（2）退職勧奨に応じる義務の有無

このように退職勧奨や退職強要を受けた場合、労働者はこれに応じなければならない義務があるかどうかが問題となります。

結論から述べると、労働者には退職勧奨に応じなければならない義務はありません。

判例も、どのような場合であっても退職勧奨に応じるべき義務はないと判示しています（鳥取地判昭61.12.4労判486号53頁［鳥取県教員事件]）。

（3）退職勧奨・退職強要に対する対処方法

退職勧奨・退職強要を受けた場合の対処としては、以下の方法が考えられます。

ア 退職勧奨・退職強要の拒絶

退職勧奨に応じなければならない法的義務はありません。

そこで、退職の意思がない以上、まずは断ることが大切です。

イ 通知書の送付

退職勧奨等を拒否しても、なお退職勧奨等が執拗に続く場合も考えられます。

この場合、通知書（内容証明郵便も含みます）を送り、退職勧奨等を止めるよう警告することが考えられます。

361

ウ　差止の仮処分

しかし、通知書を送付してもなおやまない場合、退職勧奨や退職強要の差止を求める仮処分を申し立てるという方法も考えられます。

エ　損害賠償請求

さらに、退職勧奨や退職強要が行き過ぎている場合（例えば執拗に何度も呼びつけたりすること等）、違法な退職勧奨や退職強要として不法行為に該当し、損害賠償請求をすることも考えられます。

5　解雇の対処

一方、非がない、またミスがあっても些細なことにすぎないにもかかわらず、突然に解雇を言い渡されてしまうようなケースもあります。

このように解雇を言い渡された場合の対処について説明します。

（1）解雇の種類

解雇とは、使用者による労働契約の一方的な解約をいいます。労働者側の承諾は必要とされません。

解雇は、①普通解雇、②整理解雇、③諭旨解雇、④懲戒解雇、の４つに整理することができます。①～④のいずれの解雇かによって、解雇の有効性の要件が異なります。そこで、言い渡された解雇がいずれにあたるのかを検討する必要があります。

（2）解雇規制

解雇は使用者による一方的な労働契約の解約です。労働者にとっては、使用者の都合だけで突然仕事を失うことになってしまい、非常に不利益の大きい制度です。

そこで、法令上、解雇は自由にできないよう規制されています。

ア　労働契約法16条（解雇権濫用）による制限

労働契約法上、「解雇は、客観的に合理的な理由を欠き、社会通念上相当であると認められない場合には、その権利を濫用したものとして、無効とする」（労働契約法16条）と規定され、解雇権濫用法理が明文化されています。

この規定は、解雇の種類に関わらず適用されます。

イ　個別法令による解雇制限

労働基準法上、業務上の傷病による休業期間及びその後の30日間は解雇できないと規定されています（労働基準法19条）。

また、産前産後の女性についても、一定期間は解雇できないと規定されています（労働基準法19条）。

このように、労働基準法で保護されているほか、パートタイム・有期雇用労働法（短時間労働者及び有期雇用労働者の雇用管理の改善等に関する法律）や公益通報者保護法、男女雇用機会均等法（雇用の分野における男女の均等な機会及び待遇の確保等に関する法律）、育児・介護休業法（育児休業介護休業等育児又は家族介護を行う労働者の福祉に関する法律）などによっても解雇から保護される場合があります。

ウ　就業規則、労働協約の解雇条項の拘束力

就業規則や労働協約に、解雇に関する手続条項が定められている場合、これらの手続を踏まないで行なわれた場合には解雇の無効を争うことが考えられます。

エ　解雇予告義務

また、使用者が労働者を解雇しようとする場合、少なくとも30日前にその予告をしなければなりません。30日前に予告をしない使用者は、30日分以上の平均賃金を支払わなければならないと規定されています（労働基準法20条）。

（3）解雇への対処

ア　解雇理由の特定

まず、解雇理由を特定する必要があります。なお、当初労働者に対して使用者が主張していた解雇理由が、弁護士が代理人として介入すると、別の理由が追加されたり、変わってしまったりすることもあります。できれば事前に書面で解雇理由を明らかにさせる等の対応をしておくとよいでしょう。

イ　退職を前提とした行動を控える

また、退職を前提とした行動をせず、今後も就労する意思があることを示したほうがよいといえます。例えば、退職金を請求することが典型例です。このような行動をとると、使用者側から、労働契約の解約申入れを承諾したものとして、合意解約の成立が主張されることがあります。

ウ　解雇の有効性の争い方

解雇の有効性を争う方法としては、裁判外手続（交渉等）や裁判手続が考えられます。

（4）解雇を本訴で争う場合

解雇の有効性を本訴で争う場合、主に請求する内容は以下のように整理できます。

ア　地位確認

解雇が無効であり、現在の労働者としての地位があることの確認を求めます。

イ　賃金請求

また、解雇が無効となれば、解雇が言い渡されてから現在まで未払いとなっていた賃金の支払義務を使用者側は負うことになります。したがって、使用者に対する賃金請求を行なうことが可能です。

ウ　損害賠償請求

解雇の違法性が大きい場合には、使用者に対し、精神的苦痛に対する慰謝料として損害賠償請求をすることも考えられます。ただし、単に解雇が無効であるというだけでは、直ちに損害賠償請求が認められるわけではないことに注意する必要があります。

（5）解雇を仮処分で争う場合

また、仮処分申立てをして解雇の有効性を争うという方法もあります。

仮処分申立てでは、主に以下の点について請求することになります。

ア　地位保全仮処分

労働契約上の権利を有する地位にあることを仮に定めることを求めます。

イ　賃金仮払仮処分

賃金の仮払いを求めるものです

（6）解雇を労働審判で争う場合

労働審判でも、本訴と同じような内容を請求することができます。

また、労働審判は原則として3回以内の期日で審理が終結するので、迅速な解決が期待できるというメリットがあります。

Part 6
労働

（7）解雇を争う方法の選択（交渉、本訴、仮処分、労働審判）

それぞれの方法にメリット・デメリットがありますが、スピーディーな解決を図ることができるとともに、結果に不服があった場合には本訴に移行するという途もある労働審判が、近時多く利用されるようになってきています。

もちろん、個別のご相談内容によって、どの方法が希望する解決にとって適切な方法かは異なりますので、相談者とよく話し合って決める必要があります。

6　整理解雇への対処

（1）整理解雇とは

整理解雇とは、使用者側の経営事情等により生じた従業員数削減の必要性に基づき労働者を解雇することをいいます。

この整理解雇についても、解雇権濫用法理（労働契約法16条）が適用され、解雇の有効性が判断されることになります。

（2）整理解雇の四要件

整理解雇では、以下の四要件を満たさない場合には、解雇権濫用となり、無効となると解されています。

---

①人員削減の必要性があること
②解雇を回避するための努力が尽くされていること
③解雇される者の選定基準及び選定が合理的であること
④事前に説明・協議を尽くしていること

以下では、各要件について説明します。

ア　人員削減の必要性があること

人員削減をすることが企業経営上の十分な必要性に基づいていること、またはやむを得ない措置と認められることをいいます。

どの程度の必要性が求められるのかという点については諸説分かれています。

そして、必要性の判断の基礎となる事実としては、収支や借入金の状態、資産状況、人件費や役員報酬の動向、新規採用・臨時工などの人員動向、業務量や株式配当等が挙げられます。

イ　解雇を回避するための努力が尽くされていること

使用者は、経費削減、新規採用の停止、労働時間短縮、賃金カット、配転、出向、一時帰休、希望退職募集など他の雇用調整手段によって解雇を回避すべき信義則上の義務を負います。

そして、使用者が希望退職募集をせずにいきなり指名解雇をした場合には、解雇回避努力義務を尽くしていないと判断されやすいといえます。また、希望退職募集をしただけで、解雇回避努力義務を尽くしたといえるわけでもありませんので注意が必要です。

その他、配転・出向の検討や、役員報酬のカット等をしたかどうかも判断材料になります。

ウ　解雇される者の選定基準及び選定が合理的であること

解雇される者の選定は、客観的に合理的な選定基準を事前に設定した上で、公正に適用しなければならないとされます。

選定基準には、労働能力評価や企業貢献度、年齢や再就職可能性など様々なものがありますが、それが合理的な基準かどうかは個別に判断されます。

エ　事前に説明・協議を尽くしていること

使用者は、労働組合や労働者に対して、整理解雇の必要性とその内容等について納得してもらうために説明を行ない、誠意をもって協議すべき信義則上の義務を負います。

(3) 整理解雇の対処

整理解雇であっても、解雇一般に対する対処法と変わるところはありません。

ただし、整理解雇の場合、上記（2）で示した4要件を満たしているかどうかをよく検討する必要があります。

以下では、各要件の注意点・検討すべき点を説明します。

ア　人員削減の必要性があること

本当に経営が悪化しているのかどうかという観点から検討することが大切です。

例えば、整理解雇の決定前後の役員報酬支給の状況、賃上げ状況、採用状況、株式配当などの資料を収集することが考えられます。

イ　解雇を回避するための努力が尽くされていること

整理解雇の前に希望退職募集を実施しているか、新規採用の人数（停止しているかどうかも含め）、経費削減の取組状況、役員報酬の動向、残業規制・時間短縮・休日増し、賃金カットなど支出削減努力、売上げ増加への具体的取組等を検討することが考えられます。

ウ　解雇される者の選定基準及び選定が合理的であること

解雇される者を選定した基準や、その基準に対してどのような事実をあてはめたのかを明らかにする必要があります。

エ　事前に説明・協議を尽くしていること

使用者が労働組合や労働者に対して、事前に整理解雇の必要性と内容を説明し、誠実に協議しているかどうかを検討する必要があります。

7　懲戒解雇・諭旨解雇への対処

（1）懲戒解雇・諭旨解雇とは

懲戒解雇とは、懲戒処分として行なわれる解雇のことをいいます。

また、懲戒処分と類似した処分として、懲戒解雇を若干軽減した諭旨解雇があります。

懲戒解雇等では、通常、解雇予告も予告手当の支給もなく即時になされ、また、退職金の全部または一部が不支給とされることが多いといえます。

（2）懲戒解雇等の要件

懲戒解雇は、労働者に与える不利益が非常に大きい手続です。

そこで、労働契約法は、懲戒処分について、「使用者が労働者を懲戒することができる場合において、当該懲戒が、当該懲戒に係る労働者の行為の性質及び態様その他の事情に照らして、客観的に合理的理由を欠き、社会通念上相当と認められない場合は、その権利を濫用したものとして、当該懲戒は無効とする」（労働契約法15条）として、懲戒権濫用法理を明記しています。

そして、懲戒解雇等も懲戒処分の一つですから、この懲戒権濫用法理の適用を受けます。

具体的には、以下の要件を満たす必要があるとされています。

1　懲戒事由等を明定する合理的な規定の存在
　①　懲戒事由及び懲戒の種類が明記されていること
　②　就業規則が周知されていること
　③　規定の内容が合理的であること
2　規定に該当する懲戒事由があること
3　その他の懲戒処分の有効要件
　①　平等な取扱
　②　処分の相当性
　③　適正手続
4　解雇規制に違反しないこと

（3）懲戒事由例

実際によく問題となる懲戒事由としては、以下のようなものがあります。

---

①経歴詐称
②職務懈怠
③業務命令違反
④業務妨害
⑤職場規律違反
⑥犯罪・非行

（4）懲戒解雇等への対処

懲戒解雇等も懲戒処分の一種ですから、懲戒権の根拠と懲戒事由を確認した上で、懲戒権の濫用に当たらないかどうかを検討することが大切です。

特に注意すべき点は、懲戒解雇等があった時点での就業規則を確認することで

Part 6
労働

す。

　後から就業規則に懲戒事由が追加されることもありますので、現時点での最新の就業規則だけではなく、懲戒解雇等がなされた当時のものも準備する必要があります。

　後から追加した懲戒事由にすぎず、懲戒解雇等を受けた当時は懲戒事由がなかったということであれば、当該懲戒処分は無効となります。

　なお、懲戒解雇等も解雇であることは変わりませんので、解雇一般の争い方が通用することになります。

8　雇止めへの対処

（1）有期雇用契約とは

　労働契約に期間を定める場合には、法律で契約期間の上限が3年に規制されています（労働基準法14条）。

　一方、有期契約の下限についての強行法規はありませんので、1日単位の日々雇用とすることもできます。ただし、労働契約法17条2項は、使用者に対し、無用な短期雇用の濫用を防止するよう要請していることにご注意ください。

（2）雇止めとは

　これに対し、雇止めとは、期間を定めた労働契約の期間満了に際し、使用者が契約の更新を拒絶することをいいます。

　更新を繰り返しておきながら、使用者側の都合で突然に更新を拒絶する場合、雇止めが問題となります。

（3）雇止めの制限法理

　雇止めについては、最高裁判例も、解雇権濫用法理を類推適用し、雇止めが否定されうることを認めてきました（最判昭61・12・4判時1221号134頁［日立メディコ事件］）。

　また、労働契約法の改正に伴い、雇止め法理は法定化されています。

　違法な雇止めということになった場合、使用者は従前の有期労働契約の内容で

369

ある労働条件と同一の労働条件で当該申込みを承諾したものとみなされることになります（労働契約法19条）。

（4）雇止めへの対処

ア　期間の定めのある契約かどうか

まず、終了した労働契約が実際に期間の定めのある労働契約だったかどうかを確認する必要があります。

交付された契約書を確認してみると、実は期間の定めがあると誤解していただけの場合もあります。

有期雇用か無期雇用かによって、今後の争い方も変わってきますので、前提ではありますがこの点の確認は必ず行いましょう。

イ　雇い止め法理の検討

有期雇用契約であっても、上記（3）で述べた雇止め法理によって救済されることが考えられます。

まずは使用者に対して、雇止めに対する異議を伝えて、期間満了前であれば労働契約の更新の申込み、期間満了後には遅滞なく契約の締結の申込みをすることが必要です。

ウ　雇止めの理由の検討

また、雇止めの理由を確認することも大切です。

できれば、使用者に対し、雇止めの理由を書面で回答するよう求めるとよいでしょう。

エ　雇止めを争う方法の選択（交渉・本訴・労働審判）

その上で、雇止めの違法無効を争う方法としては、交渉や本訴、労働審判等の手続があります。

いずれの手段が適当かは事案によって異なりますので、慎重に検討する必要があります。

Chapter 8 ポイント④ 解決手続の選択

【解決手続の選択】

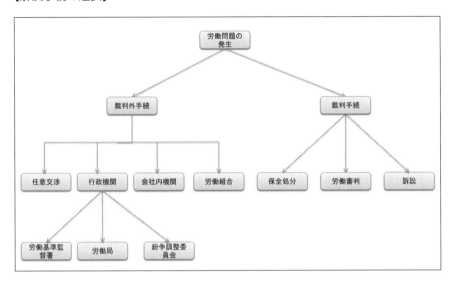

1 解決手続の種類

　労働紛争が生じた場合の解決手続は複数ありますが、大きく分類すれば、①裁判外手続と②裁判手続に整理することができます。

　そして、①裁判外手続には、任意交渉、会社内機関の利用、労働組合の利用、行政機関の利用等の方法が考えられます。

　一方、②裁判手続には、保全処分、労働審判、訴訟等の方法が考えられます。

　各手続には、それぞれメリット・デメリットがあります。各手続のメリット・デメリットを勘案した上で、個別の労働紛争に応じた最適な解決方法を選択していく必要があります。なお、本書でご紹介する解決方法はあくまでも代表的なものを挙げるにとどめている点はご留意ください。

2 裁判外手続

（1）任意交渉

　労働紛争が発生した場合（または発生するおそれがある場合）、まず検討する方法として、労働者個人による任意交渉が考えられます。

　任意交渉といっても、交渉内容によって交渉方法は様々なものが考えられます。例えば、出向命令や配転命令などの人事処分を争う場合もあれば、会社内での人間関係の改善を求めたりする場合もあります。前者のように、労働者と会社（使用者）の対立関係が問題となる場合には、会社に対し、人事処分の見直しを求めたり、処分の正当性がないことを強く争ったりする姿勢で交渉する必要があります。一方、後者のように、労働者同士の関係が問題となる場合には、会社に対し、仲裁者として介入してもらうことを求めることが考えられます。会社と対立関係になるような場合には、会社との交渉過程を記録化していくことを意識した交渉方法を選択することもあります（例えば、会社からの指示や処分内容をできる限り書面やメール等、記録に残る方法で提出するよう求めることなどです）。

　任意交渉による解決を図るメリットは、交渉内容によって、どのような方法をとるかを柔軟に選択できることにあります。会社と対立関係になるような問題であっても、労働者は退職することまでは考えていないのであれば、ある程度の交渉内容で譲歩することも選択することができます。また、任意交渉では経済的コストがかからないというメリットもあります。

　一方、任意交渉による解決のデメリットは、あくまでも任意交渉にすぎませんので、抜本的な解決を図ることは困難であり、場合によっては何も解決することができないこともありうるということです。

（2）会社内機関の利用

　会社の規模や組織体制にもよりますが、会社内において紛争調整機関を設置していることがあります。

　例えば、セクハラやパワハラ等のハラスメント対策委員会等が挙げられます。

　任意交渉では解決を図ることができない場合、会社内機関を利用することで、

社内機関で労働紛争の事実調査を行ったりして、紛争の解決を図ることができることもあります。

　会社内機関を利用するメリットは、経済的コストをかけることなく、任意交渉よりも解決を期待できることにあります。

　一方、会社内機関を利用するデメリットは、会社としても労働紛争を大きくは発展させたくないことが通常であるため、適当に丸め込まれてしまったりして紛争の解決を図ることができなかったり、会社内機関を通じて相談した労働者に不利な噂が社内に流されてしまい、かえって社内での立場が危うくなってしまうおそれもあったりすることが挙げられます。

　会社内機関を利用する場合には、事前に社内のどのような立場の者が構成員になっているかどうかなどを検討するべきといえます。

（3）労働組合の利用

　会社内機関のほかに、会社内の労働組合に相談するという方法も考えられます。

　労働組合を利用するメリットは、個人での対応と比べて、組合による集団の力を用いた交渉を行うことができるために、より強い力で交渉を進めることが期待できる点にあります。

　一方、労働組合を利用するデメリットは、労働組合の性格によっては、大して役に立たないこともあるという点です。例えば、会社の言いなりになっている、いわゆる御用組合の場合には、会社と対立している事項について相談しても、何も動いてくれないということもあり得ます。

（4）行政機関の利用

　任意交渉や会社内機関の利用、労働組合の利用は、いずれも会社内での対応になります。

　会社内での対応ではうまくいかない場合、会社外の行政機関の利用が考えられます。

　例えば、労働基準法に違反する事項（賃金未払いや一方的な解雇）に関する労働紛争であれば、労働基準監督署に相談することで、是正勧告等の行政指導を出してもらうことが期待できます。

行政機関を利用するメリットは、第三者機関であり、かつ行政機関からの行政指導等を行なってもらうことで、会社（使用者）側に対し、労働紛争を解決させるための強い働きかけが可能になるという点にあります。

　一方、行政機関を利用するデメリットは、会社側が行政指導等に従わない場合、直ちに強制力を伴った手段まで実施できるわけではなく、労働紛争の解決力には限界がある点が挙げられます。また、行政機関を利用した場合、労働紛争は会社内で留まらない上、行政指導等も入れば会社側と労働者側の対立関係はより強くなるため、労働者の会社内での立場も危うくなってしまうという点が挙げられます。

3　裁判手続

　裁判外手続でも解決できない場合には、裁判所による裁判手続を行うことで解決を試みることになります。裁判手続では、当事者間で合意が成立しなくとも、裁判所が判断を下すことで最終的な解決が実現されるため、終局的な解決が可能となります。

　裁判手続には、①保全処分、②労働審判、③訴訟が挙げられます。

（1）保全処分

　保全処分とは、民事訴訟の本案の権利を保全するための仮差押及び本案の権利関係について仮の地位を定める仮処分をいいます。

　保全処分は、正式な裁判の結論が出るまでに時間を要するために不利益が生じる可能性がある場合に、権利等を保全するために仮の決定を下す手続です。

　通常の裁判では、仮の地位を定める仮処分を利用することはあまりありませんが、労働紛争では、配置転換命令の無効や解雇無効を争う場合、労働者の地位を確認するために、仮の地位を定める仮処分を利用することがあります。

　保全処分のメリットは、権利関係を保全することができるとともに、通常の裁判よりも迅速な判断を下すことが期待できるという点にあります。そして、保全処分の結果、相手方と早期に和解が成立し、終局的な解決に至ることも期待できます。

　一方、保全処分のデメリットは、通常の裁判と異なり、あくまでも仮の権利関

Part 6
労働

係を定めるにすぎないため、終局的な解決ができるわけではないことが挙げられます。また、保全処分の申立てによっては、担保金を提供することが要求されることがあり、通常の訴訟以上に申立人の経済的負担がかかることがあります。さらに、保全処分の申立てにあたっては、保全の必要性という要件を満たす必要があり、必要性の要件を欠くと判断された場合には保全処分が否定されることがあります。

（2）労働審判

　労働審判とは、最近の個別的労働関係に関する紛争の増加傾向に対処するために、迅速かつ適切に解決を図ることを目的に制定された手続です。労働審判は、原則として3回以内の期日で、調停（話し合い）による解決が試みられます。調停による解決ができない場合には、労働審判委員会が労働審判を行い、解決を図ります。

　労働審判のメリットは、労働紛争の迅速な解決を図ることを目的とした制度ですから、早期の解決が期待できる点にあります。

　一方、労働審判のデメリットは、早期の解決が期待される反面、労働者側の主張がすべて認められず、譲歩を迫られることが挙げられます。例えば、未払賃金請求の案件では、労働者の請求する金額の満額が認められず、多少の譲歩を迫られることも珍しくありません。さらに、労働審判は、あくまでも当事者間の合意がなければ成立しないため、終局的な解決には至らないこともあります。

（3）訴訟

　訴訟とは、紛争について裁判所に判決を求める手続をいいます。

　訴訟のメリットは、当事者間の合意にかかわらず裁判所による判断によって終局的な解決を得ることができるという点にあります。この終局的な解決を得ることができるという点は、他の労働紛争の解決手続にはないメリットであり、この点にこそ訴訟を利用する意義があるといえます。

　一方、訴訟のデメリットは、終局的な解決を得るまでに長時間を要する傾向にある上、当事者本人で遂行することは困難であり、弁護士に依頼することが一般的であるため、弁護士費用等を含めた訴訟活動に伴う経済的負担も大きいという点が挙げられます。また、訴訟にまで発展した場合、労働者と使用者の対立も相

当大きくなることが一般的であるため、今後も労働者が会社に勤務することへの影響が懸念される点も挙げられます。

ポイント⑤　保全処分の利用

　保全処分には、民事訴訟の本案の権利を保全するための仮差押と、本案の権利関係について仮の地位を定める仮処分があります。
　以下では、仮差押と仮処分について説明します。

1　仮差押命令申立

【仮差押の流れ】

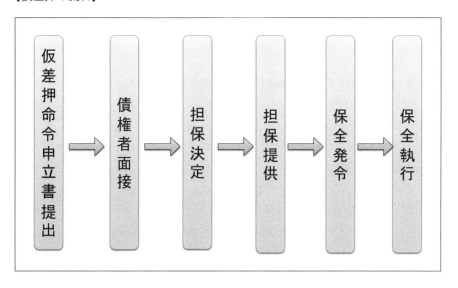

仮差押命令申立書提出 → 債権者面接 → 担保決定 → 担保提供 → 保全発令 → 保全執行

（1）仮差押とは

　仮差押とは、金銭債権の執行を保全するために、債務者の財産をあらかじめ仮に差し押さえる裁判所の決定をいいます。
　労働紛争の中でも、未払賃金請求（残業代請求等）や退職金請求のケースでは、会社（使用者）側が任意交渉や裁判外手続での支払いに応じず、訴訟による解決を目指さざるをえないことも少なくありません。しかし、訴訟による解決を目指す場合、解決まで長時間を要することになります。そして、その間に会社

（使用者）側の経営状況が悪化し、資産が散逸したりしてしまうと、最終的に訴訟で未払賃金請求等が認められたとしても、回収ができなくなる事態も考えられます。

　そこで、訴訟提起前に仮差押命令を申し立て、債務者である会社（使用者）側の預貯金や売掛金等の債権を差し押さえ、債権回収の実効性を担保することが必要になります。

　以下では、仮差押命令申立手続の流れを簡単に説明します。

（2）仮差押命令申立書の提出

　仮差押命令申立書は、管轄である「本案の管轄裁判所」又は「仮に差し押さえるべき物若しくは係争物の所在地を管轄する地方裁判所」に提出します（民事保全法12条1項）。

　仮差押命令申立書には、①当事者、②申立ての趣旨、③保全すべき権利、④保全の必要性を記載する必要があります（民事保全法13条）。

　仮差押命令申立書における①当事者の記載ですが、申立人を債権者、相手方を債務者、相手方の差押対象となる債権の債権者を第三債務者といいます。

　②申立ての趣旨は、どのような仮差押命令を求めるのかという結論を記載することになります。

　③保全すべき権利は、仮差押手続による被保全債権である金銭請求権をいいます（未払賃金請求権や退職金請求権等）。

　④保全の必要性は、本案訴訟による判断を待たずに仮差押をすべき緊急の必要があることをいいます。なお、仮差押は、突然に預貯金が引き出せなくなる結果、正常な取引が停止してしまったり、信用が毀損されてしまったりするなど、債務者に与える影響も大きいため、保全の必要性は慎重に判断される傾向にあります。例えば、債務者の預貯金の仮差押を検討する場合には、預貯金の仮差押よりも影響の少ない不動産の仮差押が可能かどうかの調査を求められます。

（3）債権者面接

　仮差押命令申立事件では、密行性が重視され、相手方に知られることなく保全命令を得る傾向にあるため、口頭弁論が行われずに（任意的口頭弁論。民事保全法3条）、書面審理のほか、必要に応じて債権者面接が行われます。

一方、債務者の面接は行われない傾向にあります。

(4) 担保決定

債権者面接の結果、裁判所が仮差押命令の発令を相当と判断すると、担保決定がされることになります（民事保全法15条・20条）。

担保金の額については明確な基準はありませんが、被保全債権の10〜30％とされることが多いようです。

2 仮処分申立

【仮処分の流れ】

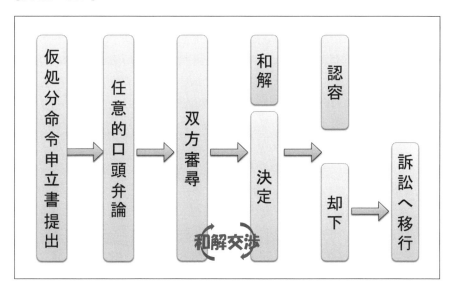

(1) 仮処分とは

仮処分とは、紛争により生じている現在の危険や負担を取り除くために、本案訴訟の判決が確定するまでの間について、裁判所に暫定的な措置を求める手続をいいます。

労働紛争では、地位保全仮処分や賃金仮払仮処分という類型で仮処分手続を利用することが多いといえます。

（2）仮処分命令申立書の提出

　仮処分命令申立書は、管轄である「本案の管轄裁判所」又は「仮に差し押さえるべき物若しくは係争物の所在地を管轄する地方裁判所」に提出します（民事保全法12条1項）。

　仮処分命令申立書には、①当事者、②申立ての趣旨、③保全すべき権利、④保全の必要性を記載する必要があります（民事保全法13条）。

　仮処分命令申立書における①当事者の記載ですが、申立人を債権者、相手方を債務者、相手方の差押対象となる債権の債権者を第三債務者といいます。

　②申立ての趣旨は、どのような仮処分命令を求めるのかという結論を記載することになります。

　③保全すべき権利は、仮処分手続によって保全する権利であり、本案訴訟で確認を求める予定の労働契約上の権利を有する地位等をいいます。

　④保全の必要性は、本案訴訟による判断を待たずに仮処分をすべき緊急の必要があることをいいます。仮処分命令の申立にあたっては、債権者の生活の困窮を避けるために仮処分命令を早急に出すべき緊急の必要があることを主張・立証（疎明）する必要があります。

（3）双方審尋

　仮処分命令申立事件では、仮差押命令申立事件とは異なり、債権者のみならず債務者の双方を面接する手続を経なければ仮処分命令を発することができないという運用をされる傾向にあります。

　審尋の方法については特段の制限はなく、裁判所が適当と認める方法によって行われます。

　債権者と債務者が交互又は同時に裁判官と面接して口頭で説明することもあれば、交互に書面を提出しあうということもあります。

　仮処分命令申立事件では、債務者からも反論の機会が与えられるため、仮差押命令申立事件よりも決定が出るまでに長時間を要することになります。もっとも、迅速性も要求されるため、通常の訴訟手続よりは早めに審理を行う傾向にあります。

（4）和解等の解決

　仮処分命令申立事件では、双方審尋が行われた後、裁判所から和解の勧告がされることもあります。

　裁判所の和解勧告の結果、仮処分命令申立事件のみならず、請求債権自体に関する和解が成立し、終局的な解決に至ることもあります。

　もっとも、和解が成立せず、結局は本案訴訟まで発展してしまうこともあり得ますが、こうなると終局的な解決まで長時間を要することになります。

Chapter 10 ポイント⑥ 労働審判の利用

【労働審判の流れ】

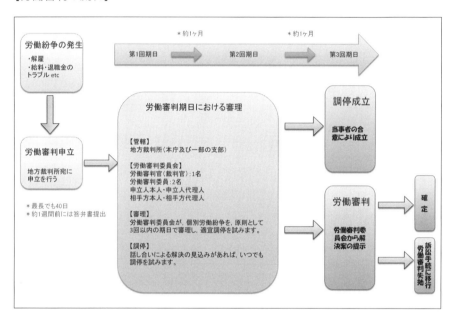

1 労働審判の流れ

(1) 労働審判とは

　労働審判とは、最近の個別的労働関係に関する紛争の増加傾向に対処するために、迅速かつ適切に解決を図ることを目的に制定された手続です（労働審判法1条）。

　労働審判では、労働審判官（裁判官）1名と、労働関係に関する専門的知見を有する労働審判員2名で構成された労働審判委員会が事件を審理します（労働審判法7条）。

　原則として3回以内の期日で、調停（話し合い）による解決が試みられます。調停による解決ができない場合には、労働審判委員会が労働審判を行い、解決を

図ります。

労働審判制度は、労働紛争の迅速な解決を図ることを目的とした制度ですから、早期の解決が期待できます。この点が他の裁判手続と比較した場合の、労働審判のメリットといえます。

（2）労働審判員とは

労働審判を担当する労働審判員とは、労働関係に関する専門的な知識経験を有する民間人の中から最高裁判所があらかじめ任命した方です（任期は2年）（労働審判法9条）。

所属する地方裁判所が決められており、個別の案件ごとに裁判所から指定されて労働審判委員会の構成員になります。

労働審判員は中立公正な立場とされます。

また、労働審判員は、労働者側1名、使用者側1名がそれぞれ指名されますが、労働審判期日でも2人の労働審判員が労働者側・使用者側のどちらかは分かりません。

実際の労働審判では、裁判官である労働審判官だけでなく、労働審判員からも当事者双方に対して適宜質問されます。

労働審判を迎える際には、労働審判官や労働審判員からの質問も想定して臨む必要があります。

（3）労働審判が適当な事件とは

労働審判手続の対象は、個別労働関係紛争とされています。

具体的には、解雇・配置転換・降格処分・賃金・退職金・解雇予告手当の支払いを求める紛争などがこれにあたります。

したがって、行政事件や、使用者と労働者との間の単なる金銭の貸借、労働組合と使用者との間の集団的労働関係紛争、個人（社長や上司）を相手とする紛争は、労働審判の対象とはなりません。

労働審判の対象外となる紛争について労働審判を申し立てたとしても、不適法として却下されます（労働審判法6条）。

（4）労働審判を申し立てる裁判所（管轄）

労働審判を申し立てる裁判所は、以下のようになります（労働審判法2条）。

①相手方の住所、居所、営業所もしくは事務所の所在地を管轄する地方裁判所
②個別労働関係紛争が生じた労働者と事業者との間の労働関係に基づいてこの労働者が現に就業しもしくは最後に就業した当該事業主の事業所の所在地を管轄する地方裁判所
③当事者が合意で定める地方裁判所

①～③以外の裁判所に対して労働審判を申し立て、相手方がこれに応じたとしても、当該裁判所では審理されません（応訴管轄なし）。

（5）労働審判のスケジュール

労働審判制度は、労働紛争の迅速な解決を図ることを目的とした制度ですから、手続も早く進んでいきます。

労働審判の申し立てがあると、労働審判官は、原則として申し立てがされた日から40日以内に第1回期日の指定をして、事件関係者の呼び出しをするとともに、相手方に対して答弁書の提出期限を定めます（原則として第1回期日の10日前程度）（労働審判規則13条・14条・16条）。

そして、相手方は、指定された提出期限までに答弁書を用意しなければなりません。通常の裁判では、第1回期日の答弁書は、申立人の主張を認めるかどうかについてだけ回答する程度でも足りるのですが、労働審判では第1回期日から充実した審理を実現するために、反論の具体的な理由や証拠を提出しなければなりません。申立人側は十分に用意した上で申立てをすればよいのですが、相手方からすればごく限られた短時間で用意をしなければならないため、負担の大きい手続といえます。

Part 6
労働

2 労働審判の審理

　労働審判では、労働審判委員会が第1回期日で当事者の陳述を聞いて争点及び証拠の整理を行い、必要な証拠調べを行ないます。

　労働審判手続は原則として3回以内の期日で審理を行ないますが、原則として第2回期日が終了するまでに主張及び証拠の提出を終えなければなりません。

　したがって、実質的な主張・証拠の提出は第2回期日まで、しかも多くの場合は第1回期日で主な主張・立証が行なわれるため、第1回期日までにどれだけ十分な用意ができるかが重要になってきます。

　労働審判委員会は、労働審判手続の過程で調停の成立の見込みがある場合には、審理の終結に至るまでに調停を行なうことができます。調停において当事者間に合意が成立し、これを調書に記載したときには、その記載は裁判上の和解と同一の効力を生じます（労働審判法29条）。

　なお、労働審判手続の審理は原則として非公開とされていますが、労働審判委員会は相当と認める者の傍聴を許しています。

　したがって、会社代表者だけでなく、会社関係者（人事部長等）が同席することも実務上は見受けられます。

3 労働審判の終了

　労働審判の結果に不満があった場合、労働審判に対し、審判書の送達又は労働審判の告知を受けた日から2週間以内に、裁判所に対して異議の申立てをすることができます（労働審判法21条1項）。

　労働審判に対して適法な異議の申立てがあった場合、労働審判はその効力を失い（労働審判法21条3項）、労働審判手続の申立てにかかる請求については、当該労働審判が行なわれた際に労働審判事件が係属していた地方裁判所に訴えの提起があったものとみなされます（労働審判法22条1項）。

　また、労働審判委員会が事案の性質に照らし、労働審判手続を行なうことが紛争の迅速かつ適正な解決のために適当ではないとして労働審判事件を終了させた場合についても、労働審判に対する適法な異議申立と同様に訴え提起が擬制され

ます（労働審判法23条2項）。

　これらの場合も、労働審判手続の申立書等は訴状とみなされます（労働審判法22条3項）。

　ただし、その他の記録は訴訟には引き継がれないため、当事者は改めて訴訟において主張書面、証拠書類を提出する必要があります。

Chapter 11 ポイント⑦　訴訟の利用

【訴訟の流れ】

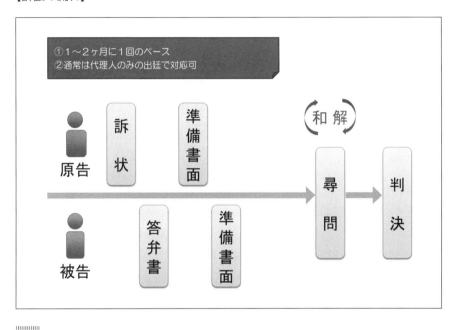

1　訴訟の流れ

(1) 訴訟の提起

　労働事件には複数の解決手段がありますが、当事者間の合意にかかわらず裁判所による判断によって解決を図ることができるという点で、訴訟が終局的な解決方法ということができます。

　訴訟の提起にあたっては、訴状を裁判所に提出することになります。

　訴訟の注意点については、通常の民事訴訟事件と変わりません。

(2) 訴訟の類型

　労働事件は、複数の解決手段がありますが、訴訟の類型も複数挙げられます。

後述の訴額にも関連しますが、労働事件の訴訟の類型をいくつか挙げると、以下のとおり整理できます。

①雇用契約上の地位確認請求訴訟
②未払賃金等請求訴訟
③退職金支払請求訴訟
④懲戒処分無効確認請求訴訟
⑤セクハラ等の不法行為責任に基づく損害賠償請求訴訟
⑥労働者の競業避止義務違反に基づく損害賠償請求訴訟

（3）訴額

労働事件は、類型によって訴額が異なるため注意が必要です。

例えば、①解雇無効確認・従業員の地位確認・雇用関係確認の訴えの場合、財産権上の請求ですが、訴額算定が極めて困難であるために訴額は160万円とされます（民事訴訟費用等に関する法律4条2項後段）。

また、④懲戒処分の無効確認訴訟（出勤停止処分・減給処分・訓戒・譴責処分）の場合、訴額は命令の経済的価額の全額とされます。ただし、ⅰ処分内容が出勤停止の場合は160万円、ⅱ処分内容が減給の場合は減給額、ⅲ処分内容が訓戒・譴責の場合は、非財産上の請求として160万円とされます。

このように、労働事件の場合、訴えの内容によって訴額の算定が異なりますので、訴訟提起にあたっては訴えの内容と訴額を確認するようにしましょう。

2 訴訟の審理

（1）第1回口頭弁論期日

裁判の場合、弁護士が代理人として選任されている場合、当事者本人の出席は必要とされていないため、通常は弁護士のみの出席で対応します。

そして、第1回口頭弁論期日では、訴状及び答弁書の陳述が行われた後、次回期日の指定がなされます。

Part 6
労働

（2）その後の弁論期日

第2回期日以降は、各争点に関する主張・立証を当事者双方で行って進めていくことになります。

各期日は、おおむね1〜2ヵ月に1回の頻度で行われます（夏季休廷等があればさらに間隔が空くこともあります）。

期日を重ねていくことで徐々に争点に関する主張・立証が整理され、十分に争点整理が行われた段階で、証人尋問が行われます。

なお、事案によっては、証人尋問の前後で和解が試みられることがあります。

3 訴訟の終了

（1）判決

判決は、裁判所による判断によって終局的な解決を得る手続といえます。

なお、労働事件の場合、判決による解決は、会社（使用者）側にとって、単に請求内容の当否に関する判断を得るというだけでなく、信用リスクの観点からも検討する必要があります。

労働事件の場合、判決が下された場合、「○○株式会社事件」などと題されて判例紹介をされることが少なくありません。このように会社名が明記されて労働事件の判例が紹介されると、結論の当否にかかわらず、労働紛争になった会社という印象を持たれ、会社の信用が毀損されるおそれもあります。

労働事件の場合、会社の信用リスクという観点からも、判決による解決が妥当かどうかを検討すべきです。

（2）和解

裁判では、判決のほか、和解による解決も考えられます。

和解による解決のメリットは、当事者である程度結論をコントロールできるところにあります。もちろん、譲歩すべき点は譲歩しなければ和解にはなりませんが、裁判所によって予想もしない結論を下されるという事態は回避できます。

また、和解であれば、判決では得ることができない内容を獲得することも期待

できます。例えば、当事者間で労働紛争の内容を第三者に口外しないという守秘義務条項を和解に盛り込むことで、会社側であれば信用リスクを回避することができる一方、労働者側であれば労働紛争になったということを拡散されることを防止でき、再就職活動等への支障を防ぎやすくすることが期待できます。

　和解は非常に柔軟性に富む制度であるため、事案に応じてうまく利用するようにしていきましょう。

4　訴訟終了後の手続

　和解によって終了する場合には特に問題とはなりませんが、判決による終了の場合、控訴をするかどうかを検討することになります。

　判決内容に不服がある場合、判決書の送達を受けた日から2週間以内に控訴の提起が可能です（民事訴訟法285条）。

　控訴期間の計算のほか、控訴状の提出先は必ず確認しておきましょう。

参考文献
・日本労働弁護団『労働相談 実践マニュアル Ver.6 ——改正労契法、派遣法、高年法対応』（日本労働弁護団、2013年）
・東京弁護士会労働法制特別委員会編著『新労働事件実務マニュアル〔第5版〕』（ぎょうせい、2020年）
・東京弁護士会弁護士研修センター運営委員会編『弁護士専門研修講座 労働法の知識と実務』（ぎょうせい、2010年）
・山口幸雄ほか編『労働事件審理ノート〔第3版〕』（判例タイムズ社、2011年）
・菅野和夫『労働法　第十二版』（弘文堂、2019年）
・小川英明ほか編『事例からみる訴額算定の手引〔3訂版〕』（新日本法規出版、2015年）

企業法務

Part 7

Chapter
1 本章の目的

1 　企業法務分野の特徴の理解
2 　企業法務分野の流れの理解
3 　企業法務分野の7つのポイントの理解

　企業法務分野については、受験時代やロースクールで学んだ場合を除き、研修所でも基本的に学習する機会がなく、苦手意識を持たれている方も少なくないかと思います。

　一口に「企業法務」といっても、民法・会社法だけでなく、会社の業態や取引に応じて、金融商品取引法、保険業法、独占禁止法、著作権法、特許法、不正競争防止法など、関連する法律が非常に広範に及びます。そのため、交通事故分野や相続分野のように、「企業法務分野については、この法律を勉強しておけばおおよそカバーできる」といった明確なテリトリーがありません。また、近時、急速にインハウスローヤーが増加しており、会社の日常的な業務に関する簡単な法律問題であれば企業内部で解決するようになってきており、弁護士に寄せられる相談内容はますます高度化・複雑化しています。さらに、企業法務分野では、いわゆる予防法務の観点から、取引開始前に取引の適法性等に関する弁護士の法律意見を求められたり、契約書のドラフト・レビューを求められたりすることがあり、ドキュメンテーション能力を磨く必要もあります。

　本章では、とくに企業法務分野に苦手意識を持たれている方を念頭に、ある日突然、依頼者から企業法務関係の相談が来た場合にどう対応したらいいか？　という視点から、いわば「企業法務の捌き方」を提示したいと思います。

Chapter 2 企業法務分野の特徴

> 1　企業法務における法的リスクマネジメント
> 2　法務部と弁護士の役割分担
> 3　契約書の重要性

　企業法務分野は、適切な法的リスクマネジメントの観点から広範かつ専門的な知見が必要とされるとともに、契約書の作成・レビューを含む、書面のドラフティング能力が必要とされる複雑な分野です。企業法務分野の特殊性を3つ挙げるとすれば、冒頭の3つに整理できます。以下では、各特殊性について説明します。

1　企業法務における法的リスクマネジメント

　企業法務における相談内容は多岐にわたりますが、どのような相談であっても、その目的は、究極的には「いかに法的リスクを適切にコントロールするか」（法的リスクマネジメント）、に尽きます。法的リスクとは、法令や契約等に反すること、不適切な契約を締結すること、その他の法的原因により有形無形の損失を被るリスクのことをいい、企業活動に伴い不可避的に生じるオペレーショナルリスクの一つです。そして、法的リスクマネジメントは、大きく①「戦略法務」、②「予防法務」、③「臨床法務」の3つの見地から分類することができます。これらはそれぞれ独立した場面で問題になるものの、相互に関連し、影響し合う関係にあり、企業法務においてはいずれの観点からのアドバイスを求められているかを意識する必要があります。

【法的リスクマネジメント】

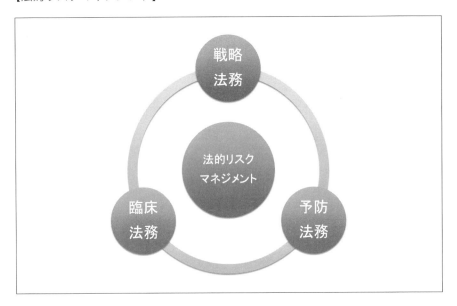

① 「戦略法務」——スポーツ医学
「戦略法務」とは、法務知識を経営に対して戦略的に提案するなどして、意図的に営業推進等に活用していく積極的な法務対応をいいます。具体的には、法令を遵守しつつ、その範囲で最大限依頼者に有利な新商品・新スキームを開発したり、既存の商品にはない、顧客にとってもメリットのある提案活動を行ったりすることをいいます。いうなれば、スポーツ医学のようなものであり、戦略法務の観点からは、契約書の交渉・締結においても、依頼者に有利な条項を積極的に盛り込むことが求められます。

② 「予防法務」——医師への健康相談・早期検診
「予防法務」とは、具体的なトラブルや損失が発生する前に法的リスクに対して必要な手当を講じることをいいます。医師への健康相談や早期検診のようなものであり、弁護士による契約書のドラフト・レビューも予防法務の一つといえます。

③ 「臨床法務」——発病後の医師への相談・手術
「臨床法務」とは、法的リスクが現実化した際に、損失や悪影響を抑えるための法的対応をいいます。病気になった後での医師への相談や手術のようなものであ

り、たとえば、取引先との契約書の履行・解釈を巡ってトラブルが生じた場合における対応や、競合他社との訴訟や取引先倒産時における相談等が挙げられます。

2 法務部と弁護士の役割分担

個人法務と異なり、企業法務の分野では、依頼者自身が法務部を擁していることがあり、日常的な業務に伴う法律問題であれば、いちいち社外の弁護士に依頼せず、内製化するようになってきています。とくに、近時、弁護士資格を有する企業内弁護士、いわゆるインハウスローヤーも急増しており[5]、社内法律問題の内製化はますます進展しています。もっとも、インハウスローヤーが増加した現在においても、案件の性質等に応じて、法務部限りで法的リスクをすべて解決することが困難なケースがあることは否定できません。

そこで、法務部と比較して、企業法務分野において弁護士に求められる役割、特徴等を説明します。

【法務部と弁護士の役割分担】

	法務部	弁護士
企業にとっての役割	・ まず相談する先 　・ 案件次第では外部弁護士の利用自体不要 ・ 外部弁護士利用の際のリエゾン役	・ 個別案件ごとの依頼で業務を遂行 ・ 案件の重要性等に応じて利用
法的アドバイスの性質等	・ 企業に専属し、日常的な社内法律問題に常時対応 ・ 企業の経営戦略、組織・業務、社内事情を踏まえた法的アドバイス 　➢ 反面、中立性の確保が困難な場合も ・ 一定の専門性は有するものの、専門分野への特化は限定的 ・ 人数は限定的 　➢ リソース提供には一定の限界	・ 社内事情に関係なく、中立的で独立した助言を提供 ・ 分野ごとに高度な専門知識（専門分野を持つ弁護士が多い） ・ 大規模な案件（大型M&A、訴訟等）に対するリソースの迅速な提供 ・ 他社事例等に基づく知識・経験を提供
特徴	・ 弁護士に対するチェック機能（アドバイスの内容やリーガルオピニオンのチェック） ・ 弁護士との連携・マネジメント、適切な弁護士の選定、適切な報酬に向けた交渉	・ 適切な弁護士／法律事務所の選定が必要 ・ 弁護士費用は高額であり、効率的な利用が重要 　➢ 企業の競争力を左右

5　日本組織内弁護士協会作成に係る公表データによれば、2023年6月30日時点で3,184名のインハウスローヤーが登録されています（https://jila.jp/wp/wp-content/themes/jila/pdf/transition.pdf）。

① 法務部の役割－企業の「かかりつけの医者」

企業活動に伴う法的リスクが生じた場合、社内の営業部門や企画部門等がまず相談する先が法務部であり、法務部は、いわば企業にとって「かかりつけの医者」といえます。秘密保持契約や取締役会資料のレビュー等、日常的な法律問題であれば、社外の弁護士に依頼するまでもなく、法務部限りで処理・解決することが通常です。

また、法務部は企業に専属し、社内事情に精通していることから、弁護士以上に経営陣に近い距離から法的アドバイスを提供することが可能です。もっとも、それは同時に弁護士に比べてその法的リスク評価・判断の中立性の確保が困難であるという側面があることは否定できません。

そして、法務部は企業の取り扱う業務分野に係る日常的な法規制等には一定の専門性を有するものの、それ以外の分野に関する専門知識はどうしても不足しがちな傾向があります。

② 弁護士の役割－企業の「専門医」

弁護士は、個別案件ごとに企業からの依頼を受けて法的アドバイス等のリーガルサービスを提供することをその役割としており、いわば企業の「専門医」といえます。

法務部と異なり、弁護士は依頼者に雇用されてはいないため、社内事情に関係なく中立的な立場から法的アドバイスを提供しやすい立場にあるといえます。また、弁護士に対しては、分野に応じた高度の専門的知識・アドバイスの提供を行うことが期待されます。

3 契約書の重要性

---

1 各種リスクコントロール手段
2 当事者間の合意内容等の明確化
3 将来の訴訟における証拠の確保

企業の事業活動は、その意思決定・合意内容である「契約」を書面に記載した契約書に基づき実施されることが通常です。

Part 7
企業法務

「契約」とは、当事者間における権利・義務に関する合意をいい、契約の内容を書面化したものを「契約書」といいます。保証契約等を除き、契約の成立要件として書面の作成は要求されていないため、メールやFAXはもちろん、口頭で合意した場合であっても原則として契約は有効に成立します（諾成契約）。このように、契約自体はあえて書面を作成しなくても成立しますが、契約書には、以下の３つの重要な役割が認められることから、企業間の取引においては契約書を作成することが一般的です。

　そのため、企業法務においては、弁護士には契約書のドラフティング能力も求められます。

①　各種リスクコントロール手段

　第一に、契約書には、契約リスクをはじめ、各種リスクをコントロールする手段としての役割が認められます。契約に係る法的リスクは多岐にわたりますが、当該法的リスクすべてが顕在化したという「最悪シナリオ」においてもなお依頼者の権利を確保できるよう、当該法的リスクをコントロールする手段を書面に落とし込むことが重要となります。

②　当事者間の合意内容の明確化

　第二に、契約書には、当事者間の合意内容等を明確化し、将来、契約書の解釈を巡ってトラブルが生じないよう防止する役割が認められます。

③　将来の訴訟における証拠の確保

　第三に、将来当事者間で紛争が生じ、訴訟に発展した場合に、訴訟における最も有力な書証である契約書を依頼者に有利な証拠として利用できるよう確保しておくという役割が認められます。

Chapter 3 法律相談・受任の注意点

1 法律相談の流れ

企業法務事案の相談・受任をする際に注意すべき点は以下のとおりです。

【法律相談の流れ】

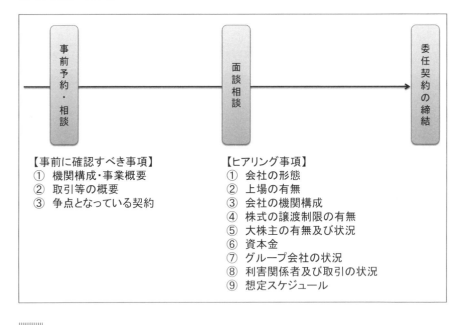

2 法律相談の目的

　企業法務分野は関連する法律が非常に広範かつ多岐にわたることが多いため、相談者自身、「何がわからないことか」もわかっていないことが少なくありません（「わからない」ことだけわかっている）。そのため、法律相談における第一の目的は、事実関係の全体像を正確に聴き取り、「何がわからないことか」を交通整理していくことにあります。

Part 7

企業法務

　そして、必要な事項を確認するためには、面談による法律相談だけでなく、事前に相談カードを送付し、必要事項を記入してもらったり、必要な資料を用意してもらったりするなどの準備も大切です。

企業法務・相談カード

相談日	令和　　年　　月　　日
弁護士	
担当事務局	
事務所	

フリガナ	
貴社名	
代表者名	
設立年月日（西暦）	
資本金	百万円
従業員数（正社員）	名	現在
従業員数（アルバイト・パート）	名	現在
決算期	月	（年1回）
業種	

直近2年の状況	前々年		前年
年度		年度		年度
売上高		百万円		百万円
経常利益		百万円		百万円
主要取引銀行		銀行		支店
株式（上場／非上場）			
大株主及び持株数			

機関構成 （取締役会・監査役会の 有無等）		
取締役の氏名及び住所		
HPアドレス		
本社所在地	郵便番号	
	住所	
本社以外の 支店・事業所	郵便番号	
	住所	
倉庫所在地	郵便番号	
	住所	
工場所在地	郵便番号	
	住所	
主な取引先 （2社以上）	①	
	②	
主な仕入れ先 （2社以上）	①	
	②	

貴社窓口	郵便番号	
	住所	
	電話番号	
	FAX番号	
	部署名	
	担当者	
	携帯電話番号	
	E-mail	

Part 7
企業法務

各種保険	健康保険	加入／未加入
	労災保険	加入／未加入
	雇用保険	加入／未加入
	厚生年金	加入／未加入

　なお、個人法務と異なり、企業法務においては、真の依頼者は相談者個人（法務部員や営業部員など）ではなく、会社であることを常に意識しておく必要があります。たとえば、会社役員から会社の不正調査に関する相談を受け、会社を依頼者として調査を引き受けたところ、当該役員自身が当該不正に関与していたことが発覚した場合、情に流されて直接相談に来た役員個人の便宜を図りたくなることがあるかもしれません。しかし、そのような行為は、真の依頼者である会社の利益と相反する結果になりかねません。そのため、とくに相談者と会社の利益の衝突が予想される事案では、相談当初より、相談者に対して、「あくまで会社の弁護士であって、相談者本人の弁護士ではないこと、もし相談者自身が弁護を希望するのであれば、会社とは別に、独自で弁護士を選任する必要があること」を再三伝えておくことが大切です。

3　事前予約・相談時の確認事項

　通常、法律相談は予約をとってから行います。
　事前予約は電話やメールで行うことが多いと思いますが、その際には以下の資料をご持参いただくよう伝えておくと、打ち合わせがスムーズになります。

---

① 　依頼者の会社の機関構成・事業概要がわかる資料
　　例）「会社概要」に関するウェブサイト、定款、会社組織図、（上場会
　　　　社であれば）有価証券報告書等の継続開示書類
② 　取引等の概要が把握できる資料
　　例）顧客提案資料等
③ 　問題となっている契約に関する資料
　　例）契約書・発注書・覚書等の写し

4　面談相談時に確認すべき事項

　事前に記入していただいた「企業法務・相談カード」の内容と重複する点もありますが、問題となっている事実関係の全体像を正確に把握するため、以下の事項については最低限確認する必要があります。

①　会社の形態

　非常に基本的なことではありますが、会社が株式会社か、合同会社か等によって検討すべき法律の条文や規制内容が変わりうるため、必ず確認するようにしましょう。

②　上場の有無

　依頼者が上場会社か否かによって、会社法上の取扱いや金商法上のインサイダー取引規制の適用の有無、有価証券報告書等の継続開示書類の提出の要否等、検討すべき法律の条文や規制内容が変わりうるため、この点も確認する必要があります。

③　会社の機関構成

　会社法上は、取締役会「非」設置会社が原則形態とされており、会社の機関構成によって適用される条文や規制内容が異なります。そのため、取締役会の有無や監査役会の有無等、会社の機関構成についても併せて確認しておく必要があります。

④　株式の譲渡制限の有無

　会社法上、発行するすべての株式について譲渡制限のある会社は「非公開会社」として取り扱われます。そして、非公開会社はその閉鎖性や所有と経営が必ずしも分離していない実態等に鑑み、取締役会の設置の要否や取締役監査役の任期、株主総会招集通知の発送期限等について、公開会社（発行株式の一部でも譲渡制限のない会社）とは異なる取り扱いがなされています。そのため、依頼者の発行する株式すべてに譲渡制限が付されていないか、確認する必要があります。

⑤　大株主の有無及び状況

　会社の代表者と株主が異なっている場合、当該代表者ではなく、株主が経営権をコントロールしていることが少なくありません。そのため、とくに会社の経営権を巡って争いが予想される、または生じている場合には、依頼者の大株主の状

402

況を把握することが重要になります。

⑥ 資本金

資本金の金額は、依頼者の規模感を示す一定の目安となるだけでなく、取引相手との資本金の関係によっては、下請法が適用されるか否かが決まるため、正しく把握しておく必要があります。たとえば、依頼者が取引先に対して物品の製造を委託する場合、委託者側である依頼者の資本金が3億円超で、受託者側の資本金が1000万円超3億円以下のときは、下請法の適用を受けることになります。

⑦ グループ会社の状況

たとえば依頼者が他の企業と資本業務提携やM&Aを検討している場合、独占禁止法上の企業結合規制の適用の有無等は「企業結合集団」、すなわちグループ会社全体で判断されることとなります。そのため、依頼者に親会社・子会社・兄弟会社等のグループ会社が存在しないかも併せて確認する必要があります。

⑧ 利害関係者及び取引スキームの概要

個人法務分野と比べて、企業法務分野の相談事項は、グループ会社や取引先、株主や会社債権者等、利害関係者が多岐にわたることが少なくありません。また、相談の対象となっている取引自体も、場合によっては複数の当事者や複数の国にまたがる場合もあり、個人間の取引以上に複雑な内容となることもあります。

そのため、相談時には、相談対象となっている取引に関係する利害関係者及び取引スキームについても丁寧に確認することが重要となります。

⑨ 想定スケジュール

依頼者からの相談内容によっては、スケジュールが重要な争点になる場合が少なくありません。たとえば、役員が不正行為に関与したことを理由に解任することを検討している場合、まず株主総会で解任決議にかけることになりますが、株主総会開催までには会社法所定の手続を充足する必要があります。そのため、相談時に依頼者が想定しているスケジュールを確認した上で、会社法等、法定のスケジュールを遵守できるかを検討する必要があります。

Chapter 4

企業法務の7つのポイント

　企業法務分野の特徴でご説明したとおり、企業法務分野の相談は取引の時系列に沿って整理することが有用です。そこで、企業法務分野において特に検討すべきポイントを7つの時系列に分けて整理しました。

　相談者の話を整理し、要点を押さえて確認する際には、この7つのポイントのどの段階での問題なのかを意識すると、スムーズにいきます。

【企業法務に関する7つのポイント】

Point 1	契約準備段階
Point 2	契約締結交渉開始後
Point 3	契約書ドラフト段階
Point 4	契約の履行段階
Point 5	紛争発生後
Point 6	紛争の解決
Point 7	強制執行・担保権の実行

Chapter 5

ポイント①　契約準備段階

1　全体像の把握
2　リーガル・リサーチ
3　リーガル・オピニオンの作成

　契約準備段階とは、検討している取引について相手方との交渉開始前の段階を
いいます。契約準備段階において最優先で果たすべきは、案件の全体像を早期か
つ正確にヒアリングすることにあります。そして、争点を特定した後、その法的
リスクの有無及び程度をリサーチすることとなります（リーガル・リサーチ）。
当該争点について、弁護士として意見を求められた場合には、別途法律意見書等
を作成することとなります（リーガル・オピニオン）。

1　全体像の把握

　第一に、弁護士は、的確な法的リスク分析の前提として、案件に係る事実関係
を正確に把握する必要があります。依頼者、とくに営業部門等のフロント部門の
目線は、「いかにして案件をクロージングさせ、収益を出すか」にあり、案件をス
トップさせるような法的リスクについては敏感であるのが通常です。そのため、
ときには直接、フロント部門からも以下の点についてヒアリングすることが重要
です。

　なお、ヒアリングに際して、フロント部門は案件の中止につながるおそれのあ
る不都合な事実については、必ずしも積極的に開示してくれるわけではないこと
にも留意する必要があります。

【フロント部門からのヒアリング事項】

① 前提事実
- □ 契約の相手方（予定）の名称、内容、前提となる事実関係に関する事項
- □ 取引先との業務記録、電話記録、メール等及び公開情報（上場会社であれば有価証券報告書等）の取り寄せ

② 契約締結の「目的」
- □ 当該「目的」を実現する上で、支障となる法的リスクが存在しないか
- □ フロント提案の契約形態以外に最適な契約形態が存在しないか
- □ 契約書に盛り込むべき条項の検討

③ クロージング（取引の実行）までのスケジュール感
- □ 法的に実現可能なスケジュールか
  - ◇ 例）株主総会決議が必要な契約の場合、臨時株主総会の開催が物理的に可能か
  - ◇ 例）独禁法上の企業結合規制や金商法上の募集・売出し規制等、一定の待機期間が必要ではないか
- □ 法的に可能だとして、当社・相手方双方にとって現実的に可能なスケジュールなのか
  - ◇ 社内手続（社内稟議、社長決裁等）を履行するために必要十分なスケジュールが確保されているか
  - ◇ 社内外の利害関係者に対する事前通知期間として十分といえるか

④ 当該案件におけるビジネスジャッジ、判断等の過程、理由に関する事項

⑤ フロント部門において、法的論点（又は法的論点になりそうな点）と認識している点

⑥ フロント部門において、法的論点を有するか不明であるが、特に注意すべきであると思料している事項

Part 7

企業法務

2 リーガル・リサーチ

　案件の全体像を把握したら、次に当該案件に関連する法的リスクの有無及び程度を評価すべく、リーガル・リサーチを実施することとなります。リーガル・リサーチとは、争点に関係する法令、判例、文献を主たる資料とするリサーチをいい[6]、次頁の方法及び手順で実施します。なお、争点の特定を含むリーガル・リサーチのスキルは弁護士の力量が如実に表れる分野であり、一朝一夕で身に付くものではなく、その詳細を論じるとそれだけで1冊の書籍になるほどの奥深さがあります。そのため、本章では、リーガル・リサーチの概要を説明するにとどめることとします。

　リーガル・リサーチについてさらに学びたい方は、いしかわまりこほか『リーガル・リサーチ〔第5版〕』（日本評論社、2016年）をご参照ください。

6　いしかわまりこほか『リーガル・リサーチ〔第5版〕』（日本評論社、2016年）3頁参照

【リーガル・リサーチの流れ】

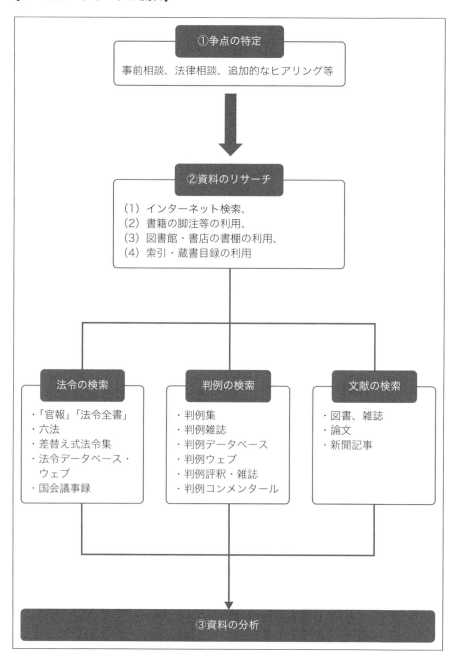

Part 7
企業法務

① 争点の特定

適切なリーガル・リサーチは、まず「何を明らかにしたいのか？」という、争点を明確にすることが出発点になります。一見、単純で簡単なように思われるかもしれませんが、弁護士の力量の差はこの時点で大きく生じます。

相談者自身、弁護士への相談時には「『わからない』ということしかわかっていない」状態であることが多く、電話やメールで一、二度やり取りした程度では十分に争点を特定できないことが通常です。争点が特定されていない状態でリサーチを進めても、目隠しをしたままダーツを投げるようなもので、どれだけ必死にリサーチを続けても求める答えに刺さることはありません。

そのため、相談者の相談内容に少しでも不明確な点が残るようであれば、フロント部門と直接連絡を取って事実関係を確認するなどして、争点を一義的に明確にする必要があります。

② 資料のリサーチ

争点を特定した後、はじめて資料のリサーチを開始します。リーガル・リサーチの対象は、「法令」、「判例」、「文献」の3種類に大別することが可能ですが、これらをリサーチする場合、以下の方法で検索すると効率がよいでしょう。

（1）インターネット検索

インターネットが普及した現在においては、インターネット上のキーワード検索がもっとも手軽かつ迅速・無料で利用できるリサーチ方法のひとつといえます。

インターネット上には、官公庁等の公的機関による広報資料や、法律事務所作成に係るニュースレター、弁護士個人のブログ等、様々な情報を入手することができるとともに、ときにその場にいながらにして最新の情報を入手することも可能となります。

もっとも、必要な情報のすべてがインターネットに掲載されているわけではなく、インターネット上で入手できる情報は全体のごくわずかにすぎません。また、作成者が不明な情報や、長年更新されていない情報、不正確な情報等が氾濫しており、担当している案件で本当に参考資料として利用できるかは慎重な判断が必要です。稀に、Wikipedia等のインターネット上の情報をもって引用元として使用している方も散見されますが、当該情報の作成者も不明であり、これだけ

をもって証拠として使用するのは避けるべきです。

　このように、インターネットでのリサーチは手軽でリサーチの入り口としては有用であるものの、決して万能ではなく、他のリサーチ方法と併用する必要があることに注意が必要です。

（2）書籍の脚注・参考文献の利用

　リサーチに際してコンメンタールや商事法務等を調べることはよくありますが、これらの文献の多くには、脚注や参考文献一覧が付されています。脚注や参考文献は、コンメンタール等の著者によって選択された一次資料に関する情報であり、リサーチしている同じテーマについて、他の研究者による資料を効率よく知るための手がかりとしてとても有用です。

　もっとも、これら脚注や参考文献は著者の視点で選ばれた資料に限定されており、必ずしも網羅的な情報ではありません。また、執筆時点以降に発表された新しい資料の情報は得られない点に注意が必要です。

（3）図書館や書店の書棚の利用

　図書館では、資料を識別するために請求記号を付けており、書棚にたどり着ければ関連がありそうな資料を一覧することができ、その場で読み比べながら資料の要不要の判断を下すことができ、効率的にリサーチを進めることができます。

　もっとも、この方法では貸し出し中の図書を閲覧することはできず、閉架書棚にある図書や雑誌の記事や論文を探すことはできませんし、店頭で探す場合には、その書店で扱われていない本や売り切れ、絶版の本を探すことができないという限界があります。

（4）索引、蔵書目録の利用

　索引データベースや索引誌では、利用する図書館の所蔵の有無にかかわりなく、どのような資料があるか、その内容の分野、また著者名から具体的な資料を特定することができます。蔵書目録DB（OPAC）では、索引で調べた書名・雑誌名、著者名また、主題を表す件名、書名や雑誌名に含まれる単語などから、どのような資料の所蔵があるか、さらにその配架場所がわかります。

　他のリサーチ方法に比べて手軽とはいえませんが、上記３つのリサーチ方法に

比べて、格段に網羅的な検索結果を得ることができます。

③ 資料の分析

必要な資料を収集したら、最後にその資料を分析することとなります。

法的リスク評価の出発点はいうまでもなく「法令」ですが、条文の文言だけ読んでいても争点に関する結論が出せない場合が通常です。そのため、収集した判例や文献の読み込み、分析が必要になりますが、文献については「コンメンタール」シリーズや「注釈」「条解」シリーズなど、その分野で権威ある書籍のリサーチを中心に心がけましょう。法律文献も大量に出版されているため、自分に有利な見解を述べている文献も探せば見つけることは決して不可能ではありませんが、裁判になった場合に一蹴されるような少数説では意味がありません。そのため、難解な法律分野をわかりやすく解説した実務家の書籍はリサーチの端緒としては使い勝手もよく参考となりますが、最終的には必ずコンメンタール等の通説をまとめた文献を確認するようにしましょう。

なお、企業法務分野において有益な書籍・文献は、「**分野別推薦書籍100選**」（巻末）にまとめていますので、適宜ご参照下さい。

以下は余談ですが、新人弁護士のころは、できる限り書籍代は惜しまず、主要な文献は惜しみなく購入するようにしましょう。

私が事務所に入所したばかりのころ、あるパートナーから「新人アソシエイトは年間100万円を書籍代に使え」、「ライブラリで3回借りたら、その本は迷わず購入せよ」と指導されたことがあります。正直なところ、当時の私は、「そんなに本代に使えないし、また借りればいいか」などと甘く考えており、パートナーの教えを適当に聞き流していました。しかしながら、振り返ってみると、たしかに書籍代は惜しまず購入すべきだったと反省しています。リーガル・リサーチは弁護士の基本であるとともに実力の差がはっきりと表れる領域ですが、多数の書籍を揃えることによって、必要な情報を効率的に峻別し、多層的に分析することができるようになります。そのため、私の経験からも、「リサーチ能力の高低は、購入した書籍の量に比例する」といってよいかと思います。書籍は弁護士にとっての武器となりますから、新人の頃こそ惜しまずどんどん購入するようにしましょう。

3　リーガル・オピニオンの作成

> 1　法律意見書
> 2　メモランダム
> 3　メール回答
> 4　口頭での回答

　重要な案件については、リーガル・リサーチの結果を弁護士の見解、リーガル・オピニオンとして書面化することを求められる場合があります。

　リーガル・オピニオンの具体的な書式や構成は弁護士・法律事務所によって異なりますが、費用や内容の信頼性等に応じて、大まかに①法律意見書、②メモランダム、③メール、④口頭での回答、の4種類に分類することができます。大雑把にいえば、①法律意見書が最も費用が高額である分、内容の正確性・信頼性も担保されており、④口頭での回答が最も費用が低額である反面、意見の正確性・信頼性には劣るという関係にあるといえます。

　これら4種類のリーガル・オピニオンの形式、内容、費用、及び特徴を一般論として整理すると、概要以下のとおりです。

Part 7
企業法務

【リーガルオピニオンの種類と特徴】

	法律意見書	メモランダム	メール回答	口頭での回答
形式	• 最も詳細な書面 • ボリューム大 • 留保事項あり • 職印あり	• 詳細な書面 • ボリューム中 • 留保事項あり／なし • 職印なし	• 簡素な書面 • ボリューム小 • 留保事項なし • 職印なし	• 書面なし
内容	• 最も信頼性高い	• 信頼性高い	• 信頼性やや劣る	• 信頼性劣る
費用	• 最も高額	• 高額	• やや低額	• 低額
特徴	• 弁護士が確信を持っている意見 • 当局に提示する場合あり	• 法律意見書と同程度に確信を持っている意見	• 一般論としての回答に留まる傾向	• 基本的に弁護士の見解が残らない
適した案件	• 重大な法的リスク	• 重大な法的リスク	• 取った上でコントロールすべき法的リスク	• 法的リスクの初期的評価・判断

① 法律意見書

【法律意見書のサンプル】

令和●年●月●日

［クライアント名］　御中

〒300-1234
茨城県牛久市中央5丁目20番地11
牛久駅前ビル501
弁護士法人　長瀬総合法律事務所

弁護士　長瀬　佑志　　職印

本件株式信託に係る論点整理

　貴社からご照会のありました事項について、下記のとおりご報告申し上げます。

　なお、本書は本書の名宛人のみのために作成されたものであり、当職の事前の承諾を得ることなく、本書の名宛人以外の第三者（貴社のグループ会社及び所轄官庁並びにこれらの職員を除きます。）に対して開示し、また、当該第三者が本書に依拠することはできないものであることを申し添えます。

記

第1　前提事実

1. 本件取引の概要

　　・・・

2. 本件株式信託の内容

　　・・・

Part 7
企業法務

第2　ご照会事項

1. 本件株式信託と会社法上の論点

　　・・・

2. 本件株式信託と金商法上の業規制

　　・・・

第3　結論

1. 照会事項①について

　　・・・

2. 照会事項②について

　　・・・

第4　検討

1. 照会事項①について

　　（1）・・・

　　（2）・・・

2. 照会事項②について

　　・・・

第5　留保

1. 当職らは日本法の弁護士であり、日本以外の法域における法令について助言すべき立場にない。

2. 本書に記載された当職らの助言は、会計、税務又はビジネスに関する助言を構成するものではなく、また、第1記載の前提事実に依拠するものであり、当該前提事実が真実と異なる場合にまで妥当するものではない。

3. 本書は、裁判所が本書に記載された当職らの助言と同様の結論又は論理を採用することを保証するものではない。

4. 本書は、貴社における検討のための参考資料として作成されたものであり、それ以外のいかなる目的にも用いられず、かつ、貴社以外のいかなる者に対しても当職らは本書に関して何らの責任を負うものでは

なく、また、貴社以外のいかなる者も本書に依拠することがないこと
を条件として貴社に提供されるものである。また、本書は、当職らの
事前の書面による承諾なく貴社以外のいかなる者（貴社のグループ会
社及び所轄官庁並びにこれらの職員を除く。）に対しても開示されな
いことを条件として、貴社に提出されるものである。

以上

　法律意見書は、最も慎重かつ緻密な分析に基づき作成されるリーガル・オピニ
オンであり、弁護士の職印を押印するケースが一般的です。弁護士も、基本的に
確信をもって回答できる法的論点についてしか法律意見書は作成しないため、内
容の信頼性は最も担保されていますが、その分、作成費用はリーガル・オピニオ
ン４種類の中で最も高額となる傾向があります。法律意見書は、検討対象となる
取引・契約等の事実関係を記載した「前提事実」、依頼者からの相談事項を整理
した「照会事項」、その検討結果を簡潔に記載した「結論」、当該結論に至った分
析内容を詳細に記載した「検討」、そして、法律意見書の限界を画する「留保事
項」という、５つの項目から構成されることが通常です。
　法律意見書を作成する上で最も重要な項目が、「前提事実」です。「前提事実」
の項目の内容は、依頼者からヒアリングした内容を基に作成されますが、この
「前提事実」が変われば、法令等を当てはめて得られる「結論」も変わりえます。
そのため、法律意見書を作成・提供する際は、「前提事実」を正しく理解し表現で
きているか、入念に確認するとともに、「留保事項」において「前提事実」記載の
事実関係が事実と異なる場合には法律意見書の射程が及ばない可能性があること
を明記しておくべきといえます。
　また、法律意見書の、開示の範囲は依頼者に限定するのが一般的です。もっと
も、依頼者が、当該法律意見書をもって当局交渉に臨むことを希望する場合や、
グループ会社間で共通の法的論点について弁護士の見解を共有したい場合などに
おいては、依頼者以外の第三者（当局やグループ会社等）に開示する必要がある
場合もあります。その場合は、これら一定の第三者への開示を許容する旨、法律
意見書の前文に明記しておきましょう。

Part 7
企業法務

② メモランダム

【メモランダムのサンプル】

MEMORANDUM

To　　：［クライアント名］XXX株式会社

From　：弁護士法人　長瀬総合法律事務所

　　　　弁護士 長瀬　佑志

Re　　：非公開情報の授受規制について

Date　：●年●月●日

　標記の件に関して、第1記載の前提事実に基づく第2記載の貴社からの質問事項に対する当職らの結論は第3記載のとおりであり、その検討内容は第4記載のとおりである。なお、本書における当職らの見解は、第5記載の留保に服する。

第1　前提事実

　貴社は、IRミーティングの開催を発行者に提案するために、貴社が推奨する海外機関投資家のプロフィールを記載した資料を作成する。

　当該資料には、投資家名、所在地、運用スタイル、投資家のタイプ、運用資産規模、日本株運用資産規模、投資家の概要、投資戦略、並びに当該投資家が保有する主要な日本株の保有銘柄、保有株数及び時価が記載される。

　これらの項目のうち、運用資産規模及び日本株運用資産規模並びに当該投資家が保有する主要な日本株の保有銘柄、保有株数及び時価については、具体的な数値が記載される。

　　　・・・

第2　質問事項

　貴社がその顧客である発行者である上場会社のために実施する海外機関投資家とのIRミーティング及びIRミーティングを踏まえた海外機関投資家からのフィードバックに関して作成される

①下記●に記載するIRミーティングアンケート結果

②下記●に記載するIR報告書

③下記●に記載する上記①以外の書面

④・・・

のそれぞれに含まれる情報が、金融商品取引業等に関する内閣府令第1条第4項第12号に規定する「非公開情報」に該当するか。

第3　結論

1. 資料①について

　　・・・

2. 資料②について

　　・・・

3. 資料③について

　　・・・

4. 資料④について

　　・・・

第4　検討

1. 資料①について

　　（1）・・・

　　（2）・・・

2. 資料②について

　　・・・

3. 資料③について

　　・・・

4. 資料④について

　　・・・

第5　留保

1. 当職らは日本法の弁護士であり、日本以外の法域における法令について助言すべき立場にない。

Part 7
企業法務

2. 本書に記載された当職らの助言は、会計、税務又はビジネスに関する助言を構成するものではなく、また、第1記載の前提事実に依拠するものであり、当該前提事実が真実と異なる場合にまで妥当するものではない。

3. 本書は、裁判所が本書に記載された当職らの助言と同様の結論又は論理を採用することを保証するものではない。

4. 本書は、貴社における検討のための参考資料として作成されたものであり、それ以外のいかなる目的にも用いられず、かつ、貴社以外のいかなる者に対しても当職らは本書に関して何らの責任を負うものではなく、また、貴社以外のいかなる者も本書に依拠することがないことを条件として貴社に提供されるものである。また、本書は、当職らの事前の書面による承諾なく貴社以外のいかなる者に対しても開示されないことを条件として、貴社に提出されるものである。

以上

　メモランダムは、弁護士の職印は押印されないケースが一般的であり、法律意見書よりも形式が簡素化されているものの、内容は法律意見書と同程度に精緻に分析した上で作成されるリーガル・オピニオンです。

　法律意見書と同様、メモランダムも、検討対象となる取引・契約等の事実関係を記載した「前提事実」、依頼者から回答を求められている質問事項である「照会事項」、その検討結果を簡潔に記載した「結論」、当該結論に至った分析内容を詳細に記載した「検討」、そして、法律意見書の限界を画する「留保事項」という、5つの項目から構成されることが多いですが、形式が若干簡素化されていることから、「結論」や「留保事項」の項目を省略・簡略化しているケースも見受けられます。また、形式面の簡素化に伴い、費用は法律意見書よりは低額に設定するケースが一般的です。

　法律意見書の場合と同様、弁護士がメモランダムを作成する上で最も重視しなければならない項目が、「前提事実」です。「前提事実」の項目の内容は、基本的には依頼者からヒアリングした内容を前提に作成されますが、この「前提事実」

が変われば、「結論」も変わりうるため、メモランダムの帰結や射程も変わってくる可能性があります。そのため、「前提事実」を正しく理解し表現できているか、入念に確認するとともに、「留保事項」において「前提事実」の内容が事実と異なる場合にはメモランダムの射程が及ばない可能性があることを明記しておくべきといえます。また、法律意見書と同様、メモランダムについても、開示の範囲は依頼者に限定するのが一般的です。

③　メール回答
【メールでの回答のサンプル】

差出人：	Yushi Nagase
送信日時：	●年●月●日 XX:XX
宛先：	●●●●
cc：	△△△△

件名：RE:海外代理店による当社商品の販売と海外法規制

XXX株式会社
法務部　●●●●　様

平素より大変お世話になっております。

貴社から拝受しました、●年●月●日付の「Re：海外代理店による当社商品の販売と海外法規制」書面記載のご質問について、検討結果をご報告致します。略称についても、特に断りがない限り同書面の略称を用います。

1．ご質問事項1について
（1）問題の所在
　　・・・

Part 7
企業法務

（2）趣旨の分析

　　　・・・

（3）本件における検討

　　　・・・

2．　ご相談事項2について

　　　・・・

ご意見やご不明な点がございましたら、お気軽にお問い合わせください。

長瀬

****

〒317-0073　茨城県日立市幸町1丁目4-1　三井生命日立ビル4階
弁護士法人長瀬総合法律事務所　日立支所
弁護士　長瀬　佑志
TEL:0294-33-7494 / FAX:050-3730-0060
E-mail:nagase@nagasesogo.com
URL:http://nagasesogo.com

〒300-1234　茨城県牛久市中央5丁目20－11　牛久駅前ビル　501
弁護士法人長瀬総合法律事務所
TEL:029-875-8180 / FAX:050-3730-0060
E-mail:nagase@nagasesogo.com
URL:http://nagasesogo.com

****

この電子メール及び添付のファイルには機密情報が含まれている可能性があります。貴殿が意図された受信者でない場合は、直ちに破棄して頂きますと共に、お手数ではございますが、送信者へ誤送の旨ご連絡頂きますようお願い申し上げます。This message（and attached file）may contain confidential information. If you are not the intended recipient, please notify the

> sender by reply and delete this message from your system immediately.

　メールでの回答は、書面での回答形式では最も簡素な分、費用もメモランダムよりもさらに低額に設定することが通常です。

　法律意見書やメモランダムと異なり、メールでの回答は詳細な「前提事実」や「留保事項」を置くには不適当な形式であるため、一般論としての回答にとどめるべきといえます。

④　口頭での回答

　法律意見書やメモランダム、メールでの回答と異なり、「口頭での回答」とは、問題となっている法的論点について、電話ないし対面で弁護士から口頭で回答を得る方式をいいます。口頭での回答は、相談の初期的検討段階でのブレインストーミング等には適しているものの、依頼者との間で誤解が生じる可能性もあるため、重大な法的リスクが絡む争点については口頭での回答は避けるべきです。なお、弁護士費用を節約するため、まず依頼者側で弁護士の口頭での回答内容をメモに書き起こし、その後、当該メモのレビューを依頼される場合もあります。しかし、このような方法で作成されたリーガル・オピニオンは、１から弁護士がドラフトしたメモランダム等と比べて客観性や信頼性に劣るため、かえって依頼者保護に悖るおそれがあるため、避けたほうがよいでしょう。

422

ポイント②　契約締結交渉開始後

【契約交渉開始後における留意点】

- 契約準備段階と契約交渉開始後の違い
- 重大な法的リスクの再検討
- 取った上でコントロールすべき法的リスクの検討
  - 1)「契約締結上の過失」に係るリスク
  - 2) 秘密漏洩のリスク
  - 3) 最終契約締結に係るリスク

1　契約準備段階と契約交渉開始後の違い

　契約準備段階においては、取引相手方との交渉・関係は発生しておらず、案件推進にあたって障害となる重大な法令リスク等の検討・対応が中心となります。これに対して、契約交渉開始後においては、不用意な交渉に伴う契約締結上の過失に基づく責任や、交渉過程における秘密漏洩のおそれ、最終契約締結にまで至らないおそれなど、取った上でコントロールすべき契約リスク等の検討・対応が中心となります。

2　重大な法的リスクの再検討

　ただし、契約交渉開始後においても、取引相手方が具体化したことに伴い、当初想定していた前提事実が変更される可能性があることから、重大な法的リスクについても、再度検討が必要となる場合があります。その場合、弁護士は、変更後の「前提事実」を踏まえて、当該重大な法的リスクを再検討し、リーガル・オピニオンを提供し直す場合があります。

3 取った上でコントロールすべき法的リスクの検討

① 「契約締結上の過失」に係るリスク

契約交渉を行っている当事者間において、最終的に契約を締結するか否かは原則として当事者の自由な判断に委ねられています（契約自由の原則）。もっとも、当事者が交渉を継続し、主要な契約条件等がまとまってきたにもかかわらず、一方当事者が合理的な理由もなしに自由に契約締結を拒否できるとすると、相手方当事者はそれまでに費やした交渉の時間やコストが無駄になってしまいます。

このような場合に、合理的な理由もなく契約締結を拒んだ当事者に対して信義則上の責任を認め、不当に契約締結を拒絶された相手方当事者は、契約が締結されると信じて行動したことにより支出した費用や損害（信頼利益）について、不法行為に基づく賠償請求を行うことができることとされています（契約締結上の過失。最高裁平成23年4月22日判決）。

したがって、とくに不動産売買契約やM&A、業務提携契約などのように、長期間にわたって交渉が継続され、契約締結の期待が害されることにより大きな損害が生じる可能性のある契約類型の場合は、相手方当事者の契約締結に向けた期待を不当に侵害しないよう、交渉の過程にも慎重な配慮が求められることとなります。

② 秘密漏洩のリスク

契約締結に向けた交渉が開始されると、製品情報や顧客情報など、依頼者の様々な機密情報や個人情報等を相手方当事者に開示する必要が生じる場合があります。これらの機密情報等が相手方の企業内部に留まらず、第三者に漏洩されてしまうと、情報を開示した企業は、個人情報保護法等の法令違反に問われるだけでなく、致命的なレピュテーショナルダメージを被る可能性があります。

かかる秘密漏洩のリスクをコントロールすべく、契約準備段階において、早期に機密情報等の管理方法や守秘義務を定めた秘密保持契約書を取り交わす必要があります。

③ 最終契約締結に係るリスク

M&Aや資本業務提携などでは、最終的な株式譲渡契約や業務提携契約の締結に至るまでに長期間の交渉や機密情報等のやり取り等を行い、多大なコストと時

間を費やすことが少なくありません。そして、長期間に亘る交渉を経たとして
も、契約自由の原則の下では、相手方に最終契約締結を強制することはできず、
契約締結上の過失に基づく責任追及は別として、最終契約締結には至らない可能
性を排除することはできません。したがって、最終契約が本当に締結されるか不
確定なリスクをコントロールすべく、交渉開始後できる限り早い段階で、独占交
渉義務の有無や最終契約の締結に関する法的拘束力の有無等を定めた基本合意書
を締結することが重要となります。

Chapter 7 ポイント③　契約書ドラフト段階

【契約ドラフト段階における留意点】

- 要件事実論と契約書の重要性
- 契約書の構成及び留意点
- 雛形の活用

1　要件事実論と契約書の重要性

　契約交渉が順調に進み、契約締結段階に至ったとしても、相手方と紛争が生じる可能性は排除できません。不幸にして紛争に至った場合、最終的な解決方法は裁判となります。

　日本の民事訴訟における重要な考え方として、「要件事実論」を理解しておく必要があります。「要件事実論」とは、裁判において一定の法律効果を主張するためには、いずれの当事者が当該法律効果を生じさせる一定の法律要件に該当する具体的事実を主張し、立証する責任を負担するか、に関する考え方をいいます。このような一定の法律要件に該当する具体的事実のことを「要件事実」といいます。「要件事実論」の下では、いかに自らが正しいと信じる主張を重ねたとしても、その主張が要件事実とは無関係な事実であれば、訴訟との関係では意味のない主張として扱われてしまいます。

　また、たとえ要件事実を主張したとしても、それを裏付ける客観的な証拠がなければ、裁判ではその事実は存在しないものとして扱われ、やはり敗訴すること

Part 7
企業法務

となります。予防法務の観点からは、紛争が発生する前の段階から、いかに要件事実を十分に満たすだけの証拠を揃えておくかが重要となるところ、企業間の取引において最も強い証拠力が認められるのは、やはり契約書です。

　したがって、契約書ドラフト段階では、文字通り一字一句に細心の注意を払って契約書を作成する必要があります。

2　契約書の構成及び留意点

　企業法務においては、契約書のドラフティング能力が求められますが、弁護士修習等を除いて、契約書の作成・レビューを経験したことがない方も少なくないかと思います。そこで、ここでは、契約書の基本的な構成及びその留意点について説明します。

【契約書の基本的な構成】

> 収入印紙[11]
>
>
>
> **株式譲渡契約書**[4]
>
>
>
> ［XXX株式会社］（以下「甲」という。）及び［YYY株式会社］（以下「乙」という。）は、●に関し、次のとおり契約[1][2][3]（以下「本契約」という。）を締結する[5]。
>
> 第1条[6]（定義）
> 本契約において使用される用語のうち別紙1に規定される用語は、その文脈上別段に解すべき場合を除き、別紙1に定める意味を有するものとする。
>
> 第2条（義務）
> 1[6]　第●条第●号に規定されるクロージングに関する乙の義務の履行は、

427

クロージング時において以下の各号に規定される条件の全部が充足されていることを前提条件とする。ただし、乙は当該条件の全部又は一部を放棄することができる。

（１）[6]クロージング日までに甲の印鑑証明書及び登記事項証明書が乙に提出されていること。

（２）・・・

〜〜〜〜〜〜〜〜〜〜〜〜〜〜〜〜〜〜〜〜

　本契約の成立を証するため本契約書を２通作成し、甲乙各記名押印の上、各１通を保有する[7]。

令和●年●月●日[8]

　　　　　　　　　　　　甲[9]　　　　　　　　　　印[10]

　　　　　　　　　　　　乙[9]　　　　　　　　　　印[10]

① 契約の成立要件

　契約の成立要件とは、申込みと承諾の意思表示の合致（合意）をいいます。意思表示が外形的にも存在しない場合には、法律行為は不成立となります。改正前民法においては、合意による契約の成立は当然のこととして特段法律で規定されていませんでしたが、現行民法においては、申込みの意思表示と承諾の意思表示の合致により契約が成立することが明文化されています（民法522条1項）。

② 契約の成立時期

　改正前民法においては、契約の成立時期を承諾の発信時と規定しています（改正前民法526条1項）が、現行民法においては、契約の成立要件が明文化されるだけでなく、契約の成立時期について発信主義から到達主義へと転換されることにも注意が必要です（民法97条1項、522条1項）。

③ 契約締結と書面の要否

Part 7

企業法務

　改正前民法上、明文の規定はありませんが、個人の生活関係はその自由な意思によって処理されるべきものであるとの考え方から、契約自由の原則を採用しています。契約自由の原則は、さらに、（i）契約締結の自由、（ii）相手方選択の自由、（iii）契約内容決定の自由、（iv）契約の方式の自由という４つの原則に分けられるところ、現行民法においては、これらの原則が明文化されています（現行民法521条、522条２項）。

　（iv）契約の方式の自由の下、原則として当事者間で契約締結に向けた合意があれば、書面がなくても口頭の約束でも契約は成立しますが、保証契約のように、法律上書面の作成が契約の効力要件とされている場合（民法446条２項）もあることに注意が必要です。

④　契約書のタイトルと法的効力

　法律上、契約書のタイトルの決め方について特段のルールはありません。そのため、どのような名称の契約書にするかは当事者間で自由に決めることができ、また、契約書のタイトルと契約内容には直接の関係はありません。

　なお、実務上、「●●契約書」というタイトルの書面よりも、「●●に関する覚書」「●●に関する念書」といったタイトルの書面の方が、契約としての効力・拘束力が弱い、という誤解がまま見受けられますが、「契約」とは、当事者間における権利・義務に関する合意をいい、契約の内容を書面化したものを「契約書」というため、当事者間で意思が合致した内容が書面化されていれば、タイトルのいかんにかかわらず、いずれも「契約書」に該当することとなります。したがって、「契約書」・「覚書」・「念書」といったタイトルの違いは、合意内容の効力に影響せず、法的に大きな問題はありません。

⑤　前文

　前文は、契約当事者や契約内容の特定などを行うために設けられており、具体的な契約内容を各条項で定めるため、通常、前文が法的意味を有することはありません。

⑥　条・項・号

　前文以降、具体的な契約条項が記載され、当事者の合意内容を反映し、規定していくこととなります。条・項・号の使用方法や表記の方法について、特段法律上のルールというものはありませんが、一般的な契約書では、一つの「条」の中に複数の「項」があり、一つの「項」の中に複数の「号」がある、という構成を

採用しています。

　なお、契約書に規定すべき各条項の順序についてもとくに法律上のルールはありません。一般的には、以下のように、契約の流れに沿って各条項を記載していますが、記載の順序によって契約書の効力が変わることはありませんので、基本的には読みやすい順序で記載すればよいものといえます。

【契約書条項の一般的な記載順序】

（ⅰ）　契約締結段階に関する条項（契約締結の目的や定義条項など）
（ⅱ）　契約履行段階に関する条項（代金支払、引渡、検収条項など）
（ⅲ）　契約の履行に問題が生じた場合に関する条項（担保責任、危険負担、解除、期限の利益喪失条項など）
（ⅳ）　契約終了段階に関する条項（損害賠償責任、契約終了後の措置など）
（ⅴ）　その他、一般条項（準拠法、裁判管轄、協議条項など）

⑦　後文

　後文は、契約書の作成部数や原本・写し等の作成を明らかにするために記載されるものであり、通常、契約書の法的効力に影響を与えることはありません。

　また、原本を何通作成するかについても、契約書のタイトルや当事者名の表記と同様、法律上特段の定めはありません。通常は当事者の人数分作成し、それぞれが一通保管すると規定することが多いですが、たとえば当事者が3名以上等の多数にわたる場合には、当事者の一部のみが原本を保管し、他の当事者はこれをコピーした「写し」を保管するという取扱いをすることもあります。

⑧　契約書作成日

　契約書作成日は、実際に契約書を作成した日を明らかにするために記載され、契約書作成日と契約締結日が同日である場合は、契約の内容を構成する場合もあります（たとえば、契約の有効期間として、「本契約の有効期間は、本契約締結日から1年間とする」旨規定する場合など）。

　なお、契約の方式自由の原則（現行民法522条2項）の下、契約は口頭の合意でも成立するため、実際の契約締結日よりも後で契約書が作成されることは少な

くありません。こうした場合に、契約書の作成日や効力発生日を過去に遡らせること（バックデート）は、実務上しばしば行われています。もっとも、口頭での合意に基づき既に取引はスタートしているにもかかわらず、契約書の作成日を取引の実態に合わせて遡らせてしまうと、後日紛争になった場合に、口頭での合意当時、契約書締結権者にその権限があったのか、契約書に規定されている内容と取引の実態にズレがあったのではないか等が問題となる可能性があります。そのため、基本的には、契約作成日はあくまで全当事者が実際に記名・捺印した日として、契約の効力発生日（契約の有効期間の開始日）を過去の日に遡らせるべきといえます。

⑨　当事者名の表記

　契約書における当事者名の表記についても、契約書のタイトルと同様、「こうしなければならない」というルールはありません。一般的には「甲」「乙」「丙」などと表記する例が多いですが、もちろん「株式会社●●●」「〇〇〇合同会社」と表記しても構いません。

　もっとも、明らかに当事者の一方をとり間違えて記載している条項を見受けることもあり（契約書冒頭の「甲」「乙」と、末尾の署名欄の「甲」「乙」が逆になっているケースも散見されます）、そういった明らかな誤記を防ぐためには、たとえば「長瀬株式会社」であれば契約書中の当事者名を「長瀬」として簡略化して記載したり、「貸主」と「借主」と表記する等、当事者名の表記と当事者の役割の関係を明確化して記載するといった工夫をすることも一案です。

⑩　契約書の署名・押印

　個人ではなく、会社が当事者となる場合には、契約書にサインをする者が当該会社を代表して契約を締結する権限を有することが必要になります。会社が定款等により代表取締役を定めている場合、代表取締役には会社を代表する権限が与えられている（会社法349条4項）ため、当該会社の代表取締役が契約書末尾の署名権者としてサインするのが一般的です。もっとも、取締役以外の部長等の従業員であっても、会社から対外的代表権を与えられていれば、有効に契約を締結することができます。ただし、実際に代表権が与えられているかどうかは外部の取引先からは把握することができないため、相手方担当者に代表権があるか疑わしい場合は、念のため契約締結権の有無を確認した方がよいでしょう。

　また、契約締結に際して、法律上、押印は実印でなければならないといった定

めはありません。そのため、実印、認印いずれによる押印であっても契約の効力
自体に差異はありません。もっとも、実印と異なり認印は簡単に購入できてしま
うため、権限のない者が他人になりすます等して押印をするリスクが高まるおそ
れがあります。そのため、重要な契約書では実印を用いることがあり、それが実
印に間違いないという担保を取るために印鑑証明書の添付を求める場合もありま
す。

⑪ 印紙の要否

　一定の契約書については、印紙税の納付が義務づけられており、印紙の貼付等
が必要となる場合があります（課税文書、印紙税法２条、８条）。課税文書とは、
印紙税法上、印紙税を納付する必要がある文書で、課税物件表に課税物件として
定められている文書をいいます（20種類）。課税文書となるか否かについても、
契約書のタイトルによって判断されるわけではなく、たとえば契約書のタイトル
が「念書」となっていたとしても、内容が金銭の借用証書であれば、課税物件表
１の「消費貸借に関する契約」として、契約金額に応じた収入印紙を添付する必
要があります。

　なお、課税文書に収入印紙が添付されていなかったとしても、その契約の効力
自体に影響はありません。ただし、納付すべき印紙税を当該文書の作成のときま
でに納付しなかった場合には、納付しなかった印紙税の額とその２倍に相当する
金額との合計額（すなわち、本来の３倍の印紙税）を支払う必要があるため、注
意が必要です（印紙税法20条１項）。具体的な印紙税額一覧については、国税庁
のホームページ等で確認することができます[7]。

3 「雛形」の活用

　企業間の取引においては、定型的な契約については契約書の雛形を利用する場
合が少なくありません。雛形を有効活用することにより、契約書のドラフトに要
する時間及びコストを節約することが可能となるとともに、雛形は基本的に依頼
者にとって有利な条項で構成・作成されていることから、相手方に提示するフ

7　令和５年４月時点での印紙税額一覧については、https://www.nta.go.jp/publication/pamph/
inshi/pdf/zeigaku_ichiran_r0204.pdfをご参照ください。

Part 7
企業法務

ァーストドラフトとして有効なケースが多いといえます。

ただし、契約締結の背景は千差万別であり、雛形が想定している状況にそのまま適合するケースは乏しく、基本的には雛形の条項を修正した上で使用する必要があります。また、雛形にこだわるあまり、取引の実態とかけ離れた契約書をドラフトしたり、重大な法的リスクを取ることがないよう注意する必要があります。さらに、市販の契約書書式集やインターネット上の書式集を使用する場合、そのまま使用すると依頼者にかえって不利な内容となる可能性があることや、いつの時点で作成された書式集であるか不明確であり、法改正等に対応していない可能性もあることなどに注意が必要です。

なお、契約書をドラフトする場合、雛形の活用と併せて、一定のチェックリストを用意しておくと、契約書に必要な条項の漏れやケアレスミスを防ぐことができ、便宜です。一例として、契約類型が異なっていても共通して使用できる一般的なチェックリストを参考までに掲載しておきます。

【契約書チェックリスト】

① 当事者
   □ 契約に係る権利義務者が全て契約書の当事者として規定されているか
   □ 連帯保証人等、当事者に漏れがないか
   □ 誰が誰に対してどのような権利を有し、又は義務を負うかが契約書上明確か
   □ 署名捺印する者（部長等）に契約締結権限が社内規程上与えられているか
② 契約の重要性
   □ 当該契約の戦略上の重要性・位置づけの確認
   □ 秘密保持契約や基本合意書を締結する必要がないか
   □ 取引額は概算月・年いくらか
③ 重大な法的リスクへの対応
   □ 想定される最大のリスク・最悪のシナリオはいかなるものか
   □ リーガルチェックにより、契約の締結・履行に伴う法令リスク等は

潰せているか

- □ 契約類型に応じた要件事実を盛り込めているか
④ 取った上でコントロールすべき法的リスクへの対応
  - □ リーガルチェックにより、契約の締結・履行に伴う契約リスク等は潰せているか
  - □ 交渉結果の反映漏れがないか
  - □ 法令に抵触しない範囲で依頼者にとって最大限有利な条項となるよう規定できているか
⑤ 条項の内容
  - □ 対象製品・サービスが特定されているか
  - □ 対価の額又は計算方法、及び支払期日等は明確か
  - □ 対象製品・サービスの提供のプロセス及び対価の支払プロセスの明確か
  - □ 危険負担は明確か
  - □ 対象製品・サービスに瑕疵があった場合の対応
  - □ 契約期間が適切か（自動更新条項の有無）
  - □ 契約終了時の権利義務の確認（存続条項）
⑥ 社内手続の履践
  - □ 社内稟議等、社内規程により契約締結に際して必要とされている手続を遵守しているか
  - □ 社内手続を遵守するために必要十分なスケジュールが確保されているか
⑦ 形式面
  - □ 甲乙など、当事者が正しく記載されているか（途中で逆に記載されていないか）
  - □ 定義語が正確に統一して使用されているか
  - □ 金額、支払日、引渡日などに誤記がないか
  - □ 条項間に重複や矛盾がないか
  - □ 引用条項に間違いがないか
  - □ 「及び」「並びに」「又は」「若しくは」等、基本的な契約用語の使い方が間違っていないか

Part 7
企業法務

- ☐ 誤字脱字がないか
- ☐ 別紙の作成漏れ・添付漏れがないか
- ☐ 印紙税が必要か

ポイント④　契約の履行段階

【契約の履行段階における留意点】

> 契約（法律行為）の要件の確認
>
> 契約の履行に対する抗弁事由の確認
>
> 契約の履行の確認

　実務上、予防法務が十分に機能せず、トラブルが生じてから弁護士に相談が寄せられる事態は頻繁に起こりえます。そこで、以下、契約の履行段階でトラブルが生じた場合に弁護士が果たすべき役割について説明します。

Part 7
企業法務

1 契約（法律行為）の要件の確認

【法律行為の要件】

要件	内容
成立要件	・ 意思表示の合致 ・ 要物契約（例：金銭消費貸借契約） ・ 要式契約（例：保証契約）
有効要件	・ 強行法規違反 ・ 公序良俗違反 ・ 権利能力 ・ 意思能力と行為能力 ・ 法人の能力（目的の範囲内） ・ 意思表示 ・ 無効と取消
効果帰属要件	・ 代理 ・ 代表
効力発生要件	・ 条件 ・ 期限

　契約締結後にトラブルが生じる場合、その原因は様々ですが、突き詰めれば「契約が法律行為の要件を充足していない」ということにつきます。すなわち、トラブルの原因は、①契約が成立していない（成立要件）、②仮に成立していても無効な契約である（有効要件）、③有効に成立していたとしても相手方に効果が帰属していない（効果帰属要件）、④有効に成立し、その効果が相手方に帰属していたとしても未だ発生していない（効力発生要件）のいずれかにあるものといえます。

　したがって、契約の履行段階以降にトラブルが生じた場合、上記法律行為の要件のいずれにおいて対立が生じているのか、一つ一つ検討していくこととなります。

① 契約の成立要件の確認

　契約の成立要件とは、申込みと承諾の意思表示の合致（合意）をいいます。意思表示が外形的にも存在しない場合には、法律行為は不成立となります。

437

法律行為によっては、意思表示に加えて目的物の授受（要物契約）や一定の方式でなされること（要式行為）が成立要件とされる場合もあります。たとえば、要物契約である金銭消費貸借契約が成立するためには金員の交付が必要とされ、要式契約である保証契約が成立するためには書面で契約が締結されることが必要となります。

② 契約の有効要件の確認

契約が有効であるためには、当該契約に無効原因や取消原因が存在しないことが必要となります。契約の有効要件は、法律行為の内容に関する要件（客観的有効要件）と意思表示に関する要件（主観的有効要件）とに分類することができます。

客観的有効要件として、契約内容が利息制限法上の上限利息に違反していないことのように強行規定に違反していないことや、愛人契約のように契約内容自体が公序良俗に違反する場合が挙げられます。

主観的有効要件としては、契約当事者に権利能力・意思能力・行為能力があることや、意思表示に瑕疵がないこと（意思の不存在・瑕疵ある意思表示でないこと）、法人であれば定款記載の目的の範囲内であること等が挙げられます。

③ 契約の効果帰属要件の確認

契約の効果帰属要件とは、代理人による契約締結の効果を当事者本人に及ぼす場合のように、法律行為の効果を他人に帰属させるための要件をいいます。たとえば、会社としての契約であるにもかかわらず、会社の業務執行権限を有さない社員が署名押印をして契約を締結したとしても、会社（法人）として署名押印をしたことにはならず、有効な契約の締結とはみなされないことになります。

④ 契約の効力発生要件の確認

契約の効力発生要件とは、契約の効力が発生するための要件をいい、一定の事実が生じないかぎり、契約の効力が発生しないこととなります。

契約の効力発生要件は、「条件」・「期限」（民法127条〜137条）のように、当事者の意思表示によるものと、相続における遺言者の死亡（民法985条）のように、法律の規定によるものとに分類することができます。

たとえば、契約上、停止時条件が設定されている場合には、停止条件が成就しなければ、契約に従った債権を行使できないことになります。停止条件とは、法律行為の効力発生に条件が付されている場合であり、停止条件付法律行為は停止

条件が成就した時からその効力を生ずるというものです（民法127条）。停止条件の一例としては、「依頼者がA銀行から融資を受けることができたら、B社から商品を購入する」というようなケースが挙げられます。

2 契約の履行に対する抗弁事由の確認

契約が有効に成立しているとしても、契約の履行に対する抗弁事由が付されていないか確認する必要があります。代表的な抗弁事由としては、同時履行の抗弁権（民法533条）が挙げられます。たとえば、売買契約において、買主の代金支払義務の履行期が到来しているとしても、売主に対する同時履行の抗弁が主張できるのであれば、買主は、売主から売買契約の目的となっている商品の引渡しと引換えでなければ代金の支払いを拒むことが可能となります。このように、同時履行の抗弁が設定されている場合には、依頼者の相手方に対する債務を履行するにあたっての問題がないかどうかを検討する必要があります。

3 契約の履行の管理

契約が有効に成立し、契約の履行に関して抗弁事由がとくになければ、実際に契約に規定した条項に従った債務の履行がなされるか管理することとなります。本来、債権者から特に通知しなくとも、債務者は契約に規定した条項に従って債務を履行するはずですが、すべての債務者が契約に従って債務を履行するとは限りません。契約を締結したのだから当然に履行されるはずだ、などと漫然と構えていては、放置されてしまうおそれもあります。したがって、履行期が到来した都度、債務の履行の有無を確認するとともに、仮に債務が履行されていないのであれば、早急に債務を履行するよう促したり、債務を履行できない事情を確認するなどの対応をとる必要があります。

ポイント⑤　紛争発生後の対応

【紛争発生後における留意点】

```
紛争発生の予兆の事前察知の重要性

紛争発生の予兆・チェックリスト

危険度類型別留意点
```

　契約締結後に取引先との間で紛争に発展する場合、ある日突然紛争が表面化することは稀であり、通常は紛争に発展する予兆が生じます。
　以下では、紛争発生の予兆に関し、留意すべき事項をご説明します。

1　紛争発生の予兆の事前察知の重要性

　紛争発生の予兆を事前に察知することの意義は、以下の3点にあります。
①　紛争の「発生」防止
　紛争発生の予兆を察知することができれば、取引先との契約内容を修正すること等によって、紛争の発生そのものを防止できる可能性があります。そこで、紛争発生の予兆を察知した場合には、問題となっている契約の内容を再度確認し、場合によっては当該契約の内容を修正する旨の覚書等を取り交わすことで紛争の発生を予防できる可能性があります。
②　紛争の「拡大」防止
　仮に紛争の発生自体は避けられないとしても、いち早く対策を講じることによって、紛争の拡大を防止することが期待できます。たとえば、売買契約において、取引先の経営状況が悪化し資力に問題が生じているにもかかわらず、安易に

取引関係を継続し、商品を供給し続けた場合、後日取引先の経営が破綻し、売掛金の回収が不能となる可能性があります。それにもかかわらず、漫然と売買契約を継続すればするほど、回収不能となる売掛金の金額が増えることになり、依頼者の経営に支障を来たす事態になってしまうこともありえます。

③　証拠の収集・保全

将来の紛争の発生は避けられない場合であっても、紛争発生の予兆を事前に察知することで、将来の紛争に備えた証拠の収集・保全をすることが可能となります。依頼者にとって有利な証拠を収集・保全することができれば、後日紛争に発展したとしても、これらの証拠をもとに交渉をすることで、早期に紛争解決をすることも期待できます。

2　紛争発生の予兆・チェックリスト

このように、紛争発生の予兆は、できる限り早期の把握が重要となります。そこで、紛争発生の予兆の事前察知を可能とするために、チェックリストの作成・活用をお勧めします。

チェックリストの参考例は以下のとおりですが、紛争が発生するリスクを整理するため、紛争発生の危険度を、①安定段階（紛争発生の可能性が低い段階）、②要注意段階（紛争発生の可能性が高まっている段階）、③緊急段階（紛争発生を回避できない段階）の３つに分類しています。この分類も、各企業や各取引類型に応じて、より細分化することも考えられます。

【紛争発生の予兆・チェックリスト】

類型別	安定段階 （紛争の可能性が低い段階）	要注意段階 （紛争発生の可能性が高まっている段階）	緊急段階 （紛争発生を回避できない段階）
判断ポイント	□ クレームもなく取引を継続している □ 契約に沿ったサービスが提供されている □ 期限までに支払に応じる □ 営業を継続的に行っている形跡がある	□ 契約内容についてクレームが発生してくる □ 契約に沿ったサービスが提供されない □ 期限までに支払が完了されない □ 営業を継続的に行っている様子がない □ 経営状況悪化の様子がみられる	□ クレームが代理人（弁護士）名義で送付されてくる □ サービスの提供が停止される □ 債務の支払が停止される □ 営業している様子がない □ 経営状況が極めて悪化している
要因	□ 長期に及ぶ取引関係がある □ 自社以外の競合他社が存在しない □ 経営状況が安定している	□ 取引関係が短期間にすぎない □ 競合他社の出現 □ 経営状況の悪化 　□ 主要な取引先の喪失・倒産 　□ 業界全体の不況 　□ 取引先の競合他社の出現 　□ 主力事業の失敗 　□ 製品事故等の発生 　□ 横領等の被害	□ 自社の競合他社への切り替え □ 経営状況の著しい悪化 　□ 事業全体の失敗 　□ 資金調達のショート 　□ 差押 　□ 従業員不在による事業継続の困難 　□ 不祥事によるレピュテーションリスクの顕在化
留意事項	□ 安定段階から要注意段階への移行は不透明 □ 法務担当者は営業部・現場から情報を収集できる体制を構築する	□ 要注意段階に移行してからは，従前の取引の履行を優先する □ 取引の継続・拡大の見直し・停止を検討する □ これまでの交渉経過に関する証拠を整理する（メール，FAX，文書等） □ 弁護士への相談体制を構築する	□ 弁護士への依頼を検討する □ 法的手続への移行を含めた紛争の解決方法を検討する

3 危険度類型別留意点

（1）安定段階（紛争の可能性が低い段階）

　安定段階とは、紛争の可能性が低い段階を指します。

　安定段階の判断ポイントは以下のとおりです。

□　クレームもなく取引を継続している

□　契約に沿ったサービスが提供されている

□　期限までに支払いに応じる

□　営業を継続的に行っている形跡がある（ホームページの更新が頻繁に行われている、担当者が頻繁に連絡・訪問する等）

Part 7
企業法務

（2）要注意段階（紛争の可能性が高まっている段階）

　要注意段階とは、紛争の可能性が高まっている段階を指します。

　要注意段階は、紛争の可能性が生じ始めている段階から、紛争の発生が不可避となる緊急段階直前の段階まで幅がありますが、判断ポイントに該当する事実の程度に応じて、紛争の可能性の高さが左右されることになります。

　要注意段階の判断ポイントは以下のとおりです。

- ☐　契約内容についてクレームが発生してくる
- ☐　契約に沿ったサービスが提供されない
- ☐　期限までに支払が完了されない
- ☐　営業を継続的に行っている様子がない
- ☐　経営状況悪化の様子がみられる
  - ⅰ．　設備投資の大幅な縮小
  - ⅱ．　店舗の閉店
  - ⅲ．　担当者との連絡がつながりにくくなる
  - ⅳ．　従業員の退職
  - ⅴ．　役員の交代
  - ⅵ．　大量の在庫が目立つようになる

（3）緊急段階（紛争発生を回避できない段階）

　緊急段階とは、紛争の発生を回避できない段階を指します。

　緊急段階に至った場合には、もはや紛争が現実化することは時間の問題といえます。緊急段階まで移行した場合には、いち早く対応をしなければ、損害が拡大することにもなりかねません。緊急段階の判断ポイントは以下のとおりです。

- ☐　クレームが代理人（弁護士）名義で送付されてくる
- ☐　サービスの提供が停止される
- ☐　債務の支払いが停止される
- ☐　経営している様子がない

- ⅰ． 電話をしても誰も出ない
- ⅱ． 店舗のシャッターが常に閉まっている
- ⅲ． 営業担当から連絡がない
- ⅳ． 書類を送付しても受取拒否で戻ってくる
- ⅴ． 大量の在庫が滞留している
- ⅵ． ホームページの更新が長期間にわたって停止している
- ☐ 経営状況が極めて悪化している
- ⅰ． 大量の在庫が滞留している
- ⅱ． 大量の在庫が突然解消される
- ⅲ． 赤字決算が続いている
- ⅳ． 粉飾決算が発覚する
- ⅴ． 従業員が大量に退職する
- ⅵ． 税金を滞納している
- ⅶ． 差押を受ける

Chapter 10 ポイント⑥ 紛争の解決

1 紛争の解決方法の選択

【解決方法の選択】

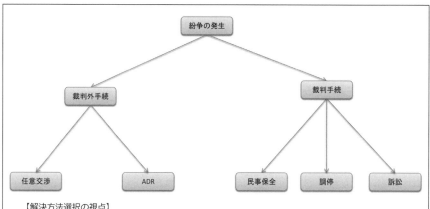

　紛争が実際に生じてしまった場合には、紛争の解決方法を検討する必要があります。紛争類型には、民事責任、行政責任、刑事責任の３つの場面が考えられますが、本章では民事責任の場面を念頭に整理しています。

　民事責任が問題となる場面では、複数の解決方法がありますが、大別すれば裁判外と裁判上の手続に分類することができます。さらに、裁判外手続は、①任意交渉と②ADR、裁判上の手続には、③民事保全、④調停、⑤訴訟、に分類することができます。

　このように、紛争の解決方法には複数の選択がありますが、いずれの解決方法を選択することがよいのかはケースバイケースといえ、各解決方法のメリット・デメリット及び当事者の希望・ニーズの見極めに照らして選択すべきといえま

す。

　以下では各解決手続の概要及びメリット・デメリットについてご説明します。

【各解決方法のメリット・デメリット】

解決方法	メリット	デメリット
任意交渉	・ 早期解決が可能 ・ 費用がかからない ・ 柔軟な解決が可能	・ 合意内容の妥当性がチェックされない ・ 合意がなければ成立しない
ADR／調停	・ 第三者の仲介がある ・ 訴訟ほどは費用がかからない	・ 交渉と比べて費用・時間を要する ・ 合意がなければ成立しない
民事保全	・ 相手方の資産・権利状態を保全できる ・ 訴訟よりも迅速な解決が期待できる	・ 担保金の予納が必要 ・ 民事保全が認められない場合には損害賠償請求されるリスク
訴訟	・ 終局的な解決が可能 ・ 当事者の合意は不要	・ 時間的・経済的負担　大 ・ 柔軟な解決は困難

①　任意交渉（裁判外手続）

　任意交渉とは、当事者間で係争案件について直接交渉を行う裁判外手続をいいます。

　任意交渉は、裁判外手続であるため、裁判手続と比較して、簡易迅速に紛争を解決することが期待できます。また、当事者間の交渉であるために、第三者に公表したりせず、秘密裏に進めることも可能となります。さらに、解決内容はあくまでも当事者間の合意によって決めることができるため、裁判による解決よりも柔軟性に富む選択をすることが可能となります。

　一方、当事者間での交渉であり、第三者が仲介したり判断を示したりするわけではないため、交渉内容の妥当性には疑問が残る可能性もあります。また、任意交渉による解決のためには、当事者間での合意が成立することが前提になるため、相手方が応じなければ解決はできないことになります。簡易迅速に解決できる、秘密裏に進めることができる、柔軟な解決が可能となるというメリットがあ

Part 7
企業法務

る一方、交渉内容の妥当性のチェックを経ることができない、当事者間の合意が成立しなければ解決できないというデメリットもあるといえます。

② ADR／③ 調停

ADR（Alternative Dispute Resolution）とは、裁判に代わる代替的紛争解決手段の総称をいいます。

調停とは、当事者間の紛争に第三者が介入することによって、紛争の解決を図ることをいいます。調停には、簡易裁判所（当事者間の合意で、ときには地方裁判所によることもあります（民事調停法3条））による民事調停と、家庭裁判所による家事調停の2種類があります。企業法務分野では、家事調停が問題となることは通常想定されませんが、民事調停手続は利用を検討する場面があります。

ADRや調停は、任意交渉と訴訟の中間に位置する手続といえます。ADRや調停は、任意交渉とは異なり、第三者による仲介があることから、任意交渉よりも当事者双方の納得を得やすいほか、訴訟よりも経済的・時間的負担が少なく済みやすいというメリットがあります。

他方で、デメリットとして、ADR／調停手続は、任意交渉とは異なり第三者が仲介してくれるものの、最終的には当事者双方の合意がなければ成立しないため、長時間にわたって期日を重ねても、結局当事者双方の合意を得ることができずに終わってしまうということがあります。また、ADR／調停手続は、裁判手続と比べれば経済的・時間的負担がかからないとはいえ、任意交渉と比べれば柔軟性に欠ける上、申立て時の手数料や毎回の期日への対応など、経済的・時間的負担を要するといえます。

④ 民事保全

民事保全とは、民事訴訟の本案の権利の実現を保全するために行う仮差押や仮処分の裁判上の手続をいいます。

民事保全は、裁判手続の1つではありますが、訴え提起前であっても申立てを行うことが可能です。相手方からすれば、反論する機会もないまま、突然に仮差押等を受けることになります。その結果、民事保全の申立人側は、自己に有利な状況で交渉を進めることが可能となります。また、民事保全は、訴訟とは異なり、具体的事実の主張は「証明」よりも立証の程度が弱くても足りる「疎明」でよいとされ、一応確からしいとの推測を裁判官が得た状態にすれば足ります。したがって、民事保全の場合、訴訟よりも厳密な主張・立証は求められないため、

訴訟による場合よりも証拠収集の負担は少なく済むといえます。

　ただし、民事保全を利用する場合には、申立て時に相当額の担保金を納付することが要求されるという、他の制度にはないデメリットがあります。担保金の金額は事案によって異なりますが、貸金や売買代金等の請求事案において、預金債権を差し押さえる場合には、被保全債権額の10〜30％程度とされています。また、民事保全に正当な理由が認められない場合には、不当な民事保全を申し立てたことについて、損害賠償責任を負うことになるため、事前に慎重な検討を要します。

　なお、弁護士が代理人として民事保全を申し立てていながら、かかる民事保全が不当であると判断された場合、申立人である企業だけでなく、代理人である弁護士も損害賠償責任を負ってしまう可能性があるため、弁護士としても慎重な検討が求められます。

⑤　訴訟

　訴訟とは、当事者間の紛争に関し、裁判所による判断を求める裁判手続をいいます。

　訴訟のメリットは、当事者間の合意がなくとも裁判所の判断によって終局的な解決を図ることができることにあります。そもそも相手方の言い分には何ら理由がなかったりする場合には、任意交渉等を重ねるよりも、訴訟を利用したほうがかえって早期の解決が期待できることもあります。

　もっとも、訴訟では厳密な主張・立証が求められ、時間的負担が大きいとともに、印紙代や予納郵券等の裁判費用を要するため、経済的負担も考慮しなければなりません。また、訴訟であっても当事者間の合意が成立すれば、裁判上の和解によって柔軟な解決を図ることは可能ですが、裁判所の判断（判決）による解決の場合には、「請求の趣旨」の内容に沿ったものにとどまり、柔軟な解決を図ることが難しいということにも留意しなければなりません。

2 裁判外手続

(1) 任意交渉

ア 任意交渉の流れ

【任意交渉の流れ】

任意交渉には明確なルールがありませんが、一般的には、①受任通知、②相手方との交渉、③合意書（または公正証書）の作成、という流れで進行していきます。

以下では、任意交渉に関する注意点についてご説明します。

イ 交渉方法の選択

任意交渉では、どのような目的をもって交渉するかということも重要ですが、どのような方法で任意交渉を行うかということも考えなければなりません。

各任意交渉の方法のいずれが最適かは、交渉の時期や交渉内容や、交渉の目的等によって異なります。

各交渉方法のメリット・デメリットについては、446頁のとおりです。

ウ　合意書の作成

　任意交渉の結果、お互いの合意が形成されてきた段階で、合意書を取り交わすことになります。

　従前に取り交わした契約書の債務を履行してもらうだけであれば改めて合意書を取り交わすまでの必要はありませんが、従前の契約書から債務の内容に変更を加える場合には、再び疑義が生じることを防ぐためにも、合意書を取り交わし直す方が無難といえます。そして、合意書を取り交わすことになった場合には、できる限り率先して合意書を作成するようにすべきです。相手方に合意書を作成させた場合、相手方に主導権を握らせることになる上、改めて各条項の趣旨や表現を確認しなければならず、見落としや誤解のリスクが生じることになります。

エ　公正証書の作成

　当事者間で合意書を取り交わすだけでなく、さらに公正証書の作成まで行う場合もあります。

　合意書だけでなく、公正証書まで作成する目的は、①後日の強制執行を可能にする、②公証役場でも合意事項の有効性を確認してもらい、後日の紛争の蒸し返しを防止する、ということにあります。ただし、公正証書を作成する場合には、公証役場の利用にあたっての追加の費用負担や、公証役場に赴かなければならないという負担が発生することに注意しましょう。とくに費用負担は、当事者のいずれが負担するのかという点がよく問題となりますので、公正証書を作成する場合にはこの点も事前に合意しておく必要があります。なお、公正証書を作成する場合には、公証役場へ事前に連絡し、日程調整のほか、合意書案の確認を行う必要があります。公正証書はすぐにできるわけではありませんので、時間的・経済的負担があることを視野に入れましょう。

(2) ADR・調停の手続

【ADR・調停の流れ】

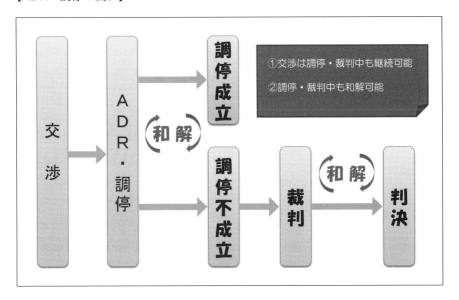

　ADR・調停は、示談交渉と訴訟の中間に位置する手続といえます。
　ADR・調停を選択することが適当な場合としては、以下の6つのケースが考えられます。
① 交渉では解決しない場合
　当事者間の話し合いでは、お互いの要求ばかりを主張して一向に妥協の余地が見出せない場合、第三者の意見を仰ぐことでお互いに譲歩の余地がないかを探ったほうが適当な場合には、ADRや調停の利用が考えられます。
② 経済的負担をかけずに解決したい場合
　ADRや調停は、訴訟ほどの裁判費用はかからないことが一般的です。
　また、ADRや調停は、訴訟と比べて本人でも利用しやすい手続であるため、弁護士に依頼せずに利用することで、弁護士費用をかけずに済むことも期待できます。
③ 早期に解決したい場合
　調停は、通常は2、3回程度の期日で解決する傾向にあるため、訴訟と比べて

解決までの時間は比較的短く済むということができます。

④ 証拠が不十分ではあるが権利主張をする必要がある場合

訴訟では依頼者の主張する権利を立証する見込みに乏しい場合であっても、調停ではお互いの円満な解決を志向するため、一部ではあっても依頼者の希望が受け入れられる可能性があります。

⑤ 相手方が依頼者と親密な関係である場合

当事者間に親密な関係がある場合、白黒の結論をつける訴訟では決定的に関係が悪化するおそれがあります。そこで、調停によって話し合いを継続し、決定的な関係の悪化を避けながら紛争の解決を図ることが考えられます。

⑥ 相手方が信用のある会社である場合

相手方が社会的信用のある大会社等である場合、訴訟に発展したことによるレピュテーショナルリスクを抑えるために、訴訟によらなくとも調停によって話し合いで解決することが期待しやすいといえます。

（3）民事保全の手続

保全処分には、民事訴訟の本案の権利を保全するための仮差押と、本案の権利関係について仮の地位を定める仮処分があります。

以下では、仮差押と仮処分についてご説明します。

① 仮差押命令申立

【仮差押の流れ】

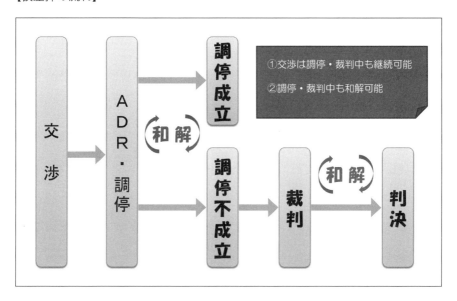

ア 仮差押とは

　仮差押とは、金銭債権の執行を保全するために、債務者の財産をあらかじめ仮に差し押さえる裁判所の決定をいいます。訴訟による解決を目指す場合、解決まで長時間を要することになります。そして、その間に相手方が資産を隠したり、散逸したりしてしまうと、最終的に勝訴しても、回収ができなくなる事態も考えられます。そこで、訴訟提起前に仮差押命令を申し立て、債務者の預貯金や売掛金等を差し押さえ、債権回収の実効性を担保する必要があります。

　以下では、仮差押命令申立手続の流れを説明します。

イ 仮差押命令申立書の提出

　仮差押命令申立書は、管轄である「本案の管轄裁判所」又は「仮に差し押さえるべき物若しくは係争物の所在地を管轄する地方裁判所」に提出します（民事保全法12条1項）。なお、仮差押は、債務者の預貯金等を差し押さえるために、正常な取引が停止してしまったり、信用が毀損されてしまったりするなど、債務者に与える影響が大きいため、保全の必要性は慎重に判断される傾向にあります。

　したがって、保全の必要性が認められない等の理由で、仮差押命令が認められ

ないこともありますので、事前に各要件を満たすかどうかを検討する必要があります。

ウ 債権者面接

仮差押命令申立事件では、密行性が重視され、相手方に知られることなく保全命令を得る傾向にあるため、口頭弁論が行われず、書面審理のほか、必要に応じて債権者面接が行われますが、債務者の面接は行われない傾向にあります。

エ 担保決定

債権者面接の結果、裁判所が仮差押命令の発令を相当と判断すると、担保決定がされることになります。担保金の額については明確な基準はありませんが、被保全債権の10〜30%とされることが多いといえます。円滑に仮差押手続を進めるためにも、仮差押命令申立前から担保金は用意しておく必要があります。

② 仮処分申立

【仮処分の流れ】

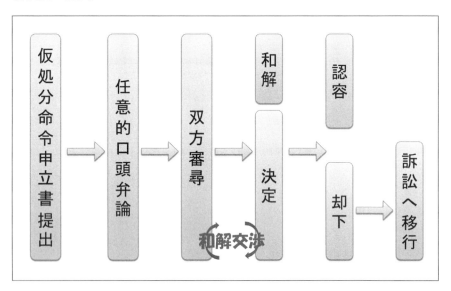

ア 仮処分とは

仮処分とは、紛争により生じている現在の危険や負担を取り除くために、本案訴訟の判決が確定するまでの間について、裁判所に暫定的な措置を求める手続をいいます。

Part 7
企業法務

イ　仮処分命令申立書の提出

仮処分命令申立書は、管轄である「本案の管轄裁判所」又は「仮に差し押さえるべき物若しくは係争物の所在地を管轄する地方裁判所」に提出します（民事保全法12条1項）。

ウ　双方審尋

仮差押命令申立事件とは異なり、仮処分命令申立事件では、債権者のみならず債務者の双方を面接する手続を経なければ仮処分命令を発することができないという運用をされる傾向にあります。審尋の方法については特段の制限はなく、裁判所が適当と認める方法によって行われます。債権者と債務者が交互又は同時に裁判官と面接して口頭で説明することもあれば、交互に書面を提出しあうということもあります。仮処分命令申立事件では、債務者からも反論の機会が与えられるため、仮差押命令申立事件よりも決定が出るまでに長時間を要することになります。

エ　和解等の解決

仮処分命令申立事件では、双方審尋が行われた後、裁判所から和解の勧告がされることもあります。裁判所の和解勧告の結果、仮処分命令申立事件のみならず、請求債権自体に関する和解が成立し、終局的な解決に至ることもあります。もっとも、和解が成立せず、結局は本案訴訟まで発展してしまうこともあり得ます。

本案訴訟まで発展した場合には、終局的な解決まで長時間を要することになります。

(4) 訴訟の手続

【訴訟の流れ】

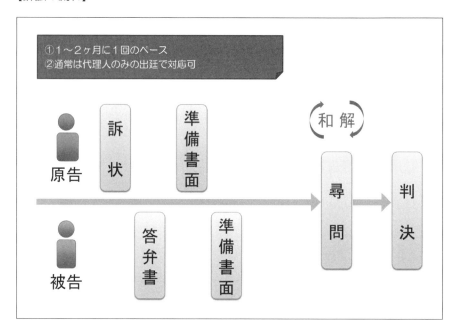

① 訴訟の提起

訴訟の提起にあたっては、訴状を裁判所に提出することになります。

訴状を提出する際には、正本のほか、被告の数に応じた副本、収入印紙、送達のための予納郵便切手、訴訟委任状、当事者が法人である場合には商業登記等を用意する必要があります。

② 訴訟の審理

裁判の場合、弁護士が代理人として選任されている場合、当事者本人の出席は必要とされていないため、通常は弁護士のみの出席で対応します。そして、第1回口頭弁論期日では、訴状及び答弁書の陳述が行われた後、次回期日の指定がなされます。第2回期日以降は、各争点に関する主張・立証を当事者双方で行って進めていくことになります。各期日は、おおむね1～2ヵ月に1回の頻度で行われます（夏季休廷等があればさらに間隔が空くこともあります）。期日を重ねていくことで徐々に争点に関する主張・立証が整理され、十分に争点整理が行われ

た段階で、証人尋問が行われます。なお、事案によっては、証人尋問の前後で和解が試みられることがあります。

（3）訴訟の終了

ア　判決

　判決は、裁判所による判断によって終局的な解決を得る手続といえます。判決を得る場合には、それまでの裁判所の訴訟指揮等から、ある程度は判決内容を予想し、控訴するかどうかを事前に検討しておきましょう。控訴期間は判決書の送達を受けた日から2週間と定められていますが、いざ判決書が届いてから対応しようとすると、控訴の準備が間に合わなくなるおそれがあります。また、社会的注目を集める事案では、記者会見を開くこともあります。判決言い渡し日にあわせて記者会見を開く事案では、事前に司法記者向けに連絡したり、会見場所を手配したりするなどの準備が必要です。

イ　和解

　訴訟では、判決のほか、和解による解決も考えられます。和解による解決のメリットは、当事者である程度結論をコントロールできるところにあります。もちろん、譲歩すべき点は譲歩しなければ和解にはなりませんが、裁判所によって予想もしない結論を下されるという事態は回避できます。また、和解であれば、判決では得ることができない内容を獲得することも期待できるというメリットもあります（謝罪条項や紛争再発防止に向けた取り組みを約束する旨の条項等）。

　和解は双方が譲歩することになるため、すべての主張が認められるとは限りませんが、これらのメリットを考慮し、積極的な活用が望ましいといえます。

Chapter 11 ポイント⑦ 強制執行・担保権の実行

 紛争が発生し、示談交渉や訴訟等の手続によって、相手方に対する債権（請求権）が確定したとしても、相手方が任意に履行に応じない場合もありえます。相手方が任意に履行に応じないまま放置していては、債権を取得したとしても有名無実と化してしまうため、債権を現実に履行させる必要があります。このような場合に必要となる手続が強制執行・担保権の実行となります。
 以下では、強制執行・担保権の実行の手続をご説明します。

1 強制執行・担保権の実行の概要

 強制執行、担保権の実行としての競売及び民法、商法その他の法律の規定による換価のための競売（形式的競売）並びに債務者の財産開示を総称して、「民事執行」といいます（民事執行法1条参照）。民事執行のうち、強制執行及び担保権の実行としての競売は、債権者の債務者に対する私法上の請求権を、国家権力をもって強制的に実現する手続です。また、債権者が担保権を有している場合に、債務者が任意に債務の履行をしないときには、債権者は、その担保権を実行して、担保目的物を換価し、その換価代金をもって自己の債権の弁済に充てることになります。
 民事執行手続の概要を整理すると以下のとおりです。

【強制執行・担保権の実行の概要】

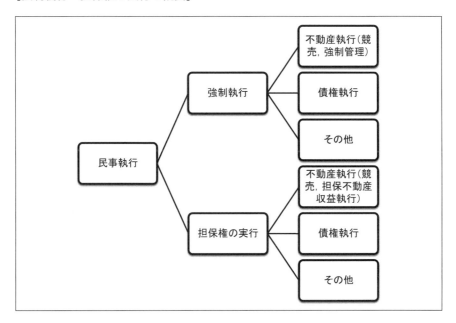

（1）強制執行とは

　強制執行とは、国家機関が関与して、債権者の給付請求権の内容を強制的に実現する制度をいいます。言い換えれば、強制執行とは、債権者の請求を認容する判決や裁判上の和解が成立したにもかかわらず、相手方が債務の支払等に応じない場合に、判決等の債務名義を得た債権者の申立てにもとづいて、相手方に対する請求権を、裁判所が強制的に実現する手続をいいます。

（2）担保権の実行手続とは

　担保権の実行手続は、債権者が債務者の財産について抵当権などの担保権を有しているときに、これを実行して当該財産から満足を得る手続をいいます。担保権の実行の場合、判決などの債務名義は不要であり、担保権が登記されている登記簿謄本などが提出されれば、裁判所は手続を開始することとなります。なお、担保権の実行手続も、強制執行手続と比較すると、債務名義を必要とするか否かの違いはありますが、申立て後の手続はほぼ同じといえます。

2 債権執行手続の流れ

以下では、債権執行手続の流れを説明します。

(1) 債権執行とは

債権執行とは、債務者の第三債務者に対する債権を差押え、これを換価して債務者の債務の弁済に充てる執行手続をいいます。

(2) 債権執行の対象

債権執行の対象は、金銭債権及び動産・船舶・自動車・建設機械の引渡請求権となります（民事執行法143条・162条・163条、民事執行規則142条・143条）。

(3) 債権執行手続の流れ

【債権執行手続の流れ】

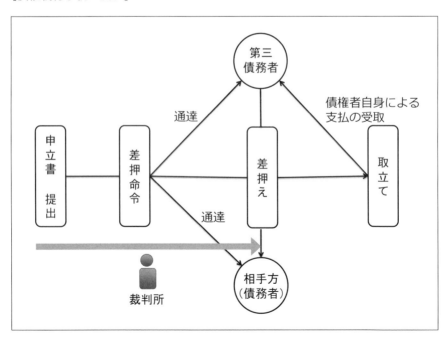

460

Part 7
企業法務

ア　申立て

債権執行の申立ては、申立書を裁判所に提出する必要があります。

なお、申立書の提出先である管轄執行裁判所は、第一次的には債務者の普通裁判籍所在地（債務者の住所地）の地方裁判所（支部を含みます）となります。

債務者の普通裁判籍がない場合、第二次的に差押債権の所在地を管轄する地方裁判所となります（民事執行法144条）。なお、申立てにあたり、差押えの対象となる差押債権の有無及びその金額等を確認する場合には、第三債務者に対する陳述催告の申立てをすることになります。債権者は、裁判所書記官に対し、第三債務者に被差押債権の存否、種類、額等の事項について、2週間以内に書面で陳述すべき旨の催告を申し立てることができます（民事執行法147条、民事執行規則135条）。第三債務者に対する陳述催告の申立てとは、被差押債権が支払いを受けられる債権かどうか、他に競合する債権者が存在するかどうか等を第三債務者に陳述させ、債権者に債権の取立てあるいは転付命令等の申立てなど、その後の手続選択の判断資料を得させようとする制度です。第三債務者に対する陳述催告の申立てをする場合には、債権差押命令申立てと同時に行うことになります。

イ　差押命令

裁判所は、債権差押命令申立てに理由があると認めるときは、差押命令を発し、債務者と第三債務者に送達します（民事執行法145条3項）。差押えの効力は、差押命令が第三債務者に送達されたときに生じます（民事執行法145条4項）。

ウ　差押え

執行裁判所は、差押命令において債務者に対しては債権の取立てその他の処分の禁止を命じ、第三債務者に対しては債務者への弁済の禁止を命じます（民事執行法145条1項）。したがって、差押えの効力が生ずると、第三債務者は、債務者へ弁済することができなくなり、差押債権者への支払又は供託によらなければ債務を免れることができなくなります（民事執行法155条、156条）。また、債務者は、差押えの効力が生じた後に、当該債権を譲渡したり、免除したりしても、当該債権執行手続との関係では、その効力は無視されます（民事執行法166条2項・84条2項・87条2項・3項）。

エ　取立て

差押債権者は、差押命令が債務者に送達された日から1週間を経過したとき

は、債権者は被差押債権を自ら取り立てることができます(民事執行法155条1項本文)。差押債権者が第三債務者から支払いを受けると、その債権及び執行費用は、支払いを受けた額の限度で弁済されたものとみなされます(民事執行法155条2項)。

ただし、第三債務者は、差押えにかかる金銭債権の全額を供託して債務を免れることができます(権利供託、民事執行法156条1項)。

第三債務者が供託をした場合には、裁判所が配当を行うため、直接取り立てることはできません。

3 不動産執行手続の流れ

以下では、不動産執行手続の流れについて説明します。

(1) 競売手続

【競売手続の流れ】

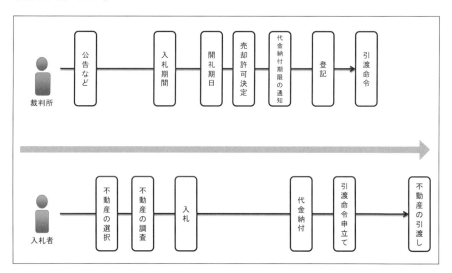

ア 申立て

不動産強制競売は、執行裁判所が債務者の不動産を売却し、その代金をもって債務者の債務の弁済に充てる執行手続です。

不動産強制競売の申立ては、書面でしなければなりません。

債権者は、目的不動産の所在地を管轄する地方裁判所に対し、申立書を提出する必要があります（民事執行法44条1項）。

イ　開始決定

執行裁判所は、申立てが適法にされていると認められた場合は、不動産執行を始める旨及び目的不動産を差し押さえる旨を宣言する開始決定（強制競売開始決定）を行います（民事執行法45条1項）。

開始決定は、債務者に送達されます（民事執行法45条2項）。

ウ　差押え

差押えの効力は、開始決定が債務者に送達された時、又は差押えの登記がなされた時のいずれか早い時期に生じます（民事執行法46条）。

なお、実務上、債務者が差押不動産の登記名義を第三者に移転することを防ぐため、書記官は、債務者への送達より差押えの登記嘱託（民事執行法48条1項）を先行させています。

エ　売却の準備

民事執行法では、差押不動産について適正な競売が行われるよう、以下の売却準備手続を規定しています。

①　売却のための保全処分

執行裁判所は、債務者又は不動産の占有者が不動産の価格を減少させる行為又はそのおそれがある行為をするときには、民事執行法55条所定の保全処分又は公示保全処分（執行官に当該保全処分の内容を公示させる保全処分）を命ずることができます。

②　現況調査と評価

執行裁判所は、適正な売却基準価額を定め、売却条件を明確にするため、執行官に対し差押不動産の現況調査を命じ（民事執行法57条）、現況調査報告書を提出させるとともに（民事執行規則29条）、評価人を選任してこれに不動産の評価を命じ（民事執行法58条1項）、評価書を提出させます（民事執行規則30条）。

③　売却基準価額の決定

売却基準価額とは、不動産の売却の基準となるべき価額をいいます。

入札における買受申出の額は、売却基準価額の8割を下回ることはできません（民事執行法60条3項）。

④　三点セットの作成

執行裁判所は、執行官や評価人に調査を命じ、目的不動産について詳細な調査を行い、買受希望者に閲覧してもらうための三点セットを作成します。

三点セットとは、以下の3つの書類をいいます。

ⅰ．現況調査報告書

土地の現況地目、建物の種類・構造など、不動産の現在の状況のほか、不動産を占有している者やその者が不動産を占有する権原を有しているかどうかなどが記載され、不動産の写真などが添付された書類

ⅱ．評価書

競売物件の周辺の環境や評価額が記載され、不動産の図面などが添付された書類

ⅲ．物件明細書

そのまま引き継がなければならない賃借権などの権利があるかどうか、土地又は建物だけを買い受けたときに建物のために底地を使用する権利が成立するかどうかなどが記載された書類

オ　売却実施

売却の準備が終了した後、裁判所書記官は、売却方法を決定します（民事執行法64条）。売却の方法として、入札、競り売り、特別売却があります（民事執行法64条）。執行裁判所は、売却決定期日において、最高価買受申出人に対する売却の許否を審査し、売却の許可又は不許可を言い渡します（民事執行法69条）。この決定は確定しなければ効力は生じません（民事執行法74条5項）。

カ　入札～所有権移転

入札は、公告書に記載されている保証金を納付し、売却基準価額の8割以上の金額でしなければなりません。最高価で落札し、売却許可がされた買受人は、裁判所が通知する期限までに、入札金額から保証金額を引いた代金を納付します。買受人が納付期限までに代金を納付しないときは、期限の経過によって売却許可決定は当然にその効力を失い、買受人は原則として保証金の返還を請求できません（民事執行法80条1項）。この保証金は、売却代金の一部として保管され、配当金に充当されます（民事執行法86条1項3号）。

キ　不動産の引渡し

対象不動産に占有権原を有さない者が居住している場合、執行裁判所は、対象

不動産の占有者に対し、不動産を引き渡すべき旨を命ずることができます（民事執行法83条1項）。引渡命令は、代金を納付した日から6ヶ月（民法395条1項に規定する建物使用者が占有していた場合は9ヶ月）を経過すると申立てをすることができません（民事執行法83条2項）。

ク　配当

配当とは、執行裁判所が、差押債権者や配当の要求をした他の債権者に対し、法律上優先する債権の順番に従って売却代金を配る手続です。原則として、抵当権を有している債権と、抵当権を有していない債権とでは、抵当権を有している債権が優先します。また、抵当権を有している債権の間では、抵当権設定日の先後の順に優先し、抵当権を有していない債権の間では、優先関係はなく、平等に扱われることになります。

（2）担保不動産収益執行

【担保不動産収益執行の流れ】

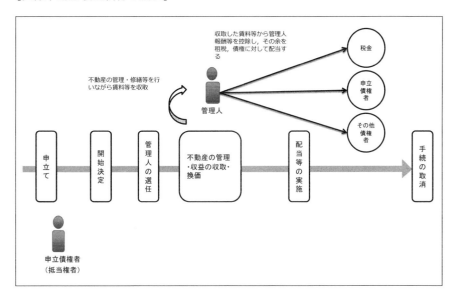

担保不動産収益執行手続は、担保不動産から生ずる収益（賃料等）を被担保債権の弁済に充てる方法による不動産担保権の実行方法です。不動産について先取特権、抵当権、質権を有する担保権者の申立てに基づき、執行裁判所が、収益執

行の開始決定をし、かつ、管理人を選任します。あわせて、担保不動産の賃借人等に対して、その賃料等をこの管理人に交付するよう命じます（民事執行法188条・93条1項・94条1項）。管理人は、執行裁判所の監督の下、担保不動産の賃料等の回収や、事案によっては、既存賃貸借契約の解除又は新賃貸借契約の締結を行います（民事執行法188条・95条1項・99条）。管理人又は執行裁判所は、執行裁判所の定める期間ごとに、債権者に対し配当等を実施します（民事執行法188条・107条・109条）。

参考文献 ──────────

・経営法友会企業法務入門テキスト編集委員会『企業法務入門テキスト──ありのままの法務』（商事法務、2016年）
・湊総合法律事務所『勝利する企業法務〜実践的弁護士活用法──法務"戦術"はゴールから逆算せよ！』（レクシスネクシス・ジャパン、2014年）
・田中豊『法律文書作成の基本 第2版』（日本評論社、2019年）
・いしかわまりこほか『リーガル・リサーチ〔第5版〕』（日本評論社、2016年）
・原秋彦『ビジネス契約書の起案・検討のしかた──リスク・マネージメントの道具としての〔第2版〕』（商事法務、2011年）
・長瀬佑志ほか『現役法務と顧問弁護士が書いた 契約実務ハンドブック』（日本能率協会マネジメントセンター、2017年）
・長瀬佑志ほか『現役法務と顧問弁護士が実践している ビジネス契約書の読み方・書き方・直し方』（日本能率協会マネジメントセンター、2017年）
・阿部・井窪・片山法律事務所『契約書作成の実務と書式──企業実務家視点の雛形とその解説 第2版』（有斐閣、2019年）

分野別推薦書籍　100選

番号	分野	大項目	小項目	書籍名
1	民事弁護総論	民事訴訟手続		司法研修所編『民事弁護の手引』（日本弁護士連合会、2005年）
2				岡口基一『民事訴訟マニュアル』（ぎょうせい、2015年）
3		主張・立証		司法研修所編『7訂民事弁護における立証活動（増補版）』（日本弁護士連合会、2019年）
4				岡口基一「要件事実マニュアル」シリーズ（ぎょうせい）
5		訴額算定		小川英明・宗宮英俊・佐藤裕義編『事例からみる訴額算定の手引〔三訂版〕』（新日本法規出版、2015年）
6		マナー		D・カーネギー『人を動かす』（創元社、2016年）
7				ロバート・B・チャルディーニ『影響力の武器』（誠信書房、2014年）
8	交通事故	手続全般		塩崎勤・小賀野晶一・島田一彦編『交通事故訴訟〔第2版〕（専門訴訟講座1)』（民事法研究会、2020年）
9				東京弁護士会弁護士研修センター運営委員会編「民事交通事故訴訟の実務（弁護士専門研修講座）」シリーズ（ぎょうせい）
10		損害算定		日弁連交通事故センター東京支部『民事交通事故訴訟損害賠償算定基準』（通称「赤い本」）
11				日弁連交通事故相談センター本部『交通事故損害賠償額算定基準』（通称「青本」）
12		過失相殺		東京地裁民事交通訴訟研究会編『民事交通訴訟における過失相殺率の認定基準〔全訂5版〕（別冊判例タイムズ38号)』（判例タイムズ社、2014年）
13		後遺障害		高野真人編著、古笛恵子・松居英二・髙木宏行・北澤龍也『〔改訂版〕後遺障害等級認定と裁判実務（専門訴訟講座)』（新日本法規出版、2017年）
14				労災サポートセンター『労災補償　障害認定必携〔第17版〕』（一般財団法人労災サポートセンター、2020年）
15	離婚	離婚手続		冨永忠祐『離婚事件処理マニュアル』（新日本法規出版、2008年）
16				東京家裁人事訴訟研究会編『書式 人事訴訟の実務』（民事法研究会、2013年）
17				二宮周平・榊原富士子『離婚判例ガイド〔第3版〕』（有斐閣、2015年）
18				東京弁護士会法友全期会家族法研究会編『離婚・離縁事件実務マニュアル〔第4版〕』（ぎょうせい2022年）
19				東京弁護士会弁護士研修センター運営委員会編『離婚事件の実務』（ぎょうせい、2010年）

467

番号	分野	大項目	小項目	書籍名
20		不貞慰謝料		中里和伸『判例による不貞慰謝料請求の実務』（弁護士会館ブックセンター出版部LABO、2015年）
21				千葉県弁護士会編『慰謝料算定の実務〔第2版〕』（ぎょうせい、2013年）
22				安西二郎「不貞慰謝料請求事件に関する実務上の諸問題」（判例タイムズ1278号45頁）
23		面会交流		横田昌紀・石川亨・伊藤彰朗ほか「面会交流審判例の実証的研究」（判例タイムズ1292号5頁）
24		婚姻費用・養育費		東京大阪養育費等研究会「簡易迅速な養育費等の算定を目指して——養育費・婚姻費用の算定方式と算定表の提案」（判例タイムズ1111号285頁）
25				岡健太郎「養育費・婚姻費用算定表の運用上の諸問題」（判例タイムズ1209号4頁）（日本弁護士連合会）
26				日本弁護士連合会「養育費・婚姻費用の新しい簡易な算定方式・算定表に関する提言」
27	相続	遺産分割手続		東京弁護士会法友全期会相続実務研究会編『遺産分割実務マニュアル（第4版)』（ぎょうせい、2021年）
28				仲隆・浦間由美子・黒野徳弥編『遺産相続事件処理マニュアル』（新日本法規出版、2019年）
29				片岡武・管野眞一編著『第4版 家庭裁判所における遺産分割・遺留分の実務』（日本加除出版、2021年）
30				東京弁護士会相続・遺言研究部編『実務解説 相続・遺言の手引き』（日本加除出版、2013年）
31		遺言書作成		東京弁護士会弁護士研修センター運営委員会編『弁護士専門研修講座 相続・遺言——遺産分割と弁護士業務』（ぎょうせい、2008年）
32				満田忠彦・小圷眞史編『遺言 モデル文例と実務解説』（青林書院、2015年）
33				遺言・相続リーガルネットワーク編著『改訂 遺言条項例300&ケース別文例集』（日本加除出版、2017年）
34		遺留分		野々山哲郎・仲隆・浦岡由美子共編『遺留分減殺請求事件処理マニュアル』（新日本法規出版、2016年）
35		特別受益・寄与分		第一東京弁護士会司法研究委員会編『裁判例に見る特別受益・寄与分の実務』（ぎょうせい、2014年）
36	債務整理	債務整理全般		茨木茂編著『個人債務整理事件処理マニュアル』（新日本法規出版、2012年）
37				東京弁護士会・第一東京弁護士会・第二東京弁護士会編著『クレジット・サラ金処理の手引』（東京弁護士会、2014年）
38		任意整理		全国倒産処理弁護士ネットワーク編『私的整理の実務Q&A140問』（金融財政事情研究会、2016年）

番号	分野	大項目	小項目	書籍名
39		破産		竹下守夫編集代表『大コンメンタール　破産法』（青林書院、2007年）
40				全国倒産処理弁護士ネットワーク編『破産実務Q&A220問（全倒ネット実務Q&Aシリーズ）』（金融財政事情研究会、2019年）
41				東京弁護士会倒産法部編『破産申立マニュアル』（商事法務、2015年）
42		民事再生		鹿子木康・島岡大雄編、東京地裁個人再生実務研究会『個人再生の手引』（判例タイムズ社、2011年）
43				園尾隆司・小林秀之編集『条解民事再生法〔第3版〕』（弘文堂、2013年）
44				全国倒産処理弁護士ネットワーク編著『個人再生の実務Q&A120問』（金融財政事情研究会、2018年）
45	労働			日本労働弁護団『労働相談 実践マニュアル Ver.7』（日本労働弁護団、2016年）
46				東京弁護士会労働法制特別委員会編著『新労働事件実務マニュアル〔第5版〕』（ぎょうせい、2020年）
47				東京弁護士会弁護士研修センター運営委員会編『弁護士専門研修講座 労働法の知識と実務』（ぎょうせい、2016年）
48				山口幸雄・三代川三千代・難波孝一編『労働事件審理ノート〔第3版〕』（判例タイムズ社、2011年）
49				菅野和夫『労働法　第十二版』（弘文堂、2019年）
50	企業法務	契約関係	全般	阿部・井窪・片山法律事務所編『契約書作成の実務と書式──企業実務家視点の雛形とその解説 第2版』（有斐閣、2019年）
51				長瀬佑志・長瀬威志『現役法務と顧問弁護士が書いた 契約実務ハンドブック』（日本能率協会マネジメントセンター、2017年）
52				伊藤雅浩・久礼美紀子・高瀬亜富『ITビジネスの契約実務』（商事法務、2017年）
53				長瀬佑志・長瀬威志・母壁明日香『現役法務と顧問弁護士が実践している ビジネス契約書の読み方・書き方・直し方』（日本能率協会マネジメントセンター、2017年）
54				田中豊『法律文書作成の基本 第2版』（日本評論社、2019年）
55				経営法友会企業法務入門テキスト編集委員会編著『企業法務入門テキスト──ありのままの法務』（商事法務、2016年）
56				湊総合法律事務所『勝利する企業法務〜実践的弁護士活用法──法務"戦術"はゴールから逆算せよ！』（レクシスネクシス・ジャパン、2014年）

番号	分野	大項目	小項目	書籍名
57		コーポレート	全般	江頭憲治郎『株式会社法〔第7版〕』(有斐閣、2017年)
58				「会社法コンメンタール」シリーズ(商事法務)
59				長島・大野・常松法律事務所編『アドバンス会社法』(商事法務、2016年)
60				橋本副孝・吾妻望・日野義英・菊池祐司・笠浩久・高橋均共編『会社法実務スケジュール』(新日本法規出版、2016年)
61				弥永真生『コンメンタール会社法施行規則・電子公告規則〔第2版〕』(商事法務、2015年)
62		M&A	全般	宇野総一郎編集代表、滝川佳代・大久保圭編集担当、岩崎友彦・宰田高志・田子弘史・対木和夫・服部薫『株式交換・株式移転ハンドブック』(商事法務、2015年)
63				酒井竜児編著、岩崎友彦・大久保圭・宰田高志・杉野由和・滝川佳代・田子弘史・服部薫『会社分割ハンドブック〔第2版〕』(商事法務、2015年)
64				太田洋・山本憲光・柴田寛子編集代表『新株予約権ハンドブック〔第3版〕』(商事法務、2015年)
65				中村直人編著『取締役・執行役ハンドブック〔第2版〕』(商事法務、2015年)
66				中村直人編著『株主総会ハンドブック〔第4版〕』(商事法務、2017年)
67				玉井裕子編集代表、滝川佳代・大久保圭編集担当、岩崎友彦・宰田高志・杉野由和・高井伸太郎・服部薫『合併ハンドブック〔第3版〕』(商事法務、2015年)
68				太田洋・松尾拓也編著『種類株式ハンドブック』(商事法務、2017年)
69				太田洋・森本大介・石川智也編著『資本・業務提携の実務〔第2版〕』(中央経済社、2016年)
70				松尾拓也・若林義人・西村美智子・中島礼子『スクイーズ・アウトの法務と税務——改正会社法で広がるキャッシュ・アウトの選択肢』(中央経済社、2015年)
71		金融商品取引法	全般	神田秀樹・黒沼悦郎・松尾直彦編著『金融商品取引法コンメンタール〈1〉〜〈4〉』(商事法務、2016年)
72				岸田雅雄監修『注釈金融商品取引法〈1〉〜〈3〉』(金融財政事情研究会、2011年)
73				黒沼悦郎・太田洋編著『論点体系金融商品取引法』(第一法規、2014年)
74				長島・大野・常松法律事務所編『アドバンス金融商品取引法〔第2版〕』(商事法務、2014年)

番号	分野	大項目	小項目	書籍名
75				西村あさひ法律事務所編『ファイナンス法大全（上）（下）〔全訂版〕』（商事法務、2017年）
76				神崎克郎・志谷匡史・川口恭弘『金融商品取引法』（青林書院、2012年）
77				宮下央『企業法務のための金融商品取引法』（中央経済社、2015年）
78			開示規制	中村聡・鈴木克昌・峯岸健太郎・根本敏光・齋藤尚雄『金融商品取引法　資本市場と開示編〔第3版〕』（商事法務、2015年）
79				小谷融編著、総合ディスクロージャー研究所監修『金融商品取引法におけるディスクロージャー制度〔二訂版〕』（税務研究会出版局、2010年）
80				宝印刷総合ディスクロージャー研究所編『臨時報告書作成の実務Q&A』（商事法務、2015年）
81				宝印刷総合ディスクロージャー研究所編『有価証券報告書作成の実務Q&A』（商事法務、2014年）
82				宝印刷総合ディスクロージャー&IR研究所編『適時開示の実務Q&A』（商事法務、2016年）
83			行為規制	三浦章生『金商法・行為規制の手引き』（商事法務、2013年）
84				（「特別の利益提供」の論点について）金融商品取引法研究会編「顧客との個別の取引条件における特別の利益提供に関する問題」[1]（公益財団法人日本証券経済研究所、2011年）
85			業規制	神田秀樹・神作裕之・大崎貞和・松尾直彦編著『金商法 実務ケースブックII 行政編』（商事法務、2008年）
86			TOB規制	長島・大野・常松法律事務所編『公開買付けの理論と実務〔第3版〕』（商事法務、2016年）
87				アンダーソン・毛利・友常法律事務所編『ANAL-YSIS公開買付け』（商事法務、2009年）
88				三井秀範・土本一郎編、野崎彰・宮下央・池田賢生『詳説公開買付制度・大量保有報告制度Q&A』（商事法務、2011年）
89				証券法研究会編『金商法大系I 公開買付け（1）』（商事法務、2011年）
90				証券法研究会編『金商法大系I 公開買付け（2）』（商事法務、2012年）
91			大量保有報告規制	町田行人『詳解 大量保有報告制度』（商事法務、2016年）
92				根本敏光『大量保有報告制度の理論と実務』（商事法務、2017年）

番号	分野	大項目	小項目	書籍名
93				岩原紳作・神作裕之・神田秀樹・武井一浩・永井智亮・藤田友敬・藤本拓資・松尾直彦・三井秀範・山下友信『金融商品取引法セミナー 開示制度・不公正取引・業規制編』（有斐閣、2011年）
94				池田唯一・岩原紳作・神作裕之・神田秀樹・武井一浩・永井智亮・藤田友敬・松尾直彦・三井秀範・山下友信『金融商品取引法セミナー 公開買付け・大量保有報告編』（有斐閣、2010年）
95			インサイダー規制	木目田裕・上島正道監修、西村あさひ法律事務所・危機管理グループ編『インサイダー取引規制の実務〔第2版〕』（商事法務、2014年）
96				戸嶋浩二・久保田修平編著、峯岸健太郎・園田観希央・石川大輝・邉英基・佐川雄規・茨木雅明『事例でわかるインサイダー取引』（商事法務、2013年）
97				松尾直彦『最新インサイダー取引規制——平成25年改正金商法のポイント』（金融財政事情研究会、2013年）
98			ファイナンス（エクイティ）	鈴木克昌・峯岸健太郎・久保田修平・石井絵梨子・根本敏光・前谷香介・田井中克之・宮田俊・石橋誠之・尾崎健悟・五島隆文・鈴木信彦『エクイティ・ファイナンスの理論と実務〔第2版〕』（商事法務、2014年）
99			ファイナンス（デット）	土屋剛俊『入門 社債のすべて』（ダイヤモンド社、2017年）
100			デリバティブ	河合祐子・糸田真吾著『クレジット・デリバティブのすべて〔第2版〕』（財経詳報社、2007年）
101			利益相反取引規制	渡邉雅之『利益相反管理体制構築の実務——新しい情報共有規制と兼職規制』（商事法務、2009年）
102				利益相反研究会編『金融取引における利益相反 総論編（別冊NBL125号）』（商事法務、2009年）
103				利益相反研究会編『金融取引における利益相反 各論編（別冊NBL129号）』（商事法務、2009年）
104			ブロックトレード	中島史郎「ブロックトレードにかかわる実務上の諸問題——仲介目的のブロックトレードに係る内閣府令の改正と実務」（旬刊商事法務1969号11頁）
105				森順子「ブロックトレードにおけるコンプライアンス上の留意点（上）（下）」（旬刊商事法務1703号27頁、1704号29頁）

番号	分野	大項目	小項目	書籍名
106				三浦州夫・吉川純「株式の公開買付け・買集めとインサイダー取引規制（上）」（旬刊商事法務1718号26頁） 三浦州夫・吉川純「株式の公開買付け・買集めとインサイダー取引規制（中）」（旬刊商事法務1720号52頁） 三浦州夫・吉川純「株式の公開買付け・買集めとインサイダー取引規制（下）」（旬刊商事法務1722号43頁）
107			CBリパッケージ	鈴木健太郎・藤井豪「転換社債型新株予約権付社債（CB）のリパッケージスキームの検討」（旬刊商事法務1917号25頁）
108			その他（読み物）	三田哉『証券会社の儲けの構造』（中央経済社、2013年）
109				横尾宣政『野村證券第二事業法人部』（講談社、2017年）
110				三田紀房『インベスターZ』（講談社、2013年〜）
111		銀行法	全般	小山嘉昭『詳解 銀行法〔全訂版〕』（金融財政事情研究会、2012年）
112				野﨑浩成・江平享編著『銀行のグループ経営――そのビジネス法規制のすべて』（金融財政事情研究会、2016年）
113		投信法	全般	本柳祐介・河原雄亮『投資信託の法制と実務対応』（商事法務、2015年）
114		米国証券法	全般	山本雅道『アメリカ証券取引法入門――基礎から学べるアメリカのビジネス法』（レクシスネクシス・ジャパン、2015年）
115				黒沼悦郎『アメリカ証券取引法』（弘文堂、2004年）
116				カーティス・J.ミルハウプト編『米国会社法』（有斐閣、2009年）

索引

数字

3号分割 ································ 187

36協定 ······························ 342

アルファベット

A

ADR ································· 40

ADR／調停 ·························· 29

かな

あ

悪意の不法行為債権 ················ 317

い

遺言執行者 ························· 227

慰謝料 ························ 116, 172

遺留分減殺請求 ····················· 250

か

買換差額 ··························· 120

解雇 ·························· 357, 362

解雇権濫用 ··························362

解雇予告義務 ······················ 363

開始要件 ··························· 321

家屋・自動車等改造費 ··············· 111

学習費 ····························· 110

家事調停 ···························· 40

過失相殺 ··························· 122

仮差押命令申立 ················ 43, 377

仮処分申立 ···················· 45, 379

換価分割 ··························· 248

管財手続 ··························· 299

監視・断続労働従事者 ··············· 344

管理・監督者 ······················ 343

き

機密事務取扱者 ···················· 344

休業損害 ··························· 113

休日労働 ····························341

休車損 ····························· 121

給与所得者等再生 ········· 301, 302, 319

協議離婚 ··························· 193

共有財産 ··························· 179

け

経済的全損 ························· 120

限定承認 ··························· 256

検認 ······························ 226

現物分割 ····························247

こ

故意又は重過失による生命・身体に対する不法行為請求権 ················· 317

合意解約 ··························· 357

後遺症 ····························· 118

後遺症による逸失利益 ··············· 114

合意分割 ··························· 186

降格 ······························350

公正証書遺言 ······················ 226

個人再生 ······················ 301, 319

個別査定 ···································· 351	**す**
顧問業務 ···································· 57	推定相続人廃除 ························· 232
婚姻費用・養育費 ····················· 165	
	せ
さ	清算型管財事件 ························· 312
財産的損害 ······························ 102	清算価値保障原則 ····················· 301
財産分与 ································· 178	精神的損害 ······························ 102
裁判離婚 ································· 203	整理解雇 ································· 365
債務整理 ································· 297	セクハラ ································· 353
裁量免責 ································· 316	積極損害 ························ 103, 106
雑費 ······························· 109, 122	
残業 ······································ 341	**そ**
	素因減額 ································· 123
し	葬儀関係費用 ···························· 112
時間外・休日労働 ····················· 342	装具・器具等購入費 ··················· 111
時間外手当 ······························ 339	相続欠格 ································· 232
自己破産 ························ 299, 312	相続人の調査 ···························· 229
辞職 ······································ 357	相続人の不存在 ························· 259
示談交渉 ·································· 28	相続分の譲渡 ···························· 233
実質的共有財産 ························· 179	相続分の放棄 ···························· 233
自筆証書遺言 ···························· 226	相続放棄 ·················· 232, 257, 304
死亡による逸失利益 ··················· 116	訴訟 ································· 30, 387
就業規則 ································· 349	租税債権 ································· 317
住宅資金特別条項 ····················· 303	
修理費 ··································· 119	**た**
受任通知 ································· 287	代車費用 ································· 121
小規模個人再生 ················ 301, 319	代償分割 ································· 248
消極損害 ························ 103, 113	退職勧奨 ································· 361
消滅時効の援用 ························· 304	退職強要 ································· 361
将来介護費 ······························ 108	退職金不払・減額 ····················· 352
深夜労働 ························ 341, 342	退職届 ··································· 359
	単純承認 ································· 255

475

ち

地位保全仮処分 …………………… 364
遅延損害金 ………………………… 113
懲戒解雇 …………………………… 367
調査型 ……………………………… 313
調停離婚 …………………………… 197
治療関係費 ………………………… 106
賃金仮払仮処分 …………………… 364

つ

通院交通費等 ……………………… 109
付添費用 …………………………… 107

て

適用除外者 ………………………… 343

と

同時廃止 …………………………… 313
同時廃止手続 ……………………… 299
登録手続関係費用 ………………… 122
特有財産 …………………………… 179

に

任意整理 ……………………… 297, 308
認可要件 …………………………… 321

ね

年金分割 …………………………… 184

は

配置転換 ……………………… 350, 351
パワーハラスメント ……………… 353

ひ

非免責債権 ………………………… 317
評価損（格落ち損）……………… 121

ふ

負債基準額要件 …………………… 301
物損 ………………………………… 119

へ

弁護士費用 ………………………… 112

ほ

法定離婚原因 ……………………… 149
保全処分 …………………………… 377

み

民事調停 …………………………… 40
民事保全 …………………………… 30

む

無期雇用 …………………………… 357

め

面会交流 …………………………… 160
免責 ………………………………… 315
免責許可決定 ……………………… 315
免責調査型 ………………………… 313
免責手続 …………………………… 299
免責不許可事由 …………………… 315

や

雇止め ……………………………… 369

ゆ

遺言 …………………………… 225
有期雇用 ……………………… 358
有期雇用契約 ………………… 369
諭旨解雇 ……………………… 367

ろ

労働協約 ……………………… 350
労働組合 ……………………… 373
労働契約終了 ………………… 356
労働時間 ……………………… 340
労働条件変更の原則 ………… 348
労働審判 ……………………… 382
労働日 ………………………… 341

MEMO

MEMO

【著者プロフィール】

長瀬　佑志（ながせ・ゆうし）

弁護士（61期）、弁護士法人長瀬総合法律事務所代表。2006年東京大学法学部卒。2006年司法試験合格。2008年西村あさひ法律事務所入所。2009年水戸翔合同法律事務所入所。2013年長瀬総合法律事務所設立。中小企業を中心に多数の顧問に就任し、会社法関係、法人設立、労働問題、債権回収等、企業法務案件を多数経験している。

『現役法務と顧問弁護士が書いた 契約実務ハンドブック』（日本能率協会マネジメントセンター、2017年）、『弁護士経営ノート 法律事務所のための報酬獲得力の強化書』（レクシスネクシス・ジャパン、2015年）（いずれも共著）ほか。

長瀬　威志（ながせ・たけし）

弁護士（62期）、ニューヨーク州弁護士。2005年東京大学法学部卒。2007年司法試験合格。2009年アンダーソン・毛利・友常法律事務所入所。2013年金融庁総務企画局企業開示課出向。2014年米国University of Pennsylvania Law School留学

（LL.M.,Wharton Business and Law Certificate）。2015年〜2017年国内大手証券会社法務部出向。国内外の大企業の案件に係る契約書作成等の企業法務全般を始め、フィンテック、ファイナンス、レギュラトリー、各国競争法、M&A、危機管理・不祥事対応、知的財産案件等を多数経験している。

『現役法務と顧問弁護士が書いた 契約実務ハンドブック』（日本能率協会マネジメントセンター、2017年）、「上場企業の資金調達の円滑化に向けた施策に伴う開示ガイドライン等の改正―「勧誘」に該当しない行為の明確化および特に周知性の高い者による届出の待機期間の撤廃―」（旬刊商事法務2014年10月25日号〔No.2046〕）（いずれも共著）ほか。

母壁　明日香（ははかべ・あすか）

弁護士（69期）、弁護士法人長瀬総合法律事務所所属。2011年日本大学法学部卒。2013年立教大学法科大学院修了（首席）。
2015年司法試験合格。2016年弁護士法人長瀬総合法律事務所入所。2017年社会保険労務士登録。労務問題を中心に企業法務案件に日々携わっている。

三名の共著として、『現役法務と顧問弁護士が実践している ビジネス契約書の読み方・書き方・直し方』（日本能率協会マネジメントセンター、2017年）がある。

本書は、法律的またはその他のアドバイスの提供を目的としたものではありません。当社および著者は本書の記載内容（第三者から提供された情報を含む）の正確性、妥当性の確保に努めておりますが、それらについて何ら保証するものではなく、本書の記載内容の利用によって利用者等に何らかの損害が生じた場合にも、一切の責任を負うものではありません。

新版
若手弁護士のための初動対応の実務

2017年12月20日	初版第1刷発行
2023年 8月30日	第4刷発行

著　者——長瀬 佑志・長瀬 威志・母壁 明日香
　　　　©2017Yushi Nagase, Takeshi Nagase, Asuka Hahakabe
発行者——張 士洛
発行所——日本能率協会マネジメントセンター

〒103-6009 東京都中央区日本橋2-7-1 東京日本橋タワー
TEL 03（6362）4339（編集）／03（6362）4558（販売）
FAX 03（3272）8127（編集・販売）
https://www.jmam.co.jp/

装　　丁——菊池 祐（株式会社ライラック）
本文DTP——株式会社明昌堂
印 刷 所——シナノ書籍印刷株式会社
製 本 所——株式会社三森製本所

本書の内容の一部または全部を無断で複写複製（コピー）することは、
法律で認められた場合を除き、著作者および出版者の権利の侵害となりますので、
あらかじめ小社あて許諾を求めてください。

ISBN 978-4-8207-2633-3 C3032
落丁・乱丁はおとりかえします。
PRINTED IN JAPAN

JMAMの本

企業法務のための
初動対応の実務

長瀬佑志・長瀬威志・母壁明日香 著
A5判440頁

企業で想定される法的対応を迫られるトラブルを7つの分野に集約。分野ごとに3つの特徴/相談事例/7つのポイント/参考書式で整理し、企業としての初動対応の要点を把握できる。相談者に即応可能なQ&Aと書式のダウンロードサービス付。

若手弁護士のための
民事弁護
初動対応の実務

長瀬佑志・長瀬威志・母壁明日香 著
A5判240頁

法律相談～訴訟～解決まで時系列に沿った各プロセスの方針選択と、懲戒の対象となりうる行為の留意点を押さえることができます。相談前に時間がない場合でも、即座に確認でき初動からはかどります。民事訴訟対策で常備したい1冊です。

JMAMの本

コンプライアンス実務ハンドブック

長瀬佑志・斉藤雄祐 著
A5判248頁

コンプライアンスリスクが生じやすい「人」「物」「金」「情報」に関わる場面を中心に、リスク管理上の注意点と初動対応の留意点を整理しました。企業法務を担当する際に手元においておきたい、実務に最適なバイブルです。

決定版 英文契約書

山本孝夫 著
A5判496頁

英文契約書の知識と技術が修得できる。読み方・ドラフティングのすべてがわかる。国際取引の現場で役に立つ英文契約書の読み方、ドラフティングに加えて、売買契約、販売店契約、秘密保持契約、ライセンス契約などの各種契約書を解説！

JMAMの本

現役法務と顧問弁護士が実践している
ビジネス契約書の読み方・書き方・直し方

長瀬佑志・長瀬威志・母壁明日香　著
A5判520頁

改正民法に対応した契約の実践書。実務上ニーズの高い契約を収録。取引に応じた雛形の変更例を提示。条項ごとの重要度、チェックポイント、交渉上の落としどころを丁寧に解説しています。最新書式ダウンロードサービス付き。

現役法務と顧問弁護士が書いた
契約実務ハンドブック

長瀬佑志・長瀬威志　著
A5判376頁

「契約準備→交渉→トラブル発生→解決」の各段階ごとに整理された契約の教科書です。チェックリスト、相談メモ・法律意見書・メモランダム・メール回答・各種契約書のサンプル、法務担当者の実務コラムも充実しています。